BELIEVE IN READING

貝佐斯辭去華爾街的高薪工作後,在1995年創立一項看似普通的事業:網路書店。這家公司的第一座倉庫在辦公室的地下室。(Jim Lott/Seattle Times)

三十五歲的貝佐斯和太太麥肯琪於1999年攝於西雅圖家中。亞馬遜的市值在那年秋天達到250億美元的高點,貝佐斯被《時代》雜誌評選為「年度風雲人物」,過沒多久,網際網路經濟泡沫破滅,亞馬遜在餘波中勉強存活下來。(David Burnett/Contact Press Images)

童年時期,貝佐斯的父母每年夏天把他送去已退休的祖父位於德州科圖拉(Cotulla)的牧場,貝佐斯在那裡學到自力更生的價值觀,並發展出對科幻小說及太空的喜愛。他在1999年再次造訪家族牧場。(David Burnett/Contact Press Images)

貝佐斯想要亞馬遜創造一款全然獨特的智慧型手機,他在2000年構思並密切參與開發的「Fire Phone」能夠在螢幕上呈現3D影像的視覺效果。但是,亞馬遜的工程師對於這款手機的吸引力存疑。這款手機在2014年6月推出後就面臨慘敗。(David Ryder/Getty Images)

當亞馬遜印度分公司主管提出一份保守的成長計畫時,貝佐斯告訴他們:「在印度,我不需要電腦專家,我需要的是牛仔。」他在2014年9月造訪印度分公司,獎勵他們的發展雄心。在宣傳活動中,他站在一輛布置過的平板貨車上,頒發一張巨型的20億美元投資支票。(Manjunath Kiran/AFP/Getty Images)

(左圖)貝佐斯想要著名的執行總編輯馬蒂・拜倫(Marty Baron)參與他和《華盛頓郵報》主管的策略會議,他說:「你想改變餐廳的話,得有主廚的參與。」2016年5月,他們在台上對談。(Alex Wong/Getty Images)

(右圖)《華盛頓郵報》德黑蘭辦公室主任傑森・雷扎安(Jason Rezaian)遭到伊朗當局不公的指控,因間諜罪入獄十八個月。2016年1月獲釋後,貝佐斯搭私人飛機前往法蘭克福迎接他及他的家人返回美國。(Alex Wong/Getty Images)

貝佐斯對好萊塢與《星艦迷航記》很著迷。他在 2016 年上映的《星際爭霸戰：浩瀚無垠》中客串演出。他和前妻麥肯琪與四個小孩出席首映會。（Todd Williamson/ Getty Images）

亞馬遜影業首任總裁羅伊‧普萊斯（Roy Price）拍板製作包括《透明家庭》在內的多部轟動作品，幫助亞馬遜及貝佐斯立足好萊塢。在亞馬遜舉辦的宴會上，他是交際台柱，包括這張 2016 年 9 月葛萊美獎頒獎典禮後與貝佐斯的合影照。隔年，普萊斯被指控行為不端，他隨後辭職。（Charley Gallay/Getty Images for Amazon Studios）

好萊塢與亞馬遜億萬富豪創辦人相互吸引。亞馬遜 2018 年 1 月在比佛利山莊希爾頓飯店舉辦金球獎宴會，自左至右為麥特‧戴蒙、塔伊卡‧維迪提（Taika Waititi）、貝佐斯與克里斯‧漢沃斯（Chris Hemsworth）。（Alberto E. Rodriguez/Getty Images）

（左圖）亞馬遜全球消費事業單位執行長傑夫・威爾克（Jeff Wilke）提倡在亞馬遜的剛硬文化中注入更人性的元素，當他在2020年宣布離職時，貝佐斯說：「若沒有他，亞馬遜不會是現今的面貌。」（Joe Buglewicz/Bloomberg）

（右圖）經亞馬遜網路服務（AWS）執行長安迪・賈西（Andy Jassy）的遊說，亞馬遜刻意隱匿這個事業單位出色的財務績效。亞馬遜目前的營業利益有超過六成來自這個事業單位。貝佐斯在2021年宣布，由賈西接任整個亞馬遜集團的執行長。（David Paul Morris/Bloomberg）

（左圖）貝絲・加萊蒂（Beth Galetti）加入亞馬遜的S團隊超過三年，是該團隊唯一的女性成員。《紐約時報》在2015年報導亞馬遜的公司文化，重創亞馬遜的聲譽之後，加萊蒂接掌人力資源部門，她被要求徹底簡化公司的績效評量制度。（Holly Andres）

（右圖）戴夫・克拉克（Dave Clark）自2012年起掌管亞馬遜龐大的物流作業部門，在外界批評亞馬遜工安的聲浪中，他主導收購機器人公司奇娃（Kiva），並跨足包裹遞送服務業務。他在2021年接下威爾克的棒子，成為亞馬遜全球消費事業單位執行長。（Kyle Johnson）

（上圖左）在川普的總統任內，川普號召抵制亞馬遜，指控亞馬遜避稅，以及造成美國郵政署巨額虧損。貝佐斯、微軟執行長薩蒂亞‧納德拉（Satya Nadella）與其他科技公司領導人在2017年6月一起造訪白宮，尋求與川普和解。（Jabin Botsford/The Washington Post/Getty Images）

（上圖右）2017年7月，貝佐斯參加艾倫公司在愛達荷州太陽谷舉行的研討會，這張凸顯貝佐斯健身有成的相片在網路上爆紅，「肌肉型男貝佐斯」（swole Bezos）成為流行詞。（Drew Angerer/Getty Images）

（下圖）藍色起源（Blue Origin）在2015年11月成功發射載人太空艙與可重複使用的火箭推進器，並成功返回發射場，完成歷史性壯舉。一個月後 SpaceX 完成同樣的任務，貝佐斯發推特給馬斯克：「歡迎入列。」不過，藍色起源的領先優勢並不持久。（Blue Origin/ZUMA Press）

貝佐斯與蘿倫·桑契斯（Lauren Sanchez）的婚外情被《國家詢問報》披露後，兩人開始公開出現在精英社交場合。2020年2月，他們出席洛杉磯的一場時裝秀，右一為女星珍妮佛·羅培茲（Jennifer Lopez），右二為《時尚》（Vogue）雜誌傳奇總編輯安娜·溫圖（Anna Wintour）。（Calla Kessler/The New York Times/Redux）

貝佐斯於2020年1月再度造訪印度，情況與2014年截然不同。這一次，貝佐斯和蘿倫·桑契斯盛裝在泰姬瑪哈陵前拍照時，有一小群商家抗議他的到訪。（PAWAN SHARMA/AFP/Getty Images）

亞馬遜在美國西雅圖總部園區興建的「亞馬遜球體」，由三個互連的玻璃溫室組成，於2018年1月落成啓用，至此，亞馬遜占據西雅圖市精華地段五分之一的辦公空間，但公司與西雅圖市議會的關係卻是冷若冰霜。（Jack Young – Places/Alamy）

亞馬遜決定把一半的第二總部落腳在紐約市皇后區的長島市,引發當地居民激烈抗議,他們在2019年1月市議會舉行的公聽會上拉起反對亞馬遜的布條。幾天後,亞馬遜取消興建新辦公大樓的計畫。(Drew Angerer/ Getty Images)

新冠肺炎疫情剛爆發時,來自亞馬遜時薪人員的批評聲浪湧現。儘管制定測量體溫、保持社交距離以及其他措施,仍有一些員工染病。時薪人員抗議公司把銷售業績擺在員工安全之上。(Leandro Justen)

美國眾議院要求貝佐斯出席聽證會作證,亞馬遜被迫讓步。2020年7月29日,在眾議院司法小組委員會舉辦的線上平台與市場力量聽證會上,貝佐斯、臉書的馬克·祖克伯(Mark Zuckerberg)、谷歌的桑達爾·皮查伊(Sundar Pichai)以及蘋果的提姆·庫克(Tim Cook),以視訊形式宣誓作證。(Mandel Ngan)

「我的人生是以一連串的錯誤為基礎而堆砌起來的。」貝佐斯2019年11月在華盛頓特區的美國國家肖像畫廊說道。引言人是他的長子普勒斯頓（Preston Bezos）。（Joy Asico/AP for National Portrait Gallery）

貝佐斯精挑細選，最後選擇相片寫實派畫家羅伯‧麥柯蒂（Robert McCurdy）為他畫這幅肖像畫。貝佐斯說，他想要找「一個把我畫得非常逼真的人，一個把我的每個缺陷、每個不完美、每個傷痕都畫出來的人」。

財經企管 BCB753

Amazon
Unbound

JEFF BEZOS and
the INVENTION of a
GLOBAL EMPIRE

貝佐斯
新傳

無極限！ 巔峰中再創新局的 亞馬遜帝國

《貝佐斯傳》作者
布萊德・史東 Brad Stone

洪慧芳 李芳齡 李斯毅 ————— 譯

貝佐斯新傳

無極限！巔峰中再創新局的亞馬遜帝國

Amazon
Unbound

JEFF BEZOS and
the INVENTION of a
GLOBAL EMPIRE

本書由來

　　這種大型的室內聚會不久就會顯得不合時宜，就像來自失落文明的古老習俗一樣。2019年11月的週日夜晚，就在新冠肺炎首度出現在中國武漢並演變成現代史上最大疫情的一個月前，政界、媒體界、商界、藝術界的名人齊聚在華盛頓特區的美國國家肖像畫廊（National Portrait Gallery）。蜜雪兒・歐巴馬（Michelle Obama）、希拉蕊・柯林頓（Hillary Clinton）、眾議院的議長南希・佩洛西（Nancy Pelosi），以及其他數百位嘉賓擠滿了畫廊的院子，他們都是來參加一場憑柬入場的正式活動，以慶祝館方的永久收藏又新添了六幅肖像。這些肖像都是為了表彰眾所推崇的美國楷模，例如百老匯知名音樂劇《漢密爾頓》（Hamilton）的創作者林—曼努爾・米蘭達（Lin-Manuel Miranda）、《時尚》雜誌（Vogue）的總編安娜・溫圖（Anna Wintour），還有世界首富：亞馬遜的創辦人兼執行長傑夫・貝佐斯（Jeff Bezos）。

　　寫實派畫家羅伯・麥柯蒂（Robert McCurdy）為貝佐斯畫了一幅栩栩如生的肖像，以純白色為背景，畫中的貝佐斯穿著乾淨俐落的白襯衫，繫著銀色領帶，目光炯炯，那是過去

二十五年來令亞馬遜員工望而生畏的嚴肅眼神。當晚貝佐斯獲頒國家肖像獎（Portrait of a Nation Prize），以表彰他對「服務、創意、個體性、洞見、獨創性」的奉獻。他上台發表得獎感言時，感謝了在場的家人與同仁，也展現了他特有的自嘲式謙卑。

在貝佐斯十九歲的大兒子普勒斯頓（Preston）精彩的引言之後，貝佐斯接著說：「我的人生是以一連串的錯誤為基礎而堆砌起來的。在商業界，我也因犯錯而小有名氣。在座各位有多少人擁有Fire手機？」現場頓時哄堂大笑，接著陷入一片沉默，因為亞馬遜2014年推出的那支智慧型手機賣得一塌糊塗，他笑著說：「是啊，你們都沒有，謝謝大家。」

「我做過的每件有趣的事、重要的事、有益的事，都經歷了連串的試驗、錯誤與失敗。」貝佐斯繼續說道，「因此，我全身傷痕累累。」他說，博物館提名許多畫家，讓他從中挑選一位來畫他的肖像。他挑了麥柯蒂，說他想要「一個把我畫得非常逼真的人，一個把我的每個缺陷、每個不完美、每個傷痕都畫出來的人」。

全場觀眾都站了起來，為貝佐斯的得獎感言報以熱烈的掌聲。這就是那樣的夜晚，球風火樂團（Earth, Wind & Fire）在現場演唱，嘉賓飲酒起舞，喜劇演員詹姆斯・柯登（James Corden）頒獎給溫圖時，刻意戴著金色假髮與黑色太陽眼鏡，穿著皮衣，模仿溫圖的模樣，也學溫圖的口吻發號施令：「叫貝佐斯給我端杯咖啡來！」現場的有錢人一聽，群起歡呼雀躍。然而，在這場盛大聚會的會場之外，大家對亞馬遜及其執行長的感受就複雜多了。亞馬遜已成立二十六年，正蓬勃發展，但聲譽不如以往正面。每次有人讚揚亞馬遜時，就有人提

出批評。亞馬遜受到消費者的欽佩，甚至喜愛，但這家企業隱祕的意圖往往令人生疑。此外，創辦人的巨富與公司倉庫那些藍領勞工的困境形成了鮮明的對比，引發外界質疑這種金錢與權力分配不對稱的現象。亞馬遜不再只是一個鼓舞人心的商業個案，而是一種攸關整體社會的全民議題，攸關著大企業究竟該為員工、社群、這個脆弱的星球負起怎樣的責任。

　　貝佐斯曾試圖透過氣候宣言（Climate Pledge）來解決上述的環保議題，他承諾亞馬遜在2040年以前達到碳中和——比巴黎氣候協定那個雄心勃勃的碳中和目標還早了十年。批評人士強烈要求亞馬遜仿效其他公司，公布其碳足跡，亦即它排放了多少導致全球暖化的有害氣體。多年來，亞馬遜的永續發展部門一直努力為它的建築制定更有效率的標準，並減少使用浪費的包裝材質。然而，光是宣傳他們的工作，以及仿效其他公司那樣發布碳足跡報告還不夠。貝佐斯堅持認為，亞馬遜應該發揮創意來解決這個問題。這樣一來，亞馬遜才能成為大眾眼中的領導者，世界各地的數百萬顧客按下那個「立即購買」的按鈕時，才能依舊感覺良好。

　　目前還沒有具體的方法可以實現這個目標，[1]尤其面對亞馬遜不斷增加的飛機、卡車、送貨車所造成的汙染，目標顯得更加遙遠。儘管如此，貝佐斯還是想發表那個氣候宣言，並大張旗鼓地邀請其他公司一起簽署。亞馬遜內部積極討論的一個提案是讓貝佐斯拍一支影片，宣布這項計畫，並請他親自從一塊極地冰冠上錄製影片。亞馬遜的永續發展及公關部門的員工還花了幾天的時間，思考如何完成這個極其複雜、排碳又多的壯舉，幸好他們最後放棄了這個構想。貝佐斯決定在華盛頓特區的全國記者俱樂部（National Press Club）宣布這項計畫，那

裡比較方便，也暖和多了。

2019年9月19日的上午，距離前述那場在國家肖像畫廊舉行的盛會還有兩個月，數十名記者難得有機會與亞馬遜的執行長見面。貝佐斯和聯合國氣候變遷綱要公約（United Nations Framework Convention on Climate Change）的前執行祕書克莉絲蒂娜・菲格雷斯（Christiana Figueres）坐在一個小舞台上。他一開始就說：「氣候科學家五年前的預測，後來證明是錯的。南極冰層融化的速度，比五年前的預測快了70%。海洋暖化的速度也比預測快了40%。」他接著說，為了達成新的目標，亞馬遜將改用100%的可再生能源。首先，亞馬遜會向總部位於密西根州普利茅斯（Plymouth）的新創企業Rivian汽車（Rivian Automotive）下單購買十萬輛電動貨車（Rivian也是亞馬遜資助創立的）。

在隨後的問答時間裡，一位記者向貝佐斯詢問他對「亞馬遜員工氣候正義陣線」（Amazon Employees for Climate Justice）的看法。[2] 那個組織是由一群亞馬遜的員工所組成，他們要求公司不要再資助那些否認氣候變遷的政客，也不要再為化石燃料公司提供雲端運算服務。貝佐斯談及那個組織關切的問題時表示：「我認為那是完全可以理解的。」但他也指出，他不認同他們的所有要求，「我們不希望這演變成『公地悲劇』（tragedy of the commons）＊，這個問題需要大家一起努力解決。」幾個月後，在新冠肺炎肆虐期間，亞馬遜解雇了該組織的兩名成員。

那天我也在場，我舉手問了貝佐斯最後一個問題：他是否相信人類能迅速行動，逃離全球暖化最可怕的局面？他用畫家麥柯蒂逼真呈現的炯炯目光凝視著我，回應道：「我天生樂

觀。我真的相信，只要發揮巧思，認真發明，下定決心，投入熱情，設定明確目標，就能突破框架，開創新局。這是我們人類現在需要做的，我相信我們能做到，我確定我們會做到。」

他的回答顯示，他完全相信科技的潛在優點，相信最聰明、最堅定的創新者能夠擺脫困境。至少在當下那一刻，他似乎還是原來的那個貝佐斯，而不是創辦及經營龐大帝國的億萬富豪——有人覺得他的事業推動世界進入一個令人振奮的未來，也有人覺得他的事業遮掩了孕育公平競爭及自由企業的陽光。

在車庫裡誕生

如今，亞馬遜幾乎什麼都賣，而且迅速把商品送到顧客手中；亞馬遜的資料中心撐起了網路上的多數事業；把電視節目與電影串流到家家戶戶；銷售許多熱門的聲控裝置。然而，近三十年前，它只是一個概念，在曼哈頓心臟地帶一座摩天大樓的四十樓裡傳閱。如果你還不熟悉那段網路傳奇，以下是故事大致的始末。

三十歲時，傑佛瑞‧普勒斯頓‧貝佐斯（Jeffrey Preston Bezos）矢志冒險創業，他辭去華爾街避險基金德劭公司（D. E. Shaw）的高薪工作，創立了一個看似不起眼的事業：一家網路書店。他帶著二十四歲的妻子麥肯琪（MacKenzie），從紐約飛往德州的沃斯堡（Fort Worth）。接著，他把老家那台 1988 年出廠的雪佛蘭 Blazer 汽車開出車庫、拜託妻子開車往西北方走，他自己則是坐在副駕駛座上，打開筆電，用試算表做

＊譯注：意指個體會以費用最少、效用最大的方式，去做對自己最有利的決策。但是對自己最有利的決策，卻可能產生對眾人有害的結果，甚至最後可能毀滅所有人的利益。

財務預測。那是1994年，網際網路的舊石器時代。

他們來到西雅圖東部郊區的一間三房單層住宅，而就在中央有個老式鐵鑄火爐的封閉車庫裡，他創立了那家公司。他自己去家得寶（Home Depot）買了兩片60美元的木門扇，為公司打造了兩張桌子。他給那家公司取名為Cadabra Inc.，後來又改變心意，考慮了Bookmall.com、Aard.com、Relentless.com等名稱。最後才決定以全球最大河流「亞馬遜」（Amazon）來命名，代表它提供最廣博的圖書選擇。

起初，他是自己出資創立那家公司，並從父母賈姬（Jackie）與麥可（Mike）獲得了24萬5,000美元的投資。1995年網站上線後，亞馬遜隨即恭逢了剛興起的網路狂潮，每週的訂單都有30%、40%、50%的成長。他們原本打算仔細規畫草創時期的運作，但是大量湧入的訂單讓早期那批員工忙得不可開交。他們後來都忘了那段草創時期的瘋狂。當時，第一批潛在投資者對於要不要投資亞馬遜大多猶豫不決。他們不信任網路，也不太信任這個來自東岸、信心十足、笑聲瘋狂的年輕技客。但是在1996年，矽谷的創投業者開始投資這家新創企業，充裕的資金讓這位嶄露頭角的執行長茅塞頓開，開始懷抱遠大的抱負及稱霸的夢想。

亞馬遜的第一條座右銘是「迅速壯大」。在1990年代末期的網路狂潮期間，亞馬遜的擴張速度快得驚人。貝佐斯忙著雇用新經理人，開設新倉庫，1997年大張旗鼓地公開上市（IPO），也打贏了競爭對手巴諾書店（Barnes & Noble）為了絕地求生而提出的訴訟。貝佐斯認為亞馬遜這個品牌有可塑性，就像理查‧布蘭森（Richard Branson）的維珍（Virgin）一樣，所以他一古腦兒地投入新的產品類別，開始銷售CD、

DVD、玩具、電子產品。「我們要把這個事業帶上月球。」他對當時同在西雅圖創業的星巴克執行長霍華·舒茲（Howard Schultz）這麼說。

貝佐斯想設定自己的成功標準，不受急躁的外人所干擾，所以他在寫給股東的第一封信中，闡述了他的經營理念，誓言公司的焦點不是追求眼前的財務報酬，也不是滿足華爾街短視近利的要求，而是提高金流與市占率，為忠誠的股東創造長期的價值。他寫道：「這是網際網路的第一天，如果我們執行得宜，也是亞馬遜的第一天。」從此，他創造了「第一天」（Day 1）這個神聖代稱。後來在亞馬遜內部，「第一天」這幾個字開始代表公司需要持續發明、快速決策、積極接納更廣泛的科技趨勢。投資者紛紛投資以示認同，把股價推升到難以想像的境界。執行長也因此變成了百萬富豪及名人，1999年還登上《時代》雜誌（Time）的封面，成為「年度人物」。在世紀之交，封面上的貝佐斯傻裡傻氣地從一個裝滿彩色保麗龍粒的紙箱中探出他的禿頭來。

然而，在幕後，情況卻是一團糟。亞馬遜對其他網路新創企業的投資都告失敗，幾件企業收購案也毫無成果，許多早期從沃爾瑪（Walmart）等傳統零售業召募過來的員工，眼看公司亂象叢生，紛紛逃離。早期亞馬遜的倉庫，在耶誕節期間總是訂單爆棚，人手不足，必須調派西雅圖辦公室的員工過去支援。員工一到倉庫，就捲起袖子，打包禮物，到了晚上就一起擠在陽春的旅館內休息。

後續兩年，亞馬遜大幅虧損，在網路泡沫的破滅期差點破產。一份金融報刊戲稱亞馬遜是「亞馬遜炸彈」（Amazon.bomb，與Amazon.com類似，用來諷刺亞馬遜），說「投資人

開始意識到這檔彷如神話的股票有問題」。此後,亞馬遜開始走霉運,貝佐斯備受各界嘲諷,甚至2001年還因內線交易而遭到美國證管會的調查。有位分析師因一再預測亞馬遜即將耗盡資金而頻頻登上新聞頭條。當時亞馬遜的總部已搬進一座1930年代興建、採裝飾藝術風格的榮民醫院。那座醫院坐落在面向西雅圖市中心的山坡上。2001年2月,尼斯奎利地震(Nisqually earthquake)衝擊太平洋西北地區,總部的磚瓦灰泥崩解掉落,貌似不祥之兆。當時,貝佐斯與員工馬上鑽到他們以厚門打造的辦公桌底下,才保住性命。

亞馬遜的股價跌至個位數,摧毀了大夥兒想要迅速致富的美夢。三十七歲的貝佐斯在辦公室的白板上寫道:「我的股價不等於我的價值!」並加碼好禮與服務,以討好顧客。例如,《哈利波特》最新小說會在出版當天送達顧客手中。

員工都很害怕,但貝佐斯似乎很冷靜。幾批發行時機恰好的債券,以及2001年夏天AOL及時注入的1億美元資金,讓亞馬遜有足夠的錢可以償還債務,並擺脫多數網路公司黯然關閉的命運。2003年的春天,亞馬遜終於削減夠多的成本,首度出現季度盈餘。這個愛記仇的執行長在公布營運績效的新聞稿中,藏了一個縮寫:milliravi。[3] 那是個內部笑話,是在嘲諷那個老是預測亞馬遜即將破產的分析師。

起死回生的三步棋

亞馬遜倖存下來了,但似乎沒有什麼特別之處。相較之下,它的網路競爭對手eBay有更多的商品選擇;實體零售商沃爾瑪的商品售價更低;日益壯大的搜尋引擎谷歌(Google)吸引了全球最頂尖的工程師,也把網路消費者從亞馬遜的網站

吸走，然後再要求亞馬遜為搜尋結果買廣告，以便把網路消費者再吸引回去。

接下來發生的事情，可說是商業史上最引人注目的轉變之一。由於亞馬遜在網拍方面比不上eBay，貝佐斯乾脆開放網站讓第三方業者進駐，自己上架商品，跟亞馬遜的商品一起販售，由消費者自己決定跟誰買。接著，他又突然發現推動其事業發展的良性循環：把外部賣家及更多的商品選擇拉進亞馬遜的網站，不僅可以吸引新的網路消費者，還可以從那些銷售中抽取佣金；那些佣金可以用於降低價格或補貼更快的送貨速度，這樣一來，又可以吸引更多的消費者上門，也會吸引更多的賣家進駐——如此循環下去。貝佐斯認為，投資那個循環中的任何環節，都可以加速良性循環。

貝佐斯也從航空與汽車業的巨擘聯訊公司（AlliedSignal）聘請了一位名叫傑夫・威爾克（Jeff Wilke）的經理人。威爾克很像貝佐斯：早慧，充滿雄心壯志，把滿足顧客看得比任何事情還要重要（包括員工感受）。他們一起重新設計倉庫，把倉庫命名為「物流中心」（fulfillment centers，簡稱FC），並徹底重寫物流軟體。物流中心搭配新軟體，可以迅速可靠地完成顧客的訂單，讓亞馬遜繼續拓展到新的產品類別，例如珠寶與服飾。最後，亞馬遜又推出誘人的Prime會員方案：年付79美元，即可享有兩天內到貨的保證。

貝佐斯與另一位志同道合的副手安迪・賈西（Andy Jassy）合作，往另一個更驚人的方向擴展。賈西考慮到底下工程師的運作方式，以及亞馬遜打造穩定的運算基礎設施時所培養的專業（可承載龐大的季節性流量高峰），進而構想出「亞馬遜網路服務」（Amazon Web Services，簡稱AWS）這個新

事業。AWS的營運概念是，亞馬遜把原始的運算力賣給其他公司，讓那些公司透過網路，以低價取得運算力來經營自己的事業。

亞馬遜的許多員工與董事都難以理解這份商業計畫，但四十歲的貝佐斯對此深信不疑，他細膩地管理這個專案，經常在深夜向AWS團隊的領導者發送極其詳細的建議與目標。「這必須無限擴展，而且沒有預訂的停機時間。」他告訴那些為AWS奮戰的工程師：「無限擴展！」

與此同時，貝佐斯眼看著蘋果靠iPod及iTunes在音樂銷售方面迅速崛起，深為震撼。他擔心圖書業也會遭到類似的侵蝕，所以啟動一項祕密專案，開發亞馬遜自己的電子閱讀器Kindle。許多同仁認為，亞馬遜已經長期虧損，竟然還要生產電子產品，簡直是瘋了。貝佐斯告訴他們：「我當然知道這很難，但我們將學會怎麼做。」

他讓另一名副手史蒂夫・凱瑟爾（Steve Kessel）負責這個案子，並要求他放下經營亞馬遜圖書事業的責任，「就好像你的目標是讓所有賣紙本書的人都失業一樣」。這個專案為了電子書的市場，與傳統的出版商發生多次衝突，而且爭執持續數年，也因此有人指控亞馬遜是在發展掠奪性的事業。矛盾的是，這也促成一場針對五大出版商及蘋果所提出的反壟斷訴訟。該案指控那些業者非法合謀把電子書的售價定在Kindle預設的9.99美元之上。

物流中心、AWS、Kindle這三大計畫的結合，讓亞馬遜重新獲得華爾街的青睞。2008年，亞馬遜的市值超越了eBay，並開始與谷歌、蘋果、矽谷的新創企業臉書（Facebook）相提並論。接著，貝佐斯想盡辦法打敗了沃爾瑪，並收購兩家新興

的線上競爭對手：鞋類零售商捷步（Zappos）和消費品業者魁市（Quidsi，擁有熱門網站Diapers.com）。反壟斷的監理機關很快就批准了那幾筆收購案，但後來亞馬遜的主宰力量日益強大時，大家開始懷疑有關當局的決議。

管理獨具一格，營運迅速成長

　　這位看來日益健壯、頂著光頭的執行長，其實比任何人所想的更有深度。他熱愛閱讀，還會領導高階經理人開讀書會，討論克雷頓‧克里斯汀生（Clayton Christensen）的《創新的兩難》（*The Innovator's Dilemma*）等書。他很討厭按常規做事，並要求員工模仿他的十四條領導原則，例如顧客至上、召募英才、勤儉節約。而且，亞馬遜也會訓練員工做日常決策時（例如召募新人、升遷、甚至產品微調）考慮那些原則。

　　美國企業很愛用PowerPoint做簡報，但是亞馬遜內部禁用這種條列式的簡報方法。貝佐斯認為那種條列方式無法表達完整的想法。亞馬遜的每場內部會議都是以近似冥想的閱讀開始，與會者必須閱讀一份資料豐富的六頁文件，稱之為「六頁報告」。在亞馬遜，打造事業就像一種編輯流程，內容需要經過多次的修改，用字遣詞都要辯論，而且要經過領導者的仔細考量，尤其是通過貝佐斯那一關。亞馬遜的內部組織是由許多小單位所構成，他們稱這些多元的工作小組為「雙披薩團隊」（因為人數少到叫兩個披薩就夠了）。它們必須迅速行動，通常也相互競爭。這種非比尋常、權力下放的企業文化，灌輸員工一個觀念：速度與準確性不能取捨，必須兼顧。他們應該迅速行動，但也絕對不能犯錯。他們把目標、問責制、最後期限，從上往下推到各個層級；但衡量指標則是透過每週、每季

的業務報告以及半年一次的全公司檢討，由下往上遞送。這種半年一次的檢討稱為OP1與OP2。OP是指營運計畫（operating plan），OP1是在夏末進行，OP2是在年底假期後進行。以貝佐斯為首的「S團隊」（亦即資深領導團隊）會評估每個團隊的績效。S團隊是由一群志同道合的數學奇才所組成，包括貝佐斯本人，他會特別關注有前景的新專案，或導正那些業績令人失望的團隊。他對績效審查的專注及嚴格要求，一如他在亞馬遜早期的作風一樣。他認為沒有什麼東西是理所當然的，包括亞馬遜日益蓬勃的成果。

對於那些沒有達標的員工，貝佐斯有時會大發雷霆，那些尖刻的措辭在公司內部廣為流傳。例如，他質問令他失望的下屬：「你為什麼要浪費我的生命？」或者，他會故意說：「抱歉，我今天是吃了耍笨藥丸嗎？」這種殘酷的領導風格及獨特的文化讓許多員工疲憊不堪，但事實證明這種方法極其有效。2011年的春天，亞馬遜的市值達到800億美元。股價上漲使貝佐斯的身價也跟著水漲船高。四十七歲的貝佐斯以181億美元的身價，在全球富豪排行榜上排名第三十名。[4]

這種驚人的成就開始引起各界的關注。州政府發現，網路上日益氾濫的免稅銷售，都是導致他們的金庫愈來愈空虛的原因。於是，他們立法要求線上零售商支付營業稅，以填補網路時代以前為郵購公司開創的漏洞。相對於實體業者，線上業者享有很大的價格優勢，所以貝佐斯已經準備好捍衛這個優勢，他甚至支持加州的一項投票動議，以取消一項迫使線上零售商繳交營業稅的新法律。但他為此動議奮戰到一半時，突然改變心意。迴避營業稅導致亞馬遜的發展陷入困境，無法在許多地方拓展據點，甚至連員工的差旅地點也受到限制。同意繳

交營業稅，等於放棄了價格優勢，但貝佐斯抱持的是更長遠的觀點。因為這樣一來，亞馬遜就可以在人口更多、離顧客更近的州開設辦公室與物流中心，為商業史上規模最大的擴張奠定基礎。

亞馬遜積極地往四面八方擴張，不只線上事業如此，在它的發源地也是如此。亞馬遜的辦公室原本分散在西雅圖各地的辦公大樓內，後來集中搬到一個辦公園區的十幾棟大樓。那個園區就在市中心北部的聯合湖（Lake Union）附近。2012年初，有人在南聯合湖區（South Lake Union）附近張貼匿名的傳單，傳單上出現一個貶損的字眼：Am-holes（亞馬遜混蛋），[5]指的是在那一帶聲勢持續壯大、佩戴著識別證的亞馬遜員工。由此可見，亞馬遜與那個左傾、藍領居多的發源地之間，嫌隙日益加劇。

貝佐斯雖然排除萬難，功成名就，但他更喜歡把負面報導貼在辦公室的牆上，以持續激勵自己和同仁（例如《霸榮週刊》（*Barron's*）的封面故事〈Amazon.bomb〉）。在年初發布的股東信中，他盡責地提醒員工與投資者：「現在依然是第一天！」畢竟，在這家萬物商店的虛擬貨架上，為了持續增加近乎無限的商品選項，需要做的事情還有很多。

從萬物商店到無極限王國

2013年10月，我以「萬物商店」[*]這個名稱出版了一本書。當時全世界對亞馬遜的興趣與日俱增。那本書試圖說明一個經典的現代商業故事──線上書店的經營者如何克服瀕臨破產的危機，不僅顛覆了零售業，也顛覆了數位媒體及企業運

---

[*] 編注：The Everything Store，繁中版《貝佐斯傳》，天下文化出版。

算領域。

那本書普遍獲得好評，但也有一些出名的負評。例如，貝佐斯的妻子在亞馬遜上發表一星的負評，聲稱書中有些描述並非事實，「我想要喜歡這本書，但書中對亞馬遜員工與文化的描述既偏頗又充滿誤導」。我在書中形容貝佐斯的子弟兵忠實地傳達了貝佐斯的格言與領導風格，她批評我把那些人描寫成「貝佐斯機器人」。後來我得知，貝佐斯對於我追蹤其生父泰德・喬根森（Ted Jorgensen）的方式感到不滿（如今喬根森已逝）。喬根森在貝佐斯年幼時離家，對兒子的發展一無所知，直到四十五年後我造訪他時，他才知道兒子的發展。

當時，我以為我已經針對亞馬遜的崛起寫了一本鉅細靡遺的書，但是後來奇怪的事情發生了。2014年，亞馬遜發布了第一個Echo（使用虛擬助理Alexa的聲控音箱）。那個產品一上市就爆紅，在後續五年間，亞馬遜總共賣出了一億多台Echo，掀起新一波的聲控運算熱潮，也一雪它在消費電子產品的前恥（Fire手機）。亞馬遜已從顧客的家門進駐到顧客的客廳，它不僅觸及顧客各式各樣的要求與提問，甚至可能知道顧客最私密的對話。

約莫同一時間，亞馬遜的AWS部門擴大其資料庫服務的產品線，以吸引大企業和政府機構進入企業運算的縹緲未來：雲端。2015年春季，亞馬遜首次公布AWS的財務數字，其獲利及成長速度都令投資者驚艷，這也促成了亞馬遜股票的另一波追捧熱潮。

幾年後，亞馬遜在西雅圖開了第一家Amazon Go實體零售店的原型，使用人工智慧與電腦視覺技術，讓顧客直接走出商店就自動結帳，不需要再設置收銀員。亞馬遜的版圖也

在地理上大幅延伸，大舉進軍印度、墨西哥和其他國家，並與世界上銷售額最大的公司沃爾瑪直接競爭。與此同時，它也透過亞馬遜影業（Amazon Studios）投資好萊塢，推出《透明家庭》（*Transparent*）、《漫才梅索太太》（*The Marvelous Mrs. Maisel*）和《傑克萊恩》（*Jack Ryan*）等熱門影片，以及幾部惡評爆表的作品，例如伍迪・艾倫（Woody Allen）的《六場危事》（*Crisis in Six Scenes*）。這些投資讓亞馬遜參與了改寫新時代家庭娛樂的競爭，緊追在Netflix之後。

這一切如火如荼地發展之際，亞馬遜也重振了老本行。亞馬遜市集（Amazon Marketplace）是讓獨立賣家在亞馬遜上販售商品的地方，隨著中國製造的低價商品（包括假貨及仿冒品）激增，那個市集也大幅成長。2015年，亞馬遜市集銷售的產品總值，超越了亞馬遜自家網站的銷售總值。2017年，亞馬遜收購了有機連鎖超市全食超市（Whole Foods Market），避免這家指標性的美國超市業者遭到激進投資人（activist investor）的侵入，也為一直以來進軍食品業未果的亞馬遜打了一劑強心針。

亞馬遜也改造其送貨方式，減少對UPS等合作夥伴的依賴，設立自己的撿貨中心、送貨車隊、印上亞馬遜Prime標誌的貨機團隊。它也重振了廣告業務，在搜尋結果中嵌入廣告，就像谷歌十年前開創的做法一樣，為公司創造了新的獲利來源。

我之前撰寫的那個亞馬遜，2012年底的市值近1,200億美元。2018年的秋季，亞馬遜的市值首次達到1兆美元。短短六年內，市值翻了八倍。2020年初，亞馬遜的市值再次突破1兆美元，而且顯然已成永久的定局。我之前寫亞馬遜時，員

工不到15萬人。2020年底，員工已多達130萬人。之前我說亞馬遜是Kindle公司，現在則是Alexa公司，也是雲端運算公司、好萊塢片廠、電玩製造商、機器人製造商、連鎖超市的業主……身分不勝枚舉。

亞馬遜在吸引投資者與顧客的同時，也變成政治惡鬥的中心。那場惡鬥有可能重新定義自由市場的資本主義。批評人士認為，那種肆無忌憚的財富與權力累積，為我們帶來慘痛的代價，加劇了收入不平等，也對勞工及當地業者不利。

2019年，參議員伊莉莎白·華倫（Elizabeth Warren）首次競選總統時寫道：「現今的大型科技公司擁有太多的權力，他們對我們的經濟、社會、民主都有太多的影響。亞馬遜模仿小公司在亞馬遜市集上銷售的商品，然後再販售自有品牌，打擊那些小公司。」[6] 她呼籲政府強制拆分貝佐斯的龐大事業，把捷步與全食超市獨立出來，也把其他的事業打散。

貝佐斯的轉變

隨著亞馬遜的改變，貝佐斯本身也出現驚人的蛻變。

公司草創時期，他常穿著卡其褲與深藍色襯衫，騎著兩輪的賽格威（Segway）電動車在辦公室裡穿梭，狂笑聲在牆壁之間迴盪。他與妻子及四個孩子住在西雅圖外富裕的美迪納（Medina）濱湖郊區，極力保護隱私。儘管他的財富大增，但他似乎對收藏經典跑車或獨家拍賣會上的昂貴畫作毫無興趣，更不是豪華遊艇的狂熱愛好者。各種豪華奢侈品中，似乎只有私人飛機讓他產生明顯的興趣，因為避搭民航機可為他省下金錢買不到的資源：時間。

然而，2010年代末期，以前那個專心打拚事業、不趕流

行的技客形象已經消失。就連2014年Fire手機發布時，那個開心在台上列舉Fire技術規格的科技宅男形象也已不見踪影。

貝佐斯擺脫了不善交際但充滿自信的技客形象，變成了商業巨亨。乍看之下，彷彿多了一種所向無敵的神祕光環。2017年夏季，貝佐斯晉升為全球首富，這主要是因為亞馬遜的股價上漲，再加上比爾·蓋茲的財富成長較緩，又持續把財富捐給慈善事業，貝佐斯當時尚未明顯加入慈善的行列。隨著貝佐斯成為全球首富，一張貝佐斯的照片也廣為流傳。那張照片是來自艾倫公司（Allen & Company）在太陽谷舉行的會議，照片中的貝佐斯戴著一副時髦的Garrett Leight折疊式太陽眼鏡，穿著短袖的馬球衫與羽絨背心，露出健壯的二頭肌。那張照片在網上瘋傳，貝佐斯瞬間成了商界的武打英雄。

起初，圈內人很難看出貝佐斯真正改變了多少。亞馬遜的同仁說，他依然專注投入亞馬遜的新業務，例如Alexa。但其他事情也需要他投入時間，包括他剛投入的慈善事業、充滿雄心壯志的太空公司藍色起源（Blue Origin），以及他在2013年收購的知名報社《華盛頓郵報》（Washington Post）。衝動暴躁的美國總統川普常把《華盛頓郵報》當成攻擊的箭靶。

摩根大通的執行長傑米·戴蒙（Jamie Dimon）是貝佐斯的多年老友，他說：「我認識的貝佐斯，仍是以前那個貝佐斯。」戴蒙與貝佐斯有不少共事的機會，例如，他們都參與商業協會（Business Council，華府的一個組織，每年開會幾次以討論政策）、避風港醫療保健公司（Haven Healthcare，這是亞馬遜、摩根大通、波克夏海瑟威合資創立的公司，目的是降低員工的醫療成本，但後來失敗解散）。不過，戴蒙覺得，貝佐斯逐漸打開了眼界，他說：「貝佐斯就像一個踏進糖果店的

孩子，這一切對他來說都很新鮮。他以前長時間專注在亞馬遜，後來逐漸變成世界公民。」

對其他人來說，貝佐斯的蛻變顯示另一種意義：不可思議的成就會帶來傲慢。2017年秋天，他指示亞馬遜舉辦一場競賽，名為HQ2。這場競賽在北美的各城市展開，目的是在西雅圖之外建立新的亞馬遜總部。這場前所未有的公開競爭，掀起了長達十七個月的熱潮，共有兩百三十八個地區搶著爭取這家科技巨擘的青睞。後來，紐約市與北維吉尼亞雀屏中選，但那時政治風向已急劇轉變，大家開始抨擊亞馬遜舉辦這場競爭是為了尋求豐厚的節稅優惠（及其他因素）。紐約市皇后區的進步派議員（例如超人氣的眾議員亞歷珊卓麗雅・歐加修—寇蒂茲〔Alexandria Ocasio-Cortez〕），以及他們的工會盟友高分貝抗議亞馬遜的計畫，最後導致亞馬遜黯然撤銷在紐約長島市開設第二總部的提案。

此後，事情的發展又變得更加曲折離奇。2019年1月，貝佐斯在推特上宣布與結褵二十五年的妻子麥肯琪離婚的驚人消息，連那些自認與他們夫妻倆熟識的人也震驚不已。翌日，八卦報《國家詢問報》（National Enquirer）刊出一份長達十一頁的報導，揭露貝佐斯與電視明星蘿倫・桑契斯（Lauren Sanchez）的婚外情，包括兩人之間的露骨私密簡訊。貝佐斯下令調查該報是如何取得他的簡訊及私密照片。接下來的一年，這場庸俗的鬧劇逐漸演變成全球間諜指控，而且有跡象顯示，這涉及一場與沙烏地阿拉伯的王儲穆罕默德・本・沙爾曼（Mohammed bin Salman）有關的陰謀。世界上最有紀律的人怎麼會落到這步田地？當時亞馬遜不只一位高階主管私下裡如此納悶。

　　亞馬遜的創辦人如今在大眾眼中同時兼具多重身分，他是發明家，也算是全球最有成就的執行長、太空創業家、一家報社的救星及自由媒體的支持者。同時，他也是一個來勢洶洶的壟斷者、小企業的敵人、倉庫工人的剝削者及淫穢八卦報的主角。2021 年 2 月，貝佐斯宣布交棒給副手賈西，卸下執行長一職，改任執行董事長，以便更投入亞馬遜的新產品和專案以及其他的興趣。交棒的消息一出，也是引起同樣多元的反應。

　　儘管他在「氣候宣言」的記者會上，對全球暖化的解決方案抱持樂觀的態度，但那個人顯然已經不是以前的貝佐斯了，所以我才決定寫這個續集，調查亞馬遜是如何在那麼短的時間內發展到如此龐大的規模。我在書中再次提出一個關鍵問題：亞馬遜和貝佐斯是否有利於商業競爭、現代社會，甚至我們的星球。

　　這項任務是在亞馬遜、《華盛頓郵報》、藍色起源的協助下完成的，他們協助我採訪了許多高階經理人。儘管我屢次提出要求，也拜託私人遊說，但最終亞馬遜並沒有讓貝佐斯親自受訪。我也採訪了數百位在職及離職的員工、合作夥伴、競爭對手，還有許多涉入貝佐斯及其諸多事業與私人事務的關係人。

　　這些訪談讓我寫成了這本書。這是一位執行長的故事：他充滿幹勁，開創了豐富的企業文化，即使後來公司的規模如此龐大，卻依然不斷地拋除官僚主義，開創令人振奮的新產品。這也是一家卓越的科技公司的故事：它在短短十年內變得所向無敵，無所不能，以至於許多人開始擔心，它可能導致競爭環境對小公司不利。這本書也會提到這位全球最著名的企業家是如何迷失方向，後來又試圖重新找到方向——而且在一

場可怕的全球疫情肆虐下，他如何進一步擴大權力與獲利。

　　這個故事描述商業史上的一個時期。在這個時期，舊有的法律似乎不再適用於全球最有主宰力的公司。這個故事也在探討，當一個人及其龐大的帝國即將完全擺脫束縛、無遠弗屆地發展時，會發生什麼事。

第一部

開創

亞馬遜
2010 年 12 月 31 日

年度營收淨額	＄342 億美元
全職與兼職員工人數	33,700 人
年終市值	＄804.6 億美元
貝佐斯的年終資產淨值	**＄158.6 億美元**

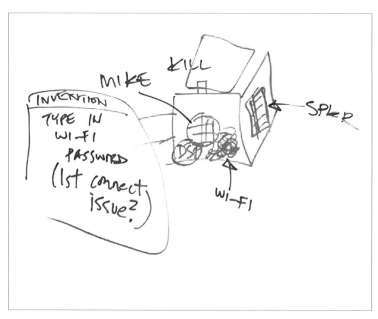

2010年底，貝佐斯在白板上畫的聲控喇叭草圖

01
超級產品經理人

2010年，亞馬遜陸續搬到西雅圖新興的南聯合湖區，進駐十幾棟低矮的建築。那些建築看起來沒什麼特別之處，外觀很普通，而且在執行長的堅持下，也沒有明顯的招牌可以讓人一眼就看出來，裡頭是一家年收近350億美元的網路巨擘。貝佐斯曾告訴同仁，招搖沒什麼好處，況且，與該公司有業務往來的人早就知道亞馬遜在哪裡。

亞馬遜的辦公大樓主要是聚集在泰瑞路北段（Terry Avenue North）和哈里森街（Harrison Street）的交叉口四周。那些辦公大樓大多沒有名稱，但室內都洋溢著這個獨特企業的所有顯著特徵。員工的脖子上掛著不同顏色的識別證，顏色代表資歷（藍色代表任職未滿五年，黃色代表任職五到十年，紅色代表任職十到十五年）。辦公室與電梯的周圍都貼了海報，列出貝佐斯的十四項神聖領導原則。

當時四十六歲的貝佐斯在這些建築之間穿梭，他總是身體力行亞馬遜那套獨特的經營理念。例如，他會不遺餘力地闡述亞馬遜的第十條原則「勤儉節約」：以少做多，事半功倍。限制可以激發足智多謀、自給自足、創造發明。不斷增加員工人

數、預算規模或固定費用都毫無助益。平時，他是由妻子麥肯琪開著本田休旅車送他來上班。他與同事一起搭乘他的私人飛機達索獵鷹900EX（Dassault Falcon 900EX）時，他常提到，那筆交通費是他自己出的，不是亞馬遜買單。

說到貝佐斯最重視的領導原則，那應該是第八條「大格局思考」：格局太小的思維，是一種自我應驗預言。領導者應該開創及傳達一個激勵人心的宏大方向。他們的想法與眾不同，四處發掘服務顧客的方法。2010年，亞馬遜是一家成功的線上零售商、新興的雲端服務供應商，也是數位閱讀的先驅，但貝佐斯的願景遠不只這些。當時亞馬遜剛開始探索人工智慧與機器學習等深奧的電腦科學領域。那年，他寫給股東的信中，字裡行間洋溢著他對這些新興領域的澎湃熱情。那封信一開始就提到許多晦澀難懂的術語，例如「單純貝氏估測法」、「流言散布協定」、「資料分割」等等，他寫道：「創新發明是我們的DNA，科技是我們用來全面精進顧客體驗的基本工具。」

貝佐斯不單只是想像這些科技的可能性，他也努力把亞馬遜的下一代產品直接放在最遙遠的科技尖端。約莫這個時候，他開始與亞馬遜的矽谷研發子公司「126實驗室」（Lab126）*的工程師密切合作。該實驗室開發亞馬遜的第一個電子產品Kindle。在一連串的腦力激盪會議中，他提出幾項專案，以補強Kindle及即將推出的Kindle Fire平板電腦，那些專案當時的內部名稱是「專案A」（Project A）。

至於「專案B」，就是後來命運多舛的Fire手機：它使用一組前置鏡頭與紅外線燈，來打造一個看似3D智慧型手機的螢幕。「專案C」又稱「微光」（Shimmer），是一種檯燈狀的

桌上裝置，可以把類似全像攝影（hologram）的畫面投射到桌子或天花板上。後來，他們發現那種裝置的成本極其高昂，因此從未推出。

貝佐斯對於消費者如何與這些裝置互動，抱著獨特的想法。工程師是在無意間發現這點：開發第三版 Kindle 的工程師試圖刪除原本打算內建的麥克風，因為當時沒有任何功能會用到那個麥克風，但貝佐斯堅持留下麥克風。當時擔任 Kindle 硬體總監的山姆・鮑恩（Sam Bowen）說：「我得到的答覆是，貝佐斯認為將來我們會和裝置對話。那聽起很像《星艦迷航記》（Star Trek），而不是現實。」

設計師說服貝佐斯在後來的 Kindle 版本中刪除麥克風，但他依然堅持信念，認為對話式運算是必然的趨勢，而且人工智慧的潛力有朝一日會落實那個想像。他最愛的科幻小說裡都有這種東西，從電視影集《星艦迷航記》（「電腦，開啟一個頻道！」），到亞瑟・克拉克（Arthur C. Clarke）、以撒・艾西莫夫（Isaac Asimov）、羅伯特・海萊因（Robert A. Heinlein）等作家的創作裡都有。貝佐斯位於西雅圖湖畔的家中，收藏了數百本科幻大師的巨作。其他人閱讀這些科幻經典時，只是幻想著另類現實，貝佐斯似乎把那些書視為令人振奮的未來藍圖。這種做法最終促成亞馬遜未來十年的劃時代產品，也就是那個圓柱形的聲控喇叭，並在業界掀起一波模仿潮，挑戰隱私規範，也改變大家對亞馬遜的看法——亞馬遜不僅是電商巨擘，也是創新的科技公司，不斷突破電腦科學的疆界。

那項計畫最初在 126 實驗室中稱為「專案 D」，後來命名

---

* 譯注：Lab126 的名字源自亞馬遜標誌裡那道狀似微笑箭號。箭號從「A」指向「Z」，而 A 是第 1 個英文字母，Z 是第 26 個，意指從 A 到 Z，無所不包。

為「亞馬遜Echo」，搭載智慧型語音助理Alexa。

神祕的專案D

專案D的起源一如亞馬遜的其他專案，可以追溯到貝佐斯和他的「技術顧問」（technical advisor，簡稱TA）。每一位TA都是貝佐斯精心挑選的高階經理人，平日就跟在他的身邊見習。TA的職責包括在會議上做筆記，草擬年度股東信，從與貝佐斯一年多的密切互動中學習。2009年到2011年，擔任這個角色的是葛瑞·哈特（Greg Hart），他是負責公司最早期那些零售類別（例如書籍、音樂、影碟、電玩）的資深高階主管。哈特是土生土長的西雅圖人，大學時就讀麻州西部的威廉斯學院（Williams College），畢業後在廣告業做了一陣子，後來在西雅圖頹廢搖滾年代（grunge era）*逐漸式微時返鄉。當時他留著山羊鬍，對法蘭絨襯衫情有獨鍾。他跟在貝佐斯身邊見習時，已經刮去他的山羊鬍。當時他是公司裡前途看俏的當紅炸子雞。哈特談及他身為TA的感覺：「你會覺得自己好像是約翰·伍登（John Wooden）的助理教練——你知道的，就是那位可能是史上最卓越的籃球教練。」

哈特記得2010年末的某天，在西雅圖的藍月漢堡店（Blue Moon Burgers），他和貝佐斯談到語音辨識技術。用餐時，哈特拿出安卓手機，展現出他對谷歌語音搜尋的熱情，他對著手機說：「我附近的披薩店。」螢幕上馬上顯示附近披薩店的連結清單，他把螢幕拿給貝佐斯看。哈特回憶道：「貝佐斯對於在手機上使用這個功能有點懷疑，因為他覺得那在社交上有點尷尬。」不過，他們也討論到，這項技術終於在聽寫及搜尋方面變得愈來愈好。

　　當時，貝佐斯對於亞馬遜不斷成長的雲端事業也很興奮，他問所有的高階主管：「你們打算怎麼幫AWS加分？」他與哈特及其他人在語音運算方面的討論，令他大受啟發。2011年1月4日，他發電郵給哈特、設備副總裁伊恩・佛瑞德（Ian Freed）、資深副總裁凱瑟爾，在信中把這兩個主題連在一起：「我們應該製造一款售價20美元的裝置，把它的核心放在雲端，完全由語音操控。」這又是老闆的突發奇想，他的腦中似乎有無窮的靈感。

　　貝佐斯與下屬在電郵中反覆討論了幾天，但沒有進一步採取行動。本來這件事可能就此打住，但幾週後，哈特在亞馬遜總部「第一天北棟」（Day 1 North）六樓的會議室與貝佐斯開會，討論他的職涯選擇。他身為TA的任期即將結束，所以他們討論未來在公司領導新計畫的幾個可能選項，包括在亞馬遜的影片串流及廣告集團內的職位。貝佐斯把他們的想法寫在白板上，接著開始以他常用的幾個標準來評估每個選項的價值：那項新計畫成功的話，會變成大事業嗎？公司現在不積極追求這個目標的話，會不會錯失良機？最終，貝佐斯與哈特劃掉清單上的所有專案，只留下一個：貝佐斯想像的聲控雲端電腦。

　　哈特記得當時他對貝佐斯說：「貝佐斯，我在硬體方面沒有任何經驗，我領導過的軟體團隊最多也只有四十人左右。」

　　貝佐斯的回答是：「你沒問題的！」

　　哈特感謝老闆對他那麼有信心，於是說：「好吧，過程中萬一我們搞砸了，別忘了你說過那句話。」

＊ 譯注：一種隸屬於另類搖滾的音樂流派，源於1980年代中期美國西岸的華盛頓州，尤其是西雅圖一帶。

他們結束會議以前，貝佐斯在白板上勾勒出他想像的那個無螢幕聲控電腦。他為Alexa裝置畫出第一個構想圖裡有喇叭、麥克風和靜音鈕。那張圖也指出，裝置如何連上無線網路（Wi-Fi）是一項挑戰，需要進一步思索，因為它無法一開箱就馬上接收指令。哈特用手機拍下了那幅構想圖。

貝佐斯後來一直密切參與那個專案，每隔一天就與團隊見面，做詳細的產品決策，並在第一個Echo發布以前，批准公司在那個專案上投入數億美元。員工以德語的形容詞「über」，稱他為「超級產品經理人」（über product manager）。

但哈特才是那個團隊的領導人。這個團隊就設在貝佐斯辦公室對街的菲奧娜大樓（Fiona），也就是Kindle大樓。後續幾個月，哈特從公司內部與外部召募到一小群人。他發給潛在員工的電郵上，標題寫著「加入我的任務」。他面試那些人時，問了類似以下的問題：「你如何為盲人設計一款Kindle？」他跟貝佐斯一樣保密到家，拒絕向那些潛在員工透露他們以後是開發什麼產品。一位應徵者回憶道，當時他猜測那個部門要做的是大家都在傳的亞馬遜智慧型手機，但哈特回他：「有另一個團隊正在開發手機，但我這個產品比手機有趣多了。」

工程師艾爾・林賽（Al Lindsay）是早期加入團隊的一員。他之前的工作包括為美國西部電信公司（US West）的聲控電話輔助程式編寫原始碼。林賽剛加入專案的那三週，人在加拿大的小屋渡假。渡假期間，他寫了一份六頁報告，設想外部開發人員如何為那個聲控裝置開發app。另一位從亞馬遜內部召募的主管約翰・提姆森（John Thimsen）擔任工程總監。他根據「專案D」這個名稱，為計畫取了一個正式的代號「都卜勒」（Doppler）。「坦白講，剛開始，我覺得沒有人真的預

期這個計畫會成功。」提姆森告訴我，「但是多虧了哈特，我們做到一半時，都相信這個計畫一定會成功。」

由於貝佐斯迫切想看到成果，最初 Alexa 團隊面臨緊迫的時間壓力。貝佐斯抱著不切實際的想法，希望在六到十二個月內就發布那款裝置。他那麼急切，確實有充分的理由。2011年10月4日，就在都卜勒團隊剛成立不久，蘋果在 iPhone 4S 上推出虛擬助理 Siri，那是賈伯斯生前最後一個熱情投入的專案，而在 Siri 發布的隔天，賈伯斯就因癌症過世。看到東山再起的蘋果也有「聲控個人助理」的構想，這對哈特及其團隊來說既是一種認可，也令人氣餒，因為 Siri 變成第一個上市的產品，而最初的評價褒貶不一。都卜勒團隊拚命安慰自己，他們的產品獨一無二，因為它獨立於智慧型手機。不過，更重要的區別也許是，Siri 再也得不到賈伯斯的大力支持，但 Alexa 不只會得到貝佐斯的支持，在亞馬遜內部還會得到近乎瘋狂的關注。

為了加快開發速度及達成貝佐斯的目標，哈特和團隊開始尋找新創企業，以便直接收購。這是不小的挑戰，因為多年來，總部位於波士頓的語音巨擘 Nuance 已經把美國頂尖的語音公司幾乎都收購了。蘋果的 Siri 就是向 Nuance 取得技術授權。都卜勒團隊的主管想要了解有哪些還未被收購的新創企業有潛力，於是邀請那幾家公司為 Kindle 的電子書目錄添加語音功能，然後再研究他們採用的方法及結果。這種方法在後續兩年促成了幾筆收購案，他們最終塑造了 Alexa 的大腦，甚至包括它的音色。

亞馬遜收購的第一家公司，是位於北卡羅來納州夏洛特市的 Yap。這是一家擁有二十名員工的新創公司，它的技術可以

把語音留言之類的人聲自動轉譯成文本，不需要依賴低薪國家的人工轉錄員。儘管亞馬遜收購Yap後會淘汰該公司大部分的技術，但它的工程師將協助開發把用戶的聲音轉成電腦可讀格式的技術。亞馬遜與Yap洽談收購案的過程相當漫長，過程中亞馬遜又不願透露他們在開發什麼，這讓Yap的主管覺得非常折磨。即使在收購案確定一週後，林賽和Yap的工程師都到義大利的佛羅倫斯參加一場業界會議，林賽也要求他們假裝不認識他，以免有人猜出亞馬遜對語音技術的新興趣。

亞馬遜最後是以約2,500萬美元的價格收購Yap。收購案確定後，亞馬遜解雇了Yap的創辦人，但留下位於麻州劍橋市的語音科學團隊，也為亞馬遜未來位於MIT附近肯德爾廣場（Kendall Square）的研發中心播下種子。收購案完成後，Yap的工程師飛到西雅圖，走進菲奧娜大樓一樓的會議室。亞馬遜的員工鎖上會議室的門並拉下百葉窗後，哈特終於透露專案的內容。Yap的研究副總裁傑夫・亞當斯（Jeff Adams）在語音產業有二十年的經驗，他回憶道，哈特描述「一個跟可樂罐差不多大小的桌上裝置，你可以用自然的語言對它提問，它是智慧型助理」。亞當斯說：「我們團隊有一半的人聽完後，不禁翻白眼說：『天哪，我們到底跳進了一個什麼樣的坑！』」

會議結束後，亞當斯委婉地告訴哈特與林賽，他們的目標不切實際。遠場語音辨識（far-field speech recognition）技術的目標是理解方圓十米內的語音，而這通常會夾雜著串音干擾及背景雜音。多數的專家認為，真正的「遠場語音辨識」已經超出現有的電腦科學領域，因為聲音會從牆壁、天花板等表面反射，產生令電腦困惑的回聲。亞馬遜的主管聽他這麼說，只以貝佐斯附身的口吻回應他。「他們基本上告訴我：『我們不

管，反正你去召募找更多人進來就對了。你要花多久時間都可以，只要把問題解決就好。』」亞當斯回憶道，「他們非常沉著。」

首先，幫Alexa找聲音

收購Yap幾個月後，哈特與同事又幫都卜勒計畫收購了一家公司。那家公司做的事情，在技術上正好與Yap相反。Yap是把語音轉化為文字，波蘭的新創企業Ivona則是把文字轉為類似朗讀的電腦合成語音。

Ivona成立於2001年，創辦人盧卡茲·奧索斯基（Lukasz Osowski）是格但斯克科技大學（Gdańsk University of Technology）的資工系學生。奧索斯基的構想是所謂的「文字轉語音」（text to speech，TTS），讓機器用自然聲調朗讀出數位文本，幫波蘭的視障人士了解書寫文字。奧索斯基與學弟麥可·凱許儒克（Michal Kaszczuk）一起錄下一名演員的聲音，接著從中挑出單字片段（所謂的「雙音」），把它們混合或「連接」起來，形成不同的組合，以接近那個演員可能從未說過、但聽起來很自然的單字與句子。

Ivona的創辦人很早就看出這項技術有多強大。求學時期，他們付錢請波蘭的知名演員雅賽克·拉比雅克（Jacek Labijak）錄了數小時的朗讀聲。他們以他的聲音建立一個語音資料庫，並推出第一款產品Spiker。Spiker很快就變成波蘭最暢銷的電腦語音。後續幾年，Spiker廣泛地運用在地鐵、電梯、語音電話活動上。後來拉比雅克隨處都能聽到自己的聲音，還常接到以他的聲音打來的電話，例如選舉的拉票電話。有些人惡搞那個軟體，讓他說了一些不得體的話，並把那

段錄音傳到網路上，連他的孩子都聽到了。拉比雅克非常生氣，試圖從該軟體回收自己的聲音權，Ivona的創辦人只好跟他重新協商演員合約。[1]（如今，拉比雅克仍是AWS的電腦語音服務Amazon Polly的波蘭語音之一。）

2006年，Ivona開始參加卡內基梅隆大學每年舉辦的國際語音合成大賽「暴雪挑戰」（Blizzard Challenge），並多次奪冠。那個比賽的競爭目標是選拔出最自然的電腦合成聲音。2012年，Ivona已擴展到二十幾種語言，共有四十幾種聲音。哈特與林賽在前往歐洲尋找收購目標時，得知這家新創企業，隨即轉往格但斯克。林賽說：「我們一踏進他們的辦公室，就知道彼此的文化很契合。」他指出，在Ivona投入的領域中，研究人員常因崇高的理念而分心去研究其他的東西。「他們喜歡不按牌理出牌，所以把目光投向學術圈之外，不是只埋首於科學中。」

2012年，他們以3,000萬美元收購了Ivona，但保密了一年。亞馬遜也在格但斯克開設了新的研發中心，並召募愈來愈多的語音工程師。Ivona團隊及那個研發中心負責製作都卜勒計畫的聲音。這項計畫由貝佐斯親自管理細節，所以深受執行長的好奇心及隨興所至的想法所影響。

起初，貝佐斯表示，他希望那個裝置能發出數十種不同的聲音，每種聲音與不同的目標或任務有關，例如聽音樂或訂機票。後來證明那項提議不切實際，研究團隊於是考慮以單一人聲展現多種特質（例如可靠、同理心、溫暖），而且他們認為這些特質比較常和女性的聲音聯想在一起。

為了開發這種聲音，並確保它不帶有任何地方的口音，波蘭團隊與亞特蘭大的配音工作室GM Voices合作。GM Voices曾

把配音員蘇珊・班尼特（Susan Bennett）的錄音轉化為蘋果的語音助理 Siri。為了創造合成人物，GM Voices 讓女性配音員朗讀數百小時的文本（包括好幾本書及隨機的文章），這種枯燥乏味的流程可能持續數個月。

哈特與同事花了幾個月審查 GM Voices 製作的錄音，從中挑了幾個最好的合成人聲給貝佐斯審核。他們依序排列幾個最好的選項，並要求 GM Voices 提供更多的語音樣本。他們最後選定了一個聲音，貝佐斯也簽字同意。

亞馬遜向來行事隱祕，從未透露 Alexa 背後的配音員是誰。我徹底搜尋了專業配音員的社群，終於得知她的身分：博德市（Boulder）的歌手兼配音員妮娜・羅爾（Nina Rolle）。她的專業網站上有一些連結，連向一些產品的廣播電台廣告，例如 Mott's 蘋果汁、福斯的 Passat 汽車，那些音檔與 Alexa 的溫潤音色如出一轍。2021 年 2 月，我致電給羅爾，她說她不能受訪。我請亞馬遜與她談時，亞馬遜也拒絕了。

Alexa 有了聲音，但有語言障礙

都卜勒團隊忙著雇用工程師及收購新創企業時，那個裝置的其他方面在亞馬遜的西雅圖總部及矽谷的 126 實驗室裡，都引發了激烈的爭論。在早期的某次會議上，哈特把「用戶下語音指令就能播放音樂」列為最主要的功能。哈特說，貝佐斯「同意那個構想，但他也強調，音樂的重要性可能只占 51%，另外的 49% 也很重要」。

後續幾個月，這種共識演變成哈特與工程師之間的長期拉鋸戰。工程師認為，播放音樂是實用又有市場價值的功能，但貝佐斯的想法更宏大。貝佐斯開始談論「《星艦迷航記》的

電腦」，那是一種可以處理任何問題、擔任私人助理的人工智慧。都卜勒團隊以「全權代表」（plenipotentiary）這個字眼來描述他想要的東西：一個擁有全部權力的助理，它可以代表用戶採取行動，比如叫計程車或下單買食品雜貨。貝佐斯對科幻小說非常癡迷，他迫使團隊擴大想法，突破現有技術的局限。但哈特面臨著實際交付產品的壓力，他提議推出一套「神奇且凡俗」的功能，以基本、可靠的功能為主，例如讓用戶詢問天氣預報、設定計時器與鬧鐘。

這些爭論都顯現在「新聞稿和常見問答」（PR FAQ）那份以新聞稿形式草擬的敘事文件。光是那份草稿就改了無數個版本，簡直沒完沒了。亞馬遜在啟動一項新計畫時，都會為新產品撰寫一份新聞稿，以預見該產品的市場影響力。那份文件在亞馬遜的創新儀式中是一大關鍵，迫使他們在談論新產品時，總是從「為顧客創造效益」的立場出發。都卜勒計畫的「新聞稿和常見問答」總共有數十個版本，中間經歷不斷撰寫、報告、辯論、堅持、重寫、淘汰的過程。一位早期的產品經理回憶道，每次那份新聞稿又強調「播放音樂」的功能時，「貝佐斯就很生氣，他一點也不喜歡那樣。」

都卜勒的另一位早期員工說，大家都知道貝佐斯對音樂不太講究，那可能是他不願強調音樂功能的原因。例如，貝佐斯測試早期的都卜勒裝置時，要求它播放他最喜歡的一首歌：經典影集《星際大爭霸》（*Battlestar Galactica*）的主題曲。[2]哈特的老闆佛瑞德說：「貝佐斯一直很努力確保這款產品不是只會播放音樂，他不想讓它成為一般的電腦。」

一個相關討論集中在所謂的「喚醒字」（wake word）：用戶只要說出那個字，就可以把都卜勒從被動模式（只注意自己

的名字）切換成主動聆聽模式（透過網路，把用戶的提問傳到亞馬遜的伺服器，再抓答案回覆用戶）。語音科學團隊希望那個喚醒字有明顯的音素組合，而且至少有三個音節，以免一般的對話就喚醒它。那個字也必須與眾不同（類似「Siri」），這樣才能向大眾推廣那個名字。哈特和團隊讓貝佐斯看了數百張卡片，每張卡片上都有一個名字。每次討論名字時，貝佐斯都會把那些卡片排放在會議室的桌面上。

貝佐斯說，他希望那個喚醒字聽起來「悅耳動聽」，他還說他母親的名字賈桂琳（Jacklyn）聽起來「太刺耳」。他自己提議的一些選項很快就遭到淘汰，例如Finch〔這是傑夫・凡德米爾（Jeff VanderMeer）的奇幻偵探小說的書名〕、Friday〔《魯濱遜漂流記》（*Robinson Crusoe*）裡的私人助手〕、Samantha〔影集《神仙家庭》（*Bewitched*）中那個動動鼻子就能完成任何任務的女巫〕。有陣子，他認為那個喚醒字應該是Amazon，以便把那個裝置所產生的良好感覺都投射到公司身上。

都卜勒計畫的主管認為，消費者不想在家裡跟一家公司對話──這個論點又引發另一波持續不斷的爭論。Alexa這個字也是貝佐斯提議的，那是對古老的「亞歷山大圖書館」（Alexandria）這個公認的知識之都致敬。此外，亞馬遜曾在1990年代收購銷售網路流量資料的新創企業Alexa，並讓它繼續獨立營運。經過無數的辯論與實驗室測試之後，到了2013年初，這個裝置開始在亞馬遜的員工家中進行有限度的測試時，Alexa和Amazon變成最後的兩大決選字眼。

員工測試的裝置，與亞馬遜不到兩年後正式推出的第一代Echo非常相似。126實驗室的工業設計師稱那個裝置為「品客

洋芋罐」（Pringles Can）。那是一個修長的圓柱體，頂部有七個全方位的麥克風，底部是喇叭，中間隔著金屬管，管上約有一千四百個排氣與發聲孔。裝置的頂部有個LED燈環，那也是貝佐斯的點子。在用戶說話的方向，燈環會亮起來，就好像有人對你說話時你會看著對方一樣。這不是一款外型優雅的裝置，貝佐斯曾指示設計師「以功能來決定外觀」。

有數百名員工在家中試用了都卜勒裝置。那台測試機並非智慧型裝置，大家都說它又慢又笨。亞馬遜的經理尼爾・阿克曼（Neil Ackerman）報名參加了那次內部測試，並在2013年初把一台測試機帶回家使用。他和妻子都需要簽好幾份保密協議，承諾家中有訪客時，一定要關掉裝置，把它藏起來。每週他們都要填寫一張試算表，回答問題，列出他們問了測試機什麼問題以及它如何回應。阿克曼的妻子以「那個東西」（the thing）來指稱那台測試機。

「我們都對它充滿了懷疑。」他說，「它幾乎沒給過正確答案，播放的音樂也參差不齊，絕對不是家庭愛用的那種裝置。」令人費解的是，它似乎最了解他們的兒子，但他的兒子有語言障礙。

其他早期的測試者也直言它的缺點。帕拉格・加格（Parag Garg）是最早參與研發Fire電視（Fire TV）的工程師，他把都卜勒測試機帶回家，說它「根本是垃圾，後來送還公司時，我一點都不覺得可惜，心想：『這東西完蛋了。』」一位Fire手機的經理回憶道，他喜歡那個硬體的外觀，「但我想不出來用戶會拿它來做什麼，我覺得那是很蠢的產品。」

兩名都卜勒的工程師也想起一段令他們難過的評論，那是來自貝佐斯本人。他在西雅圖的家中使用測試機，一度因為機

器根本聽不懂他的指令而失望透頂，他對Alexa說：「你開槍自盡吧！」一位工程師在檢討測試者與裝置之間的互動時，聽到那段話：「我們都以為這個專案可能完蛋了，或至少我們幾個員工的飯碗不保了。」

Alexa的換腦工程

顯然Alexa需要做大腦移植。亞馬遜不斷想辦法提升Alexa的智慧，這在都卜勒團隊裡演變成一場奮戰，也是迄今為止最大的挑戰。

第一步是進行第三筆收購案，買下總部位於英國劍橋的人工智慧公司Evi，整合其技術。Evi是英國的創業者威廉・藤斯特培多（William Tunstall-Pedoe）於2005年創立的，它的產品是一種問答工具，名叫「真知」（True Knowledge）。藤斯特培多讀大學時，打造出一個類似Anagram Genius的網站，可以把一個單字的字母自動重新排列成另一個單字或片語。小說家丹・布朗（Dan Brown）後來用那個網站創作《達文西密碼》（The Da Vinci Code）裡的謎題。

2012年，受到Siri的啟發，藤斯特培多把公司轉型，推出為蘋果及安卓的app商店所設計的Evi app。用戶可以透過打字或說話的方式向它提問。Evi不是像Siri那樣上網搜尋答案，也不是像谷歌語音搜尋那樣提供一組連結，而是自己評估問題，並提供一個即時的答案。那款app一上架，首週的下載量就突破二十五萬次，差點搞垮了公司的伺服器。[3]蘋果揚言把Evi踢出iOS的app商店，因為它看起來與Siri「像到難以分辨」。不過，在粉絲的反對下，蘋果後來態度軟化。這項爭議所引發的熱烈關注，為Evi吸引了至少兩家公司的收購提案，

還有一家創投業者想要投資它。最後，2012年的年底，亞馬遜以傳聞中的2,600萬美元收購了Evi。[4]

Evi採用一種名為「知識圖譜」或「大型本體資料庫」的程式設計技術，它會連接相關領域中的概念與類別。例如，如果用戶問Evi：「克利夫蘭的人口有多少？」軟體會先解讀那個問題，知道它需要找人口統計資料來源。《連線》(Wired)雜誌把這項技術描述為一個「巨大的樹狀結構」，它會把實用的事實做合理的連結。[5]

把Evi的知識庫放進Alexa，有助於處理一種非正式、但文化上很常見的閒聊，也就是所謂的客套寒暄。如果用戶對裝置說：「Alexa，早安，你好嗎？」Alexa可以做出正確的聯想並回應。藤斯特培多想要讓Alexa對那些社交提示有所反應，而他必須為這種不尋常的主張和美國的同事爭論，他回憶道：「寫程式讓機器可以回應『哈囉』、『你好』，大家對這個想法不是很能接受。」

整合Evi的技術，可以幫Alexa回答一些與事實有關的問題。例如，叫Alexa回答太陽系中有哪些行星，這樣可以讓人覺得Alexa很聰明。但它是真的很聰明、有智慧嗎？有些人支持另一種名為「深度學習」的自然語言理解方法。他們認為，貝佐斯的夢想是一個可與用戶對話及回答任何問題的多功能助手，但Evi的知識圖譜並無法實現這個夢想。

深度學習法是由人類把大量的資料灌入機器中，那些資料與人際交談的方式、哪些回答令人滿意有關。接著，工程師寫程式來訓練機器，教它預測最佳答案。這種方法的主要支持者是出生於印度的工程師羅希特・普拉薩（Rohit Prasad）。「他是我們找來的關鍵人才。」工程總監提姆森說，「這個專案的

成功，主要得歸功於他組建的團隊，以及他們對遠場語音辨識所做的研究。」

普拉薩成長於印度東部賈坎德邦（Jharkhand）的首府蘭契（Ranchi）。他出生在一個工程師的家庭，很小就迷上《星艦迷航記》。當時個人電腦在印度還不常見，但他很小就在父親工作的冶金與工程顧問公司裡，利用電腦自學程式設計。由於印度的通訊受限於落後的基礎設施及高費率，普拉薩前往美國攻讀研究所時，決定研究如何壓縮無線網路傳輸的語音。

1990年代末期畢業後，普拉薩經歷了網路狂潮，在麻州劍橋市的國防承包商BBN科技公司〔BBN Technologies，後來被雷神公司（Raytheon）收購〕工作，負責一些最早的語音辨識與自然語言系統。在BBN，他為電話公司開發最早的車內語音辨識系統及自動電話簿輔助服務。2000年，他開發另一個自動記錄法庭程序的系統。為了準確記錄法庭對話，法庭的周圍需要放置多個麥克風。這項研發讓他開始接觸遠場語音辨識的挑戰。他說，那個專案剛開始時，每一百個單字就有八十個辨識錯誤；但是他們在一年內把錯誤減到三十三個。

幾年後，都卜勒團隊試圖提高Alexa的理解力，亞馬遜波士頓分公司的負責人比爾‧巴頓（Bill Barton）在這時把普拉薩介紹給哈特。普拉薩對亞馬遜的了解很少，所以他去西雅圖面試時，不但穿西裝、打領帶（算是小失誤），甚至對亞馬遜的十四條領導原則一無所知（比較嚴重的失誤）。他本來對於加入一家大型又乏味的科技公司仍有些疑慮，但是他回飯店房間時，哈特已經發了一封郵件給他，信中承諾：「我們本質上是一家新創企業，即使我們隸屬於大公司，但行事作風一點也不像大公司。」

　　普拉薩因此被說服，加入團隊開始研究遠場語音辨識的問題，但最終他變成深度學習模型的支持者。Evi的知識圖譜過於死板，無法做為Alexa的基本反應模型。普拉薩後來解釋，如果用戶說：「Play music by Sting（播放史汀的音樂）」。系統可能會誤以為用戶正在對史汀說「bye（再見）」而搞混了。改用深度學習的統計訓練方法後，系統可以迅速確定，用戶說這句話是想要播放「Every Breath You Take」（史汀的歌）。

　　但Evi的藤斯特培多認為，知識圖譜是比較實際的方案，他不信任深度學習法，覺得那很容易出錯，需要輸入無窮無盡的訓練資料，才能妥善地塑造Alexa的學習模式。他解釋：「贊成機器學習的科學家有個問題，他們從來不承認失敗，因為他們的問題都可以靠輸入更多的資料來解決。」這個反應可能會讓他有點後悔，因為對貝佐斯這個超級產品經理人來說，就長期來看，選擇機器學習及深度神經網絡是無庸置疑的依歸。亞馬遜擁有龐大又複雜的AWS資料中心，因而在雲端運算享有一個很少競爭對手擁有的獨特優勢：利用大量強大的電腦處理器來訓練其語音模型。[6]最後，藤斯特培多不幸落敗，並於2016年離開亞馬遜。

　　儘管深度學習法最後勝出，普拉薩與盟友還是需要解決所有AI公司都面臨的矛盾：他們不想推出愚蠢的系統。愚蠢的系統會導致用戶不想使用，因此無法產生足夠的資料來改善服務。但企業需要那些資料來訓練系統，才能使系統變得更有智慧。

　　谷歌和蘋果是從Nuance取得授權來解決這個矛盾。他們先使用Nuance的結果來訓練自己的語音模型，之後才切斷與Nuance的關聯。多年來，谷歌也從一個免費的電話輔助熱線

800-Goog-411蒐集語音資料。亞馬遜沒有這種服務可以挖掘資料，哈特也反對取得外部技術授權（他認為長遠來看那會限制公司的靈活度）。但是，從員工測試蒐集的少量訓練資料，就只是幾百個白領工作者的語音。他們通常是早上和晚上沒上班時，在吵鬧的家裡，從房間的另一頭對著裝置發出聲音。那些資料不僅糟糕，也不夠多。

與此同時，貝佐斯也愈來愈不耐煩。2013年初，他不斷追問：「我們怎麼知道這個產品什麼時候算完成了？」哈特、普拉薩與團隊繪製了圖表，預測Alexa如何隨著資料蒐集的進展而改善。計算結果顯示，資料蒐集的規模必須增加一倍，才能使Alexa的準確率提升3%。

那年春天，就在普拉薩加入公司幾週後，他們把一份六頁報告遞給貝佐斯，裡面列出了這些事實，並提議把語音科學團隊的規模擴大一倍，也把原定當年夏天推出產品的計畫延到秋天。那場會議是在貝佐斯的會議室裡舉行，但進展並不順利。

「你們搞錯了。」貝佐斯得知延遲的消息後說，「你們先告訴我，怎樣才算是神奇的產品；然後再告訴我，怎麼把它做出來。」

當時擔任貝佐斯TA的迪利普・庫馬（Dilip Kumar）接著問道，公司是否有足夠的資料。從劍橋撥電話進來參加會議的普拉薩回答，他們還需要數千個小時複雜的遠場語音指令資料。當時在場的一位高階主管回憶道，貝佐斯顯然在心裡盤算了增加語言科學家人數的要求，並迅速心算後回應到：「你的意思是說，你剛剛提出的大要求可以讓我們只花二十年就推出這個產品，不必等四十年嗎？」

普拉薩開始閃爍其詞：「貝佐斯，我們不是那個意思。」

「那你告訴我，我的數學哪裡算錯了！」貝佐斯說。

哈特馬上跳出來滅火：「等等，貝佐斯，我們聽到你的想法了，我們知道了。」

普拉薩和亞馬遜其他主管對於那場會議，以及開發 Alexa 期間與貝佐斯其他如坐針氈的互動，有不同的記憶。不過，當時也在場的一位主管表示，貝佐斯突然站起來說：「你們根本沒有認真開發這個產品。」會議就此戛然而止。

插曲：Fire手機的慘敗

都卜勒團隊改良 Alexa 的地點位於西雅圖和加州森尼維爾（Sunnyvale）的大樓。在同幾座建築裡，亞馬遜開發智慧型手機的計畫正邁向災難。

幾年前，蘋果、谷歌、三星在剛起步的智慧型手機市場中，各自擁有很高的市占率。但當時大家覺得，那個領域還是會由創新的新進業者主導。在這塊愈來愈大的數位領域中，貝佐斯當然不願把關鍵的策略地位讓給其他公司，尤其他相信那個領域仍是創新的沃土。在某次腦力激盪會議上，他提議打造一種機器人，可以找出不小心搞丟的手機，然後拖到無線充電器充電（有些員工覺得他是在開玩笑，但這個構想已經申請專利）。[7] 在另一場腦力激盪會議上，他提議打造一款有先進 3D 螢幕的手機，可以回應螢幕前方空間的手勢，不需要觸碰觸控式螢幕。那種手機將與市面上的手機截然不同，貝佐斯很喜歡那個點子，而那也為 Fire 手機專案播下種子。

設計師後來決定為手機內建四個紅外線鏡頭，分別位於手機正面的四個角落，以追蹤用戶的目光，並呈現 3D 立體圖像的錯覺，手機後面還有第五個鏡頭。由於這支手機的正反面都

「看得到」，他們把專案命名為「草鴞」（Tyto）——那是一種聰明的貓頭鷹。手機使用特製的日本鏡頭，一支手機的鏡頭成本是5美元，但是貝佐斯設想的是一款配備頂級組件的高檔智慧型手機。

三年來，貝佐斯每隔幾天就會去看草鴞團隊。與此同時，他也經常去看Alexa團隊。他對新科技及新事業線非常著迷，喜歡隨口拋出幾個點子，並檢討團隊的進度。雖然貝佐斯在亞馬遜的其他業務領域裡非常關注顧客的意見，但他覺得傾聽顧客的意見並不會帶來突破性的產品發明，所以他主張創造性的「漫想」（wandering），他認為漫想才是獲得巨大突破的方法。多年後，他在寫給股東的信中指出：「最重要的進展都來自於顧客不知道他們需要、所以沒有要求的東西。我們必須替他們發明出來，我們必須善用想像力去探索各種可能。」[8]

然而，他對智慧型手機所抱持的願景，令許多草鴞成員感到懷疑。沒有人能確定3D立體顯示會不會只是一種噱頭，會不會大量消耗手機的電力。此外，貝佐斯對智慧型手機也有一些令人擔憂的盲點。某次開會時，他問道：「真的有人使用手機上的行事曆嗎？」一位員工回應：「對，我們確實會使用行事曆。」員工不像他那樣有好幾個私人助理，可以幫他打理行事曆。

就像都卜勒專案一樣，貝佐斯給草鴞專案的期限也不切實際。為了趕上期限，草鴞團隊雇用更多工程師。但是把更多工程師丟進失敗的專案，只會讓專案的失敗更引人注目。當時，Kindle對亞馬遜有重要的策略意義，所以草鴞團隊不能從內部挖角，只能到摩托羅拉、蘋果、索尼等公司挖角硬體工程師。當然，草鴞團隊是等那些人第一天來上班，才透露他們在

開發什麼產品。Fire手機的一位經理說：「只要你在科技業有良好的聲譽，他們就會找上你。」

正式上市的日期總是在半年後。他們努力開發3D立體顯示功能時，草鴞專案就這樣一拖再拖。原本打算採用的頂級元件，很快就過時了。所以他們決定以升級的處理器及鏡頭來重新啟動專案，並賦予專案另一個貓頭鷹主題的代稱「公爵」（Duke）。[9]這個團隊啟動後，接著又取消了另一個手機專案：由HTC代工的陽春低價手機，專案代稱是「角鴞」（Otus），它使用的是亞馬遜風格的Android作業系統（亞馬遜新的Fire平板電腦也是採用這種作業系統，Fire平板電腦可望成為替代蘋果iPad的平價選項）。

角鴞專案遭到取消時，專案成員都很失望，因為他們私下認為，亞馬遜的機會不在於花哨的3D立體顯示，而是以免費或低價的智慧型手機破壞市場。此後，團隊士氣開始低落。有一群成員對整個專案非常懷疑，他們私下偷偷買了一套軍人兵籍的辨識牌（俗稱「狗牌」），上面印著亞馬遜領導原則的第十三條：「不贊同但全力以赴」。那條原則是說，即使員工不認同某個決定，仍應放下疑慮，努力支持它。

在2014年4月發布的年度股東信中，貝佐斯寫道：「發明是混亂的過程，日後我們一定會有大舉投入的專案遭逢挫敗。」沒想到那句話一語成讖。當時，該團隊正準備在那年夏天的一場大型活動上發布那款手機。貝佐斯的妻子麥肯琪還出現在彩排現場，為大家打氣及提供建議。

2014年6月18日，貝佐斯在西雅圖的費利蒙會場（Fremont Studios）發布Fire手機。在那裡，他試圖展現類似已故賈伯斯那樣的魅力，熱情洋溢地介紹這款手機的3D立體顯

示及手勢追蹤功能。「我認為他是真的相信那支手機。」當時擔任亞馬遜公關副總裁的克雷格・伯曼（Craig Berman）說，「我真的那麼覺得。即使他不相信，他也絕對不會顯露出來。」

那款手機上市後，惡評如潮。Fire手機難產的四年間，智慧型手機的市場已經轉變，也已趨成熟。原本亞馬遜想創造一款新穎的產品，現在成品上市時，卻與消費者的期望離譜脫節。由於它不是在谷歌授權的安卓版本上運行，所以少了Gmail和YouTube等熱門app。雖然它比即將上市的iPhone 6便宜，但比亞洲製造商所生產的大量平價陽春手機還貴，而當時的無線電信業者常以兩年綁約大幅補貼手機。

「那支手機有很多的差異化，但最終，顧客並不在意那些。」負責該專案的副總裁佛瑞德說，「我犯了一個錯誤，貝佐斯也犯了一個錯誤。我們沒讓Fire手機的價值定位符合亞馬遜的品牌，亞馬遜的品牌是強調物超所值。」佛瑞德說貝佐斯後來告訴他：「你不要為Fire手機感到難過，連一分鐘都不要。答應我，絕對不要為這件事失眠。」[10]

那年夏天晚些時候，在亞馬遜的鳳凰城物流中心裡，工人注意到數千部滯銷的Fire手機堆在巨大的木棧板上。那年十月，亞馬遜在帳上註銷了1億7000萬美元的庫存，取消了那項專案，並承認那是公司犯下最昂貴的失敗之一。打從一開始就抱持懷疑態度的軟體工程師以薩・諾布（Isaac Noble）表示：「它失敗的所有原因，早在它上市以前，就完全被我們料中──這就是它的瘋狂之處。」

諷刺的是，Fire手機的慘敗對都卜勒專案來說卻是個好兆頭。由於亞馬遜不需要保護它在智慧型手機市場上的市占

率，它可以毫無顧忌地開拓智慧型喇叭這個新類別。至於那些因為專案取消而頓時無處可去的工程師，如果沒有被谷歌和蘋果公司立即挖走，只有幾週的時間在亞馬遜內部找新工作。有些工程師加入都卜勒專案，有的加入熱門產品Fire TV部門。最重要的是，貝佐斯並沒有懲罰佛瑞德和Fire手機的其他經理。那在亞馬遜內部傳遞出一種強烈的訊息：冒險是值得的，尤其整個失敗主要是他自己的錯。

但另一方面，這也顯示出亞馬遜內部一個堪憂的事實。許多參與開發Fire手機的員工對那個產品充滿疑慮，但似乎沒有人有足夠的勇氣或智慧去表達立場，並辯贏那個固執的領導者。

市區空房間裡的實驗

會開到一半，貝佐斯起身離開，負責開發Alexa原型的都卜勒主管帶著受傷的自尊心，轉往附近的另一間會議室，重新思考他們如何解決那個資料矛盾問題。老闆說的沒錯，只找亞馬遜員工做內部測試太有限了，他們需要大規模地擴展Alexa的測試，但又必須繼續對外界保密。

2013年春天，普拉薩和語音科學家珍妮特・史利夫卡（Janet Slifka）利用幾天的時間，構思出一項計畫，迅速獲得哈特的批准，從此讓都卜勒專案的發展突飛猛進，也解開了一個後來讓語音專家百思不解的問題：在打造聲控虛擬助理的競賽中，亞馬遜是如何突然超越谷歌和蘋果的？

那個計畫在亞馬遜內部稱為AMPED。亞馬遜與澳洲的資料蒐集公司Appen簽約，把偽裝的Alexa送到公司的外面去測試。Appen租了一些房子和公寓（最初是在波士頓地區），接

著亞馬遜在幾個房間各處擺了各種「誘餌」裝置，例如直立式麥克風、Xbox遊戲機、電視、平板電腦。另外，也有約二十個Alexa裝置，以不同高度擺在房間各處，每個Alexa都包著音響布以免被發現，但又可以接收音訊。Appen隨後與一家人力仲介公司簽約，指派源源不絕的臨時工前往那些地方。那些房子一週開放六天，每天開放八個小時。他們要求那些臨時工照著iPad上的台詞唸腳本，也提出一些開放式的要求，例如：「要求播放你最愛的曲子」、「要求助理做你希望他做的任何事情」。

由於喇叭是關閉的，Alexa不會發出聲音，但每台Alexa內建的七個麥克風把那些臨時工所講的話都錄下來了，並串流到亞馬遜的伺服器上，接著再由另一群工作人員人工審閱那些錄音，[11]並對那些文本加註，找出那些可能導致機器當機的語音指令，例如「打開《饑餓遊戲》（*Hunger Games*）」〔要求播放珍妮佛・勞倫斯（Jennifer Lawrence）主演的那部電影〕。這樣一來，下次Alexa收到同樣的指令時，就知道該怎麼做了。

在波士頓的測試看起來效果不錯，所以亞馬遜後來擴大了測試範圍。在接下來的六個月裡，他們在西雅圖以及其他十個城市租了更多的房屋與公寓，以錄下數千位有償志願者的聲音與講話模式。這是一種有如蕈狀雲般的資料大爆炸，他們蒐集了大量有關裝置擺放、聲波環境、背景雜音、地區口音的資料，還有各種日常要求的豐富變化，例如詢問天氣預報，或要求播放賈斯汀・提姆布萊克（Justin Timberlake）的熱門歌曲。

一天到晚都有閒雜人等進出那些房屋或公寓，多疑的鄰居因此一再報警。有一次，波士頓一處公寓社區的居民懷疑隔壁有販毒或賣淫集團，因此報警處理。警察一到，就要求進屋盤

查。現場的工作人員過於緊張，面對警方的盤問，只能閃爍其辭，並帶警察參觀一下現場，隨後便匆匆關閉了那個實驗點。有些臨時工一到現場，覺得那些腳本很詭異，整個實驗含糊不清，乾脆拒絕參與。一位幫那些文本加註的亞馬遜員工後來回憶道，他聽到一名臨時工突然打斷實驗，低聲對他懷疑正在偷聽的人說：「這實在太蠢了，這個實驗背後的公司應該覺得很丟臉吧！」

但亞馬遜一點也不丟臉。到了2014年，它的語音資料庫已經暴增一萬倍，大幅拉近它與蘋果、谷歌等競爭對手之間的資料差距。貝佐斯這下可樂了，哈特沒有請他批准AMPED計畫，但是這個計畫開始之前的幾週，他以一份六頁報告向貝佐斯報告這個最新進度。文中提到這個計畫及數百萬美元的成本。貝佐斯讀著讀著，臉上露出了大大的笑容，過往的怒氣全都消失。「現在我知道你是認真的！接下來我們要做什麼？」

接下來是期待已久的都卜勒上市。員工每週工作八十到九十個小時，幾乎沒有家庭生活可言，但貝佐斯絲毫沒有鬆懈。他要求看所有的東西，不斷提出一時興起的新要求。例如，某天西雅圖異常晴朗，夕陽的餘暉透過窗戶灑進了會議室，貝佐斯突然注意到裝置上方的光環不夠亮，便要求工程師重新設計。另外，他也獨排眾議，要求他們開發出Voice Cast的功能，那個功能可以把Alexa裝置與附近的Fire平板電腦連接起來，這樣一來，Alexa用戶的要求或提問就會像布告一樣出現在平板電腦的螢幕上。工程師想要悄悄淘汰這個功能，卻被他發現。他直接告訴團隊，沒有那個功能，就不能發布產品。（最後很少用戶使用那個功能。）

但貝佐斯在很多事情上也是正確的。隨著發布時間的逼

近，部分員工擔心這款裝置在嘈雜的音樂或交談聲中聽不到指令，所以主張應該增設一個遙控器，就像亞馬遜為Fire TV製作的遙控器那樣。貝佐斯反對這個提案，但同意第一批出貨的聲控喇叭搭配遙控器發貨，看顧客會不會用到。[12]（顧客都不用，所以後來就不附遙控器。）

在裝置名稱方面，他也幫大家避開了災難。整整四年，大家都對於這個裝置的名稱毫無共識。團隊不斷地爭論虛擬助理和硬體應該取同樣的名字，還是各有一個名字。他們決定軟硬體各有一個名字後，為喇叭的名字挑了許多選項，最後選定……Amazon Flash。這樣一來，新聞稿的標題會變成「Flash briefings」（直譯是「Flash新聞發布」，也有「新聞快訊」的意思）。此外，印上Flash品牌的包裝也已經準備好出貨了。

然而，距離產品正式推出只剩不到一個月的時候，貝佐斯在一次會議上說：「我覺得名稱還可以再更好。」在尋找替代方案時，他們選擇借用Alexa的一個功能名稱：Echo。那個功能讓用戶要求Alexa重複一個單字或短句（那個指令後來改為：「Simon says[*]」）。但是臨時改名已經沒有足夠的時間印製新包裝或使用手冊，所以最早購買Echo的用戶收到的是全黑的盒子。哈特找來負責發布產品的東妮‧瑞德（Toni Reid）在編寫產品使用手冊時，內容完全沒有提到產品名稱，她說：「那是每個人都應該具備的技能。」

2014年11月6日，亞馬遜推出Echo。幾個月前Fire手機的慘敗影響了這次Echo的上市。貝佐斯沒有召開記者會，也沒有發表充滿遠見的演講——他對於自己模仿賈伯斯介紹產品的半吊子模樣似乎已經死了心。這次，貝佐斯覺得採用低

＊譯注：即「老師說」遊戲。

調的新方式比較自在：團隊以新聞稿宣布Echo的上市，並在YouTube上發布兩分鐘的說明影片，影片裡是一個家庭開心地對著Alexa說話。亞馬遜的主管並沒有把這個新裝置吹捧成一款可以充分交流對話的電腦，但小心翼翼地突顯出幾個他們覺得很實用的功能，例如告知新聞與天氣預報、設定計時器、建立購物清單、播放音樂等等。

接著，他們請顧客預購Echo，並仔細審查預購名單。他們審查預購者時會考慮一些因素，例如申請者是不是亞馬遜音樂（Amazon Music）的用戶，是否擁有Kindle閱讀器等等。由於這是未經測試的市場，他們第一批量產的件數僅八萬台（Fire手機的首批產量就超過三十萬台），並在後續幾個月裡逐步出貨。哈特說：「Fire手機確實讓我們變得更加謹慎，促使我們重新審視一切。」

經過四年的研發，不只一位都卜勒的資深成員擔心Echo可能在消費科技市場上再次殞落，在Fire手機那個大坑旁邊再添個冒煙的坑。這時，都卜勒團隊已搬到離菲奧娜大樓僅幾分鐘徒步距離的Prime大樓。發布日當天，他們在新辦公室的「戰情室」裡猛盯著筆電，看著預購名單不斷增加，甚至超過了他們最誇張的預測。

在追蹤買氣的過程中，有人意識到他們默默地達成了一項重大成就，但是無人歡慶。林賽說：「這是我們大鳴大放的時刻，但我們沒有準備。」於是，約一百名員工前往附近的一家酒吧，舉行等待已久的慶祝會。當晚，專案中幾名疲憊不堪的主管與工程師終於可以好好休息了。

快速壯大，成功領先

後續幾週，有十萬九千名顧客登記Echo的預購。除了一些很自然的懷疑以外，正面評價也接踵而來，例如：「我剛剛與未來對話，它聽到了」，[13]「這是亞馬遜多年來推出最創新的裝置」。[14]員工紛紛發信給Alexa的主管瑞德與哈特，懇求他們讓家人與朋友先睹為快。

Echo出貨後，團隊可以看到那些裝置何時啟用，也可以看到用戶確實在用它。貝佐斯的直覺沒錯：在家裡，不必觸摸智慧型手機的螢幕，就能直接召喚電腦，確實有種隱約的魔力；有個反應靈敏的喇叭，可以為你播放音樂，回答你的日常問題（「一夸脫是多少杯？」），甚至跟你抬槓（「Alexa，你結婚了嗎？」）其實挺好的。

許多都卜勒的成員以為他們現在終於可以喘口氣，享受他們累積已久的假期，可惜事與願違。他們還來不及從波濤洶湧的大海回岸休息，就有另一波巨浪打了過來。貝佐斯看到有前景的實驗冒出希望的火花時，馬上趁勢澆灌汽油。普拉薩說：「我們打了成功的一仗，我的人生也因此改變了。」後來他升任副總裁，最後加入亞馬遜最頂級的領導委員會「S團隊」。「我知道Alexa和Echo上市的棋局怎麼下。但是講到未來五年的計畫，我沒有任何底稿。」

在接下來的幾個月裡，亞馬遜推出Alexa Skills Kit（讓其他公司為Echo開發聲控app）和Alexa Voice Service（讓燈泡、鬧鐘等產品的製造商把他們的裝置與Alexa整合）。貝佐斯也告訴哈特，團隊需要每週發布新功能。此外，由於沒有更新通知的機制，他覺得亞馬遜也應該每週發電郵給用戶，通知他們

Alexa多了什麼新功能。

貝佐斯的願望清單變成了他的產品計畫。他希望Alexa無所不在、無所不能。當初為了趕上市而先擱置的服務（例如在Alexa上購物），現在成了緊急的優先要務。貝佐斯也要求團隊開發更小、更便宜的Echo（狀似曲棍球扁球的Echo Dot），以及裝電池的攜帶型Echo（即Amazon Tap）。Alexa推出後，在那年夏末的OP1規劃會議上，貝佐斯談到開發虛擬助理及智慧型喇叭的競爭時表示：「如果有人迎頭趕上，取代我們，亞馬遜也不會有事。但是，如果我們不能成為這方面的領導者，那不是很惱人嗎？」

Alexa團隊在南聯合湖區占據愈來愈多的辦公室。Prime大樓以及那些新辦公室裡的生活變得更加繁忙。許多新功能需要趕緊推出，以便蒐集用戶的意見。矽谷新創企業把這種產品開發風格稱為「最簡可行產品」（minimum viable product，MVP）。在亞馬遜，威爾克喜歡稱之為「最簡討喜產品」（minimum lovable product，MLP），他問道：「什麼東西是我們可以自豪地推出上市的？」Alexa有很多功能一開始還不成熟，也很少人用（例如語音通話〔voice calling〕），但這似乎不重要。在2015年的佳節送禮旺季，Echo裝置的銷量就高達一百萬台。[15]

Alexa部門的座右銘變成「快速壯大」，這也是亞馬遜早年使用的口號。歷史正在重演，一個數百人的部門，在產品推出的第一年就膨脹到一千人。接著，更難以置信的是，後續五年又膨脹到一萬人。在這一切過程中，貝佐斯就像一個瘋狂的縱火狂，不斷地往火上澆灌汽油，以宣傳Alexa。例如，2016年1月，亞馬遜斥資約一千萬美元，購買第一支超級盃廣告，

由亞歷・鮑德溫（Alec Baldwin）、梅西・埃利奧特（Missy Elliott）、邁阿密海豚隊的前四分衛丹・馬里諾（Dan Marino）主演。

儘管獲得那麼多的關注，亞馬遜內部還是有人覺得Alexa部門運作得不夠快。當初僅憑貝佐斯的一封電郵及白板上的草圖就創造出這款裝置的哈特，不久就離開Alexa部門，去幫忙經營 Prime Video。多年後他戀戀不捨地說：「以前我每天起床最愛做的事，就是打造 Alexa。」但隨著Alexa團隊的急速成長，「它可能更適合另一位領導者。」

接替他的是貝佐斯的長年愛將邁克・喬治（Mike George）。喬治頂著光頭，充滿魅力，愛穿牛仔靴，喜歡在臉上彩繪圖案，經常腋下夾著大聲播放音樂的Amazon Tap走進會議室。

喬治擁有貝佐斯所說的「可代換」能量。多年來，貝佐斯把他當成救火隊，指派他到各部門去撲滅混亂的大火，為人力資源、市集、支付等部門建立秩序。後來，貝佐斯也派他去接掌他私人的慈善機構「第一天學術基金」（Day 1 Academies Fund）。許多同仁幫他取了一些有趣的暱稱，例如「野獸」、「萬年高中運動健將」、「貝佐斯的肋骨」。

喬治管理了Alexa一年，但他的影響至今依然無所不在。Alexa部門的召募速度根本趕不上人力需求，因此亞馬遜展開一項全公司的徵才活動，讓其他部門（例如AWS和零售部門）的新進員工都可以選擇要不要加入Alexa部門。其他部門的亞馬遜主管眼看著自己好不容易召募進來的搶手工程師就這樣被挖走，當然很不是滋味。

喬治也對Alexa團隊的結構進行重大調整。它本來是一個

職能組織，有集中化的工程、產品管理、行銷團隊。但是對貝佐斯來說，這種架構的成長既不平順，也不夠快。所以喬治按照亞馬遜的理念改組了 Alexa，改採適合迅速運作的「雙披薩團隊」，每個團隊都致力於 Alexa 的特定領域，例如音樂、天氣、照明、恆溫器、影像裝置等等。

每個團隊都是由所謂的「單線領導者」（single-threaded leader）管理，他對團隊的成敗握有最終的掌控權及絕對的責任（這個說法源自於電腦術語「單線程式」〔single-threaded program〕，意指一次執行一個指令）。Alexa 就像亞馬遜一樣，變成一個由無數個執行長所組成的集團，每個執行長自主營運。為了統理他們，喬治是負責建構一份有如「北極星」的總檔案，以落實這個聲控運算平台的全球策略。

與此同時，貝佐斯不僅批准了上述的所有變化，也密切參與其中。他參加產品檢討會，閱讀週五晚上出爐的「雙披薩團隊」最新彙報，並提出詳細的問題讓團隊在週末解決。Alexa 的主管就像亞馬遜其他部門的領導者一樣，開始經常收到來自執行長轉寄的「告狀」郵件。貝佐斯通常會轉發顧客的投訴信，只在信中加一個問號，期望屬下在二十四小時內答覆。貝佐斯在公司裡也是 Alexa 的宣傳大使。他會問其他的高階主管：「你們打算怎麼幫 Alexa 加分？」就像多年前他幫 AWS 問的那樣。公司的每個人都必須在提交給 S 團隊的 OP1 檔案中納入 Alexa，並說明他們來年的計畫。

2016 年底，Echo 或 Echo Dot 走進了八百萬個美國家庭，設備主管戴夫・林普（Dave Limp）在公司內部宣布，亞馬遜是全球銷量最好的喇叭公司。這番成就肯定了這場奮鬥的價值。不過，當然，貝佐斯想成為全球最頂尖的 AI 公司，在那

方面，他將面臨激烈的競爭。

那年秋天，谷歌推出Google Home智慧型喇叭，外觀更加時尚有型，《連線》雜誌形容：「像是可以拿來栽種多肉植物的東西。」[16]它的聲音也比較清晰，而且可想而知，它在網上搜尋及回傳的答案也更穩當。Alexa的前主管查理・金德爾（Charlie Kindel）說，Alexa團隊「每逢送禮季節，都在等待蘋果或谷歌宣布什麼新花樣。如果他們沒有消息，我們就會互相擊掌慶祝」。儘管那些公司不太喜歡當學人精，推出模仿對手的商品，但最終他們還是無法抗拒那個快速成長的智慧型喇叭市場。

Google Home的出現，增加了Alexa團隊的壓力，他們需要加快行動，持續推出新功能，並增加硬體的變化，以維持領先地位。2017年初，一位瑞典的顧客發電郵給貝佐斯，問亞馬遜為什麼要等特定語言版本的Alexa開發出來，才在歐洲推出Echo。為什麼不先賣英語版？其實這已經納入Alexa的發展藍圖，但不是優先考量。一位主管說，貝佐斯是在西雅圖凌晨兩點收到那封郵件。隔天早上，已經有六個獨立團隊開始啟動在八十個新國家銷售Alexa的計畫。[17]

後來，Alexa的主管說，貝佐斯的密切參與使他們的日子更難過，但也產生難以估量的成果。瑞德說，貝佐斯「授權我們去做一些我們需要做的事情，以便做得更快、更大。你可以輕易調整自己，或者思考如何利用現有的資源……有時你不知道界限是什麼，貝佐斯只希望我們不受限制，盡情發揮。」

不斷精進

不過，這種瘋狂的速度與成長也有缺點。多年來，Alexa

的智慧型手機app看起來就像某個設計系的學生在深夜狂飲作樂後所開發出來的東西。開箱後的Echo設定，或在家裡建立Echo網路的流程，也做得很複雜。此外，用戶如何以正確的方法發號施令，啟動第三方外掛及專屬功能，也困難得令人困惑。

由單線領導者管理的無數雙披薩團隊顯得分散又混亂，這種亂象體現在產品上，使產品變得過於複雜。亞馬遜的主管湯姆・泰勒（Tom Taylor）認同這點。他認為，設定裝置以及把它連上智慧型家電等基本任務，「對顧客來說變得非常痛苦」。泰勒是個講話犀利、個性沉穩的領導者，他於2017年接替喬治，成為Alexa部門的負責人。他開始著手「找出顧客因為我們的組織結構而受害的各種地方」。

然而，有很多混亂是泰勒與同仁無法平息的。2018年3月，一個系統小瑕疵導致全世界的Alexa莫名其妙地發出瘋狂的笑聲。[18] 幾個月後，一台Echo無意間錄下俄勒岡州波特蘭市一對夫婦的私下談話，並莫名其妙地把那段錄音發送給丈夫在西雅圖的員工，只因為員工的電話號碼在他的通訊錄上。亞馬遜表示，那是因為Echo以為它聽到了喚醒字，接著又聽到一連串叫它錄音及轉發的指令。亞馬遜表示，那是「極罕見的事件」，[19]「儘管這一系列動作都不太可能發生，但我們正在評估各種選擇，以進一步降低這種事情發生的可能性。」這些事件發生後，員工必須寫一份「錯誤改正」報告，詳細分析事件，並想辦法找出問題的根源。他們發掘問題根源的方法叫「五個為什麼」，那是藉由反覆的問答來找出根本的原因。錯誤改正報告會一路上呈到貝佐斯那裡，裡面描述事件的發生，並建議修正的流程。

　　有些錯誤是無法彌補的，例如Alexa喜歡戳破小朋友心中的聖誕老人神話：Alexa大賽（Alexa Prize）期間就發生過這種事。Alexa大賽是亞馬遜舉辦的大學賽事，目的是打造能夠進行複雜多方對話的人工聊天機器人。Alexa的用戶說：「Alexa，我們來聊天」，就可以跟參賽的聊天機器人交談，並為它的表現打分數。在2017年的第一屆比賽中，華盛頓大學的聊天機器人從線上討論板Reddit擷取答案，而不小心告訴一個孩子，聖誕老人只是神話。[20]家長因此提出抱怨，那個聊天機器人也暫時被抽離系統（但後來贏了50萬美元的大獎）。

　　從Alexa偶爾發生的問題可以看出這個系統已有多大的進步，以及未來還有多遠的路要走。2019年，亞馬遜出售的Echo數量已累積超過一億台。在十年間，這個因為貝佐斯對科幻小說的熱愛以及對發明的癡迷而啟發的創新，已經變成舉世認可的產品。媒體也廣泛報導其失誤以及對傳統隱私觀念的挑戰。

　　不過，Alexa還是無法像貝佐斯及普拉薩希望的那麼健談。雖然它已經催生了一個小型產業，使無數的新創企業及其他公司把希望寄託在聲控服務與裝置上，但使用Alexa第三方外掛（亞馬遜稱之為「技能」）的人並不多，開發那些外掛功能的人也還沒看到很多收入（相較於他們在蘋果和谷歌的app商店所獲得的收入，實在不成比例）。

　　貝佐斯堅信，那一切都會在未來幾年內實現。員工和亞馬遜的粉絲看到他從想像Alexa到做出真正的產品，都對他充滿了敬畏，他們相信這位執行長幾乎可以預見未來。但至少有一方面是他自己沒料到的。

　　2016年，他審查首款自帶螢幕的Alexa裝置Echo Show。參

與那個專案的主管回憶道,貝佐斯拿那個原型做演示時,最初幾分鐘,他叫Alexa播放嘲笑某位共和黨總統候選人的影片。

一位當時在場的副總裁說,貝佐斯對著Alexa說:「Alexa,播放川普說『中國』(Donald Trump says "China")的影片」,或是「Alexa,播放史蒂芬‧柯貝爾(Stephen Colbert)昨晚的脫口秀」,然後「就自己狂笑到無法自已」。

貝佐斯根本沒料到接下來會發生什麼事。

02

乏味的名字

2012年11月，川普還是電視實境秀的主持人，Alexa的原型正準備進駐數百名亞馬遜員工的家中，電視節目主持人查理・羅斯（Charlie Rose）問貝佐斯一個記者最愛問的老問題：亞馬遜會不會收購或開設實體店？「除非我們有一種真正與眾不同的概念。」他回應：「我們想做是亞馬遜獨有的東西，但我們還沒有找到。只要能找到的話，我們會很樂意去做。」[1]

這回應只對了一半，因為在亞馬遜內部，在貝佐斯本人的指示下，一個小團隊已經開始為實體連鎖店構思新奇的概念。他們正準備做出亞馬遜創業以來最天馬行空、最昂貴的賭注。

當時，貝佐斯不僅注意到電子計算機的處理能力突飛猛進以及成本降低如何幫助電腦了解人類語言，他也在追蹤內建鏡頭的電腦實際「看見」（辨識及了解圖片與影像）的潛力。當年早些時候，他把一篇《紐約時報》的報導傳給亞馬遜的資深工程師，那篇報導寫道，谷歌讓一台超級電腦看了上千萬張的圖片，讓它自己學會如何辨識貓。[2]「貝佐斯相信，這是我們

應該關注的重要**趨勢**。」時任亞馬遜零售業務技術長的約瑟夫・斯洛什（Joseph Sirosh）說，「就像他對電腦語音辨識非常感興趣一樣，他對電腦視覺也極感興趣。」

電腦視覺的魅力，再加上他又喜歡利用亞馬遜在雲端運算的優勢來推動 AI 尖端科技的發展，兩者的結合再次激發了他豐富的想像力。美國人口普查局的資料顯示，超過 90% 的零售交易是在實體商店進行。也許有什麼方法可以讓無人的自助式實體商店，利用電腦視覺、機器人等新興技術，來切入這個龐大的銷售市場。

2012 年，貝佐斯在一次公司舉行的外地會議上，向 S 團隊提出這個宏大的概念。S 團隊都是貝佐斯親自挑選的成員，每年都會舉行這種腦力激盪會議，地點通常是在附近的某個休閒度假區，以激發新點子及重申「胸懷大志」的重要。每位成員都必須寫一份報告，闡述一個可能擴大亞馬遜事業的創意構想。

貝佐斯會欽點一些主管來克服那些挑戰，從他指派的人選可以看出，他認為以自助式商店來切入實體零售業是很重要的商機。他指派史蒂夫・凱瑟爾（Steve Kessel）來擔任這項專案的領導人。凱瑟爾是近十年前創立 Kindle 事業的大將，畢業於達特茅斯大學，休閒時愛打曲棍球，1999 年加入亞馬遜。他和家人在法國南部休長假時，第一次討論了這份工作。他的新任務是專注開發一種創新商店。為了管理這個專案，凱瑟爾把已經離職的吉安娜・普里尼（Gianna Puerini）也找回來一起奮鬥。普里尼曾是亞馬遜的副總裁，負責經營亞馬遜的首頁及推薦功能多年。

普里尼是 S 團隊成員布萊恩・瓦倫丁（Brian Valentine）的

妻子，當時她正開心地過著退休的生活，在西雅圖地區修復及翻新房子，並沒有重返職場的計畫或經濟壓力。她說她只是覺得凱瑟爾的說法很誘人。「我問凱瑟爾：『為什麼會找上我呢？』他的回應中有個重要關鍵。他說，雖然我們有很多共通點，但他覺得我們會從不同的角度處理問題，以不同的方式看待事情。他知道每個人各有不同的觀點與思考流程，這點我很欣賞……我記得我當晚就回信給他，說我願意加入！」

當時擔任貝佐斯TA的人是庫馬，他接替了哈特，擔任這個大家夢寐以求的貼身特助角色。2013年初，他加入凱瑟爾和普里尼，負責工程的部分。貝佐斯認為傳統零售商做得很好，所以這個團隊必須達到很高的標準才能啟動。最早加入團隊的工程總監巴里‧拉加萬（Bali Raghavan）表示：「貝佐斯非常挑剔，他不想隨便開一家實體店，他希望那家店有顛覆性，是空前的，以前從來沒有人做過。那家店必須改變實體零售數百年來的經營方式。」

這個專案一直保密到家，連亞馬遜的員工也被蒙在鼓裡。這個團隊的辦公室是設在西湖大道（Westlake Avenue）一座不起眼的六層樓建築裡，樓下是體育用品社。普里尼的第一個任務，就是為專案取一個非常不起眼的代稱，以免有人注意到他們。後續幾年，該團隊都用縮寫字母IHM（Inventory Health Management，庫存健康管理）做為專案代稱，表面上看來根本毫無意義。在他們朝著那個宏大的目標辛苦努力多年後，這個專案才因為他們創建的那家獨特商店而廣為人知，他們也試圖把那家店帶到全美的各大主要城市。那家商店就是Amazon Go。

「拿了就走的商店」挑戰重重

　　在最初幾週的腦力激盪，IHM團隊思考他們是否應該發展梅西風格的百貨公司、電子用品店或沃爾瑪風格的超市。貝佐斯對於店裡該賣什麼，沒有特別的看法，他只想顛覆傳統零售店。他們淘汰的一個概念是兩層樓的商店，樓上擺滿商品，由機器人撿貨，再利用輸送帶及其他機器人把商品送到樓下等待的顧客車上。

　　亞馬遜高階主管很喜歡一再強調，他們是從顧客的需求出發，然後再「逆向推導」（work backwards）。普里尼的團隊反覆思考在一般商店裡購物的行為，列出商店購物的優勢，例如帶著想要的東西走出商店的即時滿足感。他們也列出一份實體商店的缺點清單，其中最主要的缺點是排隊等候結帳的煩人。普里尼說，大家「都很忙，他們可能有更想做的事」。

　　研究顧客需求及可行技術幾個月後，這群A型性格的一流顛覆團隊認為，排隊等候的問題可以用技術解決。他們的「新聞稿和常見問答」為當時還不存在的系統創造一個商標：「拿了就走技術」（Just Walk Out technology）。據看過那份FAQ草稿的人說，頁面空白處有貝佐斯留下的潦草筆跡。想像出結果後，現在他們必須發明一套系統，讓購物者從貨架上挑選商品，然後系統就自動扣款。這樣一來，顧客就不必排隊等候結帳。

　　2013年，貝佐斯興奮地批准了這個方法，當時他並不知道，這要花五年的時間，進行辛苦又昂貴的研究，才能獲得成果。亞馬遜北美電商事業的資深副總裁道格・赫林頓（Doug Herrington）表示：「我覺得，一開始連科學家也有點懷疑他們

能不能真的做到那樣。」

　　Amazon Go的工程師最初考慮在產品的包裝使用RFID晶片，以追蹤哪些商品從貨架上被拿走，或是要求顧客使用智慧型手機掃描產品條碼。但貝佐斯不想讓他們走捷徑，他希望他們在「電腦視覺」領域創新，他覺得那對亞馬遜的未來很重要。因此，他們決定在天花板上安裝攝影機，並在幕後設定演算法，以「看見」顧客何時挑選產品並對他收費。隱藏在貨架內的磅秤是另一個可靠的感應器，可以判斷產品何時被拿走，並證實誰正在買什麼。

　　後續幾年，庫馬從亞馬遜外面召募專家加入團隊，例如南加大知名的電腦視覺家傑拉德・梅迪歐尼（Gérard Medioni），他也從亞馬遜內部召募從事複雜技術的工程師（例如開發亞馬遜訂價演算法的人）。他們加入的專案是亞馬遜內部最嚴峻的考驗：所謂的「貝佐斯專案」（Jeff project），因為有一個永遠好奇又極其挑剔的老闆隨時盯著。他們平時一週工作七十到八十個小時，持續跟各種期限賽跑，不斷挑戰各種科學限制。晚上與週末，他們也會回覆電郵，撰寫六頁報告。他們就像Alexa團隊及Fire手機團隊的同事那樣，必須不斷地接受貝佐斯的定期審查。工程總監拉加萬說：「我們簡直是以公司為家。」

　　到了2013年底，他們決定把重點放在生鮮雜貨上。美國人平均一年只購買幾次衣服與電子產品。食品行銷協會（Food Marketing Institute）的資料顯示，2013年美國人平均每週採購食品1.7次，這又加劇了排隊等候的不便。GO團隊開始召募有生鮮雜貨經驗的零售主管，要求他們不要更改LinkedIn的個資，並提供拋棄式手機以及與亞馬遜毫無連結的信用卡讓他們

使用。史蒂夫・拉蒙塔尼（Steve Lamontagne）說：「一開始很像在演〇〇七，感覺很酷，一副滋事體大的樣子。」拉蒙塔尼曾是艾伯森（Albertsons）和超價（SuperValu）連鎖超市的資深主管，「但那是一種很孤獨的工作方式，尤其你無法利用你幾十年來建立的人脈。」

GO團隊每隔幾週就會向貝佐斯做簡報。有一次會議，時間是2014年6月24日的晚上，大家的印象特別深刻。團隊成員之所以記得那件事，是因為當天亞馬遜公布的季度盈餘很難看，股價下跌了10%。那是一年內最大的跌幅，因為當時亞馬遜深受Fire手機失敗及異常疲軟的銷售成長所影響。但那天貝佐斯看起來很平靜。或許他是冷酷無情的老闆，會把達不到其嚴格標準的員工嚇得半死，但他對那些排除萬難、努力創新的員工，似乎有超乎尋常的耐心。「當天那個時間點，任何人應該都會焦躁不安。」拉蒙塔尼說，「但每次我和他開會，他從來不會問我們：『這要花多少錢？』或『我們能在X時間內賺錢嗎？』他會看著我們說：『我知道這真的很難，發明新東西讓人筋疲力竭，但你們的方向是對的。』」

GO的主管所想像的商店，是占地約三萬平方英尺的大型商店，大概相當於郊區超市的規模。幾個月後，他們認為開那麼大的超市野心太大，所以把規模減半。這家中等規模的生鮮超市將提供多種服務，不僅有一排排的貨架擺著可直接取走的商品，還有乳酪商、咖啡師、肉販的櫃台。員工想像的是一種溫馨又愜意的購物體驗，他們也很想賣熱食及咖啡。普里尼的團隊在會議室裡設計了第一個概念店，他們使用兒童積木及亞馬遜的制式書架與門板辦公桌，以設想顧客在那種環境中的行為舉止。

　　2015 年的年中，隨著專案接近預計的發表日，亞馬遜在西雅圖富裕的國會山社區（Capitol Hill）匿名承租了一棟豪華新公寓的一樓。他們向市府申請的營業許可中，包括一個大型的農產品部門、乳品冷藏區、現場廚房（用來料理新鮮食材）。接著，GO 團隊必須尋求貝佐斯的同意才能開張。那是一場典型的「貝佐斯會議」，在那之前，文件必須一再地重寫及潤飾，一切都要精心策劃到恰到好處，每個人都摒息以待，希望一切順利，不出差錯。

　　為了展示 Amazon Go 的概念，他們在西雅圖南部靠近星巴克總部的地方租了一個倉庫，把一樓的一部分改造成一萬五千平方英尺的模擬超市。膠合板製成的假牆代表邊界，模組化的貨架可以移動，旋轉閘口模擬一種掃瞄技術（購物者進門時掃描他的智慧型手機）。貝佐斯和 S 團隊的成員抵達後，圍坐在一張臨時搬來的會議桌邊，仔細閱讀那份六頁報告。

　　貝佐斯通常是會議中閱讀最慢的人，他似乎會仔細思量每句話。但這次，他讀了一半就放下文件說：「我們直接去逛商店吧。」接著，他就帶領 S 團隊走進那個模擬商店。他們推著購物車，穿過擺滿罐裝食品和塑膠蔬果的貨架。GO 團隊的員工假扮成咖啡師、肉販、乳酪商，為客人提供食物，把商品增添到他們想像的帳單上。

　　過程似乎進行得很順利，接著貝佐斯把大家召集到臨時的會議室裡。他告訴他們，他們做得不錯，但整個體驗太複雜了。顧客還是得排隊等肉類、海鮮、水果過磅後才能加入帳單，如此就和那家店的主要賣點「不浪費時間排隊」完全矛盾。他覺得這種商店的魔力在於不必等待就直接離開——就像亞馬遜「一鍵下單」的實體版。他想把精力集中在那個

概念，提供一種更精簡的體驗。GO專案的品牌設計師克利絲蒂・庫爾特（Kristi Coulter）回憶道：「那是亞馬遜的特色，他們愛說：『我們覺得很棒，我們全部重做吧！』」

凱瑟爾回辦公室後，重新集合GO團隊，對他們宣布一個消息：他們要淘汰農產品、肉類、乳酪等商品，轉型做規模小很多的便利商店。後續五年，國會山莊區那個原本要開中型超市的店面一直閒置著。那個店面坐落在西雅圖人潮最多的社區中央，窗戶一直貼著牛皮紙，感覺很神祕。

在困難中勇往直前

2016年初，Amazon GO專案來到一個關鍵時刻：未來的發展勢必艱辛又昂貴。

凱瑟爾再次召集GO的管理團隊開會，徵詢他們的意見：這個專案究竟是應該繼續進行，並進入痛苦的研發階段，還是乾脆取消？儘管有些主管對這個專案感到懷疑，但他們的共識是繼續推進。

一些工程師得知高層決定刪減那些重量與價格會變動的商品（例如牛排），以減少商店的複雜性時，大大鬆了一口氣。一些工程師因為兩年來馬不停蹄地工作而疲憊不堪，他們覺得自己在殘暴無情的老闆逼迫下不斷衝刺，追趕無數的截止日期，而整個過程已經變成令人疲乏的馬拉松。令人驚訝的是，這次要求那麼嚴苛的竟然不是貝佐斯，而是曾在貝佐斯身邊擔任TA的庫馬。他所展現的正是管理者想在亞馬遜內部飛黃騰達所需具備的一些標準特質。

庫馬來自印度的撒冷市（Salem），是印度三星將領的兒子。他年紀還小時，全家跟著父親四處輪調，套用他自己的說

法，大約「在每個地方都待個兩年」。庫爾就讀著名的印度理工學院，於1994年負笈美國求學，在賓州州立大學取得資工碩士學位，也在華頓商學院取得MBA學位。2003年，他加入亞馬遜，當時正值網路泡沫破滅後，亞馬遜仍處於搖搖欲墜的狀態。多年來，庫馬抒壓的方式是把自己關在會議室裡練雜耍，後來他也會去夜店表演單口相聲。

庫馬承襲了貝佐斯早年性格剛烈時所塑造的亞馬遜領導風格：幹勁十足、顧客至上、智商重於情商、意志力勝於天生的領導力。同事都說庫馬有驚人的記憶力，連非常複雜的技術細節也記得一清二楚。他們也說，他營造出一種只許成功、不許失敗的環境。他就像亞馬遜的每位領導者，把公司的十四條領導原則倒背如流。他也像他的老闆，覺得做出正確決策的唯一方法是熱烈討論棘手的問題。貝佐斯常說：「如果我必須在協議與衝突之間二選一，我一定會選擇衝突，因為衝突總是產生較好的結果。」

但同事也說，庫馬與貝佐斯不同的是，他在工作場合很愛飆髒話。他們提到某次他和普里尼吵得特別兇，凱瑟爾不得不介入。不過，凱瑟爾不是叫他們別吵了，而是請他們小聲一點。該專案的某位資深科學家說：「如果他對你很好，那表示你不重要。」拉加萬也補充提到：「他很強勢，為他做事很辛苦，我曾經被他搞到快抓狂，但他也會激發你的最大潛力。」當然，大家也常這樣形容貝佐斯。

GO的主事者決定繼續向前邁進時，庫馬也需要竭盡所有幹勁與開創力。自從上次在貝佐斯和S團隊面前演示失利後，GO團隊把專案縮小成像7-Eleven那種便利商店的規模，以便專注在技術能力上。GO的工程師在一棟亞馬遜新大樓的一樓

設立一個祕密實驗室，那棟大樓名為「水獺」（Otter），位於第五大道與貝爾街（Bell Street）的交叉口。工作人員只能從大樓的內部進出商店，而且必須刷門禁卡，才能通過上鎖的門。貨架上擺滿了用黏土及保麗龍做成的假食品，綠色的碎紙代替了生菜。

庫馬要求GO的員工進去參觀，並試著矇騙天花板上的攝影鏡頭及電腦視覺演算法。於是，有的人穿著厚重的外套進去，有的人拄著拐杖或推著輪椅進去。某天，他要求每個人都帶著雨傘進去，看那樣做會不會遮住攝影機。還有一天，他要求每個人都穿西雅圖海鷹隊（Seattle Seahawks）的運動衫進去，以混淆那個靠衣服顏色區分購物者的演算法。

他們面臨的挑戰在於，雖然這項技術不會經常遭到矇騙，但它出錯的頻率並不低。如果亞馬遜廣泛運用這項技術，可能會造成惱人的問題。照明的變化及漂移的陰影、產品擺在貨架上的深度、蓋住產品訂製標籤的手與身體等等，都很容易混淆系統。兩三歲的幼童更是一項特殊的挑戰——他們的個頭小，電腦難以區分幼童與父母，而且他們又很容易在店內搗亂。此外，成人也可能把小孩扛在肩上、抱在懷裡，或放在他們推動的嬰兒車裡，那都會進一步混淆用來判斷扣款帳戶的顧客辨識演算法。

庫馬和工程師忙著因應這些挑戰時，貝佐斯和凱瑟爾已經開始不耐煩了。雖然努力了三年，亞馬遜卻一家店也沒開。因此，他們以亞馬遜獨特的創新方式，另外組建了獨立的團隊，以實現「把公司導入龐大實體零售領域」這個唯一的目標。貝佐斯喜歡說，亞馬遜「對願景很執著，但對細節很靈活」，這就是明顯的例子：讓各自獨立運作的團隊相互競爭，

以實現「拿了就走」的理想，並解決無收銀員的問題。

　　庫馬的團隊持續開發在天花板和貨架上內建電腦視覺技術的商店。與此同時，凱瑟爾要求亞馬遜駐波士頓的技術總監傑若米・德博內（Jeremy De Bonet），在公司內部組建一家由工程師及電腦視覺科學家組成的新創企業。他們最終直接推翻問題，把電腦視覺技術與感應器整合到購物車上，而不是在店內到處裝置那些設備。就某些方面來說，這其實是更難的問題。雖然GO商店可以根據產品在店內的位置來判斷那個產品是什麼，但所謂的「智慧型購物車」必須考慮到其他可能性，例如購物者從農產品貨架挑選一袋柳丁，但是在其他地方掃描那袋柳丁。

　　這個團隊的研發也花了幾年的時間，最後衍生出幾項技術，整合到GO商店，以及智慧型購物車Dash Cart。亞馬遜的Dash Cart內建電腦視覺掃描器及觸控式螢幕，讓顧客在超市走道走動時就可以結帳。

　　貝佐斯和凱瑟爾也組建了第三個團隊，以實現一個比較容易的目標：開設有傳統結帳櫃台的書店。書籍的特點剛好跟食品相反——不易腐爛、價格穩定，又易於儲存。當然，這也是亞馬遜在網路上最早開賣的商品類別。顧客買書的頻率不像買食物那麼頻繁，所以等待付款不覺得是麻煩。於是，書籍再次成為誘餌，吸引購物者去體驗Fire TV、最新的Kindle和Echo等裝置。

　　2015年的秋天，亞馬遜在西雅圖一家高級購物中心籌劃第一家亞馬遜的實體書店。當時外界對於亞馬遜將如何進入實體零售業，臆測非常熱烈。科技部落格GeekWire的記者甚至還偷偷地用綁著相機的竿子伸進店裡偷窺。[3] 約莫同一時間，

貝佐斯從後門溜進去查看那家店，第一次看就很滿意。他也表示，他覺得亞馬遜的事業好像終於圓滿了。

幾週後，該店於2015年11月2日開業。參與那個專案的員工都可以把他們最喜歡的書放在「員工選書」的書架上。貝佐斯本人挑了三本，某種程度上來說，那三本書也預告了未來發展的意外轉折：他的妻子麥肯琪創作的小說《陷阱》（*Traps*）；蓋瑞‧巧門（Gary Chapman）的《愛之語：兩性溝通的雙贏策略》（*The 5 Love Languages*），這本書是談如何維繫愛情；以及他的朋友、著名安全顧問蓋文‧德‧貝克（Gavin De Becker）所寫的《求生之書》（*The Gift of Fear*）。

Go團隊的長期成員眼看著亞馬遜的實體書店在幾個月內就正式開張，覺得很沮喪。不過，2016年初，GO團隊終於開始為最終的開店做準備了。為了決定商店的正式名稱，普里尼的團隊做了多次品牌塑造的練習。他們集思廣益，並撰寫品牌名稱傳達給大眾的理念。最後他們決定採用「Amazon Go」來傳遞速度的概念。普里尼說，「GO這個字只有兩個字母，你真的可以抓了東西就走。」

在水獺大樓的實驗室裡，他們以真品取代假食品，Go的成員也被要求在特定的情境下購物。例如，普雷尼回憶道：「你趕著去開會：你隨手撈了沙拉和飲料當午餐。」或者「你趕著去托兒所接孩子放學，你順手拿了牛奶、草莓、麥片當明天的早餐。」幼兒的挑戰依然棘手，所以他們要求家長把孩子帶來實驗，那些孩子坐立不安，到處亂跑，亂拿東西。那些舉動對系統來說都是進一步的壓力測試。

員工對這個專案的進展喜憂參半。許多人喜歡它的便利性，覺得下午開會以前可以進實驗室拿個三明治果腹很棒，

又可以體驗一下他們曾在新聞稿和常見問答中設想的「拿了就走」的魔力。但是在幕後,技術還不完美,仍然需要真人支援。員工組成小組,以檢討系統無法判斷購買的錄影片段(所謂的「低信度事件」)。組成這種檢討小組,就好像Alexa請外包商檢討及改進Alexa的回應一樣,根本不是真正的無人購物體驗,有些員工因此質疑花那麼多心力的意義何在。設計師庫爾特說:「這件事很棘手,如果我們需要一大群人來看錄影片段,那要如何擴大展店?」

另一個角色也需要真人介入:開發料理包的食譜,準備日常的午餐菜色,例如羊肉三明治、卡布里沙拉。他們準備2016年底在亞馬遜的西雅圖總部開一家占地一千八百平方英尺的原型商店。為此,亞馬遜從工業廚房及連鎖餐廳雇用了廚師與員工。接著,他們在原型商店內設立一個廚房,也在西雅圖南部開了一個商業級的廚房,做為亞馬遜在全國各地廣開GO商店時必須附設廚房的樣版。[4]而且,向來精打細算的亞馬遜也一反常態,出手闊綽,採購每台要價數萬美元的德國商用烤箱。

廚房也帶來一些意想不到的挑戰。店裡的廚房傳出異味時,亞馬遜聘請兩位專業嗅探員來解開謎底(罪魁禍首是醃蘿蔔)。一名員工回憶道,由於食品安全是首要考量,商用廚房一直冷得要命,一位計時人員提議在工廠冰冷的水泥地板上鋪墊子,但遭到亞馬遜拒絕。後來總部一名資深主管在廚房觀察一天後,公司才發放連帽衫及禦寒裝備給員工,最後也同意鋪上墊子。他們發現,食品服務業的從業人員與庫馬的演算法一樣難以管理。

今天的實驗或許是明天的機會

Go商店於2016年12月向所有的員工開放，正式對外開放的時間訂在幾週之後，但後來因為一系列全新的問題浮現，最終延遲了一年才對外開放。[5]《華爾街日報》指出，店內同時有二十名以上的購物者時，系統往往會當機。此外，購物者拿起商品並把它放回不同的貨架時，系統也會遺漏追蹤，還要通知店員把貨品放回正確的位置。即使在最好的情況下，系統也不是完全準確，所以亞馬遜的主管不想貿然開業。萬一系統出錯，導致結帳錯誤，可能會危及消費者的信任。

購物者也容易對這種新奇的購物形式感到困惑。普里尼後來說：「我們注意到很多顧客在出口處猶豫不決，他們詢問門口的人員：真的可以直接離開嗎？於是我們在測試時貼出一張大海報，上面寫著『真的，你可以拿了就走！』」創始店至今依然留著那個標示。

2018年1月，第一家Go自助商店終於對外開幕。有人說，在那裡可以窺探零售業的未來樣貌。CNET報導：「整個流程迅速又順暢，我幾乎忘了那些東西不是免費的。」[6]但由於店面規模偏小，商品選擇有限，加上工資與營運支出龐大，這個專案背後的數字令財務主管驚恐不已。有人告訴我，GO創始店及相關的廚房與資料中心，總計花費了上千萬美元。

一位瞭解內部決策的主管表示：「如果你是創投業者，會覺得做這些沒有意義。」但貝佐斯希望繼續前進，「貝佐斯向來主張：『今天不行沒關係，明天也許可行。』只要顧客喜歡，他就會找錢來資助。」2017年，亞馬遜的研發支出高達

226億美元。[7] 相較之下，Alphabet是166億美元、英特爾是131億美元、微軟是123億美元。這位熟悉稅法的執行長可能知道，用於GO商店、Alexa等專案的巨額研發支出，不僅有助於確保亞馬遜未來的發展，也可以抵稅，減少亞馬遜繳交的總稅金。

接下來那幾年，亞馬遜陸續在西雅圖、舊金山、紐約、芝加哥等地開設GO商店。亞馬遜關閉了自己的廚房，改從那些為星巴克和7-Eleven製做一般沙拉和三明治的供應商採購食物。昂貴的德國烤箱在原來的店裡閒置著，廚房員工也遭到解雇。

遭到解雇的員工心生不滿，對外披露亞馬遜供應的食品品質下降，並把賣不掉的食物送到食物賑濟處及遊民收容所。一名前員工抱怨：「現在唯一的新鮮食物只剩蔬菜。看到這個專案淪落至此，實在難過。」

貝佐斯曾想像在全國各地的城市開設數千家GO商店。[8] 這個專案進行了七年，卻只開了二十六家店，創造出來的財務結果遠遠達不到他最初的構想。GO商店也因為亞馬遜消除了收銀員的工作，而引發政治反彈。美國勞工統計局的資料顯示，收銀員是美國第二熱門的工作。此外，GO商店也排擠了那些沒有智慧型手機綁定信用卡的低收入戶及老年購物者。紐約、費城、舊金山等城市立法規定那些商店必須接受現金。

2019年我訪問庫馬時，他已榮升為所有實體零售事業的負責人。原始的IHM鐵三角只剩他還留在亞馬遜，凱瑟爾、普里尼都退休了。他堅稱，當時的GO專案「還是走得太前面」，並指出「顧客喜歡拿了就走的體驗」。庫馬說，那樣的迴響賦予專案「很大的自由度，可以嘗試其他類型的東西」。

其中一個嘗試是把成熟的技術重新套用在中型的城市超市上。2020年，就在新冠肺炎大爆發以前，亞馬遜在西雅圖國會山莊社區那個閒置已久的店面開張，店名是亞馬遜Go Grocery。乳酪、肉品、海鮮專櫃又回來了。庫馬暗示，那種無收銀員的系統甚至可以套用在更大的賣場。「我們學到了很多，」他告訴《華爾街日報》，「沒有真正的規模上限，可能是這個店的五倍大，也可能是十倍大。」[9]

Go商店仍然處於虧損，但貝佐斯還是把它視為亞馬遜對電腦視覺及AI技術的賭注。大公司若要締造有意義的結果，做這種高風險的長期實驗是必要的。誠如他在2015年的股東信中所寫的：

> 我們都知道，如果你喜歡揮大棒，會常常遭到三振，但偶爾也會轟出全壘打。不過，打棒球與經營事業的差異在於，棒球的得分分配很明確。揮棒後，無論你打得多好，最多就是拿四分。但經營事業時，每隔一陣子，你可能一上場就拿一千分。由於報酬是呈長尾分配，你必須大膽賭一把。[10]

Go商店從構想誕生以來，至今已將近十年，但是大家還不確定它能不能為亞馬遜帶來一千分的報酬。不過，它確實促使亞馬遜往有趣的新方向發展。亞馬遜開始把「拿了就走」系統授權給其他幾家零售商，例如便利商店、機場售貨亭。亞馬遜實體書店催生了幾十家亞馬遜四星嚴選店（Amazon 4-star）*。亞馬遜利用大量的顧客消費資料來打造這些嚴選店，只賣當地顧客喜歡的各種商品。2020年，亞馬遜開始開設大型的

Amazon Fresh生鮮超市，雖然它沒有採用GO技術，但有亞馬遜開發已久的智慧型購物車Dash Cart，讓購物者在超市的走道上就可以掃描商品，不必排隊結帳。[11]

　　另一個重要的結果是，2016年初，亞馬遜意識到，如果它想在每年七千億美元的美國超市業與沃爾瑪、克羅格（Kroger）等巨擘競爭，就必須更精明地看待實體零售。約莫那個時候，凱瑟爾加入一個由亞馬遜人所組成的小團隊，其中包括資深副總裁赫林頓、GO團隊及併購團隊的成員。他們必須回答一個重要的問題：亞馬遜該不該收購一家連鎖超市。

　　他們關注了在地的超市業者、地區性的連鎖業者、全國性的大型業者。那年，他們致電總部位於奧斯丁的全食超市。當時這家以高價著稱的有機連鎖超市正陷入困境，同店銷售額不斷下降，股價處於五年來的低點，但是它那位向來不走傳統路線的創辦人約翰・麥凱（John Mackey），對自己的轉型計畫充滿信心，還不打算出售事業。

＊譯注：只賣顧客評價四星以上的商品。

03
牛仔與殺手

　　貝佐斯為了追求亞馬遜的下一波成長，全力支持GO商店、Alexa、Fire手機等充滿遠見的技術專案。與此同時，他也在印度開了網路商店。印度有十三億人口，智慧型手機與寬頻網路正在印度的各大都會迅速普及。幾年內，亞馬遜在印度就挹注了數十億美元。貝佐斯在印度的投資，重振了亞馬遜的輝煌願景──不僅什麼都賣，而且無遠弗屆。

　　貝佐斯曾在更早之前錯過投資印度的機會。2004年，亞馬遜在班加羅爾（Bangalore）率先開設海外軟體發展中心。那個開發中心是設在一家汽車經銷商的樓上，只是一個小辦公室。那裡的員工努力開發勉強堪用的搜尋引擎A9，以及剛起步的雲端事業AWS。當時印度的員工一再建議公司在當地開設網路商店。但隨著亞馬遜從網路泡沫破滅中復甦，並集中火力開闢中國市場，印度成了他們後來才想到的市場。

　　亞馬遜在印度召募的一些早期員工後來辭職，自己創立了公司。2007年，兩位亞馬遜的工程師薩欽‧班薩爾（Sachin Bansal）和賓尼‧班薩爾（Binny Bansal）離職，一起創立富利卡（Flipkart）公司，以複製貝佐斯早年在網路賣書的原始魔

力。這兩位工程師雖然同姓，但沒有血緣關係，以前是新德里印度理工學院（Indian Institute of Technology，簡稱 IIT）的同學。既然亞馬遜不打算把握印度日益成長的連網能力及蓬勃的上流階級，他們決定自己來做。

當初幫忙創立及經營班加羅爾開發中心的亞馬遜經理人是阿米特・阿加瓦爾（Amit Agarwal），這位貝佐斯的子弟兵、熱情的工作狂也是印度理工學院的畢業生。2007 到 2009 年，阿加瓦爾回到西雅圖擔任貝佐斯的 TA（他比哈特和庫馬更早擔任這個貼身特助的職務）。TA 任期結束時，他與貝佐斯認真地討論接下來要做什麼。他要求加入國際部門，並寫了一份商業企劃案，以便把亞馬遜正式導入他的祖國。

當時，亞馬遜國際消費部門的負責人是資深副總裁狄亞哥・皮亞先提尼（Diego Piacentini）。他對於亞馬遜進軍印度的計畫，感受憂喜參半。儘管 IBM、微軟等公司在印度都有龐大又成功的事業，但印度有複雜的法律，保護在地那群龐大又分散的小雜貨店。印度的「外國直接投資」（foreign direct investment）規定，禁止海外公司擁有或直接經營零售事業。皮亞先提尼是義大利人，2000 年初離開蘋果，加入亞馬遜。他也認為，亞馬遜應該以國內生產毛額較高的國家為優先考量。2010 年，他請阿加瓦爾幫他先把亞馬遜導入他自己的祖國義大利。一年後，他們又在西班牙開設另一個亞馬遜網站。阿加瓦爾說，亞馬遜成功進入這些國家的經驗，讓他們對「重新啟動全球擴張」更有信心。

2012 年，亞馬遜終於準備好進軍印度時，主管們仔細思考他們在中國記取的一些慘痛教訓。2004 年，亞馬遜順利地進入中國，斥資約 7,500 萬美元收購在地的新創書店卓越網

（Joyo.com）。當時亞馬遜以為，他們可以把其他市場的成功心法也套用在這個全球人口最多的國家。亞馬遜打算耐心地投資，以多元的選書、低廉的價格、可靠的客服來博取顧客的青睞。

但穩步發展幾年後，中國市場突然間全變了樣。資本雄厚的電商對手阿里巴巴為各大知名品牌開了一個超人氣的固定價格網路平台，名為天貓。天貓是從阿里巴巴的淘寶網站發展出來的分支事業。幾年後，阿里巴巴開發出數位付款工具：支付寶，而當時亞馬遜仍然接受貨到付款。阿里巴巴和另一家日益壯大的競爭對手京東，網站雖然雜亂無章，但引人注目，那種設計風格迎合了中國網民的整體設計品味。亞馬遜的中國網站看起來像亞馬遜在世界各地開的其他首頁。亞馬遜的中國員工需要依賴西雅圖的技術團隊及其他協助，所以在因應對手及其他明顯的市場訊號方面，反應比較遲緩。

在此一年前，也就是2011年，亞馬遜把一項全球策略沿用到中國：在中國導入市集，允許獨立業者在亞馬遜的網站上銷售自己的產品。這是啟動飛輪的關鍵：增加外部賣家以吸引新的消費者上門，並向賣家收取佣金。這些額外的收入可以用來壓低售價，進一步吸引更多的消費者上門。然而，亞馬遜依然沒有跟著中國網路獨有的特質調整。中國賣家習慣付給阿里巴巴的佣金約是銷售額的2%至5%，外加讓商品出現在顯眼位置的廣告費。亞馬遜的主管對這種廣告模式感到懷疑，所以向賣家收取的佣金是銷售額的10%至15%，這對賣家來說太高了。因此，阿里巴巴又進一步領先。

隨後，中國官媒中央電視台的報導，讓大家注意到亞馬遜的第三方市集充斥著山寨品（例如假的名牌化妝品）。[1]這對

亞馬遜造成很大的衝擊，使亞馬遜在中國頓時失去發展的動力。當時在亞馬遜中國分公司擔任主管的人表示，貝佐斯對中國政府的內部機制完全不感興趣，也不想和中國的領導人培養關係，或運用他的名聲來推動亞馬遜在中國的發展。他不像伊隆‧馬斯克（Elon Musk）那樣，多年後在上海設立特斯拉超級工廠（Gigafactory）。

亞馬遜因為沒和中國共產黨建立密切的關係，最終失去更多的地盤。2014年，亞馬遜的國際團隊分析中國事業陷入困境的狀況，並把分析報告提交給S團隊。在那份報告中，國際團隊估計，亞馬遜自收購卓越網以來，十年間虧損了10億美元。由於擔心赤字不斷增加，貝佐斯決定削減亞馬遜在中國的投資，並開始規劃在中國轉虧為盈的計畫，不再為了在中國維持競爭力而繼續接受額外的虧損。

亞馬遜的一位財務主管後來形容，這相當於「直接斃了該事業」。從2011年到2016年，亞馬遜在中國的市占率從15%降到連1%都不到。[2]多年後皮亞先提尼解釋：「我們一直很擔心，在中國大量投資，無論如何都會輸，而且又浪費很多錢。我們沒有足夠的勇氣正面迎擊競爭對手，一直是膽小的跟隨者。」

在亞馬遜進軍印度的前夕，貝佐斯可以從中國記取的慘痛教訓包括：亞馬遜在中國的投資或創新不夠大膽，沒有與政府培養關係，沒有建立獨立在西雅圖之外的營運體系。阿加瓦爾亟欲把亞馬遜導入他的祖國，他不會再犯下同樣的錯誤。

到印度拓荒

亞馬遜進軍印度的首波行動之一，是想辦法吸引那兩位有

名的前員工回鍋。薩欽・班薩爾與賓尼・班薩爾獨立創業四
年後，把富利卡打造成全國知名的品牌，不僅銷售書籍，也
銷售手機、CD和DVD。阿加瓦爾在德里市中心頂級的ITC孔
雀王朝飯店（ITC Maurya）與這兩位前員工見面，以討論收購
事宜。薩欽與賓尼對他們的事業發展充滿信心，開價10億美
元。[3]阿加瓦爾覺得那個數字簡直是笑話，協商因此告吹。

　　薩欽與賓尼回絕亞馬遜後，阿加瓦爾開始自組一支團隊來
跟他們競爭。他回南聯合湖區的亞馬遜總部挖角，積極宣傳那
是影響亞馬遜及改變印度民主軌跡「千載難逢的大好機會」。
他鎖定的目標是本來就在亞馬遜任職的印度人。因為他們瞭解
亞馬遜，也瞭解龐大的印度市場的文化特點和多種語言。

　　2012年，亞馬遜印度團隊開始在班加羅爾北部一棟名為
「世貿中心」（World Trade Center）的曲線玻璃帷幕大樓內上
班。整個團隊由數十位工程師組成，辦公室位在八樓。一開
始，他們不確定該怎麼做。印度的「外國直接投資」規定似乎
阻止他們開設標準的亞馬遜網路商店（亦即亞馬遜以批發價從
製造商採購產品，再透過網路販售給消費者）。

　　因此，他們秉持著亞馬遜的精神，窮則變，變則通，在
2012年2月先推出名為Junglee.com的比價網站。亞馬遜藉由搜
尋網路，列出其他網站的所有產品與價格，著手蒐集資料，並
在不做代銷、也不違法下賺取推薦費。但富利卡覺得這是亞馬
遜想來他們的地盤試水溫的訊號，拒絕讓Junglee在它的網站
上撈資料。Junglee只在最初上線時引發一些關注，之後並沒
有多大的進展。

　　2013年，阿加瓦爾和團隊找到另一種方法。他們決定偏
離公司的策略，把亞馬遜的印度網站完全當成第三方市集來經

營。他們讓外部供應商在新命名的Amazon.in網站上銷售他們自己的商品，亞馬遜只是撮合交易及收取費用，但沒有自己的庫存。這種模式最明顯的缺點是亞馬遜無法設定價格，也無法確保熱門產品的供應與品質。

Amazon.in經過多次的延遲後，終於在2013年6月5日上線。YouTube上有一支畫面搖晃的影片記錄了網站開張的實況：會議室裡擠滿了喜孜孜的印度年輕人，凌晨兩點啟動網站後，現場爆出熱烈的掌聲，新網站正式對外宣告：「放心購物！」[4]

幾週內，亞馬遜印度公司就從銷售書籍、DVD等產品，擴展到銷售智慧型手機與數位相機。不久，美妝、廚具、亞馬遜的Kindle Fire平板電腦也陸續上架。阿加瓦爾希望每週都推出一類新產品，他就像他在西雅圖的那位老闆一樣，喜歡預設高標。後來他回憶道：「如果某週沒推出新的產品類別，我們會坐下來檢討，說那是令人失望的一週。」

儘管亞馬遜印度公司離總部八千英里遠，阿加瓦爾還是設法把亞馬遜文化的關鍵元素導入印度分公司。他請搬運公司把1999年他剛加入亞馬遜時親手做的那張門板桌搬到印度。他說，部分原因在於他的家人需要搬家公司運送的家具還湊不滿一個單位，這點讓他心裡不太好過。他也把亞馬遜的一些慣例導入分公司，例如撰寫六頁報告、錯誤更正報告（correction of error，COE）等等，以系統化地解決梅雨季交貨延誤等問題。阿加瓦爾跟貝佐斯一樣，常在客訴電郵上只加上一個問號就轉寄給員工，以突顯出需要立即解決的迫切問題。員工稱之為「阿加瓦爾告狀信」，而不是「貝佐斯告狀信」。

2013年秋季，亞馬遜的印度網站上線幾個月後，阿加瓦

爾和幾位副手回到西雅圖,向貝佐斯和S團隊報告年度計畫,做為年度OP1規劃流程的一部分。對於如何在印度擴張,並在銷售額及其他的關鍵指標上迎頭趕上成立六年的富利卡,他們的六頁報告列出一系列投資選項,從保守到大膽的選項都有。它也建議公司推動一場實驗性的廣告活動,以測試什麼能引起印度消費者的共鳴。

當時,亞馬遜在中國的投資虧損連連,所以貝佐斯不想放棄這個看似全球第二大的市場商機。在OP1會議中,他大多是最後發言,以免他的看法影響其他人的意見。但這次,阿加瓦爾簡報到一半,他就插話了。「你們注定會失敗。」他直截了當地對印度團隊說,「在印度,我不需要電腦專家,我需要的是牛仔。」[5]

當時在場的兩名主管回憶道,貝佐斯接著說:「不要拿一份計畫來,就以為我會做多少投資。你們應該告訴我,你們要怎麼贏,然後再告訴我,那要花多少錢。」現場另一位印度主管阿米特.戴許潘德(Amit Deshpande)說貝佐斯想傳達的訊息是:「放膽豁出去,大幹一場,有我們當靠山。」

阿加瓦爾是擁有印度理工學院及史丹佛大學學位的電腦專家,他聽到貝佐斯這樣說時,大吃一驚。但回印度後,他把老闆的指示轉變成戰鬥的號召令。貝佐斯的命令變成亞馬遜印度公司的核心精神,所以高階經理人偶爾會穿牛仔裝去參加全員會議。他們淘汰了原本那份溫和的OP1行銷計畫,卯起來在印度宣傳,變成印度最大的廣告商之一。他們在《印度時報》(*Times of India*)等各大媒體的頭版上宣傳Amazon.in,也在印度板球超級聯賽(Indian Premier League)上大打令人注目的廣告。一位亞馬遜印度公司的經理人提到,印度團隊的新目標之

一就是迅速壯大，大到讓貝佐斯不得不來印度一趟。

後續幾個月過得又快又緊湊，團隊成員天天加班，經常出差，搭最早班的飛機出門，搭最晚班的飛機回來。他們不在國內各地出差時，就是前往中國觀察亞馬遜、阿里巴巴、京東在類似的競爭環境下採用哪些策略。營運經理維諾斯・普瓦林耿（Vinoth Poovalingam）說：「我的房間裡有一個行李，辦公室裡也有一個行李。」他在印度各地為亞馬遜建立倉庫，「有些人曾開玩笑說：『我們根本是在勞改營工作。』」

亞馬遜在印度的營運方式必須有所不同。亞馬遜在西方可以利用多線道的高速公路、信用卡網路等關鍵基礎設施。但是在印度，這些基礎設施付之闕如，所以經理人必須為印度設計獨特的物流與支付策略，例如雇用單車快遞員、接受貨到付款等等。亞馬遜在世界各地開零售網站時，通常是採用同一套代碼庫，但是在印度，工程師特地開發新程式碼，以及比較不占記憶體的手機app，因為印度顧客主要是以手機連上亞馬遜的網站，而且當地的無線上網速度又很慢。為了更靈活地運作，所有的部門都是直接對阿加瓦爾彙報，而不是向西雅圖的同部門彙報。亞馬遜印度的一位主管表示：「我們從根本質問一切，並問道：『把這個套用在印度對嗎？』」

此外，阿加瓦爾、國際事業的負責人皮亞先提尼、亞馬遜的企業發展長彼得・克拉維克（Peter Krawiec）也找到一個在缺乏零售部門下、只經營第三方市集的方法。2014年的年中，亞馬遜與印度的外包巨擘印孚瑟斯（Infosys）的共同創辦人兼億萬富豪納拉亞納・莫希（Narayana Murthy）一起合資創立普里翁商業服務公司（Prione Business Services），亞馬遜持有該公司49%的股分。普里翁負責經營一家名為雲尾

（Cloudtail）的公司，銷售最新的智慧型手機及消費性電子品等熱門商品。雲尾立即變成Amazon.in上的最大供應商，囊括約40%的銷售。[6]

面對印度規範模糊的外國直接投資法規，普里翁算是一種直接破解的方式〔路透社（Reuters）後來報導，當時亞馬遜內部的一張投影片寫道：「試探法律界線」〕。[7]這種方式讓亞馬遜向顧客獨家銷售三星、印度一加（OnePlus）等公司的熱門新機。富利卡的資金是來自海外的創投業者，它早就在這個領域奠定基礎，成立自己的代理銷售商〔名為WS零售（WS Retail）〕，獨家販售摩托羅拉、小米、華為等公司的手機。亞馬遜和富利卡搞這種獨家販售的伎倆好幾年，不斷祭出折扣與獨家優惠以相互較勁。印度各地無數的小店家根本不是他們的對手。

2014年中，網路流量超越亞馬遜和富利卡最樂觀的預測。7月29日，富利卡在收購時尚界的競爭對手Myntra幾個月後，宣布獲得10億美元的創投資金，[8]公司的估值達到70億美元，超過印度其他所有網路新創事業加起來的總值。營運僅一年的亞馬遜印度公司，在印度的總銷售額則是逼近10億美元。富利卡收購Myntra的隔天，亞馬遜也不遑多讓，發布一份新聞稿與之較勁，宣布為亞馬遜印度公司挹注20億美元的資本。印度的電子商務機會，與中國市場一樣有利可圖。這一次，貝佐斯決心非贏不可。

那年九月，貝佐斯履行了他對阿加瓦爾的承諾，造訪印度，並利用他的名氣來推動亞馬遜的理念。面對貝佐斯的造訪，富利卡刻意在班加羅爾的機場外及亞馬遜的辦公室附近大買廣告看板，以宣傳富利卡為了慶祝即將到來的排燈

節（Diwali festival）而新創的網購節「大十億日」（Big Billion Day）。

貝佐斯自己規劃了公開露面的方式，希望藉此做出夠強烈的表態，讓富利卡的投資者也能聽到。他想在騎大象的時候，遞給阿加瓦爾一張20億美元的支票。大象在印度是智慧與力量的象徵，但是當時所有的大象都去參加一個宗教節日。貝佐斯催員工去找大象未果後，答應改搭一輛掛滿節慶裝飾的塔塔（Tata）平板貨車來宣傳。貝佐斯穿著米白色的印度傳統套裝，披上紅褐色的傳統圍巾，象徵性地把一張道具支票頒給阿加瓦爾。

當地媒體大肆報導這場盛況，還有亞馬遜和富利卡之間的激烈競爭。貝佐斯雖然卯足全力想要擊敗富利卡，但也刻意輕描淡寫兩家公司的競爭。「我個人的看法是，多數公司花太多的時間思考競爭對手。」[9]他對印度的《今日商業》雜誌（*Business Today*）表示，「他們應該思考的是顧客。」

與此同時，面對「大十億日」的攻勢，貝佐斯也想出一個購物日來與之較勁。那個購物日是慶祝印度發射的太空探測器成功繞火星軌道運行，也呼應他對太空的熱愛。亞馬遜發起一波新的行銷閃電戰來宣傳那個購物日，結果流量同時大量湧入Amazon.in與富利卡。

在那次印度之旅的空檔，貝佐斯也在附近一家飯店裡與印度的主管交談。他重申，他希望他們像牛仔一樣思考，把印度視為電子商務的西部荒野。當時在場的三位主管說，貝佐斯提到：「開創事業有兩種方法，很多時候，你是瞄準、瞄準、再瞄準，之後才開槍。另一種方法是射擊、射擊、再射擊，然後才瞄得比較準一點。你們應該採用第二種方式，不要在分析及

精準度上花太多的時間，而是要不斷地嘗試。」

貝佐斯、皮亞先提尼、阿加瓦爾也和他們的新合作夥伴莫希共進午餐。這位六十八歲的印孚瑟斯共同創辦人跟他們聊到，他以前還是身無分文的大學畢業生時，曾在歐洲自助旅行；也提到印孚瑟斯的龐大內部培訓專案「印孚瑟斯大學」（該專案的目的，是為剛畢業的大學生培養實用的技術能力）。皮亞先提尼回憶道，當時貝佐斯聽得津津有味，他說貝佐斯和老莫希「一拍即合」。

接著，貝佐斯和阿加瓦爾飛往德里，去會見真正掌控亞馬遜印度前景的人：印度總理納倫德拉‧莫迪（Narendra Modi）。在會面前的訪問中，貝佐斯讚揚印度的創業精神，並提出在印度設立AWS資料中心的可能性。談到這位上任不久的領導人時，他說：「他享譽國際，我完全支持他的主張。」[10]

但莫迪幾乎沒有公開回應什麼。印度的企業家是其執政聯盟的重要組成份子，他們對亞馬遜的一舉一動都充滿了戒心。如果莫迪需要強化外國投資規定以鞏固國內業者的支持，他可能會在一夕間摧毀亞馬遜最有前景的海外事業。

開發墨西哥市場

亞馬遜在印度市場的進展，令西雅圖的總部感到振奮。貝佐斯和S團隊認為，如果電子商務能在印度蓬勃發展，其他的開發中國家肯定也有尚未開發的機會。2014年，他們的下一個國際拓展重點，是由法裔加拿大籍的亞馬遜主管亞歷山大‧甘農（Alexandre Gagnon）主導。甘農曾擔任S團隊成員皮亞先提尼的TA，曾協助亞馬遜的義大利網站及西班牙網站上線，也曾負責把亞馬遜導入加拿大。他體認到亞馬遜進入加

拿大的一大優勢是靠近美國倉庫。美國倉庫可以幫忙提供加拿大當地倉庫因為銷量不多而沒有備貨的品項。這種網絡化的單一大陸供應鏈也可以套用於墨西哥。當時墨西哥的GDP在全球排名第十五位。後續那一年發生了許多事情，包括亞馬遜在國際擴張過程中做的一場較為奇怪的實驗，以及亞馬遜史上最惡名昭彰的人物誕生。

當時，沃爾瑪是墨西哥最大的實體零售商，在當地擁有最大的電商事業。阿根廷的新創企業MercadoLibre也在墨西哥經營，但墨西哥在該公司的拉美總銷售額中，只占不到7%的比例。[11]墨西哥電子商務所受到的限制跟印度一樣：網路普及率低、無線網路不穩、信用卡普及率低。但亞馬遜現在已經具備解決這些問題的經驗。

2014年3月，甘農向S團隊報告他的墨西哥計畫。他的六頁提案報告與印度相似。他也提到，許多墨西哥的富人已經直接從美國的亞馬遜網站購物，並支付額外的費用，把商品運過邊境。甘農的一位同事後來表示，當天他們去開會時都很緊張，因為他們聽說貝佐斯那天的心情特別糟。但那場預定九十分鐘的會議只開了四十五分鐘——這向來是好兆頭。「他的反應是，我們進軍墨西哥的時機不算太早，也不算太晚。」甘農說，「他覺得我們的計畫很好，應該盡快進行。」

亞馬遜當初在印度的投資高達數十億美元，但是在墨西哥的投資只及在印度的一小部分。此外，亞馬遜在印度的投資金額大多是由貝佐斯自己決定——由此可見他對印度的重視。但甘農是向全球消費事業的負責人威爾克報告。「任何與5號州際公路有關的事情」，都由威爾克負責（那是一條沿著美國西岸延伸的公路）。

　　亞馬遜進軍墨西哥的第一步，是找一位當地的執行長，負責讓墨西哥網站上線，並擔任亞馬遜在當地的門面。經過幾個月的搜尋，亞馬遜的人才召募長蘇珊・哈克（Susan Harker）找上沃爾瑪墨西哥的電商主管胡安・卡洛斯・加西亞（Juan Carlos Garcia）。不久前，墨西哥才發生一樁出名的賄賂醜聞，迫使他的幾位同事辭職，這件事削弱了公司的士氣，所以加西亞已經準備轉換跑道。在那之前，加西亞曾創立及出售幾家電商新創事業。

　　那年十月，加西亞造訪亞馬遜的總部，連續兩天接受一連串的面試。面試官要求他寫一份六頁報告，說明「我做過最創新的事」，以及「我在職涯中做過最在乎顧客的事」。經過嚴苛的面試後，他被帶去參加最後一場臨時追加的會議：會見貝佐斯。貝佐斯喜歡說，他「面對創業者時，特別心軟」，[12] 本來預定為十分鐘的會面，一談就談了一個小時。貝佐斯對加西亞透露大家尚未對他明講的事情：亞馬遜將要進軍墨西哥。

　　加西亞得到那份工作，接管亞馬遜的墨西哥團隊。他們搬到墨西哥城富裕的波朗柯區（Polanco），在雷格斯（Regus）共用工作空間找到辦公室。他們開始規劃進軍墨西哥的計畫，但加西亞最初提交的六頁提案報告（以墨西哥畫家迪亞哥・里維拉〔Diego Rivera〕的名字命名為「迪亞哥專案」）遭到貝佐斯否決：貝佐斯覺得他的計畫太保守。加西亞的提案仿效亞馬遜在義大利及西班牙拓展事業時那種有條理的做法，一開始只推出幾個產品類別，後來才增加其他類別及第三方市集。但貝佐斯善用他在中國與印度學到的技巧，希望迅速趕上沃爾瑪和MercadoLibre在當地的腳步。於是，加西亞重寫計畫，「把所有東西都丟進去」。

翌年三月，亞馬遜的墨西哥網站即將上線時，加西亞到溫哥華北部的惠斯勒山（Whistler Mountain）滑雪，卻突然被叫到西雅圖開緊急會議。亞馬遜每年付給谷歌30億到40億美元的搜尋廣告費，[13]以便讓亞馬遜的商品出現在谷歌搜尋結果的頂端。威爾克對這筆龐大的支出感到非常厭倦。與此同時，谷歌也正在擴張谷歌速達（Google Express）的購物服務，推展到更多城市，並投資一些電子商務的新創事業，以挑戰亞馬遜在世界各地的事業。威爾克想知道，有沒有可能在完全不用搜尋廣告下，在國外推出亞馬遜網站。他想把墨西哥網站當做白老鼠，測試亞馬遜能不能擺脫對這個公認為競爭對手危險的依賴。

加西亞參加了那場會議，仔細閱讀那項計畫的說明文件。他回憶道，貝佐斯在會議進行到一個小時時走進來，請反對提案的人舉手。加西亞後來告訴我，他是現場唯一舉手的人。谷歌在墨西哥是主要搜尋引擎，每個月約有兩千四百萬個獨立訪客。後來我拿到那份文件，文件裡的分析顯示，亞馬遜估計，拒絕支付谷歌搜尋費的代價是放棄20%的潛在總流量。該文件也估計，取消谷歌廣告也會降低點擊一般免費搜尋連結的訪客比例（從14%降至11%）。

那份文件最後總結，為了挽回失去的流量，他們必須提供折扣，提供免運費服務，並推出一個品牌廣告活動，教顧客直接上亞馬遜搜尋商品，而不是用谷歌搜尋。後來，威爾克說明他為什麼會主張做這樣的改變，他說：「我們在已經有營運的國家，對谷歌的依賴程度不一。我一直想問一個問題：『我們做那些廣告值得嗎？』」

加西亞回憶道，在那場會議上，貝佐斯很謹慎。他似乎

站在加西亞那邊，反對這項實驗。但後來威爾克說服了他，說這是一扇「雙向門」（貝佐斯常以這個詞來形容可逆轉的決定），所以貝佐斯答應試試看，加西亞也只好「不贊同但執行」（這是亞馬遜的術語，意指執行你反對的行動）。

2015年6月30日，Amazon.com.mx 正式上線，成為亞馬遜在拉丁美洲第一個全方位線上商店。那個網站全部使用西班牙文，承諾「我們的線上商店有數百萬種商品」。由於雷格斯辦公室的 Wi-Fi 不穩，亞馬遜的墨西哥團隊飛到西雅圖去啟用網站。當晚，他們在 Day 1 北棟的一樓交誼廳舉行一場小型的派對。在那裡，威爾克把加西亞介紹給負責國際事業的皮亞先提尼。皮亞先提尼告訴他：「好好享受你成名五分鐘的機會。」幾週後，亞馬遜墨西哥公司的主管在墨西哥城的聖瑞吉飯店（St. Regis Hotel），舉辦了一場更盛大的活動。加西亞找來超人氣的墨西哥派對樂團 Moderatto 到現場演奏。

接下來那幾季，亞馬遜避免在墨西哥買谷歌廣告，改用廣告看板、廣播、電視廣告以及運費折扣來彌補。然而，加西亞的恐懼也應驗了，那樣做確實阻礙了網站的發展。離線廣告不僅費用更高，效果也比較差。谷歌每年靠廣告帶進 700 億美元的收入，就是因為搜尋廣告確實有效，那也是網站吸引訪客較便宜的方法。威爾克後來說：「我想看我們能不能在不靠谷歌下，在一個國家推出新網站並獲得不錯的業績。結果證明，答案是否定的……我們接觸到的顧客不夠多。」

加西亞和團隊隨後結束了那個實驗，並使用亞馬遜用來管理其龐大谷歌廣告購買活動的內部系統 Hydra（希臘神話裡有九個頭的海洋生物，但一如亞馬遜員工私下的竊笑，那也是漫威漫畫中的恐怖組織）。一年後，也就是 2016 年，亞馬遜墨西

哥公司的損益表終於好轉，開始展露無限的前景。

然而，在西雅圖，加西亞的聲望卻持續下滑。一些主管抱怨，他「不瞭解亞馬遜的文化」。有些人也說，他與威爾克或直屬上司甘農都不太對盤。幾位亞馬遜墨西哥的員工記得，加西亞是個平易近人的領導者，常工作到深夜，在媒體面前是很稱職的公司門面。不過，一位同事回憶道，在2015年黑色星期五（Black Friday）到來之前，加西亞的脾氣特別暴躁。他和一位管理商品類別的經理，為了要不要跟進對手的折扣而爭論不休：某家規模較小的網站為六十吋電視提供大幅折扣。那位經理堅稱，競爭對手一定是標錯價，亞馬遜若是跟進大幅打折，會損失太多錢。隨著爭論愈演愈烈，加西亞不禁拍桌大吼：「我是執行長！你做就對了！」於是，亞馬遜跟著大打折，迅速賣出數千台電視，但也確實因此虧損一大筆錢。

加西亞後來回憶道，2016年底，亞馬遜的一位董事從他位於墨西哥蓬泰咪塔（Punta Mita）的度假屋訂購了一批鞋，結果僅一部分到貨。那位董事把問題轉知威爾克，他想知道這是不是暗示墨西哥網站有更大的問題。威爾克把問題轉發給加西亞，然後在一次會議上問他這件事。結果討論愈來愈激烈，加西亞後來說，他覺得自己不受尊重。不久之後，也就是2017年2月，他遭到解雇。

2019年9月，加西亞主動找上我，跟我談了他在亞馬遜的狀況。我們在舊金山的一家咖啡館暢談了許久，也一起在舊金山的市區邊走邊聊。他說，他深入調查了那位董事買鞋的問題，最後發現他是從美國網站訂鞋，而不是從墨西哥網站訂購。他遭到解雇以前，就已經向威爾克提過這件事，但他從未回覆。

　　加西亞離職後，甘農待在墨西哥的時間更長了，後來他把那個職位交給他的美國副手。在他們的管理下，再加上充分運用谷歌廣告，亞馬遜的墨西哥網站進一步蓬勃發展。到了2017年底，在總值71億美元的墨西哥電商市場中，該網站已變成領先者，稍微超前MercadoLibre與沃爾瑪。[14]

　　但這個故事有驚人的後續發展。加西亞和我談話後，答應與我保持聯繫。後來我發了幾封電郵給他，但連續數週都音訊全無。之後，在2019年11月，一則新聞報導引起我的注意：前亞馬遜墨西哥公司的執行長加西亞因涉嫌謀殺妻子艾布里爾・佩雷斯・薩加翁（Abril Pérez Sagaón）而遭到通緝。

　　那個可怕的故事始於前一年的一月，也就是我見到加西亞的八個月前。據稱，他們夫妻大吵一架後，他用球棒毆打妻子，並動刀劃傷她的臉。他們十五歲的兒子目睹了這場家暴事件，十幾歲的女兒也以相機拍下母親的嚴重傷勢。佩雷斯後來康復了，並取得隔離加西亞的限制令，而加西亞隨後被判處十個月的審前拘留。關於他實際被關押的時間，新聞報導不一，但不知何故，他竟然可以前來舊金山與我對談。當時我對他涉入的事件一無所知，因為那還沒變成新聞。

　　幾週後，也就是2019年11月25日，佩雷斯飛往墨西哥城，爭取三個孩子的監護權。隨後她搭著律師駕駛的汽車前往機場，她坐在副駕駛座，兩個孩子坐在後座。一名殺手突然把機車騎到汽車的旁邊，從窗口對著她開了兩槍，當晚她就過世了。

　　這起謀殺案在墨西哥及海外掀起軒然大波。一家報紙的頭條標題寫道：「亞馬遜墨西哥的前執行長在妻子離奇遭到謀殺後逃亡美國」。[15]抗議活動在全國各地爆發，活動人士指責政

府未能保護深陷家暴的女性，也沒有認真看待女性遭到謀殺的事件。諷刺的是，亞馬遜墨西哥公司有名員工告訴我，公司不得不暫停谷歌廣告的購買計畫，以免大家搜尋那起犯罪事件的最新發展時，亞馬遜的廣告剛好跳出來。

2020年3月，兩名男子被捕，並以謀殺罪遭到起訴。但警方和他的孩子都認為是加西亞買兇殺妻，他依然是主要嫌犯。墨西哥的警方指出，加西亞在槍擊案發生幾天後，在提華納（Tijuana）附近步行進入美國。截至本書撰寫之際，他從未露面。

強龍遇上地頭蛇

我們回頭來談印度。2015年，印度亞馬遜與富利卡像重量級職業拳手那樣互相攻擊，搶著與智慧型手機製造商做獨家交易，在購物節期間提供大幅折扣，並以驚人的速度在全國各地興建倉庫。亞馬遜在電視上狂打朗朗上口的廣告〔「給我看更多」（Aur Dikhao），這是印度顧客在小商店裡對店員說的話〕。為了教印度的小商販如何上網買賣，亞馬遜採購了一批三輪車，命名為Chai Cart，由員工把它們騎進印度色彩繽紛的在地市場，以免費的茶、水、檸檬汁招待市場小販，趁機向他們介紹電郵和app等工具，教他們如何在Amazon.in註冊、開店及上傳庫存。[16]

那年秋天，阿加瓦爾和他的經理人又回到西雅圖參加OP1年度規劃會議。兩年前，老闆要求他們修改保守的預測，現在，阿加瓦爾已經接受貝佐斯的指示，把謹慎小心及營業利潤等惱人的概念先擱在一邊。明年的計畫顯示，投資、銷售成長、赤字都相當驚人。貝佐斯在印度親眼目睹了創業活力

後，對印度依然充滿了熱情，深受鼓舞。一位亞馬遜的同仁多次聽到他說：「未來將屬於美國、中國和印度。亞馬遜若要成為真正一流的全球公司，就必須在這三個市場中的兩個維持重要地位。」那次報告結束時，S團隊全體起立為阿加瓦爾和印度的主管鼓掌。在這個通常嚴肅又令人畏懼的環境中，這是難能可貴的讚揚。

然而，在印度本土，他們幾乎得不到掌聲，只有複雜的問題需要解決。阿加瓦爾很早就知道，他不能只靠國營的印度郵政（India Post）做為物流夥伴。因此，亞馬遜像富利卡一樣，以小貨車、摩托車、單車、甚至船隻建立自己的快遞網絡，把商品送達印度最偏遠的地區。為了讓印度人更熟悉數位支付的概念，亞馬遜也導入一種新選項：把現金交易所找的零錢轉為帳戶儲值。

這些方案看起來都大有可為。2016年的夏季，亞馬遜正準備在印度推出Prime「兩天到貨」的保證。在市場領導地位的重大轉變下，亞馬遜可望在銷量上超越富利卡。貝佐斯大受鼓舞，六月在華盛頓舉行的美印商業協會（U.S.-India Business Council）上，他再次與印度總理莫迪會面，並宣布亞馬遜將在印度再挹注30億美元的資金。莫迪這次美國之行的目的是與外國投資者培養關係，所以這次他似乎比較接受貝佐斯的善意。他與幾位商界領袖合影，並稱印度「不單只是一個市場」，[17]也是「可靠的合作夥伴」，[18]將繼續讓大家更容易在印度展開業務。

亞馬遜加倍投入印度事業時，競爭對手開始顯得搖搖欲墜。富利卡的執行長是三十三歲的薩欽，他也面臨谷歌主宰網路廣告的問題。他研究了谷歌的廣告費及印度較低的個人電腦

普及率後，宣布富利卡及它收購的時尚網站Myntra將把精力與投資集中在智慧型手機的app，完全放棄桌上型電腦及行動網站的廣告。接著，他解雇了大半個曾大力反對這種做法的管理團隊。

結果，這項策略適得其反。顧客覺得被迫下載app很不方便，所以乾脆不用。與此同時，亞馬遜在報上刊登整版廣告，並附上貝佐斯的信，感謝印度人讓Amazon.in成為該國流量最多的電商網站。[19]富利卡的銷售額開始走下坡，公司開始裁員，但私募投資者依然對它相當癡迷。翌年，富利卡從中國科技巨擘騰訊所屬的財團、eBay和微軟募集了14億美元。但它不得不接受一個比上一輪募資還低的估值（116億美元）。富利卡的一位董事表示：「感覺很像有人提供我們一套搞砸模式，我們傻呼呼地照著做。」不久之後，薩欽卸下執行長一職，改由共同創辦人賓尼遞補，但他仍是富利卡的執行董事長，主要是個徒具形式的角色。

2017年，貝佐斯評估印度複雜的策略局面時，富利卡的失誤也是其中一個因素。投資人把富利卡的估值推得太高，但亞馬遜和富利卡每年都虧損超過10億美元。零售巨擘沃爾瑪在執行長董明倫（Doug McMillon）的領導下，正重新檢視全球電子商務，試圖圍堵亞馬遜的全球發展。沃爾瑪之前曾研究過投資富利卡的前景。

與此同時，莫迪正準備競選連任，儘管他之前曾對外商釋出善意，但他現在的做法使外商更難在印度做生意。他所屬的執政黨印度人民黨（Bharatiya Janata Party）提出一套新規則，防止Amazon.in等外資網路市集出現單一賣家的銷售額超過網站總銷售額的25%。[20]這是直接針對亞馬遜和富利卡的子

公司雲尾、WS Retail所祭出的規定，也是莫迪安撫其重要票源（小型零售商）的方式。那些小業者對電商狂潮日益感到不安。

面對這一切突然的發展，薩欽在科羅拉多州亞斯本（Aspen）舉行的週末精英會議（The Weekend）上與貝佐斯會面。該會議是由奮進娛樂媒體集團（Endeavor）的執行長艾瑞・伊曼紐（Ari Emanuel）和谷歌的董事長艾力克・施密特（Eric Schmidt）所主辦。薩欽提議一個收購方案，既可以結束兩家公司死命砸錢的競爭，又能維持兩個網站的獨立性——Amazon.in銷售雜貨與書籍等日用品，富利卡銷售價值較高的商品，讓它有更多的籌碼和手機業者協商更好的交易。薩欽之前想集中精力在手機app上，結果導致富利卡慘敗，他只能靠這個策略重拾他在富利卡的領導地位。

向來對大膽又年輕的創業者特別「心軟」的貝佐斯，對這個提議很感興趣。他要求亞馬遜的併購長克拉維克去談判。

克拉維克一開始報價很低，並以資料佐證印度亞馬遜的規模已經超越富利卡，但富利卡不認同那份市場分析。雙方都公開表示他們不在乎競爭，但都堅稱自己才是市場上的最大贏家。由於他們連一些事實都無法達成共識，後續幾個月的談判進展得非常緩慢。

沃爾瑪加入戰局

十月，沃爾瑪的管理團隊從高盛（Godman Sachs）的銀行家那裡得知，亞馬遜和富利卡正在談收購。沃爾瑪團隊因為看好印度的潛力，又擔心在這個關鍵的成長市場輸給亞馬遜，因此也加入競爭。當月，富利卡的主管前往阿肯色州本頓維爾

（Bentonville）的沃爾瑪總部。亞馬遜耳聞他們的談判後，對收購案變得更加認真。

富利卡的投資者和董事會出現三種不同的立場：一派主張賣給亞馬遜，一派主張賣給沃爾瑪，另一派堅持獨立。薩欽主張賣給亞馬遜，因為這可能讓他重掌公司的經營權。

但富利卡的多數投資者對於印度的反壟斷當局能否批准富利卡與亞馬遜的合併感到懷疑，因為兩家公司一旦合併，就壟斷了約80%的電商市場。貝佐斯似乎對他與莫迪剛建立的關係很有信心，他也相信這筆收購案會成交。幾位亞馬遜的員工說，儘管阿加瓦爾對此表示擔憂（因為他必須承擔整合兩個品牌及兩大虧損供應鏈的可怕責任），但貝佐斯還是很認真地推動收購案。

2018年3月，貝佐斯在華盛頓湖（Lake Washington）的自家屋後船庫裡，接待了薩欽和富利卡的執行長卡利揚・克里許納莫希（Kalyan Krishnamurthy）。幾週後，他與富利卡背後兩個最有影響力的支持者通電話：老虎全球管理公司（Tiger Global）的合夥人李・菲塞爾（Lee Fixel）和軟銀（SoftBank）董事長孫正義。孫正義特別支持富利卡接納亞馬遜，而不是沃爾瑪，他似乎決心把貝佐斯當成長期盟友。

亞馬遜與富利卡的談判癥結是卡在違約金。富利卡的投資者擔心反壟斷審查流程的不確定性，也知道亞馬遜有個惡名在外：參與談判，但最後卻不買；或刻意拉高出價，讓更想收購的對手花更多錢。因此，富利卡要求預收40億美元的違約金，萬一併購審查的時間超過十八個月，最終審查未過，亞馬遜不會因為妨礙對手收購而受益。亞馬遜不願接受這樣的安排，因為這樣做等於是變相資助競爭對手。雖然孫正義到最後

一直抱著希望，富利卡的董事會拒絕了亞馬遜的收購。

　　與此同時，沃爾瑪卻打出一手好牌。執行長董明倫、沃爾瑪的國際執行長茱蒂絲‧麥肯納（Judith McKenna）、董事葛瑞‧佩納（Greg Penner）與富利卡的管理團隊建立了融洽的關係，他們從未在談判中強行加入排他條款（例如要求孫正義放棄與貝佐斯建立夥伴關係的夢想），也允許富利卡繼續獨立營運。

　　經過長達六個月的討論及無止盡的電話會議後，意見分歧的富利卡董事會終於同意把部分股權賣給沃爾瑪。剛開始談判時，富利卡只願意出售少數股權。但最後成交時，富利卡的多數投資者已經筋疲力竭，他們都想出售股份，套現離開。就在收購案幾乎大致抵定之時，富利卡又上演了離奇曲折的一幕。薩欽要求沃爾瑪一定要讓他握有公司未來的管理權，差點讓交易告吹。富利卡的董事會在忍無可忍下，將他永遠驅離公司。

　　2018 年 5 月，兩家公司宣布，沃爾瑪將支付 160 億美元收購富利卡 77% 的股份。在交易宣布後，沃爾瑪的執行長董明倫造訪了印度，並向富利卡的員工宣布：「我們只想授權你們繼續經營。速度很重要，果斷很重要。」

　　儘管前幾個月鬧得滿城風雨，薩欽與賓尼現在成了億萬富豪，也被譽為印度史上最成功的兩位創業家。然而，知名富豪步入中年時，為何判斷力會突然出問題，恐怕也只有天知道。2018 年底，賓尼迅速被拔除富利卡的執行長頭銜，[21] 因為沃爾瑪調查發現，他與一位前員工搞婚外情又試圖隱瞞事實。2020 年，薩欽與妻子的離婚訴訟也鬧得人盡皆知。[22]

　　印度亞馬遜在這場艱難的交易中失利後，高階經理人忙著

處理更多的日常事務。雖然他們在印度面對一個強大的新對手，但他們相信，沃爾瑪會發現未來的經營就像坑窪不平的印度公路一樣難走。「我們唯一可以確定的是，沃爾瑪根本不知道他們買了什麼。」印度亞馬遜一位資深主管表示，「你真的需要在這種環境中生活、工作個七、八年，才能真正了解這個爛攤子有多複雜。」

小商家的悲歌

2018年秋天一個週六中午，班加羅爾的電子批發市場SP路（SP Road）一片荒涼。街道兩旁的小店幾乎都沒有客人，店員只能無聊地重新布置商品。隨著智慧型手機與電腦的銷量在亞馬遜和富利卡上飆升，這裡的銷量不斷地探底。

日出電信行（Sunrise Telecom）的老闆賈迪什・拉傑・普羅希特（Jagdish Raj Purohit）也身陷在這股低迷的買氣。他的店只有小小的一間，他坐在入口處的收銀機後面。商店的一側展示著多達數百種智慧型手機的手機套，另一側則是各種中價位的手機，也有高價位的Vivo V11（來自中國），售價兩萬六千盧比（約一萬台幣）。

普羅希特不指望生意能有多好。被問到「生意怎樣？」他抱怨道，「所有的手機銷售都在網路上。富利卡和亞馬遜一直在宣傳手機折扣，誰還來這裡買？」他只好賣手機配件，以彌補一落千丈的營收。

在同一條路尾端的Raj Shree電腦行，馬翰德拉・庫馬（Mahendra Kumar）和兩個兄弟賣電腦及配件十幾年了。過去幾年，生意一直「有點冷清」，原因一點也不奇怪。庫馬說：「不管誰來這裡，我們還來不及開口，客人就直接報上富利卡

和亞馬遜的筆電價格。」或者，「他們來這裡，試聽很多耳機，說他們待會兒再來，然後就走了。我們都知道他們不會回來了。」庫馬就像同一條街的其他商家一樣，不願在亞馬遜或富利卡上開店銷售，因為上網銷售的利潤微薄，退貨也很麻煩。

印度之所以制定競爭法規，就是為了防止這種殺價競爭。亞馬遜與沃爾瑪相互出重拳，把業務擴展到服飾、新鮮食品與雜貨的配送，兩家公司每年的虧損都超過十億美元。全球資本主義的絞索似乎正套在數百萬個印度小商家的脖子上。

在印度遭逢多年來最嚴重的經濟衰退之際，莫迪於2019年連任總理，市場局勢再度大幅反轉，對海外的零售巨擘相當不利。誠如莫迪政府之前威脅的那樣，印度收緊了外國投資法。[23]亞馬遜與富利卡不得不出售旗下子公司的股權，法規也禁止他們與製造商簽署獨家協議，或提供大幅折扣。

小零售業者和他們的公會組織不是唯一努力爭取政府保護以免遭到美國巨擘傷害的人。印度首富穆克什・安巴尼（Mukesh Ambani）也為了自身利益，積極遊說政府加強外國投資規定。安巴尼的信實工業公司（Reliance Industries）擁有印度最大的連鎖超市。2019年，信實工業也跨足電子商務市場。它的網站JioMart不像亞馬遜和富利卡那樣受到限制。安巴尼是莫迪的政治盟友，他利用國內日益高漲的民族主義氣氛，呼籲同胞「共同推動一場反抗數據殖民的新運動」。[24]

為了因應這些新障礙，貝佐斯把印度的投資多角化，並擴大理想與抱負，投資於數位支付服務，推廣Kindle與Alexa，並在當地的Prime Video服務中增添大量的寶萊塢電影及許多印度語的電視節目。阿加瓦爾認為，亞馬遜在印度的冒險並未偏

離正軌，他告訴我：「貝佐斯會說：『這還是第一天。』我覺得，從我們現在的位置來看，這甚至不是印度第一天的第一分鐘。」

從很多方面來看，亞馬遜在印度已經開創長足的進展。不僅大都會的消費者上網購物，全國各地的消費者也上網購物。他們不再付現，而是改用數位支付，而且他們正朝著貝佐斯為他們擘畫的科技未來邁進。小型業者正在學習如何上網銷售，他們的生意不再局限於百年不變的戶外市集。然而，在可預見的未來，亞馬遜在印度仍會繼續嚴重虧損。它與富利卡的激烈競爭也造成許多社會與經濟的斷裂，回過頭來助長一群喜歡煽動民族主義及分裂民粹主義的卑劣人士興起。這齣鬧哄哄的戲碼，正好預示著貝佐斯即將在美國面臨的政治難題。

04
跌破專家眼鏡的一年

2014年10月，貝佐斯首次造訪印度回國幾週後，微軟前執行長史蒂夫・鮑默（Steve Ballmer）上訪談節目《查理羅斯秀》（*Charlie Rose*），狠狠地抨擊亞馬遜。「我不知道該怎麼說亞馬遜，我喜歡亞馬遜，這是一家不錯的公司，但他們不賺錢。查理！在我的世界裡，除非你賺到錢，否則就不是真正的企業。」[1]

亞馬遜當時的績效似乎就像鮑默評價的那樣，當年虧損2億4,100萬美元，佳節送禮季的銷售成長也創下網路泡沫破滅以來最慢的記錄。截至2014年12月31日，在經歷十二個月累計20%的跌幅後，亞馬遜的市值僅剩1,430億美元。

這也是為什麼2015年對亞馬遜及其執行長來說是如此關鍵的一年：這是亞馬遜的市值突破一兆美元大關的真正起漲點。

不只鮑默看壞亞馬遜，那年秋天，避險基金的經理人大衛・安宏（David Einhorn）也把亞馬遜加入他的「一籃子泡沫股票」。這些懷疑亞馬遜的人，眼睛盯著亞馬遜公布的虧損，以及它在新計畫上的重大投資。他們低估亞馬遜在老本行的真

實績效（亞馬遜也保密不談）。其實亞馬遜有獲利，尤其是在英美兩國的書籍、電子產品等成熟的零售領域。但貝佐斯不像當時的微軟與蘋果那樣，累積大量的現金並公布在損益表上，而是像拉斯維加斯賭桌上的瘋狂賭客，把賺來的錢又拿去投資了。

幾年前，貝佐斯就知道零售業沒有源源不絕的年金收益，顧客又很善變，隨時可能因為別處有更好的東西而移情別戀。所以，亞馬遜只有靠不斷地發明新技術、提高服務水準，才能持續領先競爭對手。前面提過，貝佐斯熱切地追求這個目標，所以投注數十億美元在Alexa、Fire手機、Go商店等專案，並追求未來在印度與墨西哥等國的主導地位，還投入其他尚未公諸於世的祕密計畫。

這時，那些賭注都尚未開花結果。不過，在2015年，一個更早之前押下的賭注終於開始出現回報。在四月的收益報告中，亞馬遜首次披露它經營十年的雲端事業AWS的財務狀況，而且一亮出銷售成長及獲利數字就震驚了華爾街。六月，亞馬遜效仿中國的某個競爭對手，推出第一個亞馬遜會員日「Prime Day」，善用「兩日到貨」的福利所養出的十年客群。*於是，亞馬遜重新得到華爾街與媒體關愛的眼光。亞馬遜慶祝創業二十週年後不久，就被放到前所未有的放大鏡下嚴格檢驗：那年八月，《紐約時報》刊出一篇爆炸性的報導，亞馬遜內部的好鬥文化頓時成為全國關注的焦點。

在紛紛擾擾的2015年，亞馬遜的股價翻了一倍多。彭博億萬富豪指數（Bloomberg Billionaire's Index）顯示，持有公司約18%股份的貝佐斯，一舉躋身全球最富有的五人之列。事實證明，鮑默對亞馬遜的猛烈抨擊根本是完美的反指標。後來亞

馬遜的價值與貝佐斯的身價，創下了整個資本主義史上最驚人的漲幅。而鮑默批評的時點，正好就是亞馬遜的起漲點。

藏在損益表裡的新事業

當然，鮑默對亞馬遜的關鍵獲利引擎AWS的績效所知甚少，貝佐斯也希望愈少人知道愈好。AWS發展的最初十年間，營收與利潤一直是亞馬遜嚴守的祕密。2014年，該部門的營收是46億美元，並以每年50%的速度成長。但亞馬遜把那些數字及其他新興的廣告收入都藏在損益表的「其他」類別中。這樣一來，微軟、谷歌等潛在競爭對手就不會發現商務雲端運算這個領域有多誘人。一般的觀察人士與分析師想破頭也猜不到，這樣一個詭異地隱藏在一家線上零售商內部的企業運算事業，財務規模究竟有多大。

AWS於2006年推出第一批產品，之後幾年的客戶主要是新創企業與大學實驗室。他們需要額外的運算處理能力，所以用信用卡付費，在亞馬遜的伺服器上執行他們的軟體。公司與政府部門的工程師想透過AWS執行運算實驗時，常悄悄地繞過組織嚴格的採購流程。就像許多技術革命一樣，雲端運算最初只有技客愛用，後來才開始普及。

最早接受AWS的公司，成了它的測試者及宣傳大使。Uber、Airbnb、Dropbox、照片分享網站SmugMug等矽谷新創企業都是在AWS上營運，而且隨著業務以前所未有的速度成長，它們可以迅速地在AWS上擴張，使用更多的伺服器。AWS是後衰退時期（post recession）科技蓬勃發展最重

---

* 譯注：Prime會員繳交年費，即可享有商品兩天內送達的免運費服務。此制始於2005年，2015年時正好滿十年。

要的推動者之一，甚至可以說比iPhone還重要，雖然外界對它的了解甚少。美國太空總署（NASA）位於加州帕薩迪納市（Pasadena）的噴氣推進實驗室（Jet Propulsion Lab，JPL）於2009年簽約，使用AWS儲存及串流火星表面的好奇號探測器（Curiosity Rover）所拍攝的圖像。JPL的首席技術長湯姆．索德斯壯（Tom Soderstrom）說：「我仍保留之前為同事做的雲端簡報。他們以為我在講地球科學，以為我是在講真的雲。」

即使是AWS的早期主管，也沒料到雲端運算竟然有那麼龐大的潛力。2006年，產品經理麥特．加曼（Matt Garman）曾在午餐時，對剛加入亞馬遜的麥特．彼得森（Matt Peterson）說：「這個事業有朝一日可能變得非常龐大，營收甚至可能達到十億美元。」彼得森是加曼的商學院同學，當時彼得森覺得加曼的說法難以置信，他回應：「開什麼玩笑，這怎麼可能會有十億美元的營收，你知道十億美元有多大嗎？」加曼現在是AWS的副總裁，也是S團隊的成員。彼得森是亞馬遜的企業發展總監。2020年，AWS的銷售額是454億美元。

亞馬遜最初的雲端產品，是由貝佐斯和其他的技術領導者在2004年至2006年間一起想出來的。簡易儲存服務（Simple Storage Service，簡稱S3）與彈性雲端運算（Elastic Compute Cloud，簡稱EC2）提供後台機房大部分的功能，但可以遠端存取，而且是存在亞馬遜在美國各地有空調的大型資料中心裡。這些東西預示著二十一世紀網路的爆炸性發展。2007年，亞馬遜也導入一個名為SimpleDB的原始資料庫，讓客戶儲存及擷取有組織或「結構化」的資料集。

跨入「資料庫」這個產業，是AWS邁向成功的一大重要途徑。資料庫這個領域看似乏味，但實際上是蓬勃發展且競爭

激烈的產業，年產值高達460億美元。亞馬遜原本是使用甲骨文（Oracle）的關聯式資料庫來管理Amazon.com，但後來不斷成長的流量常拖垮軟體，三不五時就威脅到網站的穩定性，這讓貝佐斯難以接受。無論是亞馬遜的物流中心還是線上商店，貝佐斯一直希望亞馬遜能減少對其他公司的依賴，因為其他公司的資料庫功能也無法勝任他們的任務。當SimpleDB也顯得太笨重且複雜難用時，AWS的工程師開始開發一種更快速、更靈活的版本（稱為DynamoDB），來處理網路特有的龐大流量。[2]

有一個早期的AWS客戶也經常使用SimpleDB來儲存其娛樂目錄的標題與縮圖：Netflix。里德·哈斯廷斯（Reed Hastings）的DVD郵寄公司在轉型成串流公司時，希望把技術營運的其他部分轉移到雲端。亞馬遜為了迎合這個客戶，需要打造關聯式資料庫的雲端版本，以及一個叫做「資料倉儲」（data warehouse）的工具。2010年，AWS部門的負責人賈西和副總裁拉朱·古拉巴尼（Raju Gulabani）開始開發這個專案，然後向S團隊報告他們的進度。

一位當時在場的人說，古拉巴尼在會議上預測，亞馬遜想在關聯式資料庫領域看到成果，需要花十年的時間。貝佐斯說：「我敢打賭，這需要十年以上才能完成。」此話一出，現場的AWS員工頓時慌了陣腳，「所以，你最好現在就開始。」貝佐斯知道，穩健的資料庫將是雲端運算的一大商機，所以他大幅提高了賈西的預算要求。

古拉巴尼從甲骨文挖了另一位印度裔的經理人來AWS：阿努拉格·古普塔（Anurag Gupta）。他們在矽谷開設一間辦公室。接下來那幾年，古普塔組成一個團隊。他們以

MySQL、Postgres等日益熱門的免費開源軟體來打造幾個AWS資料庫。2012年，AWS推出Redshift，那是所謂的「資料倉儲」，讓企業分析他們儲存在雲端的資料。2015年，AWS推出關聯式資料庫Aurora。這些都是典型的亞馬遜產品名稱：濃濃的技客風，晦澀難懂，而且是AWS內部爭論不休的焦點。AWS的一位早期主管說，那是因為貝佐斯曾說：「名稱的重要性大約只占3%，但有時候，3%就決定了成敗。」

Redshift這個名稱是由查理・貝爾（Charlie Bell）提議的。貝爾曾在波音為NASA打造太空梭，如今他是負責AWS營運的資深副總裁。Redshift（紅移）是天文學家在光中看到的變化，是現存速度最快的東西，是從一個天體（比如恆星）離開觀察者時發出來的。儘管如此，甲骨文當時的執行長賴瑞・艾利森（Larry Ellison）覺得Redshift根本是瞎掰（剛好甲骨文的商標也是紅色），聽了就生氣。賈西說，我們「對此始料未及，後來有人告訴我們甲骨文那樣想時，我們覺得有點好笑」。亞馬遜跨足資料庫事業，已經讓甲骨文與亞馬遜之間開始瀰漫著煙硝味。資料倉儲的推出，更是讓雙方的競爭愈演愈烈。

AWS在S3和EC2等經典產品的基礎上，推出雲端資料庫的組合，藉此把大大小小的公司都吸引到雲端運算領域，並進一步投入亞馬遜的懷抱。這些公司一旦把資料轉移到亞馬遜的伺服器上，就沒有理由再忍受把資料移回自家伺服器的不便了。他們也更有可能被AWS推出的其他獲利應用程式所吸引。後續幾年，AWS的銷售額及營業利益率開始飆升。AWS的前經理泰穆爾・拉希德（Taimur Rashid）表示：「在我們增加的所有服務中，真正擴大AWS吸引力的是資料庫組合。」

　　AWS在2010年代上半轉變成獲利事業的過程，令人驚艷。跟這個過程幾乎一樣引人注目的，是它以獨特的組織形式崛起，脫離亞馬遜這個大冰川。2011年，AWS搬離亞馬遜位於南聯合湖區的總部，遷到半英里外的第八大道1918號，那是一座五百英尺高的玻璃帷幕摩天大樓，亞馬遜稱之為「黑足」（Blackfoot）。賈西向來是貝佐斯的信徒，他在牆上掛的不是讚美AWS的文章，而是批評的文章，包括2006年《商業週刊》的一篇報導，副標題寫著：「亞馬遜的執行長想用其網站背後的技術來經營你的事業，但華爾街希望他管好自己的店。」[3]

　　AWS的文化是亞馬遜文化的縮影：強硬、不屈不撓；專注追求難以置信的高標。賈西和AWS的主管會對屬下提出尖銳的問題，並嚴厲批評提不出合理回應的人，或不願為自己職權範圍內的問題承擔責任的人。AWS的日常營運是由資料滿滿的六頁報告及「以客戶需求為重」的理念所驅動。員工表現出色時，大家總是比較關切他們哪裡可以做得更好。一位前高階經理人如此描述這種心態：「我們很擅長上台領金牌，還抱怨獎牌不夠閃亮。」

　　AWS配發傳呼機給工程師，並指派他們輪流值班，以隨時待命。值班時，需要馬上解決任何系統故障。AWS開會期間如果出現嚴重的技術問題，即使傳呼機轉為靜音，傳呼機也會自動跳過「靜音模式」，會議現場頓時警訊齊聲作響。

　　在很多方面，賈西的經營理念其實是貝佐斯理念的精髓。1997年，賈西從哈佛商學院畢業後加入亞馬遜。幾年後，亞馬遜的行銷部門開始縮編裁員時，他差點就遭到淘汰。S團隊的前成員皮亞先提尼說，是貝佐斯救了他，說他是

「最有潛力的人之一」。後續的十八個月，他擔任TA，一直跟在貝佐斯的身邊見習。這個全新角色需要像奴才一樣跟在執行長的身邊，所以同事也喜歡拿這點糗他。

賈西完全身體力行亞馬遜的價值觀，例如節約與謙遜。他常穿平價的運動外套，大聲宣揚他對紐約的球隊、水牛城辣雞翅、大衛馬修樂團（Dave Matthews Band）等娛樂活動的熱愛。儘管他的身價隨著AWS的價值一路飆升（光是2016年，他就獲得了價值3,500萬美元的配股），但他還是過得非常低調，遠離各種功成名就的浮華象徵（例如搭私人飛機旅行）。他在西雅圖家中的地下室打造了一個運動酒吧，每年舉辦超級盃派對。2019年以前，貝佐斯每年都會去參加那場派對。2019年，貝佐斯直接坐在超級盃的現場包廂內觀賽，那次露臉彷彿預示了未來的戲劇性轉變。

貝佐斯喜歡說：「立意良善沒有用，要有機制才行。」[4]在AWS，賈西把這句話發揮得淋漓盡致。AWS每週的運作節奏是以幾個正式的「機制」（精心打造的流程或儀式）為基礎。關於新服務、服務的名稱、價格的變化、行銷計畫的概念等等，都要精心寫成六頁報告，在二十樓的會議室中提交給賈西審閱。那間會議室的名稱是「Chop」，是賈西在哈佛時與室友為他們的宿舍取的名字，名稱源自他們修歐洲文學課時的指定閱讀小說：司湯達（Stendhal）的《帕爾馬修道院》（*The Charterhouse of Parma*，縮寫就是CHOP）。在會議上，主管會提出尖銳的技術問題，賈西通常是最後發言。同事說他紀律驚人，近乎超人，一天可以開會十個小時，持續吸收密集又複雜的文件，毫不倦怠。

AWS的每週重頭戲是週三上午的兩場會議。賈西在午間

舉行一場九十分鐘的業務檢討會，由兩百位主管討論客戶、競爭發展、各產品部門的財務狀況等細節。但每週的真正焦點是那場會議之前的論壇：兩小時的營運檢討，以評估各項網路服務的技術績效。那場論壇是在三樓的大會議廳舉行，由直言不諱、令人望而生畏的前太空梭工程師貝爾主持。

AWS的主管與工程師談到這場特別的論壇時，通常混合著敬畏與些微創傷後壓力症候群的感覺。會議廳中央是一張大桌，圍坐著四十幾位副總裁和主管，另外還有數百人站在側廳（幾乎都是男性），或從世界各地撥電話進來參加會議。房間的一邊有一個色彩繽紛的輪盤，上面列了不同的網路服務，例如EC2、Redshift、Aurora。他們每週用轉輪盤的方式點名部門報告（直到2014年，因為已經有許多模擬輪盤功能的現成服務及軟體，他們才撤掉輪盤）。賈西說，這樣做的目的是確保管理者「整個星期都密切掌握他那項服務的關鍵指標，因為他們知道他們隨時都有可能被點名站出來詳細說明」。

在AWS，被挑出來做簡報，可能是影響職涯的關鍵時刻。管理者以充滿自信的姿態做了完善的簡報後，可能從此以後前景看俏。但是，簡報時若是講話模稜兩可，資料出錯，或稍微給人瞎掰的感覺，貝爾會馬上出言打斷，有時還會流露出鄙視的神情。管理者如果無法深入了解及傳達其服務的營運立場，那根本是自毀前程。

不過，隨著AWS即將迎來開業十週年，加上營收與獲利的成長，它已經變成亞馬遜的科技精英最渴望加入的部門，有如亞馬遜內部的常春藤盟校。與一群天才共事，在他們的高壓儀式中成長茁壯，就像贏得榮譽勳章一樣。

大到不能藏

早年，貝佐斯會親自鑽研AWS的細節，為第一批產品編輯網頁，檢討EC2的營收報告，偶爾還會以笑臉回覆郵件。後來日子一久，他開始專注在Alexa、Go商店等新事物上，於是放手讓賈西經營AWS。除了審查重大投資決策及參與年度OP1和OP2會議以外，他不再關注日常營運。在OP1和OP2會議上，他常設法把AWS與亞馬遜的其他事業連結起來。AWS的前主管喬・德帕羅（Joe DePalo）說：「貝佐斯對AWS非常投入，幾乎就像AWS的投資人一樣。他會發問、刺探、檢討，但日常營運還是交給賈西獨立經營。」

對賈西及其領導團隊來說，貝佐斯也像是某種策略大師。當谷歌、微軟突然驚覺雲端運算的潛力，並開始大舉投資以便與AWS競爭時，他敦促賈西思考如何保護亞馬遜的優勢。一位AWS的主管提到，貝佐斯對賈西說：「你打造了這座可愛的城堡，現在眼看著所有野蠻人都要騎馬過來攻擊城堡了。你需要一條護城河，城堡周圍的護城河是什麼？」（但亞馬遜否認貝佐斯說過這些話。）

針對貝佐斯的問題，2015年1月，賈西給出了第一個答案：亞馬遜以4億美元收購以色列晶片製造商安納普爾納實驗室（Annapurna Labs），以便為亞馬遜的伺服器打造低成本、高性能的微處理器，並為亞馬遜的資料中心取得競爭對手無法匹敵的成本優勢。

貝佐斯對AWS的另一個影響是：即使2014年亞馬遜普遍遭到外界的懷疑（那些懷疑不僅扼殺公司的發展，也壓低了股價），但貝佐斯和賈西都積極主張，不要對外公開AWS的財

務細節。不過，2015年，亞馬遜的財務部指出，AWS的營收已接近亞馬遜總銷售額的10%，再不公開財務數字，將會違反聯邦法律對財報的要求。賈西坦言：「對外披露AWS的財務資料，我一點也不興奮，因為那裡面有實用的競爭資訊。」

　　不過，那年的一月，亞馬遜預告它將在季度報告中首度公開AWS的財務績效，投資者對此充滿期待。許多分析師預測，AWS只是亞馬遜的另一個「科學專案」，也就是利潤微薄的彆腳事業，只會拖累亞馬遜在零售業中投入更先進的專案。

　　結果，事實正好相反。那年，AWS的成長率高達70%，營業利益率是19.2%。[5]相較之下，亞馬遜北美零售集團的成長率是25%，營業利益率為2.2%。AWS帶來大量現金，儘管它也迅速消耗大部分現金以增建更多的運算力，並跟上Snapchat等快速成長客戶的腳步。

　　那次獲利發布讓追蹤及檢視亞馬遜的分析師與投資者都大吃一驚，而微軟、谷歌及其他電算業者可能更為驚嚇。分析師班・湯普森（Ben Thompson）戲稱亞馬遜2015年4月的獲利報告是「科技業最大、最重要的IPO（首次公開發行）之一」。[6]消息披露後，亞馬遜的市值一天就漲了近15%，首次突破2,000億美元的大關，一舉終結了「亞馬遜老是虧損」的迷思。

亞馬遜會員日

　　那次獲利發布的幾個月前，S團隊一直在分析亞馬遜在中國日益惡化的競爭地位，以及阿里巴巴購物節「雙十一」的威力。過去五年間，馬雲的電商巨擘把11月11日變成一種類似「黑色星期五」購物節與情人節的結合體，賣家提供各種瘋狂的優惠，並在2014年創下逾90億美元的銷售額，也獲得了大

量免費報導。[7]

亞馬遜國際事業負責人皮亞先提尼在討論中國的簡報中，提議亞馬遜也打造自己的購物節。貝佐斯認為那是個好主意，但是他當時正忙著把所有的東西都連結到亞馬遜誘人的Prime服務上，所以他建議亞馬遜在全球推廣這個購物節，並趁機為Prime吸引新會員。

這項任務後來交給負責Prime的副總裁葛瑞·格里利（Greg Greeley），格里利把這項任務又交給了他的副手，也就是長期擔任亞馬遜主管的克莉絲·露普（Chris Rupp）。露普知道，亞馬遜的顧客習慣在「黑色星期五」和「網路星期一」大買特買，如果再舉辦一次耶誕節購物活動，他們只會把那些消費延後幾週。露普也知道，亞馬遜不擅長利用「開學季」（back to school）這個夏日購物節。相反的，諾斯壯百貨（Nordstrom）的周年慶就非常會利用這個零售商機。

露普隨後提議把亞馬遜的購物節訂在仲夏時節。這個提案在亞馬遜內部引起激烈的爭論。她認為，顧客在夏季有錢消費，亞馬遜也可以趁機出清倉庫空間，為消費旺季預做準備。亞馬遜的供應鏈主管習慣利用業績比較清淡的夏季，為後面的節慶銷售做準備，他們實在沒興趣處理年中的業績暴增。露普說：「我的提案遇到各種反彈，但我有充分的理由推動它。」

2015年1月，格里利與露普向S團隊提報這個企劃，並獲得貝佐斯的批准。貝佐斯叮嚀他們：「別搞得太複雜，會員日（Prime Day）只需要代表一件事，而我們必須把它做到盡善盡美。」[8]在附錄中，他畫出一段重點：針對會員日提供一萬種特惠商品，比黑色星期五的選擇還多。[9]為了達成這個目標，

他們必須說服亞馬遜的銷售團隊團結起來，共同支援這個目標，並說服供應商提供折扣。

三月初，他們指派露普的團隊成員梅根·沃夫（Meghan Wulff）來負責這項任務。沃夫是三十歲的產品經理，她將擔任會員日的「單線領導者」，她唯一的任務就是做好這場活動（同時努力消除亞馬遜員工常有的被害妄想症──隨時都擔心自己可能把事情搞砸而遭到革職）。由於這是全球活動，註定會充滿一些意想不到的事情，所以沃夫和同事把這個專案命名為「皮納塔專案」（Project Piñata）＊，由於這個字是西班牙文，每次她在檔案或電子郵件中寫專案名稱時，都需要改變鍵盤操作才能輸入「ñ」，她開玩笑說：「我以後再也不會取有ñ的專案名稱。」

沃夫必須在看似不可能的期限內，憑空創造出一個全新的購物節。亞馬遜想在7月15日舉行，以紀念亞馬遜的首筆交易成立二十週年。五月，沃夫展開一場旋風之旅，前往東京、倫敦、巴黎、慕尼黑，以便把亞馬遜的採購商、行銷人員、供應鏈的主管匯集成一個聯盟，共同支持這項幾乎每個人都投以懷疑目光的計畫。當時「會員日」還不存在，所以亞馬遜的零售與廣告團隊都覺得沒有理由拋下一切，去說服供應商支持這個活動。沃夫說：「我覺得我好像在設一個龐氏騙局。」只有貝佐斯的批准可以促使亞馬遜的其他主管放下冷漠，加入支援。

隨著日期逼近，沃夫與露普才開始意識到，會員日可能比她們想像的還要龐雜。貝佐斯想要深入研究細節及審查宣傳內容。《早安美國》（*Good Morning America*）想要預先做這項

＊譯注：Piñata是一種紙糊的容器，裡面裝滿玩具與糖果，在節慶或生日宴會上懸掛起來，
　　讓人用棍棒打擊，打破時玩具與糖果會掉落下來。

活動的採訪報導。「一開始，我們覺得：『太棒了！』」露普說，「接著，我們才意識到：『哦，等等，這可能比我們所想的還要浩大。』」

2015年的亞馬遜已經變成一種流行話題，這種演變可能連亞馬遜的主管也沒有發現。會員日是從日本開始啟動，當地的網站因消費者的反應太過熱烈而當機。接著，搶購熱潮蔓延到歐洲，最後進入美國。美國的社群媒體反應迅速，而且非常負面。網路購物者不理會亞馬遜提議的話題標籤#HappyPrimeDay，直接上推特批評亞馬遜搞「秒殺行銷」，熱門商品皆已售罄，只有洗碗精這種無關緊要的小東西打折，許多商品平淡無奇。例如，一則典型的推文寫道：「我就像女友相信感情會好轉一樣，不斷地回去看亞馬遜會員日的促銷活動。」另一則推文寫道：「目前為止，我看到最划算的交易是一盒果醬烤餅打八五折。」

露普、沃夫和團隊把亞馬遜總部亞利桑那大樓（Arizona）裡的一間會議室變成他們的作戰室。他們花了兩天兩夜追蹤流量，竭盡所能地宣傳各種優惠。沃夫記得當時她只回家睡了幾個小時，又迅速趕回辦公室。在一片混亂中，威爾克前來為大家打氣。那次活動最終成為亞馬遜史上最盛大的購物日。不過，由於沃夫第一年為了說服商家參與這項活動時吃盡苦頭，面對社群媒體的負面反應，她早已波瀾不驚。

資深公關副總裁克雷格·伯曼表示，網路上的負面反應「讓貝佐斯相當抓狂」。網路負評大爆發時，伯曼正在俄勒岡州參加兒子的游泳比賽。「貝佐斯對我和我的公關團隊大呼小叫，說我們需要清楚讓顧客知道，這些優惠不是爛東西。他已經完全抓狂，對我們大吼：『快點補救！這次活動非成功不

可！』」

伯曼和公關同事朱莉‧洛（Julie Law）開始仔細研究銷售資料，並盡可能發布哪些產品有折扣及迅速銷售一空的消息，但依然無法平息社群媒體的不滿。不過，媒體對會員日第一天的報導比較公允。伯曼說：「多虧了貝佐斯，你只有一次機會給人留下第一印象，他把那次活動看得比自己還重要。」

幾天後，負責推出會員日的團隊聚在亞利桑那大樓的辦公室廚房裡，宣布這次疲憊的活動圓滿結束，並輪流敲打一個真正的皮納塔。但他們幾乎沒有時間慶祝，露普與沃夫必須馬上撰寫一份六頁報告，摘要說明這次活動的好壞成果：總計售出三千四百四十萬件商品，其中包括兩萬四千台 Instant Pot 七合一溫控智慧萬用鍋，全球新增一百二十萬個 Prime 會員。那份報告也提到，「部分會員及媒體比較直言不諱，尤其是美國，他們批評優惠方案不夠吸睛，購物體驗不佳，整個活動令他們失望。」

多年後，沃夫回想起當年的經驗時，依然有點傷感。她認為那次經驗是亞馬遜領導原則「大聲自我批評」的典型實例。「我從那次經驗學到，即使你剛剛締造了亞馬遜史上銷售新高紀錄，你說出的第一句話還是：『我們搞砸了。』」

主事者的反思

做完會員日的檢討後，露普已筋疲力竭。她休了一段延遲許久的長假。在休假期間，她接受了微軟 Xbox 部門的工作。對於第一個會員日，她的感想是：「實在太難、太難了。」

沃夫身為單線領導者，為了會員日到全球各地奔波，事後她也同樣疲憊。她說：「我整個累癱了，身心俱疲，休假幾週

恢復元氣，也反思了整個過程。」格里利和Prime團隊開始動手規劃明年的活動時，沃夫拒絕再當領導者，她在公司內部找了另一份工作。後續幾年，她在亞馬遜擔任了幾個職位，包括新任人資副總裁貝絲・加萊蒂（Beth Galetti）的TA。

2019年，沃夫休了一段長假，前往北卡羅來納州探親。她有四個哥哥，兒時家境清寒。她在無意間以亞馬遜特有的批評方式，對深愛的母親提出意見。她的母親平靜地回應：「請你不要把那套領導原則套用在我們的關係上。」

母親的話讓沃夫頓時醒悟過來，彷彿濃霧突然消散似的，她開始從新的觀點思考她在亞馬遜的時光。她很慶幸自己有機會進入亞馬遜磨練，但也覺得很矛盾。她喜歡這個「合作無間的機器」，喜歡她在那裡學到的營運紀律及培養的友誼。但同時她也覺得自己「付出的比得到的還多」，不喜歡自己後來變成的樣子。

沃夫開始自問：亞馬遜「以客為尊」的執著，對在地事業、景氣、倉庫工人所造成的整體影響值得嗎？為什麼S團隊裡沒有更多的女性和少數族裔？為什麼那個工作環境那麼操勞？為什麼她要讓那種情況延續下去？身為亞馬遜的員工，每天上班她都必須努力掙得同事與上司的信任。她不禁懷疑，貝佐斯是否獲得了她的信任？

現在，沃夫加入一個非常多人組成的群體：幻滅的亞馬遜前員工。「過程中的某個時點，我從投入一個令人欽佩的使命，開始轉為不安。我開始覺得，貝佐斯所做的決定往往不是那麼令人欽佩。」她說，「他繼續累積龐大的財富，卻很少用那些錢來回饋社會。」

她甚至質疑她當初幫忙打造出來的年度購物狂潮。《快速

企業》雜誌（*Fast Company*）的報導暗指，亞馬遜會員日刻意操弄消費者去買他們不需要的東西，她對此深有同感。[10]沃夫直言：「那就是購物節，我們說服消費者購買溫控智慧萬用鍋、加入會員方案，為的是讓他們在亞馬遜花更多的錢。」

沃夫於2019年離開亞馬遜，加入西雅圖的線上房地產公司Zillow。不久，她取消自己的亞馬遜會員資格，把她的亞馬遜Echo拿去回收，永遠關閉了她的亞馬遜帳戶。

內部文化的檢討

第一個會員日結束一週後，2015年7月23日，亞馬遜再次發布驚人的獲利報告，這又是一次靠AWS締造的卓越績效。公司股價一夕飆漲了18%，並讓市場版圖出現重大的變化。亞馬遜的市值首度超越沃爾瑪，成為全球最有價值的零售商。[11]為了慶祝公司首筆交易成立二十週年，也為了慶祝這番新的成就，員工在獲利發布隔天湧入西雅圖的世紀互聯體育場（CenturyLink Field），欣賞當地的嘻哈二人組Macklemore & Ryan Lewis的私人演唱會。[12]

然而，這種狂歡的氣氛很短暫。如果說AWS的出現和會員日的快速執行證明了亞馬遜的敏捷與創新文化，其負面影響也顯而易見——冷酷無情的步調及自我批評令許多員工不堪折磨而離開，導致公司的流動率居高不下。那年八月，《紐約時報》刊出一篇五千八百字的報導，標題是〈亞馬遜內幕：在殘酷職場裡與大創意拚搏〉（Inside Amazon: Wrestling Big Ideas in a Bruising Workplace）。[13]

在記者喬迪・坎特（Jodi Kantor）與大衛・斯特萊菲爾德（David Streitfeld）的筆下，那是個開會像爭鬥、設定不合理的

高標、每週工作八十小時、員工常在座位上哭泣的環境。他們提到有些罹患重症、流產或身陷個人危機的員工在職場上受到懲罰，也提到「強迫排名」（stack ranking）的評鑑方法，也就是定期解雇生產力最低的員工，相當於「人為的達爾文主義」，形成一種令人恐懼的環境。

亞馬遜新任的資深公關副總裁傑伊・卡尼（Jay Carney）回應了那篇報導。卡尼天生有旺盛的鬥志，他打破亞馬遜不願公開與批評人士交鋒的習慣，在Medium網站發表了一篇文章，指責那篇報導「曲解亞馬遜！」。[14] 卡尼曾擔任歐巴馬總統的白宮新聞發言人及副總統拜登的發言人，那年稍早才高調赴亞馬遜上任。他宣稱那些記者違反了新聞標準，並以他在亞馬遜任職的私人細節，攻擊報導中的一個主要消息來源，聲稱那個人是因行為不當而遭到解雇，對公司懷有恨意。從那時起，亞馬遜在媒體上為自己辯護時，變得更加直言不諱，也更願意正面交鋒。主管已經不想再以「遭到誤解」來自我安慰。

卡尼發布那篇文章以前，貝佐斯向公司約二十二萬名全職員工發了一封內部郵件，鼓勵他們閱讀那篇報導，但聲稱「該文描述的不是我所瞭解的亞馬遜，也不是我每天與之共事、和善的亞馬遜人」。[15] 貝佐斯鼓勵員工，把任何類似報導所提的殘酷管理事蹟提報給人資部門，或直接寄到他那個眾人皆知的電郵jeff@amazon.com。結果有數百人這麼做，那些回應都轉交給在亞馬遜任職最久的人資主管大衛・尼可克（David Niekerk）處理。

尼可克畢業於西點軍校，是美國陸軍的退役軍人，親身經歷了一些他不能隨意談論的戰鬥故事。《紐約時報》發布那篇報導時，他正在巴西為亞馬遜推出巴西網站做準備。他和許多

亞馬遜的員工一樣，看完報導後的反應是挺身捍衛亞馬遜：他覺得那篇報導過於聳動，利用負面軼事得出不公平的結論。幾年後，他告訴我：「在亞馬遜工作，就像在奧運訓練營一樣，隨時都有非常高的標準，隨時都有逼你完成一切的推力。」不過，他也看過很多管理不當的例子，承認《紐約時報》的報導中有些景象似曾相識。

亞馬遜的文化出自貝佐斯本人的設計，他對許多公司那種非原創的人力管理方式深感懷疑。矽谷的其他執行長對人力資源管理及文化的塑造大多不感興趣，只是程度不一。例如，賈伯斯1997年重返蘋果後，曾在總部對人資部的員工直言：「我覺得你們不過像是一群藤壺。」[*16]

但是貝佐斯不同。他深入研究人力資源的繁瑣細節，並試圖規劃出一套機制，以代替良善的意圖。他喜歡鑽研組織、文化、創新。早期，他一直希望雇用最聰明的人，而不是最優秀的領導者。他告訴尼可克等人資主管，把員工培養成優秀的管理者是他們的職責。

貝佐斯也提倡「強迫排名」評鑑法，這是指管理者按員工績效排名，並開除績效最差的員工。尼可克回憶道，貝佐斯是從布拉福德‧斯馬特（Bradford Smart）的《頂級評鑑法》（*Topgrading*）學到這個做法。斯馬特曾幫傳奇執行長傑克‧威爾許（Jack Welch）在奇異企業（GE）建立一套人才召募系統，把求職者分為A級、B級、C級。貝佐斯想應用那些原則，不只用在人才召募上，也用在公司內部。

他曾對尼可克說：「領導者最痛苦的是看到公司裡有待補的職缺，因為那表示領導者面對任何人想離職時，都會非常猶

＊譯注：一種附生在堅硬物體表面的海洋生物。

豫要不要放人。」貝佐斯認為，公司不能指望管理者欣然處理人才召募的繁瑣工作，他擔心管理者容忍平庸人力的現象在公司蔓延，而損及「第一天心態」。「強迫排名」評鑑法可以逼管理者提升團隊中的人才。「一般人認為這是一種殘酷的流程，某種程度上來說，確實是如此。」尼可克說，「但從大局來看，它幫助亞馬遜永保清新與創新。」

不過，隨著亞馬遜的擴張，淘汰表現欠佳的員工還不夠。貝佐斯似乎也認為，過得太安適或極其富有的員工也可能毀滅亞馬遜。員工對工作還有熱情嗎？或者他們只是緊抓著愈來愈高的薪酬獎勵，在等待財富與退休的同時消耗公司的能量？貝佐斯不想採用與財務連動的獎勵措施（例如持續增加配股），因為那可能只會挽留到那些對工作已經不再投入的員工。

亞馬遜典型的薪酬方案反映了貝佐斯關注的優先要務。它的薪酬安排如下：標準本薪約為15萬美元，外加簽約獎金，以及分四年、各年生效5%、15%、20%、40%的股票。所以員工的總薪酬目標是由本薪與配股所組成。

如果員工表現欠佳，在加入公司的最初幾年遭到開除，他就拿不到全部的配股，也拿不到按比例分配的剩餘簽約獎金。如果亞馬遜的股價在一年內上漲逾15%，員工的年度總薪酬會超過他們的目標，他們的年度績效配股也會反映這點，所以生效比例較低，會延遲到未來才生效，甚至可能完全消失。

這表示，亞馬遜股價連續多年漲逾15%後，許多員工的總薪酬會出現所謂的「斷崖」：他們有幾年的收入遠遠超過總薪酬的目標，後來配股急劇減少。這也是露普等經驗豐富又有價值的亞馬遜經理人另謀高就的一個原因。貝佐斯自己的年收入

略低於8萬2,000美元，除了他最初持有的大量股份以外，並沒有獲得額外的配股薪酬。他的財富完全是由亞馬遜穩步上漲的股價創造出來的。

貝佐斯知道，在某幾季，這種薪酬設計可能使亞馬遜變成不太討喜的職場。但他也覺得，媒體調查職場吸引力時所考慮的福利（諸如豐厚薪酬、無限假期、免費餐飲、按摩等等），與員工投入職場的熱情及使命沒有多大的關係。尼可克說：「他曾經告訴我：『如果我們出現在『美國百大最佳職場』的榜單上，這表示你已經把這個地方搞砸了。』」（唉，亞馬遜不久就成了那種榜單的常客。）[17]

儘管尼可克打算在2015年退休，亞馬遜還是指派了一項任務給這位老將。在《紐約時報》刊出那篇報導及貝佐斯發信給員工後，約兩百五十位亞馬遜員工把他們的恐怖故事直接寄給執行長與人資部，而那些信全部轉發給尼可克。後續四個月裡，他彙整及審查了那些內容，寫成報告，提出一套行動措施，供公司用於解決已經出現的問題。例如，他建議公司應該把「人生百態」課程（As Life Happens）列為每位領導者的必修課，讓管理者培養管理時的敏銳度，學習如何應對那些個人生活波及工作職責的員工。

尼可克回憶道，讀過那篇報告的同事說，那是他們讀過關於文化挑戰的最佳分析。在亞馬遜成立二十週年之際，公司顯然深受這些文化挑戰所困擾。

然而，那篇報告還來不及上呈，就被亞馬遜的律師攔截封鎖。他們說，員工在貝佐斯的敦促下掃交的都是片面、未經證實的故事，所以那些建議是「毒樹的果實」[*]。不久之後，尼可克從亞馬遜退休，他的報告從未送達S團隊。

　　不過，《紐約時報》刊出那篇報導後，亞馬遜進行了幾次企業文化改革，而且亞馬遜宣稱，他們的改革在報導之前就已經開始（雖然這個說法有點可疑）。儘管貝佐斯曾公開辯解，但私底下他似乎也承認，那些批評並非一無是處，而且當初為了支持新創企業的瘋狂步調而形成的文化，在公司壯大成二十三萬人後，文化也需要跟著演進。

　　例如，「強迫排名」評鑑法或為每個團隊設定淘汰目標等做法，大致上已經廢除。管理者不再被迫為了解雇員工而爭論不休。員工可以隨時更換工作，即使剛加入公司也無妨，這樣一來，他們隨時都能擺脫糟糕的管理者。這項措施迫使管理者對員工格外關心。亞馬遜也設立了內部投訴流程，讓那些被迫參與績效改進計畫或遭到開除的員工有平反的機會。[18]亞馬遜也增設一種獨特的育兒假方案，允許員工在孩子滿周歲以前，把育兒假分段休完，或與職場沒有這種福利的配偶共用育嬰假。此外，亞馬遜也做了一些較小的改革，例如為媽媽提供母奶運送服務Milk Stork，讓她們出差時可以把冷藏的母乳送回家。《紐約時報》那篇報導刊出後，一位女性經理人說：「我們有更多的自由可以做有人性的決定。」

　　最大的改變可能是亞馬遜使用十年的績效評估制度。以前的制度要求員工的所有同事撰寫冗長的評估報告，然後發送給員工的直屬上司，上司再把那些意見歸納成一份報告，以便與員工做一對一的對談，但最終往往會因為員工的缺點而引發爭吵。人力資源長加萊蒂指出：「我們調查發現，90%的員工在完成績效評估後，變得更沮喪，即使是最優秀的員工也是如此。」加萊蒂是在《紐約時報》那篇報導刊出幾個月後，接任亞馬遜的人資長，公司要求她「徹底簡化」績效評估流程。

在改革後的績效評估制度下，公司要求同僚與主管以六十個字來描述員工的「超能力」，再以六十個字建議未來一年的「發展構想」。加萊蒂說：「這一切都是為了向前看，激勵員工。」

貝佐斯也承認舊有流程變得過於負面。在某次私人會議上，他對一群亞馬遜的主要投資人說，他突然意識到舊有流程的缺陷：「想像一下，如果你每年會有一次和妻子坐下來談話。你告訴她，你愛她的哪些優點，但最後你說：『還有，妳只是有一點胖。』她對於整個對話過程就只會記得最後那一句！」

當時在場的一位投資人說，貝佐斯講完後，自己哈哈大笑說：「我們希望亞馬遜的績效評估制度不會跟員工說他們胖。」

重要的里程碑

2015年底，亞馬遜的崛起已是無庸置疑。公司連續三季獲利，賈西帶領的AWS蓬勃發展，成長率高達69%。短短一年內，亞馬遜的市值增加一倍，達到3,150億美元。對鮑默及其他抱持懷疑態度的人來說，那是跌破眼鏡的一年。與此同時，亞馬遜也成為史上成長最快的公司，年銷售額突破1,000億美元，實現了貝佐斯和S團隊長期以來的目標。

翌年四月的股東信中，貝佐斯大肆宣揚了那番成就，也試圖為亞馬遜文化的相關辯論做出最終的定論：「你可以把企業文化寫下來，但那樣一來，你只是發現、發掘文化，而不是

＊譯注：毒樹果實理論意指訴訟審理過程不採納透過非法搜查或訊問所取得的證據，即使該證據足以扭轉裁判結果亦然，理由是如果證據來源（樹）受到汙染，那麼由此獲得的任何證據（果實）也受到汙染。

在創造文化。企業文化需要時間慢慢耕耘，是由人與事件所塑造。過往的成敗變成公司的經驗傳承，進而塑造出企業文化。」

2015年的種種事件，為亞馬遜已經很豐富的歷史再添一章。在那關鍵的一年裡，亞馬遜在全世界的眼前脫胎換骨，而轉變之大，只有創辦人本身的形象轉變可與之比擬。如今貝佐斯不只以企業監工著稱，他不只打造出一種毋庸置疑的高效文化，他也是Kindle和Alexa背後的天才發明家，更是才華洋溢的執行長，一手設計出創造豐厚利潤的企業運算平台。對於多數媒體對亞馬遜的報導，他依然抱持懷疑的態度。然而，後來一些陰錯陽差的發展，使貝佐斯變成了能言善辯的新聞自由捍衛者。

05
「民主在黑暗中消亡」

　　天曉得是什麼原因促使川普抨擊《華盛頓郵報》。可能是這家美國第三大報這幾個月來一直對他的總統競選活動做批評報導，也可能是因為格倫・凱斯勒（Glenn Kessler）於2015年12月7日《華盛頓郵報》的「事實查核者」專欄（The Fact Checker）所發表的那篇文章。那天早上，記者仔細檢視了川普的荒謬說法：川普聲稱，他在九一一事件之前就已經預知賓拉登的威脅。他在田納西州諾克斯維爾市（Knoxville）的造勢活動中宣稱：「我早就料到賓拉登的行動，料到恐怖主義。我可以感覺得到，就像我看房地產就知道那裡地點好一樣。」[1]凱斯勒針對川普的這番言論，打了睜眼說瞎話的最高分：四級皮諾丘（Pinocchio）。

　　當天美東時間早上七點剛過，川普就發出連串的推文回應，並把矛頭指向亞馬遜、《華盛頓郵報》，以及該報的老闆貝佐斯。

唐納‧川普
@ realDonaldTrump

貝佐斯買下虧損連連的《華盛頓郵報》，是為了幫他那家不賺錢的亞馬遜避稅。

 7:08 AM

唐納‧川普
@ realDonaldTrump

《華盛頓郵報》虧損（可以抵稅），老闆貝佐斯的亞馬遜只要繳一點稅，犧牲社會大眾！根本是大型避稅機構。

 7:18 AM

唐納‧川普
@ realDonaldTrump

亞馬遜要是老實繳稅，股價就會暴跌，公司會像紙袋一樣塌陷。買《華盛頓郵報》只是拯救亞馬遜的幌子！

 7:22 AM

川普那些推文，和他宣稱早就料到賓拉登一樣，都站不住腳。《華盛頓郵報》的財務狀況，根本對亞馬遜的企業稅毫無影響。2013 年 8 月，貝佐斯獨自以 2 億 5,000 萬美元的現金，收購了這家狀況不佳的報社，並努力區隔這兩家備受關注的公司。現在，性格投機的川普卻猛烈抨擊貝佐斯的刻意區隔。

當天上午稍後，貝佐斯從美國對岸的西雅圖，發電郵給負責全球企業事務的資深副總裁卡尼。那封信不僅顯示貝佐斯出乎意料地愛用表情符號，也開啟了一段真情流露的交流（並在幾年後轉發給我）。

寄件人：貝佐斯
收件人：卡尼
主旨：川普的嘴砲

川普剛剛胡亂批評亞馬遜／我／華盛頓郵報。我覺得我應該反嗆他，不想就這樣算了。我想趁機盡我的一份（愛國）心力，來打擊這個可能變成恐怖總統的傢伙。我不太會打嘴砲，但我肯學。:) 有什麼建議嗎？

此外，就計策上來說，我即將接受一些德國媒體很早以前約定好的訪談，他們可能會追問這件事。

亞馬遜不喜歡多數媒體對亞馬遜的報導，所以卡尼面對這些媒體的風格向來是直拳對決。貝佐斯本來覺得，回應媒體的批評只會助長批評。卡尼後來說服了貝佐斯，讓他去質疑媒體的報導（例如《紐約時報》揭露亞馬遜企業文化的報導）。但是說到川普，向來精通政治的卡尼一眼就看出這只會把自己搞

得滿身腥，所以他建議貝佐斯別淌渾水：

寄件人：卡尼

收件人：貝佐斯

回信：主旨：川普的嘴砲

我們一直在討論這件事，並決定讓記者知道《華盛頓郵報》和亞馬遜沒有關連。他在推文中同時抨擊媒體與大企業，是為了迎合那些不滿的選民。政治上，即使他講的話都是假話，對他來說也無關痛癢。雖然我也很想看你狠狠地修理他一頓，但我覺得你以嘴砲還擊，反而是在幫他。他挑起的每一場爭端，都為他的競選活動添加了更多的火力。

　　如果德國媒體問你這件事，我建議你回應：「你們都知道亞馬遜和《華盛頓郵報》是兩家完全獨立的公司，我不知道他在說什麼。」

以前，貝佐斯應該會欣然接受卡尼的建議，保持沉默，但現在他不這麼想了。川普當時攻擊的目標，包括他在共和黨初選中的對手、幾位知名的記者，以及巴瑞‧迪勒（Barry Diller）等商界大亨。貝佐斯似乎很想加入那群名人的行列，很想與川普抬槓，糾正他的錯誤言論，也捍衛《華盛頓郵報》。

寄件人：貝佐斯

收件人：卡尼

回信：主旨：川普的嘴砲

我有時候會忽視真正的好建議，這一次好像就是其中的一次！:)你們能不能提出一些好的選擇，讓我看看細節。

接下來的幾個小時，卡尼透過電郵和電話跟亞馬遜的公關代表德魯・赫德納（Drew Herdener）、克雷格・伯曼（Craig Berman）、泰・羅傑斯（Ty Rogers）集思廣益。他們考慮對外宣稱，亞馬遜和《華盛頓郵報》「就像川普兩邊的頭髮一樣，各自獨立」，但後來又放棄了這個點子。伯曼建議在藍色起源太空船上為川普保留一個座位，這是一招巧妙的轉向，拉進貝佐斯的第三家公司。卡尼也喜歡這個點子，並向貝佐斯提出這個想法。貝佐斯說，在川普無的放矢之前，他有「遭到冷落」的感覺。他要求他們也把那種感覺加入回應中。

最後，經過一個下午的討論，他們確定了精準的措辭，也決定加入藍色起源太空船發射影片的連結。羅傑斯以貝佐斯的推特帳號做出以下回應：

傑夫・貝佐斯
@JeffBezos

終於被川普砲了，我們還是會為他在藍色起源太空船上保留一席。＃送川普上太空 http://bit.ly/1OpyW5N

3:30 PM

川普向來難以抗拒混亂與衝突，連忙找機會回應。在一次電視採訪中，他指控貝佐斯收購《華盛頓郵報》是

為了政治影響力，說他當選後，亞馬遜「會有這樣的問題」。[2]後來，他刻意用標籤「＃亞馬遜華盛頓郵報」（#AmazonWashingtonPost），企圖抹滅它的媒體正當性。

貝佐斯就這樣正式踏入了政治紛爭。

收購華盛頓郵報

「我為什麼要競標《華盛頓郵報》？我根本對報業一無所知。」

貝佐斯漠不關心地對那些代表《華盛頓郵報》的投資銀行家這麼說，但這也開啟了他職涯中最輝煌的篇章之一。《華盛頓郵報》將擴大及鞏固貝佐斯身為當代一大商界巨賈的聲譽。[3]他是組織理論家，他的管理實務不僅可以應用在快速成長的科技公司，也可以應用在科技業以外的公司。

《華盛頓郵報》是由德高望重的葛蘭姆家族（Graham）所有，由傳奇辦報人凱薩琳・葛蘭姆（Katharine Graham）的兒子唐納・葛蘭姆（Donald Graham）經營，多年來財務狀況堪慮。它仍是一份服務華盛頓特區的地方報紙，專門報導國家政治。如今地方廣告正轉向網路，報紙的分類廣告業務也遭到Craigslist的瓜分侵蝕。2008年的金融危機更加劇了傳統報業的衰退。唐納・葛蘭姆常說，連續七年的營收下滑讓人變得「更加專注」。[4]

唐納・葛蘭姆深受新聞編輯部的愛戴，因為他與那些員工相當熟稔，彼此直呼其名，對新聞使命充滿了熱情。然而，在他的審慎經營下，《華盛頓郵報》陷入了僵局。2005年，葛蘭姆與臉書的創辦人馬克・祖克伯（Mark Zuckerberg）達成協議，答應投資當時剛興起的臉書，但隨後他又答應祖

克伯解除協議，讓臉書接受矽谷創投公司Accel更高的資金挹
注。葛蘭姆雖然失去這筆讓公司大發利市的歷史性投資，但後
來加入臉書的董事會。後續幾年，他一直聽祖克伯宣揚「網
路內容應該免費」的理念。2011年，當競爭對手《紐約時報》
等主要媒體開始增設付費牆時，《華盛頓郵報》比較晚跟進，
而且它的付費牆漏洞百出，讀者可以輕易翻牆閱讀。

　　華盛頓郵報的總部是一座方正的中世紀混凝土建築，就位
於華盛頓市中心西北十五街1150號。2013年，總部籠罩著一
種憂鬱的衰頹氣氛。它旗下的教育部門卡普蘭（Kaplan）原本
有獲利，但因監理機關整頓經常爆發詐欺事件的補教獲利事業
而受到重創。曾有上千名記者的新聞編輯室，經過一波波的裁
員後，只剩六百人左右。員工士氣低落，而且業務部門與編輯
部門之間也極度不信任。公司沒有足夠的資源可投資國內與國
際的新聞與發行，也無法擺脫地區新聞的束縛及日益惡化的景
氣，所以葛蘭姆答應出售這家報社。

　　《華盛頓郵報》的主管想找熟悉技術又關心新聞使命的富
商來投資，貝佐斯是他們名單上的熱門人選，eBay的創辦人
皮埃爾·歐米迪亞（Pierre Omidyar）等其他的網路億萬富豪也
在名單上。貝佐斯對《華盛頓郵報》派來的投資銀行家所展現
的最初反應，以及他與老友葛蘭姆的偶爾交談，都顯現他對這
樁交易沒多大的興趣。直到2013年7月，貝佐斯在艾倫公司於
太陽谷舉行的會議上，邀請葛蘭姆私下會面，葛蘭姆才知道貝
佐斯已經研究過這個機會，而且比他之前表現出來的更有興
趣。在隨後的簡短會談中，貝佐斯接受了葛蘭姆最初的開價2
億5,000萬美元，而且全額付現。就這樣，亞馬遜的創辦人收
購了這家報社——不是透過亞馬遜，而是完全自己出資。

對《華盛頓郵報》來說，貝佐斯是一種柏拉圖式的理想老闆：擁有無限的資源，又是眾所皆知的數位創新者，而且信譽似乎延伸到他所觸及的任何領域。他堅定地承諾，他會維持該報編輯的獨立性，而且他似乎也沒有興趣利用該報來達成任何政治目的。那年秋天，當社論版的編輯弗雷德・希亞特（Fred Hiatt）主動表示他願意讓出社論版給貝佐斯，[5]並聲稱「報社老闆擁有一個反映其世界觀的社論版完全合情合理」時，[6]貝佐斯拒絕了他的提議。

貝佐斯對媒體業抱持傳統看法。那年九月，他在《華盛頓郵報》的總部對員工發表第一次談話時，提到他對「統包」（bundle）的信念，也就是說，他覺得一份報紙是由新聞、文化、娛樂報導所結合而成。他也對《赫芬頓郵報》（*Huffington Post*）等「新聞聚合網站」的興起感到遺憾，[7]那種新聞聚合網站只會彙整其他新聞媒體的報導成果。但是，他也毫不留情地主張放棄《華盛頓郵報》在地方新聞的雄心壯志，逐漸淘汰報紙，全力發展網路報。「你們必須承認，實體印刷業務的本質正在萎縮。」他對新員工說，「你們必須接受這個事實，並繼續前進。任何企業的喪鐘都是來自於對過去的尊崇，無論那個過去有多美好——對《華盛頓郵報》這樣的機構來說，尤其是如此。」[8]

新老闆已經準備好打破傳統的常規。那年秋天，貝佐斯邀請《華盛頓郵報》的管理團隊到西雅圖與他共度週末，他希望最重要的執行總編輯馬蒂・拜倫（Marty Baron）也能參加。拜倫之前是《波士頓環球報》（*Boston Globe*）的總編輯，電影《驚爆焦點》（*Spotlight*）就是描述他在《波士頓環球報》參與的事件。[*]貝佐斯說：「你想改變餐廳的話，得有主廚的參

與。」

拜倫與發行人兼執行長凱薩琳・韋茅斯（Katharine Weymouth）、總裁史蒂夫・希爾斯（Steve Hills）、資訊長賽萊什・普拉卡什（Shailesh Prakash）一起前往西雅圖。第一晚，他們與貝佐斯在俯瞰聯合湖美景的高檔餐廳Canlis共進晚餐。用餐時，他們看到湖面上出現完美的雙彩虹（《華盛頓郵報》後來為狀似雜誌的數位報設計一款平板app，名稱就叫彩虹〔Rainbow〕）。翌日早上，他們在貝佐斯位於華盛頓湖邊占地兩萬九千平方英尺的家中，會見了麥肯琪和貝佐斯的四個孩子。貝佐斯為每個人做了煎餅早餐（後來《華盛頓郵報》的領導團隊自稱他們是「煎餅團隊」）。接著，他們一整天都在檢討《華盛頓郵報》的社論與商業策略。過程中，貝佐斯從來沒有查看他的手機。即使他的腦子裡還有其他的事情，他也能完全切割開來。

在接下來的幾年裡，朋友偶爾會取笑他收購《華盛頓郵報》的事。貝佐斯的高中同學約書亞・溫斯坦（Joshua Weinstein）說：「我們常笑他，『貝佐斯，麥肯琪叫你去買報紙，是要你買一份，不是買一家。』」但採訪者與同事總是問他同樣的問題：什麼東西不買，為什麼偏偏要買「報紙」這種不合時宜的數位遺跡呢？

也許是因為隨著個人財富及亞馬遜市值的飆漲，貝佐斯了解到他可以把資源挹注在他在乎的東西上，例如確保一家強大又獨立的媒體。挽救《華盛頓郵報》不僅可以幫助老友葛蘭姆，對美國的媒體環境是一大利多，對國家與民主也有象徵性

＊譯注：2015年的電影，描述《波士頓環球報》的記者揭發天主教會在波士頓性侵兒童的醜聞。

的貢獻。不過,他公開回應那個問題時,答案總是簡單、真誠得多:「這是西方世界最重要的首都裡最重要的報紙。不救它的話,我才是瘋了。」幾年後,貝佐斯在台上與德國媒體集團阿克塞爾・斯普林格(Axel Springer)的執行長馬蒂亞斯・杜普夫納(Mathias Döpfner)交談時說道:「等我八十歲時,我會很慶幸自己做了那個決定。」[9]

收購《華盛頓郵報》一年後,政治新聞網站Politico的共同創辦人佛瑞德・萊恩(Fred Ryan)在亞馬遜總部Day 1北棟大樓吃早餐時,問了貝佐斯同樣的問題。那次談話促使貝佐斯雇用萊恩來接替韋茅斯,擔任報社的執行長兼發行人。萊恩曾是雷根總統的助理,他主動發信給貝佐斯,以表達他對《華盛頓郵報》的讚賞,因此獲邀到西雅圖。後來他回憶道,當時他原本心想:「也許有錢人就是有一些嗜好與消遣,或者他們可能想要擁有一家媒體,這樣就可以發揮影響力。」

結果,貝佐斯的回答讓他大吃一驚。萊恩說:「我記得他的回答,因為至今他依然奉守那個原則。他說,他覺得一個強大又獨立的媒體,對社會與民主的健全發展非常重要。」

貝氏商業哲學在報社的實踐

如果煎餅團隊的成員曾異想天開地以為,貝佐斯會大灑幣以拯救《華盛頓郵報》,那麼他們很快就會打消那種妄想。2015年初,他們又千里迢迢來到西雅圖,向貝佐斯提交一份多年的營運計畫,根據那項計畫,華郵在未來四年將虧損逾一億美元。貝佐斯立即否決了那個提案,一位會與者回憶道,當下他只淡淡地說:「嗯,我對那個不感興趣。」那場會議結束後,貝佐斯與萊恩坐下來討論一項計畫,把報社當成一

家有紀律的獨立企業來經營，而不是某個擁有無限資源的有錢
人的業餘消遣。接下來那幾年，報社的印刷廣告部悄悄進行了
幾次裁員，數位媒體部則是召募了少量成員，稍稍抵銷了裁員
的部分影響。貝佐斯除了希望《華盛頓郵報》以量入為出的方
式營運之外，也把他那套卓越的商業理念應用在報社上。他
鼓吹他們全面擁抱科技，快速實驗，對網路上的機會保持樂
觀、而不是絕望。貝佐斯對報社的員工說：「你們經歷了網路
帶來的一切痛苦，但還沒完全享受到它的好處。現在發送新聞
是免費的，你們有龐大的受眾。」

他最初的構想是讓其他報紙的訂戶免費線上閱讀《華盛頓
郵報》。[10]《華盛頓郵報》與大約兩百五十家報社簽訂新的合
作計畫，包括《托萊多刀鋒報》（*Toledo Blade*）和《達拉斯晨
報》（*Dallas Morning News*）等。雖然新訂戶沒有因此激增，但
這個方案加上貝佐斯在數位領域的長年經驗，為《華盛頓郵
報》帶來了一波新聞關注熱潮。

貝佐斯的另一條原則產生更具體的結果。貝佐斯總是在思
考，如何把他的不同事業單位串連起來。他知道不能操之過
急，所以先介紹《華盛頓郵報》的高階主管給亞馬遜的高層認
識，並建議他們自己談談。2014年秋季，亞馬遜的 Fire 平板電
腦新用戶在收到裝置時，可透過內建的《華盛頓郵報》app，
免費閱讀全國版的數位新聞六個月。一年後，數千萬的 Prime
會員也獲得了同樣的優惠。

2014年到2015年，《華盛頓郵報》的網站和 app 的獨立訪
客數成長了56%。2015年10月，《華盛頓郵報》的每月獨立
訪客數一度超越《紐約時報》。貝佐斯趁機打擊對手以團結旗
下大軍，他在《CBS 今晨》（*CBS This Morning*）節目上宣布，

《華盛頓郵報》正「努力晉身頂級大報之列」。[11]隨後，《華盛頓郵報》也刊登廣告宣稱：「感謝您讓《華盛頓郵報》成為美國新晉的頂級媒體。」[12]

雖然廣告部門在裁員，但貝佐斯確實同意有計畫地擴大召募編輯部與技術部門的人力。貝佐斯收購《華盛頓郵報》的最初兩年，拜倫增加了一百四十位全職記者，報社員工總數達到七百人左右（相較之下，《紐約時報》的記者與編輯約有一千三百人）。新進人員主要是加入全國報導、政治報導、調查報導，以及商業與科技報導的領域。至於以前那塊不賺錢的主幹「地區性報導」則大致持平不變。

貝佐斯對於如何精簡新聞流程，也有一些奇怪的想法。例如，他很想知道，如果報社直接雇用優秀的記者，那還需要那麼多編輯嗎？拜倫回應，真要說的話，報社最需要的其實更多的編輯。由於貝佐斯經常問這個問題，有些編輯開始把知名記者的原稿寄給他。亞馬遜表示，貝佐斯從來沒收過或讀過那種郵件，但他最後還是認同拜倫的看法。

拜倫回憶道，貝佐斯的想法常與他的預期相反。例如，他以為貝佐斯會想要為每個讀者呈現個人化的《華盛頓郵報》首頁，但貝佐斯說，讀者來看這份報紙的部分原因，在於他們信任報社的編輯判斷。拜倫表示，貝佐斯「並沒有想要徹底改造《華盛頓郵報》，他只想抓住這份報紙的特別之處」。

不過，貝佐斯確實想要利用許多亞馬遜特有的儀式，來徹底改造《華盛頓郵報》背後的體制。煎餅團隊偶爾會擴大，納入財務部及讀者開發部的主管。他們每隔一週會與貝佐斯對談一個小時，時間是在美東時間週三下午的一點。貝佐斯要求《華盛頓郵報》的管理者「帶給我新的東西」，他想看各種東

西，包括定價的變化以及如何擴大報紙的讀者群與營收。他要求他們以亞馬遜特有的六頁報告來呈現那些議題。他在仔細閱讀後，會提出詳細的問題。

這是貝佐斯風格的可重複流程，或稱「強迫功能」，目的是逼他的團隊發揮創意思考及創新。《華盛頓郵報》的主管說，貝佐斯會事先閱讀每一份備忘錄，只有一次例外。那天他為自己未能先讀過備忘錄致歉，並在會議一開始花時間靜靜地閱讀一遍。他也持續讓他們接觸一系列的「貝佐斯哲學」，例如：單向門與雙向門；為什麼兩倍實驗等於兩倍創新；為什麼「數據的力量高於層級的力量」；「獲得批准有多種途徑」（意指員工有個新點子遭到一位管理者否決時，應該去爭取其他管理者的認同，以免得一個有前景的構想在萌芽之初就遭到扼殺）。

對於《華盛頓郵報》，貝佐斯只犯了一個明顯的錯誤，至少在許多在職與離職的員工看來是如此。他在收購報社之前做實質審查時，曾對報社的退休金計畫有些疑慮，所以2014年底，他凍結了《華盛頓郵報》的退休金計畫，[13] 削減長期員工的退休福利，並把新員工的退休金方案轉換成公司配對撥款較少的401(K)退休帳戶。

那些退休金本來一直很穩定，因為有部分是投資巴菲特的波克夏海瑟威公司（Berkshire Hathaway）的股份。經貝佐斯一改，《華盛頓郵報》減少了對年資最長的員工應盡的義務，也降低了在職員工長期待在報社的財務誘因。貝佐斯破壞員工的退休金計畫，以及對《華盛頓郵報》的工會所展現的敵意，都符合他經營亞馬遜的方式，以及他一向反對工會、不願提供員工奢侈福利的立場。《華盛頓郵報》的一位記者說：「大家得

到的唯一解釋是，他認為員工一旦離職，公司就對員工沒有義務。」（亞馬遜表示，這種說法沒有精確地傳達貝佐斯的觀點。）

　　上述改變導致貝佐斯與工會之間的關係冷淡。在每隔幾年就會進行的棘手談判中，少數員工會在《華盛頓郵報》的辦公室外面，舉牌抗議他們的合約遭到變更，但他們始終是直言不諱的少數。《華盛頓郵報》的許多員工對該報的復興心存感激，依然效忠貝佐斯。只有從遠處發推文開砲的川普注意到報社內的不和諧，並試圖來攪局：

唐納・川普
@ realDonaldTrump

《華盛頓郵報》的員工想要罷工，因為貝佐斯沒給他們足夠的薪酬。我覺得長期罷工是好主意。這樣一來，員工可以獲得更多的錢，我們也有好一段時間看不到假新聞！《華盛頓郵報》是註冊的說客嗎？

實驗文化與名人光環

　　可想而知，貝佐斯對《華盛頓郵報》的產品與科技最感興趣。他與畢業於孟買印度理工學院的資訊長普拉卡什建立了合作關係，並吹噓該報的工程師比許多矽谷新創企業的工程師還要優秀。[14]他對於網頁及複雜圖表的載入時間非常在意，只要能縮短個幾毫秒，他都覺得很值得。他也要求工程師做出特製

的衡量指標，以衡量讀者對報導真正的興趣，以及一篇報導是否真正「引人入勝」。[15]

貝佐斯剛收購《華盛頓郵報》時，普拉卡什正在為報社開發一種內容系統，名叫Arc發行系統，以便管理線上發布、部落格、播客、廣告等功能。貝佐斯自然會想要推展那項技術，給其他報社使用。所以他鼓勵普拉卡什把技術授權給廣電業者，以及任何需要發行軟體的公司。2021年，Arc發行系統支援了一千四百個網站，年收入可望達到一億美元。[16]

貝佐斯與普拉卡什的團隊也花了八個月的時間，為平板電腦開發了類似雜誌的app，名叫「Rainbow」。這個數位版報紙每天更新兩次，沒有首頁。它是以類似雜誌的排版來呈現文章，用戶可以滑動螢幕以瀏覽一系列的頁面（每頁有兩篇報導），然後再放大他們感興趣的文章來閱讀。普拉卡什說貝佐斯是app的「產品長」。他回憶道，貝佐斯曾明確地提出一個首要目標：讓讀者像駕著滑翔翼在空中滑翔一樣，從上頭俯視當天的事件，藉此解決「認知新聞超載」的問題。《華盛頓郵報》於2015年7月發布那款app，並把它列為亞馬遜Fire平板電腦的標配app。

貝佐斯覺得普拉卡什是志同道合的夥伴，他們對所有的事情都看法一致——幾乎如此。當蘋果（亞馬遜的競爭對手）邀請《華盛頓郵報》加入名為「Apple News+」的新服務時，普拉卡什和煎餅團隊的其他成員看到了十五億台iPhone和iPad的雄厚潛力。他們寫了一份六頁備忘報告錄，列舉加入那項服務的利弊。但貝佐斯認為，那會削弱《華盛頓郵報》定價相同的訂閱服務，因此強烈反對那個提案，而《華盛頓郵報》只好放棄那個機會。

　　2017年初，《華爾街日報》試圖挖角普拉卡什擔任技術長，貝佐斯說服他留下來。貝佐斯提出的部分誘因，是讓普拉卡什在藍色起源的顧問委員會裡擔任顧問。所以，普拉卡什偶爾會在週六飛到華盛頓州的肯特市（Kent），幫藍色起源改善供應鏈系統。普拉卡什說：「貝佐斯帶給我們最重要的東西，是一種實驗文化。我們沒有人覺得，如果我們花錢搞砸了某個大專案，就要面對某個審查委員會，我們不怕失敗。」

　　貝佐斯的認可，不只是讓《華盛頓郵報》勇於承擔更大的風險。在廣告方面，他們光是跟這位全球最著名的企業家扯上邊，似乎就能沾光。廣告團隊在銷售簡報的第二頁打出「貝佐斯效應」這幾個大字，旁邊放著這位光頭科技老闆的微笑頭像。《華盛頓郵報》的廣告主管表示，儘管他們一再解釋《華盛頓郵報》不是亞馬遜的旗下事業，但客戶之所以來《華盛頓郵報》打廣告，是因為這裡有貝佐斯。一位商業部門的主管表示：「貝佐斯就是活招牌，這就是貝佐斯魔力的一部分，他就是賣點。」

　　《華盛頓郵報》現在是一家私營公司，所以不再公布財務資訊。但一位熟知財務數字的主管表示，在2015年至2018年間，廣告收入從4,000萬美元躍升至1億4,000萬美元，數位訂戶的成長超過300%，首次突破150萬人（2021年1月拜倫退休時，訂戶數將達到300萬）。[17] 雖然《華盛頓郵報》在2015年虧損約1,000萬美元，但之後的三年間，它賺了超過1億美元——這與貝佐斯當初否決的預期虧損相比，是顯著的轉變。貝佐斯親眼目睹轉變的程度後，對煎餅團隊說：「我不敢相信這竟然發生得那麼快。」

　　運氣當然也發揮了一些效果：川普混亂的總統任期，使

大家對政治新聞的關注達到了前所未有的高峰。不過，貝佐斯、他的管理方法，以及他願意認清多變新聞業的現實，也為這家立業一百四十年的組織帶來了明晰的策略方向。

雷扎安事件

貝佐斯收購《華盛頓郵報》一年後，該報駐德黑蘭的記者傑森・雷扎安（Jason Rezaian）遭到伊朗政府的監禁，而且被控從事間諜活動。雷扎安後來在獄中度過了十八個月，他在2019年的回憶錄《囚徒》（*Prisoner*）中寫道，他常被單獨監禁在「我稱為家鄉的城市裡」*。他剛遭到逮捕時，《華盛頓郵報》的主管認為拘留只是短期的騷擾。但是，幾週過去、幾個月過去，他們才意識到情況比他們所想的還要危險，雷扎安可能會遭到伊朗強硬派的神職人員審判及處決。

在美國，雷扎安的家人，連同拜倫、萊恩、《華盛頓郵報》的許多代表，主動聯繫美國政府的各級官員。外國領導人來華盛頓特區時，萊恩也會設法請求私下會晤，並請他們去影響伊朗政府。貝佐斯經常從西雅圖關切這起事件的最新發展，並一度考慮在2015年的超級盃賽事上打出「釋放雷扎安」的廣告。那年稍後，當美國政府與伊朗政府達成一項複雜但有爭議的財務協議時（其中包括釋放雷扎安和其他三名囚犯），貝佐斯想要親自飛過去帶他回國。

因此，2016年1月21日，貝佐斯搭著他那架價值6,500萬美元的新灣流G650ER私人飛機，[18]到德國的美國陸軍蘭茨圖爾醫療中心（Landstuhl Medical Center），會見康復中的雷扎安及其家人。[19]他在飛機上堆滿了彩帶、「釋放雷扎安」的牌

---

*譯注：他是伊朗裔的美國記者。

子、玉米餅與啤酒，因為雷扎安遭到囚禁之前曾對電視主持人安東尼‧波登（Anthony Bourdain）說，那是他最懷念的食物。他們飛往緬因州的班戈（Bangor），那是一個幾乎沒有飛機抵達的入境點。儘管雷扎安和他的妻子在磨難期間，護照和其他的身分證明都不在身上，還是有一名美國移民及海關執法局（ICE）的官員護送他們入境。他們說，伊朗人需要知道，「你欺負我們一個人，就是欺壓我們所有人」。貝佐斯隨後親自把雷扎安和他的妻子送到佛羅里達州，在西嶼（Key West）稍做休息。

幾天後，他們都回到華盛頓特區，與《華盛頓郵報》的主管共進晚餐。1月28日，他們參加了《華盛頓郵報》華麗新總部的啟用儀式。新總部位於K街，俯瞰歷史悠久的富蘭克林廣場（Franklin Square）。新辦公室非常先進，有新的工作站，還有專屬於開發人員與設計師的位置（他們現在可以坐在記者旁邊），以及攝影棚（記者可以輕易出現在有線電視上）。雷扎安在啟用典禮上激動地發言，接著換貝佐斯上場對員工講話，他的胸前配戴著「釋放雷扎安」的領帶夾。他說：「像《華盛頓郵報》這樣的重要機構，有它的基本精神。這種機構有一顆心，一個核心，亦即拜倫所謂的靈魂。如果你想要改變它，你簡直是瘋了。那是這個地方的一部分，是這裡之所以如此特別的原因。」

貝佐斯拯救了《華盛頓郵報》，但某種程度上來說，他也受惠於《華盛頓郵報》的崇高新聞使命所折射出來的光芒。2016年，《財星》雜誌把貝佐斯排在全球五十大卓越領袖的首位，超越了德國總理梅克爾（Angela Merkel）、教宗方濟各、蘋果的執行長提姆‧庫克（Tim Cook）。那篇報導以同樣的篇

幅談論《華盛頓郵報》的轉型及亞馬遜的蓬勃發展。《華盛頓郵報》的一位前主管告訴我：「我們曾開玩笑說，貝佐斯徹底改變了零售業，打造了一個萬年鐘，還把火箭送入太空。但他在拯救一家報社後，才開始被尊稱為全球最卓越的領導人。」

華盛頓特區似乎很欣賞貝佐斯，貝佐斯也同樣欣賞這座城市。那年秋天，他花了2,300萬美元，買下當地最大的住宅：紡織品博物館（Textile Museum）舊址及毗鄰的一棟豪宅，就位於高檔的卡洛拉馬區（Kalorama）。他的新鄰居是歐巴馬夫婦，以及川普的女兒伊凡卡・川普（Ivanka Trump）和女婿傑瑞德・庫許納（Jared Kushner）。後續三年，貝佐斯斥資1,200萬美元來翻修這座占地兩萬七千平方英尺的建築，[20]裡面有十一間臥室及二十五間衛浴。他打算花更多的時間在這座城市裡，並利用這棟住宅來為有錢、有權、有趣的人舉辦高級晚宴——那曾是《華盛頓郵報》以前的老闆凱薩琳・葛蘭姆的特色。

「現在我懂了。」貝佐斯在《華盛頓郵報》知名的前總編輯班・布萊德利（Ben Bradlee）的葬禮上如此告訴他的遺孀莎莉・奎因（Sally Quinn）。《華盛頓郵報》不單只是一家以亞馬遜的原則加以改造、並融入Kindle裝置及Prime會員資格等生態系統的企業，也是一個受到保護的使命，一個讓他受到歡迎、甚至受到尊敬的社群。如果有敵人攻擊這個機構（比如美國的總統候選人），他會不顧一切挺身而出，做出回應。

在美國大選期間，貝佐斯要求煎餅團隊想出一句獨特的全國品牌聲明，一句可以一語道盡那項使命的口號。「如果這是一個俱樂部，你想加入嗎？」萊恩記得貝佐斯描述他想要的口號時那麼說，「如果這句話印在T恤上，你會想穿嗎？」貝佐

斯只提出一個建議，那是他在水門事件的記者鮑勃・伍德華（Bob Woodward）的演講中聽到的。很久以前，伍德華在上訴法院的判決中講過這句話：「民主在黑暗中消亡。」

《華盛頓郵報》的主管花了一年的時間，試圖想出更好的口號，但是失敗了。他們雇用外部的品牌設計公司，結果也大失所望。最後，他們圍坐在一張桌子的旁邊，腦力激盪了幾個小時。他們想要一句樂觀、充滿希望的口號，但他們想了幾百句（例如「自由在光明中移動」），卻沒有一句充滿詩意或讓人深有共鳴，尤其是在川普意外勝選之後。所以，最後他們選擇採用貝佐斯的原始提議，並把那句話印在 T 恤上，寄給他。

接下來那幾年，《華盛頓郵報》深入報導川普混亂的政府，令川普怒不可遏。川普在推特上對貝佐斯及《華盛頓郵報》的報復情緒變得更加強烈。他以繁瑣的新法規來威脅亞馬遜，並抨擊亞馬遜與美國郵政的關係。《華盛頓郵報》對侵犯人權的報導，也激怒了從俄羅斯到沙烏地阿拉伯等其他國家的威權政府。這些政府為了報復《華盛頓郵報》，把怒氣發洩在亞馬遜及貝佐斯的身上。在不斷壯大的商業帝國中，許多事業體都有令人擔憂的問題，貝佐斯向來可以輕易地區隔它們。但如今看來，這種簡單的區隔已經難以維持。

貝佐斯及其獨特的管理做法，還有他對科技的樂觀態度，無疑對《華盛頓郵報》有利。然而，最終而言，擁有《華盛頓郵報》為亞馬遜及貝佐斯本人所帶來的傷害，比他想像的還大。

06
轟炸好萊塢

　　2016年底，《華盛頓郵報》的記者與編輯忙著因應川普意外當選的消息時，亞馬遜影業的公關人員正面臨另一個截然不同的挑戰：如何為可望獲得奧斯卡獎的電影《海邊的曼徹斯特》（*Manchester by the Sea*）推出一場轟動的宣傳活動。宣傳人員集思廣益的時候，突然有人想到可以問問老闆本人，看他是否願意在洛杉磯為這部電影辦一場派對。他們發了電郵給他，沒想到他竟然迅速回覆：「好啊！在我家辦吧！」

　　12月3日，一個涼爽無雲的週六夜晚，名流開始湧入貝佐斯位於比佛利山的豪宅。那座占地一萬兩千平方英尺的西班牙風格建築，是貝佐斯九年前以2,400萬美元購入的。後院的泳池附近有個由色彩繽紛的瓷磚所鋪成的室外露台。工作人員在露台上搭起一個狀似帳篷的豪華棚架。該片的製片人麥特・戴蒙（Matt Damon）和主角凱西・艾佛列克（Casey Affleck）在現場接待來賓。演員、導演、經紀人等在免費暢飲的酒吧前排起了長隊。

　　一部分的好萊塢一線明星在此聚集，[1] 而他們之所以受邀前來，可能是因為他們與亞馬遜的製作部門亞馬遜影

業（Amazon Studios）合作，或是因為他們是美國影藝學院（Academy of Motion Picture Arts and Sciences）的成員，例如蜜雪兒・威廉絲（Michelle Williams，她也演出這部電影）、蓋爾・賈西亞・貝納（Gael García Bernal）、喬瑟夫・高登－李維（Joseph Gordon-Levitt）、安迪・加西亞（Andy Garcia）、梅根・穆拉里（Megan Mullally），導演喬・柯恩（Joel Coen）與肯尼斯・洛勒根（Kenneth Lonergan，《海邊的曼徹斯特》的導演兼編劇）、好萊塢的傳奇人物費・唐娜薇（Faye Dunaway）、黛安・基頓（Diane Keaton）、約翰・李斯高（John Lithgow）、班・金斯利（Ben Kingsley）、音樂家提朋柏奈特（T-Bone Burnett）與貝克（Beck）、瑪麗亞・施賴弗（Maria Shriver）和她的女兒等等，不勝枚舉。

　　貝佐斯就站在這群人的中間，穿著炭灰色的西裝及開領的白襯衫（當時那裝扮對轉型中的技客來說仍是謹慎的選擇）。麥肯琪沒有出席，她在一次罕見的採訪中對《時尚》雜誌透露：「貝佐斯和我正好相反，他喜歡結交朋友，善於社交。」[2]

　　確實，貝佐斯笑得很開心，看似樂在其中。現場眾星雲集，星光閃耀，但身為派對主人兼電影公司的執行長，大家的注意力自然集中在他身上。當晚拍攝的許多照片中，有一張後來遭到仔細審視及大量轉載。貝佐斯與奮進娛樂媒體集團強勢的執行董事長派翠克・懷特塞爾（Patrick Whitesell）合照，他的妻子、前電視新聞主播蘿倫・桑契斯自在地站在他們兩人的中間。

　　貝佐斯的隨行人員努力確保他盡量與現場的每位賓客交談。一度，他們不得不打斷他與女演員凱特・貝琴薩（Kate Beckinsale）和她的同伴滑雪運動員琳賽・沃恩（Lindsey

Vonn）的對話。那天沃恩穿著醒目的米色連身褲。貝佐斯的
長期副手傑夫・布萊克本（Jeff Blackburn）偶爾會站在他的旁
邊。布萊克本身高193公分，大學時是橄欖球校隊，現在負責
亞馬遜的串流影片事業Prime Video。另一個也站在貝佐斯旁
邊、但提早離開的是亞馬遜影業的負責人羅伊・普萊斯（Roy
Price），他穿著牛仔褲、白色V領T恤，外面套著黑色的騎士
夾克。

　　這場活動的主要目的是為了引起話題，也擴大亞馬遜在好
萊塢的影響力。從這個目的來看，這場派對辦得非常成功。業
界雜誌刊出多張照片，把它當成以前上流社會的舞會那樣報
導。娛樂專欄作家彼得・巴特（Peter Bart）在《Deadline》網
站上寫道，貝佐斯「這個週末的意圖很明確，他想在好萊塢擴
大自己及其公司的影響力。」[3]

　　後續幾週，好萊塢隨處可見貝佐斯的蹤影。吉米・法倫
（Jimmy Fallon）在金球獎的開場秀中還開他玩笑（「他其實昨
天就到了，但沒人幫他簽名」）。當晚，在比佛利山希爾頓飯
店的星塵廳（Stardust Ballroom），他舉辦了那晚最熱鬧的會後
派對。凱西・艾佛列克獲得金球獎劇情類的最佳男主角獎；
儘管有片場女性員工的性騷擾指控爭議風暴，他在下個月的奧
斯卡頒獎典禮上也得到最佳男主角獎。

　　亞馬遜現在與另一家好萊塢新興影業、為娛樂業開創空前
前景的Netflix並駕齊驅。但是在亞馬遜影業的內部，在遠離鎂
光燈的地方，緊繃的局勢正在升溫。《海邊的曼徹斯特》這種
獨立電影和《透明家庭》（描述洛杉磯一個猶太家庭在性別認
同上的故事）這種小眾熱門影集都獲得了好評與讚譽，但它們
不是那種可以在世界各地吸引大量觀眾的主流娛樂，也無法滋

養貝佐斯那個電商帝國的其他事業。

因此，貝佐斯向普萊斯和亞馬遜影業那些早已處境艱難的主管發出一道敕令：「我想要我的《權力遊戲》（*Game of Thrones*）。」那道敕令就像懸在他們頭上的達摩克里斯之劍（sword of Damocles）*，並引發了一系列意想不到的事件，導致亞馬遜在好萊塢付出的心血頓時黯然失色，也使亞馬遜暫時陷入爭議。

和競爭者搶顧客、搶影片

這一切就像亞馬遜內部發生的事情一樣，從貝佐斯一個出乎意料的決定開始。那個決定令亞馬遜的同仁感到困惑，只有時間能證明它的妙處。2010年底，亞馬遜是出售線上影視觀賞權的幾家公司之一。用戶只要花幾美元，就可以連線上網看一次影片；也可以選擇花更多的錢，「擁有」影片並反覆觀看。

與此同時，Netflix推出月費8美元的觀影服務，完全獨立於它最初提供的DVD郵寄業務之外。訂戶可以隨時串流觀賞Netflix數位影片庫中的電視節目與電影。雖然Netflix的影片庫不包含最新上映的影片，當時Netflix也還沒開始自製內容，但它積極為家庭娛樂開創一個限制更少、對客戶更友善的未來。這番努力博得客戶與投資者的熱烈迴響。

多年來，亞馬遜的主管每隔一段時間就會考慮收購Netflix，但總覺得價格太高，所以從未認真研究過。如今看來，他們已經錯失良機，因為這家位於加州洛思加圖斯（Los Gatos）的公司已經變成他們的勁敵。貝佐斯當然不願把重要商機拱手讓給競爭對手，這是他的一貫作風。他請負責數位影

音的副總裁比爾・卡爾（Bill Carr）想辦法投入新興的訂閱影視市場。後續的幾個月，他們經常見面討論。某天，貝佐斯自己提出了答案：他們將為亞馬遜的Prime會員提供免費的影片訂閱服務。

對卡爾及其他的主管來說，這個想法實在令人費解。Prime最初的年費是79美元，會員可享有商品兩天內送達的服務，無需支付額外的運費。貝佐斯現在想把Prime定義成一種不同的東西，比較不是為了交易，而是一種免費觀看數位影像的通行證。「一開始我沒有聽懂。」卡爾說，「不過，當時我已經學到，貝佐斯提出新奇的想法時，你要認真傾聽，問很多問題，抓到思考那個概念的線索，然後再回來跟他討論細節。」

如今回想起來，那點子簡直是神來一筆。畢竟，當時Netflix的服務比較成熟，若是要求亞馬遜的客戶為略遜於Netflix的服務額外支付費用，客戶肯定不願意。把影片串流當成「免費」福利（一般人確實比較想用免費的東西），即使Prime會員一年從亞馬遜訂貨沒幾次，他可能也覺得付年費很划算。（後來，亞馬遜兩度提高Prime的年費：2014年提高到99美元，2018年提高到119美元。）

當時亞馬遜仍處於緊縮時期，所以卡爾僅拿到約3,000萬美元的預算推動 Prime Video 服務。不過，當時他已經覺得那是一筆龐大的預算。他萬萬沒想到，四年後，亞馬遜的主管會聚在一起，考慮支付2億4,000萬美元，從二十世紀福斯影業（20th Century Fox）取得其影片庫的授權，其中包括《24小時

＊譯注：比喻掌權者看似擁有令人稱羨的龐大勢力，實際上卻如坐針氈，無時無刻都戰戰兢兢。

反恐任務》（24）等熱門節目。會議中，他們討論亞馬遜創業二十年來是否曾為任何一項事物花那麼多錢，包括他們正在西雅圖丹尼三角（Denny Triangle）的南聯合湖區附近興建的新總部，可能也沒那麼貴。

後來他們做了那筆交易，而且沒有就此止步。亞馬遜也向索尼影業（Sony Pictures）取得美劇《火線警探》（*Justified*）的授權，從PBS取得《唐頓莊園》（*Downton Abbey*）的授權，從BBC美國公司取得《黑色孤兒》（*Orphan Black*）的授權，以及無數其他的熱門影集。Netflix與迪士尼針對漫威（Marvel）影片、皮克斯（Pixar）的電影、經典動畫，簽下廣泛的協定；也與ABC簽下《醜聞風暴》（*Scandal*）；與CW電視台簽下《花邊教主》（*Gossip Girl*）等電視劇。2014年，亞馬遜的影片庫已經累積了四萬部影片，Netflix有六萬部。哈斯廷斯和Netflix始終領先亞馬遜。卡爾說：「我們的策略很大程度上是Netflix逼出來的。如果有人說我們學他們，我一點也不覺得丟臉。」

當時，威爾克已經把數位影像事業的監督管理工作，移交給比他更有藝術細胞的S團隊同仁布萊克本。布萊克本曾是校隊的運動員，如今在亞馬遜是說話溫和又理智的併購及事業開發長。他除了監督內容授權以外，也負責亞馬遜Prime Video的推廣，盡可能讓那個app安裝在各種機上盒、電玩遊戲機、智慧型電視上。2015年，他的團隊開始與有線電視巨擘康卡斯特（Comcast）商議，以便在新的Xfinity X1有線電視機上盒裡預裝Prime Video，那將可以讓Prime Video直接進駐數千萬個美國家庭。不過，這個案子的協商期很長，參與其中的幾位經理人透露，布萊克本底下有一個性情浮躁的經理，名叫吉姆．

弗里曼（Jim Freeman），他覺得Prime Video出現在康卡斯特的主螢幕上很奇怪，還說「Netflix才不會做這種交易！」

於是，談判破裂。幾週後，康卡斯特與Netflix達成協議，[4]即便哈斯廷斯曾經惹毛康卡斯特（2014年康卡斯特提議與時代華納有線電視〔Time Warner Cable〕合併時，哈斯廷斯曾說那是反競爭交易）[5]。後來，康卡斯特在所有的行銷活動中都會推廣Netflix。亞馬遜只能在一旁垂頭喪氣，幾年後才跟康卡斯特達成協定。[6]

為了爭取好節目的播映及發行權，亞馬遜不得不和Netflix如此較勁，但這樣做不僅成本高昂，也勞心費神，到最後也無助於改變競爭地位。兩家公司都因此記取了寶貴的教訓，那也是HBO和Showtime等付費電視頻道在一個世代以前就學到的經驗：為了獲得多元的影視播映權而出高價競標，只是送錢給好萊塢片廠及其他娛樂業者罷了，到最後你只能提供賠錢的服務，而且與競爭對手幾乎沒有差異。

如果他們想用真正獨特的影片來吸引觀眾，自製熱門電視劇與電影更有意義。

自製內容，創造獨特性

這兩家公司在開發串流影片服務的競賽中，很早就得出了這個結論。在亞馬遜，卡爾派出他的副手普萊斯去洛杉磯建立前哨點，以探索原創節目的構想。

普萊斯從小在比佛利山長大，系出好萊塢世家。他的外祖父羅伊・哈金斯（Roy Huggins）是著名的影視編劇，1950年代被抹黑成共產主義者，列入黑名單，並被迫在眾議院非美活動調查委員會（House Un-American Activities Committee）的

面前作證。後來他製作了《逃犯》（*The Fugitive*）和《洛克福德檔案》（*The Rockford Files*）等熱門影集。普萊斯的父親法蘭克・普萊斯（Frank Price）是好萊塢的大老。1970 年代末期及 1980 年代初期，他負責經營哥倫比亞電影公司（Columbia Pictures）及環球電影公司（Universal Pictures），發行《甘地》（*Gandhi*）和《魔鬼剋星》（*Ghostbusters*）等經典電影，並監製《早餐俱樂部》（*The Breakfast Club*）、《回到未來》（*Back to the Future*）、《天降神兵》（*Howard the Duck*）等賣座電影。小普萊斯在名流之中成長，他曾和名演員薛尼・鮑迪（Sidney Poitier）一起在巴哈馬群島度假，向美國超級英雄電視劇《無敵金剛》（*The Six Million Dollar Man*）的主角李・梅傑斯（Lee Majors）學游泳。

2004 年加入亞馬遜以前，普萊斯曾在迪士尼及麥肯錫任職。他加入亞馬遜，負責制定公司的數位影片策略。多年來，他一直主張亞馬遜應該製作節目與電影，以和亞馬遜供應的影片內容做區隔。套用亞馬遜的術語，「胸懷大志」這個領導原則是他的強項，他擅長在六頁報告中以令人信服的方式闡述其理念。貝佐斯也深受其理念所吸引，但他還是想重新思考好萊塢的整體開發流程。貝佐斯對好萊塢的「把關者」充滿懷疑，那些把關者以個人的主觀判斷來決定觀眾可以觀賞什麼，而且成功的機率又不高（許多概念薄弱的節目收視慘澹就是例證）。

貝佐斯提出一種全新的方法，他稱之為「科學影業」。任何人都可以提交劇本，那不是洛杉磯和紐約精英的專利。顧客與獨立的評審可以評估那些劇本及分鏡圖。他們的意見將產生客觀的資料，亞馬遜可以利用那些資料來決定它該製作什麼內

容。普萊斯後來談到亞馬遜影業的原始概念時說：「這主要是貝佐斯的主意。這樣一來，我們將有足夠的資料把成功率提高到40%，而不是10%。」

從2010年起，亞馬遜就開始鼓勵任何人提交劇本，並為最佳劇本提供數十萬美元的現金獎勵。[7] 當然，這招並沒有奏效。知名的編劇對這種篩選方法敬謝不敏。整體來說，亞馬遜收到的劇本都不太好。亞馬遜這樣做了八年，才淘汰那套系統。不過，貝佐斯私下也承認，他終究還是需要靠專業人士來辨別及醞釀有前景的概念。（那套舊制度催生了兒童影集《阿莫吉本的怪奇日常》〔*Gortimer Gibbons Life on Normal Street*〕，以及試播電視劇《廢柴教師》〔*Those Who Can't*〕。後來華納媒體公司〔WarnerMedia〕的電視頻道truTV把《廢柴教師》拍成影集。）

2012年，普萊斯開始經常往返於西雅圖與洛杉磯之間，並召募內容開發的主管來監督喜劇與兒童節目的開發與策略。當時，亞馬遜仍迴避加州的營業稅，所以這個團隊在加州成立一家獨立的子公司，名為人民製作公司（People's Production Company），而且被迫攜帶特殊的名片，使用非亞馬遜的電郵地址。他們在舍曼奧克斯區（Sherman Oaks）的Fuddruckers餐廳的上方，與IMDb共用一間辦公室（IMDb也是亞馬遜的子公司，擁有一套熱門影視資料庫），後來才搬到聖塔莫尼卡（Santa Monica）一處略為高檔但平淡無奇的辦公大樓，名為「水園」（Water Garden）。

那年，普萊斯與貝佐斯調整了他們的最初構想。亞馬遜影業的主管先與經紀人及編劇見面，審查劇本，挑選試播節目。但之後他們會讓觀眾投票，以幫忙決定哪些節目應該拍成

整季的影集。2013年2月，Netflix推出由製作公司Media Rights Capital出品的首部自製影集《紙牌屋》（*House of Cards*），一炮而紅。兩個月後，亞馬遜首度推出所謂的「試播季」（pilot season）。

顧客可以觀看十四部試播劇，其中包括政治喜劇《阿爾法屋》〔*Alpha House*，與HBO後來更搞笑的《副人之仁》（*Veep*）路數相同〕和網路諷刺劇《測試版》〔*Betas*，也是與HBO後來播放的《矽谷群瞎傳》（*Silicon Valley*）路數相同〕。但是，當年稍晚，影集正式首播時，那些影集雖然吸引媒體的關注，卻收視不佳。那幾齣劇的編劇從亞馬遜獲得正面的意見回饋，但後來對於缺少尼爾森（Nielsen）的網路節目收視率調查、或是沒有大動作宣傳都表示失望。

普萊斯指派副手監督電視劇、喜劇、兒童節目的製作，為亞馬遜影業培養出一種獨特的敏感度：亞馬遜製作的優質影集比較像劇情連貫的多集電影，而不是各自獨立的劇集。他們從優質的獨立電影獲得靈感，注意到觀眾已經有很多的電視節目可選，所以他們開始製作獨特又精緻的電視節目，以增添大家的娛樂選擇。他們的節目讓觀眾有機會窺探陌生的生活方式與世界樣貌。他們會追求一些主流電視網永遠不會嘗試的節目（主流電視網只想推出《重返犯罪現場》〔*NCIS*〕等主流影集的不同版本）。普萊斯說，亞馬遜「擁有零售商的品牌，我們必須帶給大家驚喜，並講究品質」。

這種方法很快奏效。2014年初，Prime會員可觀賞的試播劇包括《叢林中的莫扎特》（*Mozart in the Jungle*，關於虛構的紐約交響樂團的搞笑故事）、《絕命警探》（*Bosch*，關於一個窮困潦倒的洛杉磯警探）、《透明家庭》（主角是一位名叫莫

拉・弗費曼〔Maura Pfefferman〕的變性女家長）。那年三月，貝佐斯把亞馬遜影業團隊叫到西雅圖，討論他們要把哪齣試播劇拍成影集。《透明家庭》的試播獲得大量好評，選題大膽及開放式結局備受讚揚，但它並不是收視率最高的試播劇。不過，那天貝佐斯一走進會議室就說：「我猜我們今天會選《透明家庭》。」

沒錯，他們確實選了《透明家庭》，而且那齣劇也為亞馬遜影業博得了名聲：支持有遠見的創作者及歷史上遭到忽視的素材。2015 年 1 月，《透明家庭》成為第一部獲得金球獎的串流影集，獎項包括最佳喜劇獎及傑佛瑞・塔伯（Jeffrey Tambor）的最佳男主角獎。[8]

如果普萊斯曾經幻想過他是這番成就的檯面人物，那麼他很快就會幻滅，因為貝佐斯也想參加頒獎典禮。在金球獎的頒獎典禮上，他帶著麥肯琪出席，並與普萊斯、喜劇主管喬・路易斯（Joe Lewis）、該劇製作人喬伊・索洛維（Joey Soloway）以及主要演員同桌。

之後，他們參加了由 HBO 和 Netflix 所主辦的會後派對。貝佐斯在妻子的陪伴下，沉浸於好萊塢的吹捧。亞馬遜影業的一位主管回想起這對夫妻參與好萊塢活動的情況：「她看起來很開心，但是他看起來更開心。」

幾週後，貝佐斯與塔伯及索洛維一起上《CBS 今晨》節目，接受更多《透明家庭》所帶來的讚揚。他說，亞馬遜之所以支持那齣劇，是因為那是一個非比尋常的精彩故事。他說：「每次我們做一件事，都不想跟別人一樣。我們會增添一些巧思，做一些改善，讓顧客有機會回應。《透明家庭》就是一個完美的例子。」

普萊斯風波

　　熱愛電影的貝佐斯，現在對「自製原創內容」這個概念非常興奮。這個概念就像Alexa、Go商店、亞馬遜在印度與墨西哥的擴張、AWS一樣，正發展成另一項重要的長期投資。貝佐斯掌管著一家市值上千億美元的公司，但亞馬遜影業的主管經常懷疑，他是不是沒有更好的事情可做，不然為什麼經常叫他們去西雅圖，討論亞馬遜影業該核准哪些節目的製作。2005年初，他們討論要不要選《紐約客出品》（*The New Yorker Presents*）時，貝佐斯抱怨道：「這部試播劇的最大優點是它只有半個小時。」這部戲是康泰納仕公司（Condé Nast）旗下的著名雜誌所拍的紀錄片影集。

　　貝佐斯會問一些尖銳的問題，但即使他不認同普萊斯的判斷，也會給予尊重。他談到這部有關新聞雜誌的戲劇時，對普萊斯說：「你想怎麼做都可以，但如果我是你的話，我會再考慮一下。」隔週，普萊斯和他的戲劇主管摩根‧萬德爾（Morgan Wandell）選了菲力浦‧迪克（Philip K. Dick）的小說改編的反烏托邦劇《高堡奇人》（*The Man in The High Castle*），還有其他幾部電視劇，以及比較便宜的《紐約客出品》。一位與會的亞馬遜影業主管說，當下她不禁納悶，普萊斯是不是故意跟老闆做對。

　　那時，普萊斯已經在洛杉磯擔任全職，並開始融入一種新的好萊塢生活方式。他與妻子分居，搬到市中心的一間公寓。亞馬遜影業的員工不禁注意到他的轉變。以前在西雅圖工作時，他喜歡穿運動外套、卡其褲，偶爾還會打領結。現在他住在洛杉磯，瘦了下來，開始穿Valentino的鞋子與皮

衣，右肩上紋了洛杉磯經典龐克樂團Black Flag的標誌，還買了一輛「肌肉車」（muscle car）＊——道奇挑戰者（Dodge Challenger）。一名員工表示：「他的一舉一動就像個有中年危機的人。」

但亞馬遜影業發展得很好，勢如破竹。《叢林中的莫札特》佳評如潮，也讓亞馬遜影業成為多年來第一個連續贏得金球獎最佳喜劇獎的電視網。貝佐斯與普萊斯的策略獲得市場肯定，普萊斯因此獲得更多授權，可以加高賭注、加速行動。他聘請朋友康拉德・里格斯（Conrad Riggs）為亞馬遜製作真人實境秀。里格斯曾是《倖存者》（Survivor）的製片人馬克・伯內特（Mark Burnett）的合作夥伴。2015年6月，里格斯前往倫敦，與BBC汽車實境秀節目《頂級跑車秀》（Top Gear）前主持人傑瑞米・克拉克森（Jeremy Clarkson）一起去看搖滾樂團The Who的演唱會。克拉克森因為對BBC的製作人爆粗口及動粗而被節目開除。後來，亞馬遜打敗蘋果和Netflix，以三年2億5,000萬美元的高價，簽下他和搭檔來製作類似的節目《壯遊》（The Grand Tour）。[9]那是無劇本電視史上最高額的交易。里格斯回憶道，貝佐斯「大約花十五秒」就回覆電郵，批准那筆支出。

普萊斯看似是個不會犯錯的人。接下來那一個月，他參加聖地牙哥的動漫展（Comic-Con）。亞馬遜在那個科幻迷和奇幻迷的年度盛會放映《高堡奇人》的前兩集。對亞馬遜影業來說，這部戲代表他們利用不斷壯大的觀眾群，來製作高成本戲劇的可能性。《高堡奇人》在動漫展的首映會獲得粉絲的熱烈迴響，亞馬遜影業的管理團隊為此興奮不已。

＊ 譯注：高性能引擎雙門轎跑車。

　　當晚，普萊斯與同事及該劇的創作者一起開慶功宴，大開香檳慶祝。之後，普萊斯與亞馬遜的同事邁克・保羅（Michael Paull）、他首度見面的該劇執行製作人伊莎・哈基特（Isa Hackett），和傳奇科幻作家迪克的女兒一起搭Uber去參加續攤派對。[10]

　　關於在那輛車上及續攤派對裡發生的事情，有好幾種版本的說法，每個版本對一些重要事實的描述有所不同。不過，每個人都說，偶爾喜歡亂開玩笑的普萊斯當天喝多了，他知道哈基特是已婚的同性戀，對哈基特開了幾個性騷擾的玩笑。哈基特覺得那些言論既不當又低級。

　　下車後，普萊斯堅持和哈基特一起自拍，還說，如果大家相信他們正在交往，有助於節目的宣傳。他的言行讓哈基特覺得很難堪。派對上，她再次遇到普萊斯時，據傳普萊斯又繼續大開黃腔。

　　酩酊大醉的普萊斯根本沒意識到自己冒犯了哈基特，翌日還上臉書加她為好友，哈基特簡直氣炸了。她向亞馬遜影業的一位主管舉報那件事，那位主管將此事交給亞馬遜的法務部門。隨後，亞馬遜聘請洛杉磯一家專門處理職場不當行為的公司，以釐清整起事件的真相。該公司的一位資深調查人員開始訪問亞馬遜在好萊塢的員工，以了解他們的老闆。他們也訪問了哈基特，哈基特告訴他們，她希望這起令人遺憾的事件能成為改革亞馬遜影業的催化劑。

　　調查的結果頗為難堪。普萊斯的幾名女性員工特別不滿，說他習慣在職場上開黃腔。她們也提到他有一些令人討厭的習慣，例如開會時蹲著、閉上眼睛前後搖晃。她們也批評他是糟糕的管理者，把大部分的責任推給別人承擔，自己比較喜

歡和名人一起吃香喝辣，並在 Instagram 留下記錄。

　　亞馬遜本來有機會悄悄地開除普萊斯，避免未來釀出更大的災難，但卻錯失機會。他幫忙構思、打造亞馬遜影業，如今這項事業看來前景無限。貝佐斯對開創者特別心軟，亞馬遜的其他員工（包括布萊克本）似乎也有同感。普萊斯也很後悔，他想向哈基特道歉，但亞馬遜的律師要求他不要再和她聯繫。他們也要求他，不要在公司的聚會上喝酒，並接受職場行為及管理職的額外培訓。亞馬遜隨後在一份聲明中表示，公司「對該事件做了適當的回應，包括聘請外部的調查人員」。

　　亞馬遜影業的一位女性員工問法務部門的朋友，調查進展得如何，為什麼沒有任何明顯的紀律處分。朋友告訴她，公司對那些指控已經做出結論：「那不是我們認識的普萊斯。」

貝佐斯的參與加深

　　普萊斯保住了飯碗，但現在面臨一個更可怕的威脅：貝佐斯已經完全熟悉打造成功的影視事業所面臨的機會與挑戰。當他密切關注一項事業時，通常希望把一切變得更宏大、更大膽、更磅礡不凡。據估計，亞馬遜2016年在 Prime Video 投注32億美元，[11] 2017年則是投入近45億美元。[12] 就連一向隨和的董事會也對日益膨脹的開支感到擔憂，並對此提出尖銳的問題。前董事兼風險創投業者賓・戈登（Bing Gordon）指出：「在影視內容與 Prime 的關係方面，貝佐斯的想法遠遠超前我們。」

　　貝佐斯認為，媒體事業提高了亞馬遜 Prime 的吸引力與「黏性」，促使大眾在亞馬遜花更多錢。2016年他在一次科技大會說：「我們贏得金球獎時，那幫我們賣了更多的鞋子。」

[13]至少有些亞馬遜影業的員工對這個說法態度有所保留。他們雖然很感謝一家賺錢的電商資助他們為了創意冒險,但他們覺得自己並不是賣鞋的銷售員。他們追蹤每個節目,分析收視狀況,注意有多少人在看過節目後從免費Prime試看期變成付費會員,或是延長既有的會員資格。但是,幾乎沒有證據顯示觀影與購買行為之間有關連,尤其找不到任何購買行為可以證明亞馬遜在影視上的巨額支出是合理的。Prime本身發展極其迅速,這個事實也混淆了兩者之間的關聯。

真相是:貝佐斯希望亞馬遜自製影視內容。他看得出來,幾十年來影視內容的製作與發行方式正在改變,他希望亞馬遜在未來的影視發展中扮演要角。就像早期的Alexa、Go商店、亞馬遜印度公司一樣,現在可能找不到支持影視發展的財務理由,但將來一定會出現賺錢的商機。

當時,亞馬遜正準備在242個國家推出Prime Video,並針對這個服務單獨收費。這個專案的代稱是「麥哲倫」(Magellan)。這將是亞馬遜在世界上許多它尚未展開線上零售業務的地區首度推出的產品。影視是進入新市場的入門產品,就像書籍以前扮演的角色一樣。但《透明家庭》第三季描述的是主角對變性手術的探索,貝佐斯覺得該劇不太適合做為進入科威特、尼泊爾、白俄羅斯等國的敲門磚。

因此,2016年下半年與2017年一整年,貝佐斯與亞馬遜影業團隊密集開會,他們迫切需要找到一部類似HBO《權力遊戲》那樣的熱門大戲,但這時普萊斯仍持續推出一些普通的作品,例如《我的密西西比》(*One Mississippi*)、《不做乖乖女》(*Good Girls Revolt*)、《狂之旅》(*Mad Dogs*)。他爭取到後來得獎的《海邊的曼徹斯特》,並在貝佐斯的洛杉磯豪宅舉

辦令人難忘的派對，但也導致亞馬遜與該劇男主角凱西・艾佛列克的性騷擾醜聞案牽扯在一起。普萊斯為伍迪・艾倫執導的第一部電視劇《六場危事》斥資八千萬美元，但那齣戲的評價淒慘（普萊斯是伍迪・艾倫的忠實粉絲，與艾倫長期合作的經紀人約翰・伯納姆〔John Burnham〕是舊識。亞馬遜的同仁說那齣戲是普萊斯的「夢想專案」）。普萊斯不僅與一位作品引發爭議的電影製作人合作，而且繼續為了得獎考量而製作曲高和寡的戲劇內容。但是當時貝佐斯已經想要來個大轉彎，把 Prime Video 變成一個普遍受到大眾喜愛的全球事業。

普萊斯了解貝佐斯的指示，但他表示，那種大眾普遍喜愛的節目需要花幾年的時間開發。2017年1月，他雇用了在以色列出生的電視執行製片人雪倫・泰爾・尤加多（Sharon Tal Yguado）。尤加多曾協助熱門影集《陰屍路》（*The Walking Dead*）的全球發行。泰爾・尤加多加入亞馬遜的消息正式公布以前，普萊斯沒有先通知同事，所以這件事在亞馬遜影業內部引發一波衝突。儘管如此，泰爾・尤加多還是和貝佐斯一拍即合，因為他們都熱愛氣勢磅礴的科幻小說，例如《文明》（*The Culture*）、《環形世界》（*Ringworld*）。當年稍後，據報導，泰爾・尤加多幫亞馬遜以高達2億5,000萬美元的價格，取得了托爾金（J. R. R. Tolkien）的《魔戒》（*Lord of the Rings*）套書中尚未開發內容的全球版權。[14]

不過，貝佐斯覺得轉變的速度還不夠快。在有著濃濃火藥味的會議裡，他不耐煩地要求亞馬遜影業做出類似《權力遊戲》那樣的巨作。普萊斯試圖跟他講理，說未來亞馬遜不會推出《權力遊戲》那種一炮而紅的巨作，但下一部戲會像HBO的奇幻大片那樣新鮮大膽。他要求貝佐斯給他更多的時間，

聲稱有賣相極佳的超級大片即將上檔，例如以湯姆・克蘭西（Tom Clancy）筆下的主角傑克・萊恩（Jack Ryan）為主軸的一齣戲。

貝佐斯也質問普萊斯，他是否曾用亞馬遜開發的線上焦點小組評鑑工具（名為「預覽工具」）充分測試那些戲劇與概念。那個工具曾幫比利・鮑伯・松頓（Billy Bob Thornton）把一齣戲的名稱從《世紀審判》（*Trial of the Century*）改成更有吸引力的《律政巨人》（*Goliath*）。但普萊斯說那個工具不可靠，因為你不能像在網路商店賣廚具那樣，運用眾包原理評估故事創意的價值。影視開發部門的主管往往必須迅速行動，搶著簽下熱門的影視製作人。有時他們必須跳過資料，憑直覺判斷。普萊斯也覺得眾包的創意概念不可信，畢竟，像《歡樂單身派對》（*Seinfeld*）、《絕命毒師》（*Breaking Bad*）那種熱門電視劇，一開始也沒什麼人氣。你是相信講故事的人，還是相信資料？你是相信藝術家的創意，還是相信群眾的智慧？

貝佐斯在《華盛頓郵報》也遇過同樣的問題。他曾敦促《華盛頓郵報》採用更多的方法來衡量文章的人氣，但最終還是尊重編輯部專家的判斷。不過，在亞馬遜，他對專家就不是那麼有耐心了。他用電腦科學、實驗、海量資料，徹底顛覆產業。他想以科學方法做創意決策，並看到立竿見影的結果。在這方面，貝佐斯和普萊斯的看法日趨分歧。

暢銷一定有公式！

2017年初，亞馬遜搬進新建的三十七層彩色玻璃大樓，這裡跟距離約八百米遠的舊總部一樣，命名為「Day 1」。以前貝佐斯覺得企業大樓應該匿名，但這個概念對今日地位如

此顯赫的亞馬遜來說已經不太實際。這棟建築的旁邊是第一家 Go 商店，上面有個巨大的黃燈招牌，俯瞰著大樓東側的公園，招牌上寫著電算科學經典語彙「Hello World」。

貝佐斯的新辦公室及許多會議室都設在六樓（與舊總部的設計一樣），爬樓梯就能到，可以藉機多運動。那年三月，亞馬遜影業的主管前來西雅圖和他開會。當時總部對街正在興建另一座摩天大樓，總部園區內也正在興建三個相連的「亞馬遜球體」（Amazon Spheres，這是開會場所，完工後也兼做自然溫室），工程聲震天價響。

在一間會議室裡，失望的貝佐斯開始批評《高堡奇人》的故事過於平淡。「劇情改編實在很糟。」他抱怨道，「你們怎麼都不喊停呢？為什麼不重拍？」

貝佐斯繼續指責普萊斯。他說，「我們兩個有歧見。一定有檢測這些概念是否可行的方法。你要我們做價值上億美元的決策，又說我們沒有時間評估這些決策是否明智！一定有辦法可以評估什麼行得通、什麼行不通，這樣我們就不必憑空做所有決定。」

經過更多爭論後，貝佐斯總結道：「我知道做出精彩的節目需要什麼，這不該是那麼困難的事，那些超人氣的節目都有基本的共通點。」接著，他馬上不假思索地列出精彩磅礴大戲的要素。那個舉動充分展現出他善於在一天中多次切換領域的能力，以及為複雜問題抽出精髓的過人特質。

- 經歷成長與改變的英雄主角
- 高超的對手
- 願望的實現（例如主角擁有超能力或魔法之類的潛力）

- 道德抉擇
- 建構多元世界（不同的地理景觀）
- 迫切想看下一集（吊足胃口的情節安排）
- 文明瀕臨崩解的危機（對全體人類的威脅，例如外星人入侵或毀滅性的流行病）
- 幽默
- 背叛
- 正面的情緒（愛、歡樂、希望）
- 負面的情緒（失落、悲傷）
- 暴力

　　普萊斯也幫忙列了幾項，並盡責地完整記錄清單。之後，亞馬遜影業的主管必須定期向貝佐斯發送專案的最新進度，裡面包含一份試算表，描述每個節目在這些關鍵要素上的表現。如果節目欠缺某個要素，就必須解釋原因。但普萊斯也告訴同仁，不要讓外界知道那份清單。亞馬遜不該把好故事的要素強加在編劇與導演的身上。精彩的節目應該打破那些規則，而不是遵循那些規則。

　　普萊斯的冒險決定似乎愈來愈多。他授權拍攝網球名將諾瓦克・喬科維奇（Novak Djokovic）的紀錄片，導演拍攝數百小時的影片後，這位塞爾維亞的球星不幸受傷並退出那項專案。[15] 他也與丹麥導演尼可拉・溫丁・黑芬（Nicolas Winding Refn）簽約，拍攝充滿暴力但步調沉重緩慢的犯罪劇《老無所懼》（*Too Old to Die Young*）；簽下馬修・韋納（Matthew Weiner）執導的鬆散漫談戲劇《羅曼諾夫後裔》（*The Romanoff*）以及導演大衛・羅素（David O. Russell）的一部

作品。羅素那部戲始終沒有命名，本來要找勞勃・狄尼洛
（Robert De Niro）和茱莉安・摩爾（Julianne Moore）來主演，
內容是關於一個在紐約州北部經營酒莊的家庭。《老無所懼》
和《羅曼諾夫後裔》都只拍一季就停。羅素那齣戲是由溫斯坦
影業（Weinstein Company）製作，但在開拍之前就因為製作人
哈維・溫斯坦（Harvey Weinstein）爆出荒腔走板的性醜聞而取
消。

　　幾位前員工指出，溫斯坦與貝佐斯、布萊克本、普萊斯
的關係良好。他經常前往西雅圖，幫亞馬遜因應早期進軍好
萊塢所面臨的挑戰。這是一段後來沒有人特別想談的關係，
但Prime Video的員工表示，溫斯坦一度與亞馬遜合作開發
「Prime Movies」服務，提供一定數量的電影票，讓Prime會
員去戲院看電影。那項服務從來沒有推出，也預示新創公司
MoviePass的商業模式注定失敗的命運。

　　普萊斯與伍迪・艾倫及溫斯坦的交易，事後反映出他的
判斷力欠佳。此外，他還有其他可議的行為。2017年，普萊
斯與演員兼作家萊拉・范伯格（Lila Feinberg）訂婚，並試圖
說服他的員工採用她創作的劇本《12派對》（12 Parties）。同
事指出那有利益衝突的問題，所以後來是溫斯坦影業買了她的
劇本。亞馬遜的員工也抱怨，普萊斯自己編寫的劇本《上海
雪》（Shanghai Snow）充滿了對其他族裔的刻板刻畫，以及無
謂的性愛與暴力，看過的人都覺得那個劇本很糟。

　　2017年，亞馬遜影業的許多女性員工依然對她們的老
闆或工作環境感到不滿。有人描述到，亞馬遜影業有間會議
室，牆上滿是塔伯、伍迪・艾倫以及亞馬遜電影《當貓王碰
上總統》（Elvis & Nixon）主角凱文・史貝西（Kevin Spacey）

的肖像。那三人在「# MeToo」運動中都中箭落馬。那個運動
即將使普萊斯陷入困境，並把亞馬遜捲入一場他們以為早已平
息的醜聞中。

風波再起，功臣黯然下台

2017年10月，約有數百名時尚人士、意見領袖、作家、
音樂家、演員、製片人和他們的家人搭上私人飛機，從洛杉
磯的凡奈斯機場（Van Nuys Airport）飛往聖塔巴巴拉（Santa
Barbara）。到了聖塔巴巴拉後，有黑頭車護送他們到附近的四
季飯店。那個週末，有人包下四季飯店，以及對街的珊瑚賭場
海灘和卡巴納俱樂部（Coral Casino Beach & Cabana Club）。現
場的輔導員問候每個家庭，每個孩子都有專屬的輔導員。飯店
的房間裡，有價值數千美元的免費禮品等著每位賓客，還有高
級行李箱讓他們把所有的禮品打包帶回家。

這是亞馬遜為文人雅士、商賈名流舉辦的私人聚會，名為
營火（Campfire）。亞馬遜從2010年開始舉辦這項年度活動，
第一次是在新墨西哥州的聖塔菲（Santa Fe）。2016年，活動
規模變得太大，不適合在原地點舉辦，亞馬遜於是把活動移師
到聖塔巴巴拉。貝佐斯喜歡說這是「我每年最精彩的時刻」，
而賓客開心時，他似乎也真的樂在其中。會場轉移到南加
州，正好與亞馬遜把事業重心從圖書轉往廣大娛樂世界的動向
不謀而合。

那個週末的一切開支都是亞馬遜買單，活動內容包括演
講、盛宴、私密對談、踏青。貝佐斯邀集世界上一些最有意思
的人物齊聚一堂，他也很喜歡與他們交流。在每場演講中，他
總是坐在前排，成為眾人關注的焦點，雙臂搭在妻子和四個孩

子的肩上，笑得比任何人還大聲。他們也請賓客簽署保密協議，對媒體三緘其口，絕不提及或討論「營火」聚會。

當年的嘉賓包括名主持人歐普拉（Oprah Winfrey）、名編劇兼製作人珊達・萊梅斯（Shonda Rhimes）、名歌星貝蒂・米勒（Bette Midler）、知名影視監製布萊恩・葛瑟（Brian Grazer）、女星茉莉安・摩爾、獨立電影的演員兼音樂家凱莉・布朗絲登（Carrie Brownstein）、小說家麥可・康寧漢（Michael Cunningham）、《華盛頓郵報》的執行總編拜倫、音樂家傑夫・特維迪（Jeff Tweedy）。紐倫堡審判中最後一位在世的檢察官班傑明・貝雷爾・費倫茨（Benjamin Berell Ferencz）應邀演講。亞馬遜影業的幾位主管也受邀參與盛會，包括普萊斯，他帶了未婚妻范伯格一起前來。

這場營火活動正要啟動時，普萊斯在公司的地位正岌岌可危。上個月，Hulu 和 HBO 贏得許多艾美獎獎項，亞馬遜則是全軍覆沒。《華爾街日報》在一篇評論報導中指出，亞馬遜影業錯過了《使女的故事》（The Handmaid's Tale，Hulu 原創影集）和《美麗心計》（Big Little Lies，HBO 原創影集）等熱門影片。該文引用《美麗心計》與《律政巨人》的創作者大衛・凱利（David E. Kelley）的話，說亞馬遜的整個運作流程「有點像災難片」，[16] 還說亞馬遜「麻煩大了」。[17]

不過，對普萊斯來說，這些都不算什麼。過去幾個月，勇敢的洛杉磯記者金・馬斯特斯（Kim Masters）一直在追蹤普萊斯 2015 年動漫展後對哈基特的不當言論，以及亞馬遜後續的內部調查。《紐約時報》、《BuzzFeed》、《好萊塢報導》（Hollywood Reporter）等媒體沒有放過其他關於 #MeToo 運動的報導，卻跳過馬斯特斯的報導。普萊斯以私人名義雇用了幾

位幫溫斯坦辯護過的律師。但八月，科技線上新聞網站《The Information》刊登了馬斯特斯的簡短版報導。哈基特不願評論，只說她與普萊斯的接觸是「令人不安的事件」。

在營火活動開始時，#MeToo運動所掀起的熱議愈演愈烈。羅南・法羅（Ronan Farrow）才剛在《紐約客》上發表一份調查報告，揭露溫斯坦的不當行為（溫斯坦以前曾參加營火活動，也是營火活動的演講者，但這時已成為大家避之唯恐不及的人物）。在營火活動的前一天下午，遭受溫斯坦之害的女星蘿絲・麥高文（Rose McGowan）開始對貝佐斯的推特帳號發文，說她跟普萊斯講過溫斯坦的惡行，並敦促亞馬遜影業「停止資助強姦犯、有戀童癖及性騷擾之嫌的人」，但普萊斯叫她去報警。亞馬遜依然和溫斯坦影業、許多被控性騷擾和其他非法行為的好萊塢人物有許多商業往來。在當時那個議論紛紛的社群氛圍中，這是一個人人譴責的事實，尤其在亞馬遜舉行盛大聚會之前爆發出來，更是尷尬。

後來，馬斯特斯任職特約編輯的《好萊塢報導》突然改變立場，刊出她的完整報導。[18]這次，哈基特公開證實了兩年多前動漫展結束後那段「令人震驚又超現實」的經歷，以及普萊斯在車上對她說的不當話語。亞馬遜影業的主管必須在營火活動正式開始的前一天到場，所以那篇報導公布時，普萊斯人正在飯店套房裡。他的未婚妻范伯格和亞馬遜影業其他主管在樓下，她從手機上看到那篇報導時，開始哭了起來。

這個難堪到極點的時刻，普萊斯和范伯格馬上被叫回洛杉磯。普萊斯後來說：「實在太難受、太丟臉了，不然還能怎麼說？」亞馬遜影業的其他主管馬上與布萊克本開緊急電話會議，布萊克本要求他們留在現場。

在幕後，亞馬遜再次為了該怎麼做而困擾不已。布萊克本讓普萊斯暫時留職停薪，同時重申他對普萊斯的信任，因為普萊斯是帶領亞馬遜進軍原創內容的開疆大將，他雇用及管理了一個團隊，為公司贏得了許多知名的獎項，也為貝佐斯在好萊塢開闢新局。根據亞馬遜神聖的領導原則，領導者「很多時候都是對的」。

貝佐斯本來覺得這些成果已經足夠，但突然間又覺得不對，亞馬遜依然沒有自己的《權力遊戲》。普萊斯也失去了團隊多數成員的信任，他那些令人尷尬的社交舉止、偶爾令人反感的不當行為，以及哈基特事件，都令人不舒服。亞馬遜的主管早就知道那些問題，卻以為事情已經解決。身處於這股全民參與的文化清算潮，他們真的能支持一位陷入困境的主管嗎？到了週二，普萊斯同意辭職。

在這次爭議發展的過程中，布萊克本打電話給哈基特想要彌補。如今可以清楚看出，以男性為主的 S 團隊根本沒有認真看待她提出的指控。哈基特曾試圖向亞馬遜的調查人員透露痛苦的經歷，那個過程令她筋疲力竭。私下申訴無效，她只好向媒體公開，這令她更加激動難過。她在電話裡哭了起來：「我之前試著告訴你。那麼多個月以來，你本來有機會處理這件事，卻讓我陷入孤立無援的狀態，造成我和家人極大的痛苦。」布萊克本聆聽她的說法，並同意她的請求：哈基特請他想辦法利用亞馬遜的豐富資源，解決好萊塢及美國企業界普遍存在的性別歧視問題。

幾天後，布萊克本在聖塔莫尼卡與亞馬遜影業的員工對談。一些人問道，為什麼公司在 2015 年時沒有開除普萊斯。有些人質疑，亞馬遜解雇普萊斯，是不是為了避免與 #MeToo

運動的相關人物扯上關係，例如溫斯坦。少數為普萊斯辯護的人認為他是代罪羔羊，並指出亞馬遜在他的領導下，比其他影業支持更多的女性創作者。幾位現場人士透露，布萊克本承認那個事件應該更早處理，但他也表示，後來又有新的資訊曝光才導致事件死灰復燃。至少對一些員工來說，這種說法聽起來很空泛。那一週接近尾聲時，布萊克本已經準備結束這起難堪的事件。他對亞馬遜影業的員工發了一封內部電郵：「亞馬遜影業最近因為錯誤的原因上了新聞。我們應該掀起的熱烈討論，是有關我們製作的精彩節目及明年打算推出的新節目。」

普萊斯後來試圖公開道歉及洗脫罪名，但成效甚微。他在一封電郵中寫道：「我在2015年時對哈基特開玩笑的失禮舉動，若造成任何不快，我在此真心誠意地致歉。我希望亞馬遜當時就讓我向她道歉，因為我當時真的很想表達歉意，但未獲許可……總之，我當時真的別無惡意，只是想在搭車前往下一場派對的途中維持輕鬆的氣氛。」

醜聞發生後，普萊斯的未婚妻很快就離開他，而且是在他們計畫舉行婚禮的幾週前。他也被逐出娛樂圈，名字與溫斯坦、萊斯利・莫文維斯（Les Moonves）、麥特・勞爾（Matt Lauer）等惡名昭彰的性醜聞主角歸為一類。想到他祖父那一代有不少人被誣陷為共產黨人或共產黨同路人而遭到迫害，普萊斯彷彿看到痛苦的歷史再度重演。

他預期貝佐斯應該不會再聯絡他，後來也確實沒有。畢竟，這是亞馬遜，員工加入亞馬遜是為了貢獻成果，而不是來交朋友。普萊斯離開後，亞馬遜先指派他的副手、亞馬遜影業營運長艾柏特・鄭（Albert Cheng）暫代其職。鄭開始清除許多公司的元老，包括路易斯，他曾幫忙開發《透明家庭》、

《漫才梅索太太》等開創性的節目〔路易斯獲得了一份為期兩年的製作合約，他製作的《邋遢女郎》（*Fleabag*）為亞馬遜不斷增加的獎項又添了幾座〕。不久，亞馬遜聘請NBC的主管珍妮佛・薩爾克（Jennifer Salke）來接任亞馬遜影業的負責人，並宣布公司計畫搬離聖塔莫尼卡那個乏味的辦公園區，進駐卡爾弗城（Culver City）一個歷史悠久的電影大宅：電影《亂世佳人》（*Gone With the Wind*）使用的宅第。

報酬率不明，但市場地位確定

亞馬遜影業從此改朝換代。諷刺的是，那位醜聞纏身的老將所促成的許多戲劇，最終成了全球熱門影集，例如《黑袍糾察隊》（*The Boys*）和《傑克萊恩》。貝佐斯繼續在影視事業投入鉅資。Prime Video 在 2018 年與 2019 年的開支分別是 50 億美元及 70 億美元。儘管亞馬遜的董事會及投資者的反對聲浪沒那麼大，但是關於這筆投資的實際報酬率，大家依然爭論不休。隨著沃爾瑪、塔吉特（Target）等競爭對手在「保證兩天到貨」方面迎頭趕上亞馬遜，免費提供媒體已經成為 Prime 會員更重要的福利。亞馬遜的原創節目與電影也有助於鞏固它僅次於 Netflix 的地位，並塑造家庭娛樂未來的競賽中，與迪士尼、蘋果、派拉蒙（Paramount）、HBO 等公司角逐一席之地。

Prime Video 是貝佐斯為了開創卓越未來所做的另一筆豪賭。他一次又一次地為員工指明方向，密切追蹤他們的進展，並運用自己的聲名來提升他們的能見度，藉此在充滿前景的新技術與新產業開闢一條道路。Alexa、Go 商店、亞馬遜印度公司、Prime Video 和其他的創新發明，相較於它們的巨額投資，可能依然令人失望，但它們也可能為亞馬遜帶來豐碩的成

果。

　　不過，由於貝佐斯沉浸在發明的過程，他對其他單位的管理就遠遠沒有那麼緊迫盯人，例如商品的採購、銷售、庫存、配銷等。當然，這是亞馬遜最原始、也是最大的業務。隨著亞馬遜及其掌門人的大眾形象不斷提升，這台運作不息的機器也運轉得愈來愈快。

第二部

倍增

亞馬遜
2016 年 12 月 31 日

年度營收淨額	$ 1,359.87 億美元
全職與兼職員工人數	341,400 人
年終市值	$ $3,554.4 億美元
貝佐斯的年終資產淨值	**$ 654 億美元**

07
亞馬遜開門

2016年10月一個下雨的週日早上，邁阿密的刑事辯護律師維特・維梅（Victor Vedmed）在車庫修補東西，聽到前門有人敲門。他的太太和兩個孩子穿著睡衣，在客廳看電視，因此他把手擦乾淨，前去應門。細雨中站著兩名中年男子和一個青少年，外面沒有停放車子，其中一位男子自我介紹為約書亞・溫斯坦，之前住在這個社區。就在這男子要介紹身旁另一位男子時，維梅認出對方，脫口而出：「我認識你！」

貝佐斯向維梅點頭致意，是的，人們通常能認出他。他向維梅解釋，三十五年前的高中時期，他就住在這個棕櫚灣社區維梅現在住的房子。貝佐斯和次子喬治前來拜訪溫斯坦一家人。溫斯坦是他童年時期的友人，父親剛過世，他們出來雨中散步。他問維梅，能否讓他們進屋看看。

維梅很震驚，他沒想到他這棟三千平方英尺的平房竟然是當今巨富的故居，他在2009年購買這棟房子時，前屋主只告訴他：「這房子給人一種幸運感。」然而，他的太太愛莉卡（Erica）仍然坐在客廳沙發上，完全沒認出他們的訪客。熱衷商業及媒體新聞的人應該熟悉貝佐斯，但一般民眾可能不認識

他。愛莉卡以為先生帶進屋的是競選當地公職的候選人，於是仍然坐著看著他們。這個突發事件讓維梅慌了手腳，他忘了向太太及孩子介紹訪客，甚至沒向他們解釋狀況。

現在，他們全待在客廳，右手邊是廚房以及天花板挑高、可停放兩輛車的車庫，貝佐斯和他的朋友曾經在這車庫裡為他們的返校日遊行建造一輛科學社團花車。左手邊則是四間臥室（曾經分別是貝佐斯和父母、兩位弟妹馬克與克莉絲汀娜的臥室），盡頭則是衛浴，以及通往後院的門。貝佐斯有次和父親麥克發生口角後，深夜從後門溜出去，令他的母親賈姬擔憂不已。面向房子正前方的那間臥室是貝佐斯當年的房間，他在那裡撰寫高中畢業生代表致詞稿，也在那裡勾勒建立太空站以遷走汙染工廠、把地球變成一個自然保護區的宏大願景。

貝佐斯不停地到處張望，對已經改變和未曾改變之處感到驚奇。從通往後院的滑動玻璃門望去，他注意到，之前的游泳池光幕防護外罩已經不見了，很多佛羅里達州南部住家都會為游泳池加裝這種透明外罩以阻擋昆蟲。維梅告訴他，他們搬進來時，就沒有外罩了。

幾分鐘後，訪客準備離去，愛莉卡終於站起來，仍然一臉困惑，詢問喬治是否就讀邁阿密棕櫚高中（Miami Palmetto Senior High School），那是貝佐斯的母校。喬治禮貌地回答不是，他們住在西雅圖，他讀那裡的高中。

他們合拍了一張照片，紀念這次的相遇，然後道別。維梅事後回想，貝佐斯沒什麼架子，人很隨和，但他總是一再回想那不可思議的十五分鐘，有些懊惱當時沒把貝佐斯的拜訪處理得更體面些。

「當彼此的身分地位差異有如天壤之別，真的難以溝

通，」維梅在數年後這麼說，「若我不知道他是誰，情況會好
很多。」他描述的是許多名人散發的儡人氣場，以及他們周遭
的人因此扭曲的行為。隨著貝佐斯愈來愈富有，這種情形也愈
來愈嚴重。

亞馬遜的成長絕招

　　要充分了解貝佐斯的上兆美元帝國，以及伴隨而來個人財
富的增長，我們就必須回顧過去，了解亞馬遜的電子商務事業
如何加速成長，以及隨後而至的一些意外後果。2015年時，
亞馬遜的國內零售銷售額成長率約為25%，到了2017年，成
長率增加為33%。[1]亞馬遜的營收及獲利不斷創新高，光看其
北美地區每年超過一千億美元的零售營收額，這家仍然年輕的
公司似乎混身充滿荷爾蒙，生機勃勃。

　　亞馬遜的主管把這解釋為他們的飛輪成功轉動，也就是事
業進入良性循環：亞馬遜的低價及其Prime會員忠誠度招徠更
多顧客，進而激發更多第三方賣家加入市集銷售產品；更多的
產品吸引更多的顧客，賣家支付給亞馬遜的佣金讓該公司得以
進一步降低價格，並投資於更快速地遞送更高比例的品項，這
使得Prime會員制更具吸引力。就這樣，飛輪自我增加動力，
愈轉愈快。

　　要了解亞馬遜這家大公司的蓬勃成長，另一種方式是看它
如何成功地追求營運槓桿（operating leverage），也就是營運收
入的成長快過營運費用的成長。營運槓桿有點像在帆船開始加
速時調整風帆；對於成立較久、較成熟的事業單位，貝佐斯和
S團隊會向其主管提出以下這些問題：他們要如何降低營運成
本，同時維持銷售成長？他們要如何使員工每小時的生產力達

到最大？自動化及演算法可以在哪些部分提高員工生產力或完全取代員工？

亞馬遜年年致力於提高效率，改善營運槓桿，哪怕只是最小幅度的進步都不放過。但是，為了追求這些而做出的改變，可能使員工的工作變得更加困難。2013 年夏季，出現一項這類專案。動畫電影《神偷奶爸 2》（*Despicable Me 2*）上映後不久，亞馬遜玩具部門的一名員工顯然很著迷於這部電影，於是大量採購該電影的授權商品。當時，亞馬遜零售事業單位的進貨經理都是以人工作業方式下單。這名員工的採購訂單包括劇中長相奇特的變異小小兵填充玩具。

這部電影的票房不錯，但亞馬遜很倒霉，不知道是什麼原因，這些玩具賣不動，堆放在亞馬遜的物流中心積灰塵。「它就是個徹底失敗的授權商品，連打折也賣不掉，因為它根本就沒人想要，」前玩具部門進貨經理傑森・威爾基（Jason Wilkie）說。分析到底哪裡出了錯之後，亞馬遜的零售事業主管得出結論：任性的人類情緒干擾了使用可得資料的冷靜評估，後者可能得出更保守的採購。

於是，亞馬遜推出名為「別動方向盤」（Hands Off the Wheel）專案，接下來幾年，零售事業單位的進貨經理調任其他職務，或是被解雇，取而代之的是自動化系統，由軟體分析數字下單採購。演算法或許無法完美地推測電影授權玩具的市場需求，但它們能夠預測其他事情，像是七月四日國慶煙火秀之前，安撫狗狗焦慮情緒的狗背心市場需求，或是天氣預報中西部即將迎來冬季暴風雪後的雪鏟需求等。

貝佐斯和他的副手們相信，演算法能夠把這類工作做得比人類更好、更快，演算法甚至能夠研判該把貨品放到亞馬遜物

流網的何處，以滿足預期需求。亞馬遜也發展出與供應商協商與議價的自動化系統，並讓品牌可以在沒有亞馬遜員工的協助下，自行推出促銷活動。

建造這類系統需要可觀的前置投資，亞馬遜的固定成本因而增加，但是隨後幾年即獲得回報，因為它們取代了原本會不斷上升的變動成本。這就是營運槓桿的結果：亞馬遜的零售事業成為一個大致上自助的技術平台，能夠以最低程度的人為介入創造現金流。

對營運槓桿的追求，在亞馬遜市集和由此衍生的亞馬遜物流服務（Fulfillment by Amazon，簡稱FBA）中獲得了動能。亞馬遜物流背後的反直覺概念是，讓第三方賣家把他們的貨品運送至亞馬遜的倉庫，讓亞馬遜代為倉儲及出貨給顧客。這些第三方公司仍然是存貨的所有人，也可以自訂價格，但他們的產品符合兩天內遞送給亞馬遜Prime會員的資格。把獨立商家引進至亞馬遜網站及亞馬遜的物流中心，讓亞馬遜能夠提高從倉庫出貨的產品數量，提高營收與固定成本比率。

亞馬遜最初於2002年以「自助式訂單配送」（Self-Service Order Fulfillment）的名稱推出這項服務時，第三方賣家擔心失去控制權的潛在風險，但最終有許多賣家認知到，倉儲及出貨到府不是他們的強項，亞馬遜物流服務是優質顧客體驗的保證，也能提高他們的產品在亞馬遜網站的能見度。幾年後，大大小小的產品，包括保齡球及白板之類難以儲存的產品，開始湧入亞馬遜的倉庫。前奇異公司（GE）主管、2006年至2013年間任職亞馬遜全球營運資深副總的馬克・歐內托（Marc Onetto）回憶道：「對我而言，簡直是夢魘，他們把自家閣樓堆放的貨品全送到我這裡。我知道，我們得把這業務做

起來。」

2000年代末，貝佐斯密切管理FBA，檢視賣家費率表之類的細節，並宣示亞馬遜應該力求簡單化，直到這項服務業務成長到一定規模，即使因此虧錢也沒關係。每一次，FBA主管想對第三方賣家特定種類的存貨提高物流服務費來提升獲利時，貝佐斯總是說：「我認為時候還未到。」

2008年10月，一場令人難忘的檢討會議上，貝佐斯指著一份六頁報告裡的一個FBA海外經營分析統計數字，質問一名業務主管：「這是什麼？」當時貝佐斯還處於成熟執行長的養成期，還無法偶爾克制易怒的管理風格，還有直接而嚴厲地懲罰下屬的壞習慣。製作這份文件的財務主管辛西雅·威廉斯（Cynthia Williams）在開會前曾懷疑她的分析有錯，但沒能找出問題所在。她在多年後回憶：「我仔細一看，果然錯得很明顯。我的心當時一下子沉到腳趾。」

貝佐斯當場說：「如果這個數字是錯的，我不知道我要怎麼相信這裡的任何一個數字。妳浪費了我一個小時。」他把報告撕成一半，丟在威廉斯前面的桌上，起身走了出去，留下會議室裡所有其他人面面相覷。

FBA第一個十年的主管湯姆·泰勒出去追貝佐斯，想緩和一下氣氛，說道：「哎，事情沒按計畫走，是吧？」

那天下午，威廉斯寫了一封電子郵件向貝佐斯道歉，並附上修改的資料，回到家開了一瓶酒。貝佐斯在晚上八點回信，他沒提到他發脾氣，只感謝她更新資料，並且寫道，在他認識的人當中，就算同樣謹慎，也沒有人不曾犯過這類錯誤。威廉斯說，這封電子郵件使她心情好轉，並於幾週後再次以修改後的提案向貝佐斯做簡報。之後，威廉斯繼續在亞馬遜

待了十年，最終晉升為副總，後來跳槽到微軟。

這個故事在亞馬遜內部被討論與稱頌，但不是做為領導者善變的範例，而是說明公司領導者的高標準，以及員工的堅毅與韌性，兩者都是執行極其複雜的 FBA 業務時必要的素養。

貝佐斯相信 FBA 有機會成功，並且對公司產生巨大影響。泰勒回憶貝佐斯這麼說道：「我需要你們做到，我們才能為其他〔同樣擁有雄厚潛力的〕事業提供資金」，並且指示 FBA 團隊的行動速度應該比亞馬遜的其他團隊快三倍。

FBA 團隊與貝佐斯的年度 OP1 規畫會議記錄了其他「貝佐斯哲學語錄」，進一步形塑他們的觀點。我後來取得一份貝佐斯的金句備忘錄，摘錄如下：

- 聚焦於降低成本結構，最好是先有低成本，再訂定價值最大化的收費，而不是提高收費以彌補成本。
- 有愚蠢的費率表，就會有蠢事發生，費率必須等同於價值。
- 不能因為我們想不出降低成本的辦法就提高收費；我們要發明可以降低成本的點子。
- 我們應該要做到將第三方賣家的業務百分之百由我們遞送，我不知道這有什麼好爭論的，是的，我們必須提供低價的選擇，這很關鍵。
- 平均值是糟糕的評量指標，我要看實際值、最高值、最低值以及原因，而不是平均值。看平均值代表懶惰。

歷經如此直率的十多年指導後，到了 2014 年，FBA 開始賺錢，使用 FBA 的賣家數量快速成長。「別以為這項計畫有哪

個成員是天才，根本沒有」，前FBA主管阿克曼說：「是貝佐斯不斷地挑戰所有人，設法降低遞送費率，別只是緊盯著收入，要把注意力擺在增加使用這項服務的賣家數量，以及增加品項選擇。他知道，這樣事業才能擴大規模，變得賺錢。他總是說，當你聚焦於投入面，營收及獲利相關的產出面自然會水到渠成。」

一百萬個賣家哪裡找？

貝佐斯形塑FBA的同時，也在培育這項事業的共生業務亞馬遜市集，讓第三方賣家在亞馬遜的網站註冊，展售他們的新產品或二手物品。2007年時，這個市集已經存在好幾年，但基本上只是一個展售二手書的市場，銷售量僅占亞馬遜網站總銷售量的13%。貝佐斯對它的緩慢發展深感沮喪，多次在OP1會議上撕掉這個業務團隊的報告，要求他們重寫，展現更大的雄心。在面試一堆可能接掌這項事業單位的主管候選人時，他總是詢問：「你有什麼辦法可以把這個商城的賣家增加到一百萬個？」

終於，他找到了合適的人。2009年初，亞馬遜在西雅圖市中心的貝納羅亞音樂廳（Benaroya Hall）舉行全員會議，亞馬遜影音業務Prime Video推出前，曾掌管亞馬遜音樂及影片業務多年的彼得・法里西（Peter Faricy）邀請男星湯姆・克魯斯（Tom Cruise）前來演講。貝佐斯和克魯斯在後台聊飛機和太空旅行聊得太起勁，以至於法里西無法讓執行長準時上台進行員工問答。事後，為了感謝法里西部門的成功，貝佐斯邀請他和亞馬遜S團隊共進午餐。一個月後，貝佐斯要法里西接掌被他形容為全公司表現最差的團隊之一。

　　法里西知道，貝佐斯的那個面試提問只有一個解答：你不可能主動一一招募一百萬個賣家，你必須建造一個能夠自助的機器，讓賣家自己來到亞馬遜市集，而不是亞馬遜去招攬他們。

　　接下來幾年，法里西及團隊重建賣家中心，也就是第三方商家網站，讓商家能夠輕鬆地把商品掛到亞馬遜網站、自訂價格和推出促銷活動，並且全都是在極少亞馬遜員工監督下做這些事。跟對待FBA一樣，貝佐斯起初也密切督導這項計畫，法里西回憶道，「在前兩週，我就收到七封來自貝佐斯的質問電子郵件。我從一開始就陷入水深火熱，那真是一生僅此一次的學習體驗。」

　　幫助亞馬遜招攬第三方商家的是它的競爭對手eBay。eBay提高對賣家的抽佣，並且對大型零售商給予較優惠的待遇，造成不受束縛的賣家社群離心向背。2010年，亞馬遜在西雅圖塔科馬國際機場附近的萬豪飯店舉行賣家大會，開幕致詞時，法里西向「主要在eBay平台銷售的所有在座者」喊話。他說，亞馬遜致力於建立一個公平市集，打造所有賣家公平競爭之地，並邀請他們多和亞馬遜做生意。他們起立鼓掌，但這種友好並未維持多久。

　　跟其他的亞馬遜主管一樣，法里西也採行貝佐斯在公司裡實行的一些嚴厲管理手法。來自底特律的他，在進入亞馬遜之前曾任職於麥肯錫管理顧問及博德斯書店（Borders），但很快就適應新的工作環境。例如，若副手遲交每週指標報告，法里西會若無其事地暗示，他們的薪資可能太高了，或是他們可能不適任。他也和零售團隊的同儕爭吵，後者的優先要務是精選品項以確保優質的顧客體驗，而不是伴隨賣家平台而來的混亂

無序——任何人都能註冊、在平台上販售廉價的低品質產品。

　　應該首重產品品質或是產品數量，這是亞馬遜內部永無休止的爭論。這些爭吵通常得由法里西的上司、資深副總塞巴斯提安・古寧罕（Sebastian Gunningham）或貝佐斯本人仲裁，這兩人都高度傾向儘快擴展品項選擇的廣度。「貝佐斯和古寧罕認為，所有品項都是好品項，」曾任亞馬遜市集主管多年的阿德里安・艾格斯提尼（Adrian Agostini）說，「他們要求有所規範，不違法、不殺人、不販毒，這樣就行了，撇開這些，你想賣什麼都可以，讓顧客自己決定。」

　　2010年代的前幾年，在亞馬遜位於歐美的主要市場，細心的創業者看出一個賺錢的新機會，他們可以發展一項獨特產品，找製造商（通常是中國的製造商）代為生產，再販售給數百萬個線上購物者。法里西及團隊視賣家為他們的客戶，他們透過各種計畫扶植賣家，例如透過亞馬遜獨家銷售計畫（Amazon Exclusives）突顯賣家的獨特產品；透過亞馬遜貸款專案（Amazon Lending），以賣家存放於FBA的存貨做為抵押品，提供融資以幫助賣家成長。他們經常舉辦焦點團體座談，請賣家指出需要解決的問題，以及應該建造與提供的新工具。

　　「那時的亞馬遜確實關心如何幫助品牌的發展，」史蒂芬・阿爾斯托（Stephan Aarstol）說。他的公司在亞馬遜網站上銷售立槳運動產品，十分暢銷，還上過競賽電視節目《創智贏家》（Shark Tank）。到了2015年，這家位於聖地牙哥的小公司已有員工十人，每年營收超過四百萬美元。有無數像阿爾斯托一樣的創業者，在欣欣向榮的亞馬遜平台創造了小財富，但是，他對亞馬遜市集的看法漸漸改變。

　　貝佐斯對亞馬遜市集的進展很滿意，那年，市集的銷售額首次超越亞馬遜自營零售業務的銷售額，最棒的是，由於這個平台的業務大多是自助服務，因此營收成長速度遠比員工數成長還快。那年，貝佐斯在該團隊的OP1會議上說：「這項事業終於成功，能夠貢獻一些營運槓桿了。」他把六頁報告舉到胸前說：「我要把這份文件帶回家，摟著它睡覺。」

　　貝佐斯告訴法里西，他不再需要在年度OP1會議單獨檢討亞馬遜市集的業務，只想把時間花在亞馬遜貸款之類的新專案。貝佐斯把更多的注意力投入公司的新產品，而這時法里西所掌管的業務細節已經變得太過繁雜，貝佐斯也只能提供有限的指導。

　　貝佐斯也對FBA團隊說了相同的話，他仍然會繼續稽查這些事業、裁決爭端，而在他發現問題時，也會發送質問的電子郵件，但他不再需要像從前那樣密切參與規劃階段。

　　貝佐斯將因此未能及時覺察與掌握即將發生的混亂情況。

中國跨境電商湧入

　　隨著亞馬遜市集與亞馬遜物流的成長，掌管這些事業的主管把目光聚焦於一個具有顛覆潛力的競爭者身上。前谷歌員工、波蘭裔加拿大人彼得・蘇爾茲夫斯基（Peter Szulczewski）在2010年與他人共同創立一家名為「ContextLogic」的線上廣告新創公司。[2] 在業務遲遲未能獲得動能之下，蘇爾茲夫斯基轉向電子商務發展，並且採用一項聰明的機制：地理套利（geographic arbitrage）。網際網路的賣家大多從中國製造商進貨，把大批貨品運送至西方國家，加價後快速遞送給比較富裕的城市線上購物者。那麼，何不讓中國的商家直接向西方國家

那些不在意晚幾個星期才收到貨品的顧客銷售廉價的非品牌產品呢？

2012年末，蘇爾茲夫斯基把他的公司改名為「Wish.com」，開始雇用中國員工招攬賣家及處理客服事務。[3]他的時機好極了，阿里巴巴已經協助孕育出一個旺盛的中國電商社群，那些商家正在尋找中國以外的新顧客。其實，阿里巴巴也有相同的構想，而且建立了跨境電子商務網站「全球速賣通」（AliExpress），在墨西哥及歐洲開始發展。

Wish.com和全球速賣通網站上擠滿產品，網路購物新手在瀏覽與挑貨時相當困難，但顧客似乎很喜歡挖寶廉價時尚，例如12美元一雙的人造皮運動鞋。Wish.com在2014年募集到6,900萬美元的創投融資，獲得《華爾街日報》的報導。[4]在一次談論這家新創公司的時候，貝佐斯看著古寧罕說：「你有在關心這件事，對吧？」古寧罕點點頭說：「Wish啟發了我們，觸動了我們的神經。」

對於這類顛覆性的新創公司，亞馬遜的策略通常是與它們建立關係、了解它們的能耐，往往隨後會探詢收購的可能性。那年，蘇爾茲夫斯基和他的共同創辦人張晟受邀到西雅圖，和亞馬遜市集的十多名主管相談，他們離開時，感覺亞馬遜的主管們對他們的商業模式抱持懷疑的眼光。[5]

但是，接下來兩年，Wish繼續成功募資，業務繼續成長。2016年，亞馬遜再度聯絡他們，邀請蘇爾茲夫斯基與貝佐斯會面。此時，蘇爾茲夫斯基已經懷疑亞馬遜的意圖，他說他只和貝佐斯單獨會面。蘇爾茲夫斯基說，當他後來發現會面名單上有亞馬遜的其他主管時，他取消了會面。[6]

這時的亞馬遜正忙著做調整，以因應電子商務局勢的變

化。大量中國賣家湧入網際網路，代表可能出現新低價品項的寒武紀大爆發，這類雜牌產品或許不是對所有人都具有吸引力，但能在網路上吸引年輕或低所得的消費者購物，他們日後可能轉換到昂貴的產品，甚至可能變成亞馬遜的 Prime 會員。

　　亞馬遜尚未在中國境內為中國賣家成功發展線上商城，這次是另一次和這個全球人口最多的國家做生意的機會。亞馬遜推出一個名為「馬可波羅」（Marco Polo，以十三世紀的義大利探險家馬可波羅為命名）的新行動計畫，在北京召募及組成團隊，負責招攬中國的賣家，把賣家中心翻譯成中文，對商家提供線上即時客服服務。為了降低貨運成本，簡化海外出貨流程，該公司推出名為「龍舟」（Dragon Boat）的措施，在上海、深圳等沿岸樞紐城市集貨，成批通關後，用亞馬遜以批發價向快桅集團（Maersk）等海運公司承租的貨櫃運送。[7]

　　加入全球銷售團隊的新員工被催促快速行動，以搶奪大好商機。一位前員工與我分享的內部文件敘述該團隊當時的目標，例如快速增加在中國的員工數，以招攬當地賣家，教他們如何使用FBA。阿里巴巴的全球速賣通雖未能在美國市場獲得多少動能，但亞馬遜的主管發現，阿里巴巴向賣家收取的費用低於亞馬遜，他們擔心阿里巴巴那位超級好強的執行長馬雲可能會乾脆取消對賣家收費，以鞏固它在西方國家的基礎。一份亞馬遜的內部文件提出疑問：「我們現在的行動是否足以攫取中國賣家的商機？我們是否應該放寬我們的上架商品標準，讓中國賣家更容易加入，以加快品項數量的成長？」

　　亞馬遜究竟有沒有放寬那些標準，雖不得而知，但顯然打從一開始，標準就不是很高。2015 年及 2016 年，每天、每天都有成千上萬的中國賣家到亞馬遜市集註冊，「數量很驚人，

沒人見過這樣的數量，」古寧罕說。可以預見，產品的品質也極為參差不齊。「在美國熱銷的一款外套，不到幾小時就能看到某個中國賣家也在銷售，」古寧罕說：「有顧客買了中國賣家銷售的這款外套，在評價區留言說，貨品才剛開箱，袖子就脫落了。」

古寧罕是 S 團隊成員，負責掌管全球銷售、亞馬遜物流及亞馬遜市集等事業。他生長於阿根廷的一個牧場，在史丹佛大學取得數學學位後，彷彿在各家高科技公司之間玩帽子戲法似地，先是在甲骨文和賴瑞‧艾利森共事，再轉職蘋果，效力於賈伯斯，然後進入亞馬遜，與貝佐斯共事。同事們說他富有創造力及同理心，他們用亞馬遜的詞彙形容他是個「大格局思考者」（big thinker）。

古寧罕很快就認知到，氾濫的中國商品將在無法與低廉價格抗衡的西方賣家之間引發爭議。起初的一個解決方法是公開、但有點不坦誠地對這個轉變輕描淡寫，他在給 S 團隊其他成員的一封電子郵件中寫道：「這發展的潛在不利點是，美國及歐洲的賣家將不樂見中國賣家的紛至沓來。」這封電子郵件後來提交給眾議院反托拉斯司法小組委員會舉行的聽證會做為證詞而被公開，古寧罕在信中說：「我已經指示團隊，在中國積極行銷，鼓勵中國賣家向全球銷售，但在進口國家要採取低調態度。」[8]

低價商品也在亞馬遜內部引發分歧，因此古寧罕以象徵性的手法展示其好處及挑戰。有一天，他開始戴一條有著貓頭鷹墜子、很俗麗的不銹鋼項鍊。這條八十美分的項鍊，亞馬遜每個月賣出上萬條，中國賣家還可以靠著運費小賺一筆。古寧罕想藉此表達的是，亞馬遜不應該小看這種低價商品，「大家都

認為，亞馬遜網站上湧入大量垃圾，但是，是不是垃圾，因人而異，」他說：「很多被認為是垃圾的東西，在許多人眼中非常時尚。」

古寧罕也在亞馬遜市集購買數十件大小與風格不同的黑色宴會禮服，掛在他會議室裡的衣架上展示。亞馬遜賣出數千件這類無品牌、品質不一的中國製服裝，有長版、短版；有些要價幾百美元，有些則是便宜到只需要二十美元；有些看起來似乎耐穿，有些則是第一次穿時拉鍊就壞了。同事回憶，衣架上的那些禮服擺在那裡好幾個月。古寧罕的用意是，他的團隊必須善於辨別各種服飾，讓顧客有能力去自行評估，這樣一來，已經十分成熟的顧客評價制度就能夠懲罰那些低品質賣家。「這些服裝顯示普遍的兩難，它們大多是中國製產品造成的，」古寧罕說。

儘管做了這些例示，中國製產品的湧入依然在亞馬遜內部及該公司與其事業夥伴之間引發不斷的爭議，它是催化劑，灑在美國賣家與中國賣家之間、以及亞馬遜第一方零售業務部門與第三方賣家市集業務部門之間原本就一觸即發的摩擦上。質與量孰輕孰重的問題再度浮現檯面，亞馬遜想要的是一個平靜有序、只有知名可靠品牌的商店？或是傾向經營一個較混亂的商城，有各種五花八門的產品及迥異的價位？

主管們不需猜測顧客偏好哪一種，無數的嘗試與實驗已經顯示他們的選擇。舉例而言，德國亞馬遜讓第三方賣家上架銷售各種品牌鞋及雜牌鞋，而英國亞馬遜只銷售較昂貴的品牌鞋，結果德國網站的銷售業績顯著較佳，因為它提供更多品項及更便宜的選擇。

這個發現很重要，因為亞馬遜的羅盤只指出一個方向：往

顧客想要的地方。事實證明，很多人在網路上購買極廉價的運動鞋，縱使他們懷疑那些鞋子不耐穿。

儘管如此，亞馬遜的零售事業主管繼續反對低品質中國商品的湧入，這方面的爭議經常吵進 S 團隊裡。在一次會議中，貝佐斯被請求解決類似以下的爭議：在服裝類別，亞馬遜廣泛的策略是什麼？公司應該以什麼為優先，是在精心策畫的專屬網站上銷售通常來自優質西方品牌的高端服飾？或是在亞馬遜網站及亞馬遜市集銷售的低檔雜牌服飾及自有品牌產品？

會議室一片安靜，大家都在等待貝佐斯給出一個決定性答案。

「我認為我們應該瞄準所有穿衣服的人，過去幾天，我沒看到很多人裸體，」貝佐斯邊狂笑邊說：「我相信，未來很長一段期間，人們還是會繼續穿衣服。」

仿冒、劣質品充斥，造成危害

這是貝佐斯認為不該回答的問題之一，他想要亞馬遜面面俱到。但是，他沒有答覆，形同投票贊成開放亞馬遜市集，讓低價品項湧入，而這衍生出許多事端。

無數的中國新創公司近乎從天而降般地湧現，在亞馬遜網站上銷售，其中有一些是相當出色的公司。2011 年，軟體工程師陽萌辭去在矽谷谷歌的工作，回到中國，在深圳創立安克創新科技公司（Anker），銷售筆記型電腦電池相關的電子配件產品。[9] 接下來幾年，他的產品線擴展至幾乎涵蓋每一種你能想像得到的電線、充電器、電池等，其中許多產品在亞馬遜的暢銷榜上名列前茅。

陽萌和當地工廠建立密切關係，因此安克創新能夠根據市

場趨勢及顧客意見,快速改變與改進產品。和西方賣家員工的薪資比起來,安克創新的員工薪資低得不成比例,而且因為公司設在中國,不需像歐美的賣家收取增值稅、繳交所得稅。此外,拜中國郵政總署和美國郵政署之間的一項協議所賜,該公司也享有運送到西方國家極優惠的海運費率,使得從中國出貨到美國比在美國境內出貨更為便宜。[10]

換言之,安克以及其他類似的中國賣家享有顯著優勢,這在亞馬遜這種高度競爭的市場上將形成重大差異與影響。西雅圖的普拉格科技公司(Plugable Technologies)也銷售相似的電子配件產品,陽萌與該公司創辦人伯尼・湯普森(Bernie Thompson)交情不錯,兩人都認為,向全球銷售的中國品牌將在電子商務市場享有巨大的不公平優勢。湯普森回憶,陽萌曾在一場產業研討會上對他說:「抱歉,伯尼,我要贏過你了。」(但陽萌不記得他說過這樣的話。)

許多像安克創新這樣的中國賣家以具有吸引力的價格銷售優質產品,但在肆無忌憚的中國資本主義市場上,也有很多糟糕的商家。為了保護自家網站,提高詐欺成本,如阿里巴巴和京東等中國電子商務公司要求新商家繳交保證金,有時還會等到顧客收到產品數個月之後,才把款項撥給賣家。它們也定期整頓網站,下架最糟糕的賣家。亞馬遜把它的美國市集系統開放給中國,起初卻沒有制定類似阿里巴巴與京東的保護措施,也沒有能力去區別優良賣家與惡質賣家,結果亞馬遜變成吸引詐欺、仿冒品及低劣商品賣家上門的平台。

貝佐斯從來就不想在品質上讓步,畢竟,亞馬遜是一家不容許取捨的公司。他想要質與量兼備,而他期望亞馬遜的工程師創造出新工具,阻擋危險產品與仿冒品。但是,變化之輪的

轉動速度快過亞馬遜能夠建立制度以保護其網站的速度。

假的維他命、危險的聖誕樹飾燈，以及其他不安全的產品，還有充滿錯字的書籍等等，全都上了什麼都賣的亞馬遜貨架。2015年年底的假日季節，電動滑板（hoverboards）是熱門商品，多款中國製電動滑板自燃起火，還燒毀住家，亞馬遜在那年12月12日把所有電動滑板下架，並發送電子郵件給購買者，提及有關安全性的新聞報導，並提供退貨服務。後來，《華爾街日報》的調查得出結論，電動滑板的瑕疵鋰電池引發五十七起火災，導致230萬美元的財產損失，其中半數購自亞馬遜，數量遠超過其他任何一家零售商，於是有一批受害的消費者決定告上法院。[11]

接下來幾個月，在亞馬遜購買的手機與筆記型電腦的瑕疵電池，還有電子菸，也導致傷害，引發更多官司和更多的新聞報導。[12]同事們說，這些問題及相關新聞令貝佐斯震怒，儘管他無止盡追求擴展品項數量、獲取營運槓桿，也是導致這種狀況的幫兇。「傑夫的語調是，『你們這些傢伙怎麼沒能預見這種情況？』」亞馬遜市集副總艾格斯提尼說：「我們嚐到了苦澀的教訓。」亞馬遜的主管們趕忙擴編信賴與安全團隊，發展工具、檢視網站，找出詐欺及違反政策的賣家，但這個專案起初並沒有成效，因為往往只有在問題已經發生並且影響到顧客之後，才驅逐那些劣質商家。

西方的賣家害怕越線，不想惹到亞馬遜而麻煩纏身，但中國的賣家不知道紅線在哪裡，他們往往也不在乎。好鬥的中國賣家採用各種欺騙手法，例如付錢請人在亞馬遜網站上寫好評。當時的亞馬遜還未採納「在搜尋結果中打廣告」的機制，因此這是把產品推到網頁上方的唯一方法。這種做法若被

亞馬遜抓到，賣家的帳戶就會被關閉，但他們無所謂，因為只要再開設新帳戶就可以了。

亞馬遜的主管們也看到了這些問題，但難以控管混亂局面，畢竟亞馬遜市集團隊把賣家視為他們的客戶，在尚未被證明有罪之前，都以無罪推定。「我們全都是理想主義，」一位前亞馬遜駐北京主管說：「我覺得我應該更快速、更積極地採取行動，我相信了『所有賣家都是好賣家』這句話。」

2016年，法里西及他的副手前往中國，想更加了解複雜的賣家動態。他們前往香港及上海，然後分成電子產品組及服飾產品組，前者前往深圳，後者前往廣州、增城、北京及其他城市，最後，所有人返回上海，交換心得。

所見所聞令這些主管大為驚奇。服飾產品組造訪的一家成衣工廠以9美元價格為美國服飾零售品牌Abercrombie & Fitch製造運動夾克，A&F以500美元出售。這家工廠也直接在線上銷售換成不同樣式鈕扣的相同夾克，售價90美元，仍然賺得豐厚利潤。這組主管也造訪一家為Zara製造女性上衣的工廠：他們站在陽台上俯瞰工廠一樓，看到有一群員工和其他員工區分開來，在另一邊製造相似的衣服。一位亞馬遜主管詢問該工廠接待他們的人為何會如此，那位接待者說，他們在阿里巴巴的平台上以自有品牌銷售這些衣服。

電子產品組的主管也在他們的訪廠行程中看到相似的情形，中國各地的工廠繞過傳統商店，直接銷售給線上購物者，向消費者提供超值的商品。換言之，劇烈的破壞巨浪正朝著零售業猛烈襲來，儘管其中充斥著欺詐、仿冒、劣質產品等問題。「我們看到的情形，真是令人難以置信，」法里西說：「零售商靠著品牌，以實際製造成本的十倍至五十倍的價格銷

售，這無法持久，消費者將是贏家。」

收穫大，代價也高

2016 年的最後一天，一百多位服飾賣家聚集於西雅圖，參加亞馬遜舉辦的首屆時尚賣家大會，會場位於公司在第七大道上全新落成的會議中心，與亞馬遜的新辦公大樓 Day 1 相隔一個街區。這場峰會為期一天半，有演講、研討會、集會，古寧罕以爐邊談話做為揭幕式。

古寧罕曾預測，中國賣家蜂擁而至，將導致美國商家不滿與疏離，現在，他的預言成真，事證纍纍。在他主持的問答階段，賣家一個接一個站起身，接過麥克風，轟炸式地向他拋出一個又一個質問與指責：亞馬遜如何期望他們能與中國賣家競爭？他們是不遵守規範的賣家！亞馬遜為何不保護權利人與經銷商，趕走侵權者？為何搜尋結果總是偏向他們的競爭者？

幾位與會者回憶，有位女士占據麥克風十五分鐘，大吐苦水。她說她是來自美國中西部的 T 恤賣家，每當她設計出一款暢銷 T 恤，就有中國賣家快速抄襲，用更低的價格偷走她的營收。她問在場的賣家，有多少人有類似的遭遇，現場低聲抱怨四起，顯示這些商家們憤怒的共鳴。

古寧罕耐心地站在台上回應抱怨，保證會解決他能解決的問題。但是，無可阻擋的跨國貿易及全球化力量是問題的一部分，他無法改變。「當時的氣氛緊張極了，」當天也在會場的線上零售商趨勢國（Trend Nation）的執行長布萊德·霍華（Brad Howard）說：「那是在他們的大樓裡反叛，是他們請我們來提出疑問。」多年後，亞馬遜的主管和那場時尚賣家大會的與會者仍然談起那次近乎造反的情境。

許多服飾品牌附和商家的沮喪與憤怒。2016年7月，涼鞋製造商勃肯（Birkenstock）大動作地撤走它在亞馬遜平台上銷售的商品，並且禁止所有獲得該公司授權的第三方經銷商在亞馬遜網站上銷售它的產品。[13]耐吉和宜家家居等公司也跟進，引發外界揣想，亞馬遜無法阻擋仿冒品，以致損害了它和品牌商的關係。

亞馬遜內部負責採購知名品牌時尚商品的員工，現在夾在憤怒的廠商和亞馬遜市集的脫韁成長之間，左右為難。威爾克在2009年時風光地宣布成功挖角Gap高階主管凱蒂・布多昂（Cathy Beaudoin），讓她負責引進高檔時裝，而當時的亞馬遜網站甚至不是想買衣服的人會去逛的地方。布多昂在布魯克林的新潮街區威廉斯堡租了四萬平方英尺的空間，打造出一個工作室，攝影師及模特兒在那裡為亞馬遜網站拍攝出高品質時尚形象。她還要貝佐斯夫婦參加2012年大都會藝術博物館慈善晚宴（Met Gala），這是他們首次在高宣傳度的場合與名流共聚一堂，在這場時尚圈年度盛會中，他們和名人親切交談，與滾石樂團主唱米克・傑格（Mick Jagger）及女星史嘉蕾・喬韓森（Scarlett Johansson）同坐一桌。

如今，無法無天的亞馬遜市集破壞了這一切小心翼翼建立起來的關係。那些看起來和知名品牌相似而令人不快的雜牌提包、牛仔褲、晚禮服，引發無止盡的對立談話。同事回憶，布多昂在會議中痛批亞馬遜市集劣質的顧客體驗，她認為第三方賣家商品使亞馬遜網站變得低劣，令亞馬遜的事業夥伴不滿而疏遠。2017年，就在亞馬遜靠著廣大的低價品項成為美國銷售業績名列前茅的服飾零售業者之時，布多昂離開這家她效力八年多的公司。[14]

　　儘管成功了，亞馬遜仍然有個重大問題：假貨、不安全和過期的品項，以及劣質產品，損害了公司聲譽，似乎將摧毀它培養的顧客信賴度。2017年，亞馬遜推出「品牌註冊」（Brand Registry）方案，讓品牌註冊其標誌及設計，在遇到違紀侵權事件時，可以向亞馬遜申訴。[15]亞馬遜的主管們堅稱，在賣家喧鬧的時尚大會之前，他們就已經在研擬此方案，但實際上，他們是在大會結束幾個月後才聘用一位資深經理負責推行，訓練員工團隊檢視賣家的申訴，花錢改善偵測詐欺的工具。接下來幾年，有三十五萬個品牌申請加入此方案。[16]

　　這只是個開始。品牌註冊方案將引來另一波賣家抱怨，抱怨亞馬遜處理申訴的時間漫長，仍然無法解決中國賣家胡作非為的問題，縱使關閉他們的帳戶也無濟於事，因為他們會開設新帳戶。前亞馬遜主管賴利‧普魯默（Larry Pluimer）說：「品牌註冊方案對情況有所改善，只是改善程度非常低。」他離開亞馬遜後，創立一家數位零售顧問公司，幫助品牌商應付這些問題。

　　到了此時，亞馬遜市集事業單位正漸漸失去它在S團隊中的影響力。2016年，亞馬遜進行組織重整，威爾克和賈西分別晉升為零售事業及AWS的執行長，而原本直屬貝佐斯管轄、與威爾克平起平坐的古寧罕，現在成為威爾克的手下。古寧罕在2018年離開亞馬遜，而這一回，他打破效力於有遠見的科技領導者的職涯連續紀錄，轉到命運多舛的辦公分享空間新創公司WeWork。

　　失去了古寧罕這位第三方賣家的擁護者、直通貝佐斯與威爾克的上司，法里西及其團隊被調整為隸屬赫林頓及零售事業單位，也就是那個長期和他們陷入第一方事業與第三方事

業、質與量之爭的事業單位。貝佐斯把這兩個事業區分開來培育了十多年，現在，他把這兩個事業合併起來，並讓市集業務隸屬於零售事業管轄。

那年秋天，法里西也離開亞馬遜，陸續離開的還有效力於古寧罕多年的許多副手，他們說工作環境已經不那麼有趣了，投入太多時間在控管亞馬遜市集，而不是讓它成長與壯大，此外，市集的脫軌擴張衍生出許多官司，他們得花不少時間與精力提供法庭證詞。再者，該團隊也承受來自貝佐斯無盡的電子郵件轟炸，指責市集的問題，要求立刻答覆，「我每星期都收到貝佐斯質問的電子郵件，」處理賣家紛爭的團隊總經理愛拉・艾爾文（Ella Irwin）說。

現在，亞馬遜的主管們處境尷尬。他們想誇耀亞馬遜市集的成果，以及亞馬遜如何扶植數十萬個獨立創業者。2019 年 4 月，貝佐斯在給致股東的信中指出，獨立商家的銷售額現在占亞馬遜網站總銷售額的 58%，「第三方賣家打敗我們的第一方零售業務」。[17]

但是，主管們也得經常為市集事業善後及辯護。「事實是，有龐大數量的品項可供選擇是好事，但有一小部分的賣家玩弄制度或詐欺，」威爾克告訴我：「我們的職責仍是保護顧客，盡我們所能迅速根除詐欺，我們的信譽基礎是顧客的信賴，這是我們必須天天努力贏得的，因為它太容易失去。」

2019 年，亞馬遜花費五億美元於防止詐欺，阻止惡劣賣家意圖開設的兩百五十萬個帳戶。[18]亞馬遜也推出一項反仿冒品的新工具「零清專案」（Project Zero），讓加入此專案的品牌可以自動化偵測及刪除仿冒品，無需歷經申訴審核流程。亞馬遜也開始測試一個新系統，透過視訊，一一驗證賣家身分。[19]

從這一切舉措看來，亞馬遜似乎靜悄悄地退出「無摩擦自助式銷售平台」的概念。

根據電商研究公司市集脈動（Marketplace Pulse）的監測調查，亞馬遜網站上銷售額最大的一萬個賣家中，有49%是中國賣家——亞馬遜的主管們仍然不喜歡承認這個事實，特別是在雙邊貿易關係的政治敏感時期。[20]美國貿易代表署在2020年4月把五個國家的亞馬遜網站列入「惡名市場」名單，仿冒品及盜版產品充斥的情形已達危險程度。亞馬遜稱這份報告「純屬政治動作」，是川普政府挾怨報復。[21]

儘管有這些麻煩與問題，這部品項數量成長機器（selection machine）仍然達成了貝佐斯的宏大目標，使亞馬遜在快速全球化的零售市場上躋身領先地位。來自第三方賣家市集的較高利潤收入（至少為亞馬遜零售業務獲利的兩倍）將資助他的商業帝國的其他事業，例如Prime Video，以及興建貝佐斯一直希望增加的物流中心。

美國國內雜貨市場規模約為年銷售額7,000億美元，亞馬遜多年來在這塊國內市場的經營一直處於虧損局面，現在終於藉由利潤較高的市集業務打入這塊市場。由此可見營運槓桿的功效——儘管獲得營運槓桿效益的旅程是艱辛的，造成的社會成本也出乎意外地高。

08
賠錢貨裡的獲利密碼

全食超市的約翰・麥凱陷入麻煩了。到了 2017 年春季，他的四百六十間全食超市連鎖店的同店銷售額已經持續下滑兩年，公司股價自 2013 年以來已經跌了一半。麥凱倡導人們應該更留心吃進肚子裡的食物，他堪稱是推廣此觀念的最大功臣，但現在這位創業家的公司情況很糟。

我在幾年前和反傳統的麥凱會面，他帶我參觀位於德州奧斯汀的公司總部旁邊、占地八萬平方英尺的旗艦店。縱使在當時，這位長年吃素、一頭亂捲髮的創辦人暨執行長就已經看似對情況發展感到沮喪，尤其是當我提到全食超市的諷刺綽號「月光超市」（Whole Paycheck）時。「記者總是想拍我們超市裡一瓶 400 美元的葡萄酒，不去拍一瓶 2.99 美元的葡萄酒，」在超市裡，麥凱邊走邊說，長年慢跑和打籃球導致的骨關節炎使他走起路來有點跛，「我們販售的東西，什麼價位都有，但他們的報導想談的是貴的東西，這變成了我們的故事，全食被毀了。」[1]

四十年來，麥凱在純天然食物主義者（那些不能容忍販售酒精類飲料或白糖的人）和超市產業的實用主義者（那些咬

了一口後仍然不知道這是有機胡蘿蔔的人）之間開闢出一條路。他有時會違反執行長應有的分際，例如他多年來使用化名，在網路的留言板上張貼了數百條留言，抨擊敵人和批評者。[2]但他總是堅守他的理念與原則：全食超市絕對不販售健怡可樂、奧利奧餅乾、多力多滋玉米片，以及其他流行但不健康的食品。一路走來，他建立了一家在高峰時市值達到210億美元的公司，倡導曾經是非主流的觀念，向大眾販售健康食品。

麥凱在2013年出版的著作《品格致勝》（*Conscious Capitalism*[*]）中說，全食超市「堅持一個道德信念，致力於為所有利害關係人創造價值。」[3]但是，當這樣的上市公司陷入停滯成長時，華爾街可是非常無情的。問題之一在於全食超市不再獨特，沃爾瑪、好市多及克羅格全都增設有機與天然食品專區。另一個問題是該公司多年來靠著收購區域連鎖店來成長，導致後端技術系統整合不易。麥凱向來拒絕實行熟客計畫，但是沒有這種方案，哪怕是最忠誠的顧客，它對他們也完全不了解。此外，該公司需要因應市場品味的變化而快速調整，也需要推出遞送到府服務、採用新的數位支付方法，但是，去中央化的營運架構限制了全食超市在這些變革上需要的靈活度。

當時，該公司的經營團隊架構有個不尋常的安排——雙執行長，另一位執行長是沃爾特・羅伯（Walter Robb），負責日常營運事務。麥凱和羅伯都意識到逼近的挑戰，於是在奧斯汀雇用資料科學家團隊，並且和舊金山的雜貨遞送服務新創公司Instacart簽約合作。但是事情進展緩慢，很快地，他們能變革圖振的緩衝時間已用盡。

2016年，紐約的路博邁投資公司（Neuberger Berman）開

第8章
賠錢貨裡的獲利密碼

2016年，紐約的路博邁投資公司（Neuberger Berman）開始發信給全食超市的領導高層及其他股東，抱怨經營管理階層自滿、執行長架構不尋常，並點出公司的種種缺點，例如沒有顧客獎勵方案。他們的信件並未產生多少效用，直到那年11月，麥凱為了應付壓力，廢除雙執行長制，獨自擔任執行長，但這種安排其實正好與該公司當時的需求相悖。

此舉挑起了避險基金詹納合夥公司（Jana Partners）的興趣，該公司是所謂的「激進投資人」，它的創辦人暨常務合夥人貝瑞・羅森斯坦（Barry Rosenstein）認為，全食超市「迷失方向，出了毛病」。詹納合夥公司慣用的手法是買進困頓公司的股票，等持股達到一定比例，取得發言權時，激烈要求公司變革，迫使公司大砍成本，或是尋找出好價格的收購者，詹納公司便能從中獲利。

那年冬季，詹納合夥公司悄悄地購買與累積全食超市的股票，到了2017年4月，它揭露自己是全食超市的第二大股東，要求該公司改組經營管理團隊及董事會。羅森斯坦說，他的公司打算接管全食超市，「我們要自己動手修補它」。但是，全食超市的高層主管擔心，詹納合夥公司打算把這家有機食品連鎖超市和它已經持有相當比例股份的另一家食品業巨人艾伯森合併。艾伯森是旗下擁有喜互惠（Safeway）及旺斯（Vons）等傳統連鎖超市的集團企業。如果合併成真，它將承接全食超市這個受人敬重的品牌，以及舉債比例較低的資產負債表，而它也可能把倔強的麥凱趕出去，引進可口可樂、多力多滋及其他大眾喜好的食品。

驚慌之下，麥凱和他的主管團隊連忙築起防線。他們引進五

＊編注：書名意為「有意識的資本主義」。

名新的獨立董事，取代平均年資已超過十五年的董事會成員。[4]他們也在尋找白衣騎士：根據一名前董事會成員的說法，他們接觸了一些私募基金公司，還找過億萬富豪巴菲特。但由於公司獲利沒有成長，沒有足夠的現金流可以借錢，融資收購之路行不通。

還剩一個選擇，但全食超市裡幾乎所有人都認為那是幻想。多年來，他們和亞馬遜洽談了幾次，但沒有結果。麥凱仰慕亞馬遜，上一年他曾夢見他的連鎖超市被這個電子商務巨人收購（他的太太黛博拉告訴他：「你瘋了吧！」）。當《彭博新聞》（*Bloomberg News*）報導亞馬遜主管最近討論到收購全食超市，[5]麥凱請他的一位顧問打電話，最後一次嘗試拯救這間公司。

亞馬遜生鮮超市：搶地盤的商機

貝佐斯把有前景的商機分成兩類，一類是「搶地盤」，當時機成熟時，敵人群起圈地，所以亞馬遜必須快速行動，不然就輸了。其他機會則屬於另一類，公司可以等待，耐心地實驗。

亞馬遜市集、Kindle、Alexa，這些都是搶地盤型的商機，貝佐斯催促員工趕緊行動，有他們多處的戰鬥傷疤可以為證。但多年來，對於食品遞送到府這塊領域，他採取比較消極的態度，直到他看到強勁的競爭對手浮現，於是驟然改變心意。亞馬遜的策略改變將對龐大的雜貨市場產生重大影響，也將永久改變顧客、競爭者以及監理機關對這個電子商務巨擘的觀點。

對雜貨業務思量最久、主張做法更積極的亞馬遜主管，是

消費品業務資深副總赫林頓。在辦公室裡，赫林頓經常穿著格子襯衫加上一件巴塔哥尼亞（Patagonia）牌子的背心，在會議上，他說話的聲音輕到員工往往得傾身向前才能聽得到。職涯早年，他在第一代雜貨遞送線上公司Webvan工作，在1990年代的網路公司榮景時期，這家公司曾在私募與公開融資市場上集資近10億美元，最後在2001年申請破產。

網際網路歷史學家把Webvan視為矽谷自負地急於創造人們不想要的未來的一個終極象徵，但擁有普林斯頓大學及哈佛商學院企管碩士學位、當年在Webvan負責產品開發與行銷的赫林頓卻說，真實故事其實更為複雜。Webvan的執行長路易斯・博德斯（Louis Borders，博德斯連鎖書店的共同創辦人）和經營團隊錯在建立了營運成本太高的倉庫網絡，導致該公司的每一筆訂單都虧錢。在他們還沒來得及修正錯誤之前，甚至還沒來得及在已經建立營運設施的許多城市開張業務之前，華爾街就已經在2000年代初期的不景氣中停止對不賺錢的新創公司提供融資。其實，Webvan的營收及顧客數都在成長，但它無法快速地回收投資，最終陷入財務困境，宣告破產。「我離開時說：『理論上，這個商業模式是可行的』。」赫林頓說：「我們做了一些錯誤的抉擇，做了一些無效率的事，但顧客喜愛這項服務。」

赫林頓在2005年進入亞馬遜，負責消費品（相當快就會用完的商品，例如洗衣精、食物）業務。他組建一支團隊，他們利用晚上開會，商討一項不在白天工作職責範圍內的雄心計畫。這項任務是研擬為亞馬遜推出全國雜貨服務的計畫。赫林頓想解決食品遞送到府的問題，化解Webvan破產的苦果。一年多後的2006年年底，在亞馬遜昔日位於太平洋醫療中心

大樓（Pacific Medical Center）的總部辦公室，貝佐斯審閱他們的計畫書，裡頭寫著前置投資需求為6,000萬美元，貝佐斯否決了這計畫，赫林頓回憶道，「他給的回饋意見是：『喜愛這個願景，討厭這些數字。』」但他獲得了700萬美元，在西雅圖進行有限服務的試驗，當時的財務長湯姆・斯庫塔（Tom Sukutak）要他盡量別讓公司其他單位因為這項試驗而分心。

亞馬遜生鮮超市Amazon Fresh在2007年8月推出，赫林頓的團隊在西雅圖東邊的柏衛市租下喜互惠超市以前的配送中心，由於當地房地產市場崩潰，導致配送中心閒置，荒涼景況「就像恐怖電影般嚇人」，亞馬遜生鮮的首任總經理伊安・克拉森（Ian Clarkson）說。這個新服務業務的每個層面都必須與亞馬遜的其他業務不同：倉庫房間裡擺放著大到能裝人的大型冰箱；每個網頁展示多項產品，而非只有一項產品，並且提供顧客選擇一天中的某段時間遞送。貝佐斯經常檢視這個生鮮部門的進展，有次注意到遞送成本膨脹，建議提供黎明前遞送，就像垃圾車那樣，利用交通稀疏的清晨時段。

西雅圖的顧客喜歡早晨起床後看到擺放在門前的生鮮貨物，但生鮮部門遭遇的其他挑戰就困難多了。亞馬遜的其他服務事業能夠立即把觸角延伸至全國、甚至全球，但生鮮部門不同，它的潛力受限於車隊的遞送地域範圍。生鮮團隊也必須解決一堆棘手問題，像是如何處理過期食物；如何管理複雜的香蕉熟化過程；當顧客抱怨晚餐有什麼東西不好，該如何回應。儘管如此，六年期間，他們有了緩慢、但穩定的進展，漸漸轉虧為盈。

那段期間，赫林頓經常向S團隊倡議把亞馬遜生鮮推廣到其他城市，但當時的亞馬遜還比較小，在中國的擴展（難逃失

敗下場）、智慧型手機Fire Phone等爭地盤型的商機被擺在優先，貝佐斯認為，消費者接受食品遞送到府服務將是個緩慢漸進的過程。被迫維持於當地營運的赫林頓對長久的延遲感到很沮喪。

2012年4月，貝佐斯在西雅圖東北方約半小時車程的伍丁維爾鎮（Woodinville）垂柳休閒飯店（Willows Lodge）進行S團隊的年度會議，他要求每位主管準備一、兩頁有關亞馬遜新事業機會的備忘錄。赫林頓在一年前加入這個領導團隊，他準備的備忘錄直率到引起S團隊的共鳴且多年難忘，就連備忘錄的標題也很具煽動力：「亞馬遜的未來是CRaP。」

在公司的術語中，「CRaP」是「can't realize a profit（無法賺錢）」的首字母縮寫，但有幾個意思。CRaP包括梯子與白板之類的產品，無法裝箱或有效率地出貨給顧客。但是，赫林頓在他的備忘錄中談的大多是超市販售的笨重、廉價貨品，例如：瓶裝水、健怡可樂或一大袋蘋果。在Webvan慘敗後，當時的多數線上零售商視這類產品為經濟流沙，為了降低這類產品造成的負面財務影響，該公司制定一種「加購」方案：顧客必須同時購買更多品項，例如：書籍、電子產品等等，才能在同一張訂單訂購CRaP品項。

赫林頓的備忘錄指出，沃爾瑪、家樂福、特易購（Tesco）、麥德龍（Metro AG）及克羅格是當時全球前五大零售商，「它們的顧客關係支柱全都是雜貨」，他寫道。亞馬遜的零售事業商品銷售額若想成長至4,000億美元，必須從「非經常性購買高價產品」的模式轉變為「經常性採購低價民生必需品」的模式。換言之，若公司想躋身最大零售商之列，S團隊必須設法以可獲利的方式銷售超市提供的品項，否則亞馬遜

很容易敗給那些已經在雜貨模式中享有購買頻率及成本優勢的對手。

赫林頓的備忘錄總結中隱約地刺激他的同事,包括自認為非常英勇無畏的貝佐斯,「我們應該別那麼畏怯於投資這個未來,」他寫道:「我們有能力下注更多,若我們有此意願的話。」

貝佐斯向來喜歡這種批判性的內省,尤其是結合進取的擴張提議,因為這種思維反映他本身的心態。S團隊安靜地坐了幾小時,閱讀彼此的備忘錄,之後,貝佐斯點名赫林頓的備忘錄說:「我想好好考慮這一個。」幾個月後,赫林頓獲准進行有限的擴張,把亞馬遜生鮮業務擴展至洛杉磯與舊金山。

他贏了這場戰役,問題是,他還沒有想好要如何打這場戰爭。2013年6月在加州推出的亞馬遜雜貨服務,起初受到媒體吹捧,但情況並不是很理想,至少不是赫林頓期望的規模。為支應運送成本,亞馬遜向顧客索取一年高達299美元的亞馬遜生鮮訂閱費。為建立一條易腐壞雜貨的新供應鏈,它分別在加州聖伯納迪諾(San Bernardino)和雀西(Tracy)這兩個城市以東約一小時車程、現成的亞馬遜物流中心裡設立冷藏室。亞馬遜安排運貨聯結車每天兩次進入每個地區的集結站,把訂單貨品卸載到鮮綠色的亞馬遜生鮮廂型貨車上,由這些貨車跑最後一哩路,遞送到顧客家中。[6]

在加州服務的物流作業員工說,實際營運發現,這種樞紐—軸輻模式(hub-and-spoke model)效率不佳又不可靠,一位員工說,「基本上,亞馬遜得補貼每筆訂單10到20美元。」生鮮團隊也追蹤一個名為「完美遞送」的指標(即訂單準時遞送且品項完整);他們發現,完美遞送率低於70%。

雜貨業老兵在遠處輕蔑亞馬遜生鮮。「亞馬遜生鮮是它們的滑鐵盧，」2014年聊天時，麥凱告訴我：「人們想要什麼呢？便利。使用配送中心和卡車做不到。」

擴展至加州一年後，亞馬遜生鮮悄悄地在布魯克林部分地區推出，除此之外，生鮮業務擴展至新市場的腳步明顯緩慢下來。遞送線上雜貨的成功有賴於優質的物流，並且累積足夠的需求，使遞送至社區的服務能獲利。亞馬遜把倉庫設在離顧客太遠的地方，這使得訂閱費太高，導致顧客卻步，而且每一次遞送都留下大型購物袋及袋裝乾冰。貝佐斯終於贊同赫林頓的意見——亞馬遜必須改造零售事業，但他們得找到不同的做法。

Prime Now：競爭者逼出來的優秀

這種情形在亞馬遜的歷史中經常發生：競爭者進入變化中的市場，強化了貝佐斯和S團隊的決心。線上訂購與快速遞送雜貨的競賽即將使這個領域變成爭地盤的賽局，吸引他們的注意與投資。

兩個對手使用相似的事業模式，推出當日遞送服務。第一家是舊金山的新創公司Instacart，由阿波瓦・梅塔（Apoorva Mehta）創立於2012年，他之前是亞馬遜物流部門的五級工程師（這在亞馬遜的十二階組織層級中算是較低階了：倉庫作業員為第一級，貝佐斯是第十二級）。

Instacart之前自一群創投公司募集到數億美元的投資，其中包括當年最早投資Webvan的紅杉資本（Sequoia Capital），並和全食超市、好市多及喜互惠等連鎖店簽約合作。該公司招募並訓練攜帶智慧型手機、擁有駕照的代購員，顧客在應用程式

上下單後，這些代購員前往零售店貨架揀貨，用他們自己的車子遞送到顧客家中。如此一來，該公司就沒有存貨風險或高成本的雇用合約，因為這些代購員全是獨立的接案者。在沒有拖累Webvan的固定成本下，這家新創公司獲得巨大的營運槓桿。

在Instacart於2012年闖進這個領域、並開始積極擴展至新城市後，亞馬遜的企業購併團隊曾試圖接觸這家公司，想更進一步了解它，但梅塔熟知亞馬遜的手法，他沒有回電話。

第二家挑戰者在當時看起來似乎更具威脅力，它是亞馬遜的勁敵谷歌所推出的服務，叫做「谷歌購物速達」（Google Shopping Express，後來的谷歌速達），提供顧客無限制的當日遞送，合作對象包括好市多、塔吉特、Smart & Final等等，一年訂閱費95美元。[7]這項服務業務在2014年擴展至芝加哥、波士頓、華盛頓特區，不久就進入貝佐斯的後院西雅圖。為免有人困惑於這個搜尋引擎巨人的意圖，谷歌董事長施密特在那年秋天於柏林的一場演講中做出釐清：「許多人以為我們的重要競爭對手是Bing或雅虎，其實，我們的最大搜尋競爭者是亞馬遜。人們不認為亞馬遜從事搜尋業務，但是當你想找什麼、買什麼時，你往往會直接去亞馬遜搜尋。」[8]

對於哪個敵人構成最大威脅，亞馬遜主管及員工的看法不一。威爾克認為，提供一般商店和超市廣泛商品的谷歌速達顯示，顧客偏好快速遞送的選擇。其實，這兩個敵人都很危險。以往，亞馬遜直接收購那些在特定產品類別提供更好品項及遞送更快速的競爭者，例如捷步和線上嬰兒用品店Diapers.com所屬的魁市，但Instacart和谷歌是既不願被收購、也不會退讓的兩個挑戰者。

當時，貝佐斯把時間投入於Alexa相關的新計畫，把亞馬

遜消費性產品業務的日常營運交給零售事業單位主管。那年九月，面臨谷歌速達的積極擴展，威爾克和亞馬遜Prime會員業務團隊舉行季營運檢討會議，他要他的高層部屬在會議中提出如何因應這項威脅的議案。這些副手提議，把Prime會員可以多付費，以選擇當日遞送的品項擴增，但威爾克不認為這麼做足以和競爭者提供的新服務抗衡，他否決了這個構想，「搞砸了會議」，他後來這麼形容。

威爾克宣布，他想要從一個完全不同的角度去處理這個問題，他們將組成一支獨立團隊，開設一個與亞馬遜網站區分開來的服務，專門做超快速遞送服務。他宣布，目標是在百日之內推出這項服務，亞馬遜物流作業部門主管戴夫・克拉克（Dave Clark）將和赫林頓一起督導這項行動。

威爾克的TA、已任職亞馬遜十年的史黛芬妮・蘭德瑞（Stephenie Landry）當時坐在威爾克旁邊認真打字做筆記，螢幕上彈出一個對話視窗，坐在對面的克拉克問她有沒有興趣加入這項新計畫的先鋒部隊。她確實想加入。

蘭德瑞是個快速竄升的明星，展現貝佐斯領導風格典範的管理特質——注重細節，頑固堅定，嚴厲鞭策屬下。她來自紐約市，就讀衛斯理學院（Wellesley College），主修女性研究，畢業後獲得學校的獎金，花一年時間建造一艘木舟。之後，她在網路公司泡沫期間進入一家陷入困頓的網際網路公司，又從密西根大學取得企管碩士學位，並在2003年進入亞馬遜物流作業部門，負責改造倉庫，以存放書籍、影碟及小型消費性電子產品以外的產品。在她的第一張員工證上，照片裡的她頂著一頭準莫霍克髮型。*

---

* 編注：兩側剃短，中間豎起的髮型。

蘭德瑞加入西雅圖的亞馬遜生鮮原始團隊，幫赫林頓管理CRaP問題的因應方案之一：黃金餐廚（Prime Pantry）。這項長期虧錢的服務讓顧客可以用極優惠的運費遞送大箱的麥片、義大利麵、瓶裝水等家用品。

加入專案團隊後，她的第一項工作是撰寫公關常見問題，也就是假想的新聞稿，藉此構思威爾克想要建立的那種服務。這份文件及其後續修訂版述及一種智慧型手機應用程式服務，蘭德瑞起初把它取名為「Amazon Magic」，後來再改名為「Amazon ASAP」。她提議成立三個小組，各組都有魔術主題名稱，三組採用不同的方法，朝向相同的目標前進——超快速遞送服務。

第一組發展一個代號為「胡迪尼」（Houdini）的零售服務，從亞馬遜最暢銷的產品中挑選有限的品項，在策略性選擇的城市設立倉庫儲存及銷售，這可以讓亞馬遜在幾小時內把經常性購買的品項遞送到顧客家中。

第二組的構想代號為「考柏菲」（Copperfield），走的是第三方賣家市集的路線。它尋求與零售及雜貨店建立夥伴關係，在亞馬遜新開發的智慧型手機應用程式上列出它們貨架上陳列的產品，就像谷歌和Instacart採行的做法。

第三組的構想代號為「普瑞斯托」（Presto），集合更少數的暢銷產品品項，裝在貨車上到處行駛，接到顧客訂單後，不到十分鐘就可遞送至貨車所在地周邊社區。這個方法較複雜，貨車行駛區也可能彼此重疊，造成混淆，因此很快就被擱置。

貝佐斯核准這些計畫，但他本身的投入程度不如他對Alexa相關新技術計畫的投入。他檢視蘭德瑞每週以電子郵

件向 S 團隊提出的最新進展報告，偶爾提出疑問。不過，他有個重要貢獻：在 2014 年 11 月舉行的一次會議上，他廢除「Amazon ASAP」這個名稱，改名為「Prime Now」，以和亞馬遜正在擴增中的訂閱會員有更密切的關連。蘭德瑞和她的團隊必須在最後一刻趕忙改變他們的品牌名稱。

此時，他們全都每天工作十八小時，每週工作七天，全力向他們的百日目標衝刺。在西雅圖總部，工程師們開發出新的 Prime Now 應用程式，以及智慧型手機通訊工具，名為「兔子」（Rabbit），指引司機送貨路線。公司原本計畫為遞送服務雇用全職司機，後來改採優步（Uber）和 Instacart 使用的那種自由接案模式。

亞馬遜決定在曼哈頓中城推出 Prime Now 的「胡迪尼」計畫，公司在帝國大廈（Empire State Building）對面的一棟辦公大樓內設立占地五萬平方英尺的倉庫，員工在倉庫中存放 Beats 耳機、咖啡磨豆機、衛生紙、瓶裝碳酸水等暢銷商品。十二月的前幾個星期，他們分散於曼哈頓中城附近，測試下單。蘭德瑞和她的伴侶、他們兩歲大的兒子真的住進布魯克林區的一間 Airbnb 公寓，並在修腳時下單訂購了一雙哈瓦仕（Havaianas）人字拖，而在修腳服務完成之前，鞋子已經送達。

亞馬遜原本的行銷計畫是用禮品包裝紙把整棟帝國大廈包裹起來，宣傳速遞服務的推出，但後來放棄。該公司在 2014 年 12 月 18 日正式推出 Prime Now 服務。由於最後一刻的延誤，蘭德瑞及團隊延遲十一天達成他們的百日目標，如此輕微的延遲，溫和地揶揄一下應該就夠了，更嚴厲的指責就嫌苛刻。是的，威爾克對此感到滿意。這項服務向曼哈頓特定地區的亞馬遜 Prime 會員提供免費的兩小時內速遞，若選擇一小時內送

到，費用是7.99美元；愈往外圍的地區，費用遞增。這項服務推出後，貝佐斯在他位於中央公園西路的大樓公寓外拿著亞馬遜Prime Now的棕色包裝紙袋拍照，旁邊站著一位遞送員。

但是，「胡迪尼」是比較容易的部分，線上銷售與速遞第三方零售及雜貨店貨品的「考柏菲」方案可說更為重要；人們不在意等幾天才收到Beats耳機或一雙拖鞋，但他們通常想要儘快拿到他們訂的雜貨。為尋求與建立夥伴關係，Prime Now的主管及亞馬遜的事業發展部主管前往克羅格位於辛辛那提市的總部、喜互惠位於加州普萊森頓（Pleasanton）的總部，以及南加州的格爾森超市（Gelson's Markets），但這些超市連鎖店全都害怕亞馬遜，對Prime Now不感興趣，也關切亞馬遜生鮮帶來的競爭，儘管它當時只在幾個城市營運。

貝佐斯特別有興趣簽下另一個連鎖超市——喬氏超市（Trader Joe's），同事們說，他非常著迷於這間連鎖超市，它有各式各樣獨特、高品質的自有品牌產品。亞馬遜的德國區總經理拉爾夫·克雷柏（Ralf Kleber）被派往德國西部城市埃森（Essen）拜訪這家連鎖超市的業主，也就是擁有歐洲奧樂齊超市集團（Aldi Nord）、長年過著隱居生活的阿爾布雷希特（Albrecht）家族。克雷柏回報，對方派來接待他的人只和他簡短交談，阿爾布雷希特家族不想與亞馬遜合作。

最後，考柏菲計畫的主管飛往德州奧斯汀，向全食超市推銷亞馬遜Prime Now，麥凱未出席會議，但他的副座很快回絕。當時，全食超市已經和Instacart簽了獨家合作，再者，他們要求對亞馬遜生鮮有更多的了解，並說他們聽聞亞馬遜生鮮的遞送貨車停放在全食超市的停車場，而他們對此感到不悅，認為這是低級的行銷花招。亞馬遜的主管空手而回，他們

似乎從不了解為何那麼多公司視亞馬遜為惡毒的威脅，儘管事實很明顯：亞馬遜進入的每一個產業，經濟效益都會被它搶奪。不過，這場會議也不是全無收穫，在為這場會議做準備時，亞馬遜的事業發展部門檢視全食超市的不動產資料，發現和亞馬遜Prime會員的地區分布非常一致。

考柏菲計畫本應在2015年3月於紐約市推出，以和胡迪尼計畫互補，但因為缺乏大型合作夥伴，再加上從第三方商店貨架揀貨的複雜性，導致它的推出延後多月。當它終於推出時，只有零星的地方商店和一個全國性品牌：嫩芽農夫超市（Sprouts Farmers Market），它是全食超市的競爭者。儘管如此，亞馬遜Prime Now擴展至全紐約市，再擴展至包括倫敦、洛杉磯、舊金山、亞特蘭大、達拉斯、邁阿密在內的許多城市。

Prime Now的員工後來承認，他們倉促地推出這項服務。這項服務起初欠缺一些重要的特色，例如讓顧客能夠退回產品；當顧客有問題時，亞馬遜二話不說直接退款，自行吸收貨款。此外，速遞成本高，在房地產價格高的都會區承租及營運倉庫的成本也高。結果是Prime Now業務嚴重虧損多年。

不過，這個業務保護了亞馬遜的弱點，解決Instacart及谷歌速達構成的競爭威脅。亞馬遜內部把Prime Now行動視為在艱難情況下的成功，在該公司於西雅圖鑰匙競技場（KeyArena）舉行的半年度全員會議上，蘭德瑞被請上台致詞。亞馬遜與敵對零售商協商失敗帶來一些啟示。在合作機會有限之下，亞馬遜若想在這項競爭激烈的業務領域成功，就必須親自深入各項家用產品及雜貨的供應鏈。

亞馬遜自有品牌：衝突四伏

Prime Now快速擴展至新城市的同時，赫林頓向貝佐斯提議，持續擴張的雜貨業務要進入另一個階段。2015年秋天，赫林頓及其副手在貝佐斯的Day 1北棟會議室與他會面，而在三個街區外的蘿珊大樓（Roxanne Building）裡，這項計畫的員工在他們的辦公室透過電話聆聽會議內容。赫林頓一行人來找貝佐斯討論自有品牌「Bloom Street」，打算在咖啡、點心、葡萄酒、刮鬍刀等各式各樣的雜貨與居家清潔護理產品掛上這個品牌。他們的目的是創造類似好市多的自有品牌科克蘭（Kirkland），在當時，這個品牌為好市多創造驚人的300億美元年銷售額。

為了這次的會面，赫林頓的團隊準備了好幾個月，而在亞馬遜，向貝佐斯提案之前，都是像這樣做足準備。他們設想要涵蓋什麼產品，尋找工廠、議價、設計商標，赫林頓甚至購買創始產品Bloom Street咖啡，讓貝佐斯品嚐。根據當時出席會議的兩名員工所言，貝佐斯私下品嚐後走進會議室，表示他蠻喜歡這款咖啡，但是一點也不喜歡這個品牌概念。

亞馬遜後來聲明：「貝佐斯只是認為Bloom Street這個名稱不會成功，他認為我們可以找更有趣、更有創意的名稱。」但這個計畫的幾名員工聽到一個更細膩的解釋，Bloom Street的產品包裝上有亞馬遜的微笑標誌和其他公司的商標，貝佐斯不想為一個不怎麼有創意的食品品牌拿亞馬遜的名聲冒險。他要求全部重來，要求這個團隊測試各種有或沒有亞馬遜字號的自有品牌名稱。此外，由於這將是個高能見度的創新領域，他現在要開始密切審視團隊的後續工作。「傑夫猛踩了一記煞

車，」這項計畫的員工傑迪・孟恩（JT Meng）說。

這次會議使得亞馬遜的消費品業務團隊延後半年推出自有品牌產品，但他們有好理由繼續推動這項計畫：在美國的總零售銷售額中，自有品牌比重約20%，反觀在歐洲國家，例如英國、德國、西班牙及瑞士，比重超過40%。[9] 直接與製造商合作，零售業者可以降低價格提高利潤，以獨家產品培養購物者的忠誠度。「在推出自有品牌產品方面，我們已經比別人遲了，」赫林頓說：「我洽談的製造供應商總是問我：『你們何時才做這個啊？幾乎所有其他公司都已經做了。』」

其實，亞馬遜已經推出自有品牌產品，大多是在它的硬產品線及軟產品線部門，* 截至當時為止，業績好壞參半。其中有一些相當成功，例如電池、高畫質多媒體介面（HDMI）傳輸線，以及在「Amazon Basics」這個自有品牌下的其他電子配件，但也有一些出紕漏的產品，像是亞馬遜自有品牌「Pinzon」的一名員工就說，Pinzon床單曾經因為公司遺漏了一個標籤規定而被召回。亞馬遜的一個自有品牌戶外家具產品線因為品質問題而關閉，許多產品被退貨，必須扔掉。最著名的例子是，亞馬遜在2014年12月大張旗鼓地推出自有品牌「Amazon Elements」的尿布及嬰兒濕紙巾，結果尿布馬上被蜂擁而至的一星評價掩沒，父母抱怨這些尿布不貼身，嚴重外漏。幾週後，亞馬遜把尿布撤出市場，顏面盡失。一些員工覺得，那次的公關災難導致貝佐斯現在對於高調推出消費品自有品牌的構想持保留態度。

那場Bloom Street會議後，赫林頓和團隊修改自有品牌

---

* 編注：零售業的產品分類法。硬產品指的是像家具、家電、運動器材等產品，軟產品指的是像衣服、包包、織品等產品。

策略，想出多個品牌名稱，包括幾個與亞馬遜關連不明顯的提議。2016年夏天，網站上開始出現這些有點怪異的品牌名稱：Happy Belly咖啡、點心、香料；Presto!居家清潔產品；Mama Bear新手父母產品，包括再度推出的尿布，而這次改由消費性產品巨人金百利克拉克（Kimberly-Clark）製造。[10]

由貝佐斯、赫林頓以及他的屬下桑尼‧賈恩（Sunny Jain）一起想出的美食品牌Wickedly Prime在2016年年底推出，產品包括椰漿蜜汁腰果、香蕉脆片、綜合纖果堅果等。幾個月後，Amazon Elements捲土重來，延續該品牌之前新穎的材料透明化方法，維他命、營養補充品及蛋白營養補充粉的包裝上有驗證條碼，顧客可以用智慧型手機應用程式掃碼，取得產品材料及製造地的資訊。但鮮少有顧客這麼做。

儘管推出了這些自有品牌，貝佐斯及其他的亞馬遜主管仍然希望整個行動加快速度，他們訂定種種「S團隊目標」，例如要求赫林頓的團隊把自有品牌品項數成長至一定的數量。亞馬遜內部訂定了五百個諸如此類的目標，由領導委員會在每個會計年度終了時核定，為公司的每個事業單位建立最重要的績效指標。負責這些目標的各團隊必須經常回報它們的進展，若進度落後則必須提出解釋。亞馬遜旗下事業單位繁多，彼此關連鬆散，這是亞馬遜S團隊得以妥善管理它們的關鍵。

面臨高遠的新目標，自有品牌團隊現在猶如熱鍋上的螞蟻。公司要求他們必須持續拓展亞馬遜自有品牌的產品類別，同時必須保持產品的高品質，不得損及公司信譽。當時的亞馬遜員工描述道，他們處於高壓環境，各個品牌團隊有各自要負責的獲利目標，彼此相互競爭。同時，貝佐斯監督每件事，細到連新產品的美術設計都要管，還經常下令：再加

快！

　　自有品牌團隊的許多員工後來承認，在這種處境下，他們被迫走捷徑，利用亞馬遜龐大的資料庫。幾年後，這件事成為美國及歐洲監理機關高度關注的焦點，它們要求揭露：亞馬遜是否利用特殊工具和專有的零售資訊，為其自有品牌提供不公平優勢？這其實就是質疑亞馬遜是否以不正當的手法，和其平台上的廠商及賣家直接競爭？

　　亞馬遜的資料庫 Heartbeat 有網站上的所有顧客評價，取用這些資料，可以讓亞馬遜員工看出型態，或許能從中洞察如何改善既有產品。以遛狗拾便袋這個重要產品類別為例，顧客評價顯示，他們經常困惑於從哪一端開啟袋子。於是，自有品牌 Amazon Basics 的遛狗拾便袋上有一個藍色箭頭，寫著：「從這裡開啟」。另一個很有幫助的工具是 Amazon Vine 方案，讓具有影響力的產品評論者獲得免費試用品，換取他們撰寫評價，這有助於產生更多、更豐富的顧客評論。[11]

　　幾位自有品牌經理在匿名發言的情況下承認，他們曾利用一項比產品評價更珍貴的資源，那就是亞馬遜的搜尋結果排名。當他們推出新品牌時，例如 Mama Bear 尿片，有項名為「搜尋播種」（search seeding）的工具，可以讓品牌經理人至少在自有品牌新產品推出的前幾天，把新產品的搜尋關鍵字相關性分數釘住一項既有產品，例如幫寶適（Pampers）尿布的分數。這麼一來，亞馬遜的自有品牌新產品就會出現在搜尋結果的前面。

　　我詢問赫林頓，亞馬遜是否為其自有品牌產品改動搜尋結果，他斷然否認：「我們絕對不會操縱搜尋結果。」赫林頓說，有時候，當亞馬遜的自有品牌產品「對顧客而言很實惠」

時，它們會在搜尋結果獲得顯眼的廣告版面，若顧客沒有反應，廣告很快就會消失。他還把亞馬遜的做法拿來與零售實體店競爭對手的做法相比：比如說，那些實體零售店會把雜牌的止痛藥陳列在泰諾（Tylenol）及安舒疼（Advil）的旁邊，占據有限的貨架空間；反觀亞馬遜，網站有「無限的貨架走廊」，顧客可以有廣泛的品項可以選擇。

但亞馬遜的品牌經理說，這些實務確實存在，而且影響頗大。前亞馬遜自有品牌專員孟恩回憶，公司後來必須停止為Amazon Essential品牌的嬰兒濕紙巾做搜尋播種，因為它的銷售量已經占此產品類別總銷售量的20%以上，很可能危及公司和寶僑家品、金百利克拉克的關係。與自有品牌團隊合作的一位亞馬遜經濟學家說：「品牌經理人承受非常高的業績目標，他們就像鬥牛犬一樣，會竭盡所能去達成目標，亞馬遜風格就是這樣。」

亞馬遜的批評者和一些賣家指責亞馬遜利用另一個重大優勢。亞馬遜的自有品牌經理藉由檢視亞馬遜市集的第三方賣家銷售資料，可以快速辨識出新的顧客趨勢，研判哪些產品銷售良好，應該推出自有品牌產品。亞馬遜的主管聲稱他們有防護機制，防止這類資料被窺探，「我們不會使用個別賣家的資料去決定自有品牌應該生產什麼產品，」威爾克告訴我。亞馬遜在2019年於國會聽證會上作證時也這麼聲稱，「我們不使用個別賣家的資料從事直接競爭，」亞馬遜的律師內森‧薩頓（Nathan Sutton）作證時這麼說。

但是，推動自有品牌的三位經理人說，這不是實情。

其中一位負責新的生活風格自有品牌Solimo的經理說，她在2016年進入公司時，原以為第三方賣家資料是碰不得的

禁區，但工作一年後，她的上司向她展示如何存取那些賣家的銷售資料，並告訴她若需要協助，可以找亞馬遜的資料分析師。這位要求匿名的經理後來檢視了第三方賣家的銷售資料，以查出賣得最快的維他命補充劑種類為何、銷售量是多少、每項產品的平均售價及獲利力。

為了證明她的說詞，她出示之前任職亞馬遜時保存下來的第三方賣家益生菌銷售數據表，上頭有亞馬遜市集個別賣家及產品的相關資料，包括連續十二個月的銷售量及每項產品的平均售價。「我們會檢視競爭者做什麼，有時會完全複製它們的產品，或只是做部分修改，再貼上我們的品牌，」她說：「我一直被告知有防火牆，但後來發現那只是做做樣子而已。」

《華爾街日報》在2020年刊登一篇文章，報導來自前亞馬遜自有品牌員工的相似指控，他們稱此做法為「翻牆」。[12] 這篇報導敘述布魯克林區的四人小企業商家Fortem的遭遇，該公司銷售一種可摺疊的後車廂整理盒，亞馬遜看到它的成功，就以Amazon Basics這個自有品牌推出一項競爭產品。但亞馬遜告訴《華爾街日報》：「我們嚴禁員工使用非公開的賣家資料來決定推出什麼自有品牌產品。」這件事的曝光為美國及歐洲對亞馬遜的反托拉斯調查火上加油。

監理機關的最終質疑是，所有這些實務是否帶給亞馬遜不公平的競爭優勢。回到2017年，赫林頓的自有品牌擴張行動正全面展開，幾乎可以斷定，資料及內部工具為該團隊增添助力，達成S團隊對他們訂定的宏大目標。但是，他們能窺探的資料，競爭者只要去搜尋亞馬遜網站，或是透過像尼爾森（Nielsen）等專門蒐集消費者趨勢資料的研究公司，也能輕易取得。至少，在消費品部分，當時許多的亞馬遜自有品牌產

品，從 Happy Belly 的花生燕麥棒，到 Wickedly Prime 的烤杏仁粒，看起來都沒有傷害到競爭品牌，至少威脅性沒有高於其他也推出自有品牌產品的大型零售商。亞馬遜在一份聲明中表示：「所有零售商都有自己的暢銷產品或是顧客經常詢問的品牌及產品的資訊，並使用這些資訊來決定供應什麼自有品牌產品。」

新產品也無助於提升亞馬遜 Prime Now 和亞馬遜生鮮這兩個事業的知名度及獲利能力。此外，亞馬遜自有品牌對於大型連鎖雜貨店，例如全食超市自有品牌的吸引力及財務並未造成什麼影響，全食超市的 365 Everyday Value 品牌涵蓋從牛奶、肉類到楓糖漿等各式產品，帶給人們既經濟實惠又有益健康的感覺，占該公司營收相當的比重。以工程師及企管碩士為主幹、執行長自視為果敢的發明家的亞馬遜，仍然不知道要如何運用那種神奇魔法。

寶藏車與單牛漢堡

但是，貝佐斯想繼續嘗試與雜貨購物者建立連結，並解決 CRaP 的困境，於是提出另外兩個點子。迄今，它們仍是亞馬遜史上最奇怪的兩個方案，從這兩個方案也可以一窺亞馬遜奇特的公司規矩。

第一個點子是貝佐斯在 2014 年的腦力激盪會議中所提出。一開始，他稱這個點子為「牛排貨車」。想像有一輛「大人的冰淇淋車」，赫林頓說，他記得原始的提議是用一輛有閃亮燈飾和擴音器的貨車裝載牛排，開到社區向居民販售。量販包的肉類比較划算，因此對顧客來說便利又實惠。最終，公司甚至可以預測需求，改善超市的效率，並減少食物浪費。

可能這點子夠古怪，有一名主管被指派撰寫「新聞稿和常見問答」。這份文件為這個點子取的名字是「寶藏車」（Treasure Truck），車上裝有泡泡製造機及數位顯示器，展現嘉年華般的氣氛，貨車會發送簡訊到附近顧客的智慧型手機，公告當天寶藏車上的品項。

赫林頓組織了一支雙披薩團隊，負責在2014年秋季發展這項專案，與Prime Now及自有品牌專案的推動工作齊頭並進。這個異想天開的點子，背後的技術問題相當有難度，例如貨車如何只對附近的顧客宣布它的到來？如何妥善保持肉類及海鮮的冷凍和冷藏？

到了2015年春季，該團隊已經申請了兩項專利，但這項專案還未推出。員工們開始白天及晚上長時間工作，他們設計出原型貨車，並向芝加哥一家車廠訂製車輛。車子看起來像一個巨型紙板箱，展開後像是有著巨大螢幕、閃著燈的變形金剛，車身裝飾一個轉輪與塑膠製鮭魚。參與專案的員工說，這個原型花了約25萬美元打造，他們把它藏在南聯合湖區的車庫裡，準備在那年六月推出這項服務，首發商品是比牛排更不易腐壞的東西：售價99美元的站立式槳板。

亞馬遜發布即將推出一種新服務的新聞稿，但在推出服務的前一晚，內部測試發現，一個軟體漏洞可能會錯誤告知購買產品的顧客產品已經售罄。於是，服務延後推出，陷入困境的專案團隊成員必須在週六進公司分析問題，公司方面也派遣「首席工程師團」前來協助，這十多名技術高手組成的精英隊經常空降到陷入麻煩的專案計畫，協助診斷問題。

首席工程師團花了兩星期審問「寶藏車」員工，撰寫錯誤更正報告——每當出紕漏時，亞馬遜內部總會撰寫這樣的高

級機密文件。在這痛苦的自我檢查期間,災難再度發生:一名資淺員工誤觸系統,傳送簡訊給所有已訂閱「寶藏車」服務的顧客,宣布即將銷售99美元的站立式槳板。西雅圖科技部落格GeekWire生動地報導整個事件,還稱這項專案「快速竄升為亞馬遜史上最糟糕的產品發布」。[13]

專案的所有經理遭到撤換。七個月後,「寶藏車」終於在西雅圖上路,以六四折價格銷售GoPro相機。接下來幾個月,「寶藏車」賣過的商品有至極生蠔(Shigoku oysters)、野生帝王鮭、感恩節火雞、新款的亞馬遜Echo、《哈利波特:被詛咒的孩子》(*Harry Potter and the Cursed Child*)等。專案團隊建置新車隊,將業務擴展至二十五個美國大城市,而新車不像原型那輛那麼俗麗或昂貴。

但這項服務從未如貝佐斯及赫林頓期望的那麼無處不在或惹人喜愛,網路上的批評者對這項專案感到困惑,嘲笑一些莫名其妙的銷售產品(例如:屁屁沖洗蓮蓬頭,19.99美元,打67折)。2018年5月,一輛停放於西費城停車場的空「寶藏車」在凌晨一點半自燃。[14]貝佐斯在2017年致股東信中簡短吹捧這個專案,但是,財務部門的一名主管告訴我,這個專案從未表現得特別好,也從未接近轉虧為盈。若亞馬遜想激起人們對其羽翼未豐的雜貨服務業務的興趣及忠誠度,它需要全然不同的東西,例如能夠激起顧客熱情的一項獨特產品。

噢,貝佐斯對此也有個點子,而且古怪程度不亞於「寶藏車」。2015年8月,《華盛頓郵報》刊登一篇倒人胃口的文章,指出一片漢堡肉可能內含高達一百頭牛的肉,若一片漢堡肉全部都來自同一頭牛,理論上會更美味,但一位肉品批發商告訴記者:「這很難做到,而且很昂貴。」[15]

這篇報導引起貝佐斯的注意，他的品味似乎愈來愈大膽，例如他後來在紐約市的探險俱樂部（Explorer Club）聚會中品嚐鬣蜥蜴。[16] 在另一場與赫林頓的腦力激盪會議中，貝佐斯建議他們找一個牧場生產「單牛漢堡」，使它成為顧客只能從亞馬遜買到的獨特產品。「我真的認為你應該嘗試這個，」他告訴赫林頓，「這能有多難？」回憶，他起初以為貝佐斯在開玩笑。

這個專案指派給亞馬遜生鮮事業內部的一支新料理創新團隊，並且立即被訂定為S團隊目標——由貝佐斯及領導團隊密切督導的優先目標。一位名為梅根・羅塞特（Megan Rosseter）的產品經理負責找「單牛漢堡肉」的貨源。她起初接洽的肉品供應商告訴她，這種事情非常不切實際，事實上也會破壞它們的營運，「我感覺自己總是接到幾乎不可能做到的極限目標，」她說。

羅塞特和同事後來還是在靠近墨西哥邊界的聖地牙哥郡找到了一個能夠生產這種漢堡肉的牧場，他們在那年春天和牧場一起研商如何冷凍牛肉以便運輸的方法，設計不會在解凍時漏出血水的包裝。2016年6月，亞馬遜在其生鮮業務網站及智慧型手機應用程式上宣傳「單牛漢堡」（Single Cow Burger），並打廣告宣傳半磅的和牛漢堡有80%瘦肉和20%的脂肪。該公司還訓練Alexa，當有人詢問「單牛漢堡」的定義時，應該回答：「牛肉只取自單一一頭牛的牛肉漢堡」。

顧客起初的反應很不錯，「這些漢堡大又多汁，美味!!!」，一位評論者在亞馬遜網站寫道。但是，幾個月後，貝佐斯發電子郵件給亞馬遜生鮮事業主管，他覺得包裝太難打開，並且抱怨漢堡太多脂肪，滴下的油導致他的燒烤架起火。

羅塞特認為,優質和牛不該放在烤架上烤,應該用鑄鐵平底煎鍋烹飪,但她可不想主動對執行長提出烹飪建議。她也很驚訝,貝佐斯居然如此關心這件事,「那絕對是我人生中『我不敢相信這真的會發生』的時刻之一」,她說。

所以,羅塞特回頭找她的供應商,供應商把工作轉包給喬治亞州的另一個牧場,那個牧場能夠生產黑安格斯牛(Heritage Aberdeen Angus)牛肉漢堡,瘦肉比例高達91%,只有9%的脂肪。在多次前往牧場試吃各種版本後,羅塞特得到第二款單牛漢堡,並使用容易撕開的包裝,準備於2017年1月上市。生鮮團隊送了樣品給貝佐斯,幾天後傳話回來,他滿意。

這項專案再一次展現亞馬遜內部不同的創新風格,員工「以終為始」的創新,並不是從理想的顧客意見去回推,顧客從未要求創造這些東西;他們是從貝佐斯的直覺去回推創新,迎合他有時不拘一格的品味(字面意思的「品味」)。貝佐斯的直覺對了很多回,尤其是在先進技術方面,但是,最終亞馬遜生鮮事業推出的單牛漢堡及其他料理創新並沒有創造話題或增進生意。

羅塞特堅持了幾個月,但覺得她的努力沒有受到肯定。她說這裡的工作環境「高壓力,不快樂」,所以,她準備離開亞馬遜生鮮,就在此時,一顆炸彈掉落在這個事業。

收購全食超市

2017年4月21日,全食超市遭到激進投資人襲擊,為該公司獻策的塔斯克創投(Tusk Ventures)的法務主管馬修・耶魯(Matthew Yale)打電話給亞馬遜的公關事務資深副總卡尼,這

兩人在歐巴馬政府任職時結識。耶魯詢問卡尼，不知道亞馬遜
是否有興趣和全食超市會面討論一椿策略交易？卡尼把這事反
映給貝佐斯及威爾克，他們又把這件事轉給亞馬遜的全球企業
發展副總克拉維克。4月27日，兩家公司在嚴格保密協議之下
開始商談。

　　對於它有興趣的擴展，亞馬遜不會顯得太模稜兩可，猶豫
不決。亞馬遜的事業版圖已經擴展：Prime Now如今在三十三
個美國城市和幾個海外城市服務；[17]亞馬遜生鮮在美國十四個
都會區以及倫敦和德國服務。但這些事業仍然虧損，既沒有
達到營運槓桿，也還未達到規模，價格仍高，供應的品項選
擇也不起眼。由於員工借助於獨特、具爭議性的搜尋與資料
工具，亞馬遜的電子產品及時尚業務部門的自有品牌已經起
飛，但那些品牌名稱怪異的消費品業務部門還未起飛。顧客對
Wickedly Prime品牌的綜合纖果堅果反應並不熱烈，寶藏車及
單牛漢堡也沒有產生多少影響。

　　除了Instacart和谷歌速達，還有另一個必須擔心的競爭
者。沃爾瑪在2016年以33億美元收購電子商務新創公司Jet.
com，其創辦人馬克・羅爾（Marc Lore）現在掌管沃爾瑪的國
內電子商務。對於亞馬遜當年以計謀取勝、收購他創辦的魁市
（Diapers.com的經營者），羅爾至今仍然懷恨在心。到了沃爾
瑪，他聰明地聚焦於線上雜貨商機，使用沃爾瑪這個零售業巨
人在美國的四千五百多家商店做為遞送樞紐與揀貨點，取得沃
爾瑪過去未能在線上雜貨業務領域做到的實質進展。

　　2017年4月30日星期日，麥凱和他的三位副手從奧斯汀飛
至西雅圖，會見貝佐斯、克拉維克、亞馬遜的實體店業務主
管凱瑟爾及赫林頓，他們在貝佐斯位於華盛頓湖的船屋上商

談。麥凱敘述全食超市的悠久輝煌歷史，他說全食超市近乎隻手推廣羽衣甘藍的消費，但現在貪婪的激進投資人已經逼到門口。根據赫林頓的回憶，麥凱當時說：「我愛這家公司，我希望它保持獨立，但目前看來，可能做不到了。若必須被收購，有一家公司是我尊敬仰慕的，那就是亞馬遜。」

麥凱後來形容那次的交談：「就像墜入愛河……，我們對彼此的想法心領神會。」[18]貝佐斯當然喜歡創業家，在某些方面，他和麥凱很相似：注重細節，執著於自己的願景，好反駁外界的批評。但麥凱不像貝佐斯那樣嫻熟於技術，有持續再造的才能，數十年來，全食超市商店沒有什麼變化，這危及了他的企業堅持與理想。

接下來的五月，全食超市持續在表面上應付來自艾伯森公司的提議，私下祕密地和亞馬遜協商，回應亞馬遜持續提出的更多資訊需求。5月23日，亞馬遜提議以每股41美元收購，比全食超市當時的股價溢價近27%，亞馬遜還說，它不會再議價，並揚言，若全食超市洩露收購價格，亞馬遜就會終止收購。全食超市要求每股45美元，亞馬遜把價格稍稍提高至每股42美元，表示這是最後出價。

兩家公司於2017年6月16日宣布亞馬遜將以137億美元收購全食超市。這項消息震驚世界，最著名的電子商務公司要買下最具代表性的雜貨連鎖超市之一。那天早上，威爾克飛到奧斯汀，在全食超市公司禮堂和該公司的主管一起參加公司全員會議。麥凱得意洋洋地宣布，和亞馬遜聯姻後，他將繼續擔任全食超市執行長，他說：「至死不渝。」他還很不客氣地嘲笑威爾克把藜麥當成一種蔬菜。

這樁交易使亞馬遜當天的股價飆漲，市值提高156億美

元，超過4,750億美元，反映出華爾街對貝佐斯每一個行動的信心。在此同時，其他競爭雜貨業者的股價暫時重挫，而Instacart則是被大大推助了一把，因為其他雜貨業者急忙進軍線上業務，使用Instacart的快遞服務，以對抗來自亞馬遜的威脅。寫信向全食超市領導高層及股東抱怨的路博邁，可說是這一連串事件的起始者，該公司常務董事查爾斯・坎特（Charles Kantor）告訴路透社，由於亞馬遜的股價大漲：「有人說，亞馬遜等於不花半毛錢買下全食超市。」[19]

但是，亞馬遜仍將付出代價，只不過局外人大多看不到。亞馬遜現在必須調整十年來多有重疊的各項雜貨業務方案，整合全食超市的四百六十五間實體店、伴隨的供應鏈以及老舊的技術系統。貝佐斯和威爾克討論該由哪位主管掌管監督麥凱及其團隊的艱鉅工作時，決定交給負責亞馬遜無人商店Amazon Go及實體書店的凱瑟爾，那些實體店業務是亞馬遜內部最小的事業。

聯邦貿易委員會在八月核准此購併案，認為這兩家公司不是明顯的競爭者，購併案不會顯著削弱競爭。之後，凱瑟爾推動一些快速變革，亞馬遜Prime會員折扣、亞馬遜無人置物櫃（Amazon Lockers）、Kindle及Alexa器材等，全都進入全食超市，而在亞馬遜網站及App裡，那些艱苦經營的亞馬遜自有品牌，很快納入全食超市365 Everyday Value的廣大品項。全食超市也因為降低價格而獲得好評。麥凱向來抗拒降價，這可能是該公司史上首次全面降價。亞馬遜對全食超市的供應商採取統一標準，以及更嚴格的財務條款。[20]

亞馬遜沒有換掉全食超市的管理團隊，那些激進投資人私下戲謔地議論，猜測貝佐斯會在多少天後開除麥凱。但貝佐斯

通常會讓被收購的公司及特立獨行的執行長繼續自主經營，[21] 多年前，他買下捷步後，也讓謝家華繼續自主經營。貝佐斯傾向從他們的經驗中學習，汲取資料及從中浮現的商業啟示。

現在，貝佐斯必須整合亞馬遜最棘手產品類別中採行的種種方法，他也授權凱瑟爾整合 Prime Now 及亞馬遜生鮮。[22] 接下來幾年，凱瑟爾把這兩個服務結合成巧妙的混合體：有網站、有 app，而亞馬遜生鮮大致取代 Prime Now 成為品牌名稱（但 Prime Now 的 App 為粉絲保留下來）。亞馬遜生鮮使用 Prime Now 的城市倉庫及自由接案遞送司機構成的供應鏈，提供新的服務體驗，並把全食超市商店及倉庫裡的產品加進顧客可選擇的品項──這是亞馬遜多年前的考柏菲計畫的目標。再次證明，像亞馬遜這樣規模龐大、聲譽令人生畏的公司，收購是比合作更可行的途徑。凱瑟爾也把經常對立爭執的各個雜貨業務團隊交由成功推出 Prime Now 服務的史黛芬妮・蘭德瑞一人掌管。

2012 年時，赫林頓預測，亞馬遜的未來在於人們天天購買的那些低價格、幾乎沒有利潤的品項，他在他的那份備忘錄中嚴肅地警告：「我們無法用現在的事業模式去達成我們 4,000 億美元零售規模的抱負，我們有理由擔心我們無法做到必要的轉型。」但是，他的擔憂沒有成真；五年後，亞馬遜銷售龐大數量的 CRaP 品項。伴隨這一步而來的是一項真正艱鉅的工作：儲存如此龐大數量的品項，並透過史上最龐大的低薪工作者與送貨司機大軍，遞送至顧客家中。

09
最後一哩路

　　欲了解亞馬遜如何運作舉世最大、最複雜的物流及運輸網絡，我們必須回溯過去，而這次得回溯得更遠——1990年代網路公司榮景與泡沫化時，該公司的生死掙扎。當年僅二十六歲、戴著眼鏡的前中學樂隊老師戴夫・克拉克於1999年進入亞馬遜任職時，這家公司在美國只有七座倉庫，在歐洲只有三座，幾乎無法應付瘋狂的節日銷售高峰。到了他接掌全球物流作業的2012年，亞馬遜在美國有四十個物流中心，在海外有二十幾個。[1]但是，這些大型建物大多座落偏遠地區，這是為了降低亞馬遜的勞動支出及稅負的策略，不是為了最有利於服務顧客。亞馬遜也依賴低薪員工，而為了尋找貨品和揀貨，他們平均每天走動十二英哩。

　　到了2017年8月，亞馬遜同意在美國多數州收取銷售稅，以及完成全食超市收購案後，供應鏈有了非常不同的面貌。它由在美國的140個物流中心和數十個海外的物流中心構成，其中許多物流中心位於市區，裡頭有許多矮小的橘色機器人穿梭，到貨架區扛起裝滿商品的高疊層貨架，運送到負責揀貨與包裝的員工面前，再把貨架扛運回去。亞馬遜也有數百個較小

的新建物：按照郵遞區號來區分包裹的分類中心、Prime Now 雜貨中心、外包司機提取包裹以運送至顧客家中的遞送站，以及航空站，停放機身印著藍色「Prime Air」字樣的白色貨機隊。

隨著設施數量的快速成長，亞馬遜對待倉庫員工的方式也受到檢視。媒體報導把亞馬遜描繪成冷酷無情的雇主，把賺錢置於員工安全之上，逃避員工因遞送工作而受傷或致死的雇主責任。此時已經成為 S 團隊主管之一的克拉克，總是玩笑地應付亞馬遜的批評者，在線上反駁批評，積極回應每一則指控，聲明安全是亞馬遜的第一考量。2019 年 9 月，康乃狄克州參議員理查‧布魯門薩爾（Richard Blumenthal）指責亞馬遜漠視公共安全、道德淪喪，克拉克發推特文回應：「參議員，你獲得的訊息是錯的。」[2]

克拉克生長於喬治亞州小鎮道爾頓（Dalton），那裡地毯工廠林立，因此小鎮自封為「全球地毯之都」。克拉克說，他的父親是個修補匠暨流動創業者，曾從事無線電技術、興建九洞高爾夫球場、蓋了幾棟房子，經常徵召他唯一的孩子當幫手，為地基牆挖掘地基。他九歲時，父母把地毯堆到五十三英尺的貨櫃卡車裡，搬到佛羅里達州傑克遜維爾市（Jacksonville）市郊，開了一間地毯銷售店。

克拉克讀高中時，母親展開一場最終失敗的癌症搏鬥，為了稍稍減輕父母的負擔，他去大眾超市（Publix Super Markets）當送貨員，後來又去如今已停止營運的目錄商品展示零售連鎖店 Service Merchandise 工作，這些昔日的零售工作經驗為他提供良好訓練，對他後來接替凱瑟爾掌管全食超市的工作有所幫助。克拉克讀奧本大學（Auburn University）時，在該校音樂

系擔任器材管理員，賺取生活費及學費，取得音樂教育學位後，返回中學母校指導菜鳥樂隊一年，「教兩百五十個從未玩過樂器的七年級生，那種磨練能讓你為人生中的許多挑戰做好準備，」他告訴我。

就讀田納西大學商學院時，克拉克結識吉米・萊特（Jimmy Wright）這位很有魅力的前沃爾瑪主管。1990 年代末期，貝佐斯曾短暫聘用過萊特，嘗試建造新型的亞馬遜配送中心。在萊特的敦促下，克拉克和幾位同學前往西雅圖面試，儘管當時亞馬遜的其他員工把這家公司視為工程師的天堂，並不青睞企管碩士。克拉克回憶，他在大廳等候時，一位人才召募員告訴他：「我們知道你為何來這裡，我們不喜歡，所以別期望你今天會好過。」

儘管如此，克拉克畢業後，仍然獲得了亞馬遜營運部門的初級分析師職務。他一開始有一項工作是研究時薪員工的薪資水準，而後被派遣至東京，協助建立亞馬遜在當地的第一座倉庫，為此，他申請了他的第一本護照。在那之後，克拉克被派至肯塔基州坎貝爾斯維爾（Campbellsville）的一個物流中心，這對他的影響更大，他在那裡建立的人脈，最終將影響他的個人生活，以及亞馬遜的未來營運。

坎貝爾斯維爾物流中心總經理是亞瑟・瓦德茲（Arthur Valdez），他的母親跟貝佐斯的繼父麥克一樣，是美國當年在「彼得潘行動」（Operation Pedro Pan）中從古巴接到美國的難民孩童。成長於科羅拉多泉市（Colorado Springs）的瓦德茲與物流業的淵源深厚，他的父母都是優比速（UPS）的遞送員，在家裡以經營藥品遞送服務為副業。

但這些薰陶及訓練根本不足以讓瓦德茲應付每個節日季節

瘋狂湧入亞馬遜倉庫的訂單，他回憶，訂單多到他必須找短期
人力仲介為亞馬遜供應季節性勞工，貝佐斯得把錢匯到他的私
人戶頭，好讓他支付工資。每當物流中心延遲出貨時，他必須
發電子郵件向貝佐斯及威爾克解釋怎麼回事，以及他如何解決
問題。瓦德茲曾經一度忙到發信去西雅圖時，只在主旨欄寫一
個字：「uncle」，代表「投降」的意思。

　　威爾克派克拉克前往支援，到坎貝爾斯維爾物流中心督
導包裹出貨；把德國的物流主管麥克・羅斯（Mike Roth）從
萊比錫調來坎貝爾斯維爾物流中心，管理從供應商流入的貨
品。兩人都隸屬瓦德茲管轄。

　　三人合作，應付艱鉅挑戰。2000年，為了支撐公司脆弱
的財務，亞馬遜同意為玩具反斗城處理線上銷售事務，把所有
商品送到坎貝爾斯維爾物流中心；翌年，亞馬遜又和塔吉特簽
立相同的合約。占地七十七萬平方英尺的坎貝爾斯維爾物流中
心根本裝不下這些多出來的貨品，瓦德茲、克拉克及羅斯三人
商量後，租了六百多輛聯結車，裝入倉庫放不下的貨品，把
它們停放在一個人口九千的小鎮周圍，「這完全是為了存活下
來，」瓦德茲說。

　　2002年，耶誕節前的關鍵日，一場暴風雪襲擊美國中西
部，亞馬遜有家外包的長途貨運公司要把訂單從物流中心運
送到九十英哩外的路易斯維爾市（Louisville）優比速貨物空運
中心。眼看暴風雪逼近，焦急的卡車司機提早上路，留下一大
堆貨箱，亞馬遜員工把它們裝上一輛租來的萊德（Ryder）大
貨車，克拉克開車，瓦德茲坐前方副駕駛座，開上結冰的道
路。途中，他們在漢堡王（Burger King）的得來速購餐充飢。

　　到了路易斯維爾，優比速廠區大門關著。這裡是由國際貨

運司機工會（International Brotherhood of Teamsters）所運作，只有工會會員才准卸貨，亞馬遜是反工會的公司，認為工會擋在公司和員工之間，讓服務顧客變得更難。瓦德茲唯一的目標就是盡快卸貨，以便及時在耶誕節前遞送這些包裹，他打電話聯繫廠區經理，說服他讓他們進去。

但廠區經理警告他們，最好動作快點。克拉克倒車進卸貨區，優比速的非工會經理幫忙卸貨，工會的貨車司機憤怒地衝過來，跳上貨車，重擊車窗及引擎蓋，對克拉克及瓦德茲咆哮，叫他們滾。克拉克後來向員工講述這段故事，他說這是亞馬遜「以顧客為念」（customer obsession）的一個例子，但這個例子也正好傳達出亞馬遜憎惡工會的原因之一：為了實踐對顧客的承諾，亞馬遜的許多臨時調整是必要的，但工會員工往往反射性地反對。

總之，坎貝爾斯維爾物流中心的經驗對瓦德茲、克拉克及羅斯是一個形塑與養成的歷練，他們和貝佐斯及威爾克相處很多時間，貝佐斯及威爾每年秋季都來視察，他們早期都會每年旋風式地視察亞馬遜的所有倉庫。有一次，他們向貝佐斯介紹肯塔基州的雪茄及波本酒。克拉克也在坎貝爾斯維爾結識他未來的太太，也就是當地高爾夫球俱樂部裡的餐廳老闆的女兒。

調離坎貝爾斯維爾物流中心後，瓦德茲、克拉克及羅斯分別在亞馬遜歷練愈來愈重要的種種職務，他們成為資深領導人，映照亞馬遜本身的營運故事：一個人性的故事，充滿以足智多謀解決艱難問題的故事，也有許多小怨、小恨和根深柢固的觀念與規範，對該公司及社會產生影響。這個故事的核心，是一段長達十五年的友誼。2008年5月，克拉克和蕾伊安妮（Leigh Anne）在西雅圖市中心的費爾蒙奧林匹克飯店

（Fairmont Olympic Hotel）舉行婚禮，羅斯是接待，瓦德茲是伴郎。

管理理念的衝突

　　他們結束在坎貝爾斯維爾物流中心的職務之後，羅斯被調往英國，應付那裡的物流網絡問題。瓦德茲前往達拉斯督導不可分揀品項物流中心，那裡是如傢俱、液晶電視等大積材品項的儲存及出貨地。在瓦德茲的至誠熱心背書下，克拉克晉升為德拉瓦州新堡市（New Castle）的物流中心總經理，那裡在費城往南約四十五分鐘車程處。

　　同事們說，克拉克的管理技巧粗糙嚴苛，當員工未仔細遵循他的指示時，他會發火。

　　員工給他取了個綽號「狙擊手」（the Sniper），因為他常悄悄地潛伏在邊上，辨察並解雇懶散的下屬。他有時對員工也漫不經心，在全員會議上，對於員工的提問，他總是敷衍地回答：「我稍後再答覆你。」但鮮少有下文。後來，員工受夠了，在一次會議上，他們穿著上面寫著「我稍後再答覆你」的T恤，坐在前面幾排。克拉克後來堅稱他重視員工的意見，甚至還留下了一件T恤。

　　儘管如此，德拉瓦州物流中心的績效優良，克拉克令當時唯一重要的人留下深刻印象：營運部主管威爾克。「他向我證明，本著真實可靠的領導，他能使包括資深、意見多多的員工在內的一大群人追隨他，」威爾克說。

　　接下來幾年，克拉克在亞馬遜東岸物流中心的營運管轄權漸漸擴展，直到在2008年晉升後調回西雅圖，擔任「亞馬遜顧客卓越系統」（Amazon Customer Excellence System，簡稱

ACES）計畫總監。這項計畫需要他倡導精實製造理念，這是豐田汽車在工廠實行、而後在企業界盛行起來的一套方法，要求減少浪費，提高生產力，對員工賦能。這個職務使他站到第一線進行理念辯論，而那些理念最終將在亞馬遜快速成長的物流網絡中形塑工作的樣貌。

克拉克的新上司是最早鼓吹精實方法的歐內托：這個活潑好動的法國人是前奇異公司歐洲營運副總，當貝佐斯晉升威爾克掌管所有國內零售事業時，他接過威爾克的棒子，成為營運部主管。歐內托是精實生產方法的狂熱信仰者，為推行精實生產方法，他設立一些角色，例如「水蜘蛛」（water spider），這是物流中心裡的幫手，在作業線員工需要任何東西（例如更多的包裝膠帶）時，去取得並遞送給他們；他推動「防錯」（poka-yoke）概念，也就是──防止人為錯誤發生的設計，例如餐廳裡的垃圾桶開口設計得很小，讓人們無法不小心把托盤一起倒進去。

歐內托的目標之一是在亞馬遜營運部門倡導同理心及團隊合作，總部經理人一直擔心營運部門已經變得愈來愈無情且苛刻。在當時，亞馬遜以種種可能的方式去評量員工的生產力，實行高壓的強迫排名制，或每年解雇表現墊底某個百分比的員工。但是在豐田的精實方法中，員工是終身服務於同一間公司，貝佐斯強烈反對這種做法，他和歐內托的理念與風格有顯著差異，導致他們之間一連串明顯的衝突。

2009年，歐內托的人力資源副座尼可克撰寫一份標題為「尊重人員」的報告，在一場S團隊會議中提出。這份報告援引在豐田汽車公司證實有成效的精實思想，力主「公平對待人員」，「在經理人及同仁之間建立互信」，授權領導人鼓勵員

工，而非扮演紀律執行者。

貝佐斯對這份報告討厭極了，不僅在會議當場痛批它，第二天早上還打電話繼續指責尼可克，他說，絕對不該隱含地暗示亞馬遜的營運做法不尊重人員。貝佐斯也嚴肅地聲明，對公司最大的威脅就是不滿且久待的時薪工作者，就像組成工會的勞工以罷工和冗長麻煩的契約談判，嚴重損毀了美國汽車製造公司。（亞馬遜後來否認貝佐斯如此說過。）他鼓勵尼可克和歐內托致力於確保那些未能在公司內部晉升的物流中心工作者最多只待三年。

亞馬遜接著在倉庫實施幾項改變，以防止這種風險。過去，時薪工作者每隔六個月可以獲得小幅加薪，為期五年；但現在，三年後就不再調漲工資，除非是獲得晉升的員工，或是他們所屬單位的整個薪資計畫調升。亞馬遜也制定一個名為「拿錢走人」（Pay to Quit）的方案，靈感來自該公司最近收購的捷步，提供數千美元給已經無心於工作、想要離開公司的工作者。

貝佐斯也以種種其他方式，表現這種家長式作風。歐內托和尼柯克提出一個擴大員工教育方案，為物流中心工作者提供每年最高可達 5,500 美元的學費補助，讓他們取得四年制大學學士學位，貝佐斯的回應是：「我不明白你們為何如此堅定地要把我們的員工推向失敗。」他接著解釋，就絕大多數的美國人來說，藝術及文學之類的大學文憑所得到的最佳工作機會，待遇不會比倉庫工作待遇高。最後定案的員工教育方案「職業選擇」（Career Choice）提供廠內課程與學費報銷，這些課程專門針對亞馬遜的人才技能需求，例如 IT、醫療保健、運輸等等。

　　經過這些交戰，歐內托在亞馬遜的任期愈來愈波濤洶湧。在S團隊會議中，他喜歡談到他在奇異公司為著名的執行長威爾許工作的情形，但是，在領導會議裡不該談論以往經驗、表現自負。最後，歐內托在貝佐斯眼裡的地位已經一落千丈，他的團隊敦促他保持沉默，甚至在團隊做簡報時不必出席。

　　壓倒歐內托的最後幾根稻草之一是費城艾倫鎮（Allentown）的《晨喚報》（*Morning Call*）在2011年9月刊登的一篇報導。該報導指出，那年夏天太悶熱，亞馬遜位於理海谷（Lehigh Valley）的倉庫有工作者昏倒，被救護車送到醫院。一位急診室醫生甚至致電聯邦當局，舉報倉庫不安全的工作環境。[3]

　　這是一場原本可以避免的災難。在事故發生前，歐內托曾經向S團隊提出一份白皮書，裡頭有幾段內容提議在亞馬遜的廠房裡安裝屋頂空調。但根據尼可克所說，貝佐斯以成本考量為由，斷然駁回這項請求。《晨喚報》的報導引發廣泛譴責後，貝佐斯核准5,200萬美元經費，坐實了他的行事風格：只有看到媒體批評後，他才會改變。他也批評歐內托未能盡早預測到危機。

　　歐內托氣炸了，準備提醒貝佐斯他先前的那個提議，同事們求他算了吧，歐內托不肯。一如他們預期的，會議很不愉快，貝佐斯說，他其實記得那份報告，但那報告寫得太差，語焉不詳，沒有人理解歐內托在建議什麼。S團隊其他成員畏縮不語，貝佐斯說，這整件事證明，當亞馬遜把無法清晰闡明想法、並以資料佐證的人擺在領導高位時，將發生什麼情況。

　　沒多久，歐內托宣布他打算在2012年退休。多年後，歐

內托回憶與貝佐斯的緊張對立時，非常寬宏有禮，對他在亞馬遜任職的那段期間引以為傲。「經營事業總是有艱難的時候，因為你是個成本中心，把事情搞砸的一定是你，」歐內托說：「有時候，我向貝佐斯提出提議，嗯，客氣地說，他對那些提議不滿意。但我不想批評什麼，很多時候他是對的。」

此時，克拉克已經晉升為掌管全北美地區物流中心的副總，他即將下一個賭注，這將使他成為歐內托的接班人，並且徹底改變亞馬遜倉庫工作的面貌。

奇娃機器人大軍

貝佐斯不想再找一個擁有同理心思維的人來接替歐內托的營運主管職務，他要找個堅定、不妥協的人，在亞馬遜的銷售額持續高攀的同時，減緩物流中心成本的成長，獲得高營運槓桿。亞馬遜的物流成本在2011年提高58%，2012年成長40%，光是2012年節日前的高峰期，國內物流中心就雇用了五萬名臨時工作者，這些數字將持續不斷升高，以應付預期中的銷售成長。新的營運部主管將必須堅決地檢視整個供應鏈，設法使用科技來提高效率。

克拉克是這個職務的熱門人選，他有個強項，那就是他提議收購位於麻州北里丁鎮（North Reading）的新創公司奇娃系統（Kiva Systems），該公司設計、製造像掃地機器人Roomba那樣的行動機器人。亞馬遜物流中心的揀貨員可以不必每天在龐大的倉庫中行走十幾英哩，從貨架上揀取訂單品項，改由奇娃機器人去貨架區扛可移動的商品容器，到處運送給理貨員，就像由看不見的軟體之手指揮的交響樂團。

激發奇娃這個構想的，正是啟發赫林頓提議建立亞馬遜生

鮮業務的一場災難。Webvan破產後，其主管之一米克‧蒙茲（Mick Mountz）認知到，電子商務公司付錢請來的員工，基本上有三分之二的時間都花在行走上。他構思出一種機器人系統，運送商品貨架給工作者，以提高他們的生產力，消除倉庫走廊上潛在的瓶頸。幾年後，他的新創公司 Disrobot Systems 改名為「Kiva」，在美國霍皮族（Hopi）印第安人的語言中，這個用詞與蟻群有關。

接下來幾年，蒙茲及同仁發展出原型，募集創投資本，向史泰博（Staples）、戴爾（Dell）、沃爾格林（Walgreens）等公司銷售他們打造的機器人。他們曾經幾次向亞馬遜推銷，甚至向赫林頓及亞馬遜生鮮做了先導試驗，但推銷不成功。後來，亞馬遜分別在2009年及2010年收購了奇娃系統公司的兩個客戶捷步和魁市，然後把它們的機器人封存。蒙茲相信，亞馬遜此舉是想激起人們懷疑這家科技新創公司的前景。接著，亞馬遜在2011年春天出了一個很低的價格想收購奇娃，被蒙茲拒絕了。

在此同時，亞馬遜開始靜悄悄地評估其他機器人公司，請它們建造一款行動的倉庫機器人，但沒有成功。於是，亞馬遜向奇娃提高收購價格。代表奇娃系統的一位投資銀行家說：「後續的談判是我所經歷過的談判中最痛苦的一個。」亞馬遜對每一點都有意見、都要爭論。2012年初，收購案以7億7,500萬美元成交後，奇娃的主管們造訪西雅圖，看到會議室裡擺放了一個亞馬遜自己研發、但不成功的機器人原型。

收購奇娃系統公司是克拉克的提議，他隱約了解到，奇娃機器人具有改造物流中心的潛力，可以把亞馬遜不斷攀升的變動成本轉變成更可預測的機器人及軟體固定投資。根據多年

後彭博社對克拉克的人物報導，在討論此收購案的一場會議中，他假裝把一堆籌碼做勢放在會議桌上說：「我只懂一種玩撲克牌的方法，那就是全押。」[4]

這樁收購案成交前，蒙茲非常堅持要繼續向其他零售業者銷售機器人，壯大奇娃的業務。克拉克說他對此沒意見，他告訴蒙茲：「你若想賣機器人給沃爾瑪，我沒意見，賺了錢還可以資助我們的成長。」蒙茲把這些保證轉達給奇娃的客戶，但他沒有要求克拉克白紙黑字寫下承諾。完成收購的兩年後，克拉克和威爾克認為，機器人帶來的戰術優勢太寶貴了，於是他們逐一拒絕供應奇娃機器人給其他公司。

蒙茲非常失望，「我毀了我在業界建立多年的關係，整個經驗令我失望極了。」他試圖直接找貝佐斯談，但沒有結果。

蒙茲回憶，貝佐斯主要是對機器人大軍在物流中心的潛力有興趣，而為了遷就貝佐斯的興趣，並激發這個領域的研究，他的共同創辦人彼得・伍爾曼（Peter Wurman）提議舉辦一場大學競賽，名為「亞馬遜揀貨挑戰賽」（Amazon Picking Challenge），找到一款能夠把從貨架上揀選產品的工作做得比人類更好的機器人。[5]這場頭獎獎金只有兩萬美元的競賽持續了三年，吸引有關於機器人可能搶走人類工作的媒體議論恐怕多過實質的機器人研發進展。

接下來幾年，亞馬遜有條不紊地重新設計奇娃機器人，把奇娃的軟體移到AWS，並在新設的物流中心推出這些機器人，獲得極佳結果。如同克拉克所期望，它們大大提升工作者的生產力，降低亞馬遜的季節性勞力需求相對於銷售的成長率。它們也使得亞馬遜可以建立更密集的物流中心，地板上及強化的夾層有大群搬運貨架的機器人。2014年接受電視採訪

時，克拉克估計，新一代機器人使亞馬遜的新物流中心每平方
英尺可以增加50%的存貨。[6]

　　機器人也改變了作業員的工作型態，他們原本因無止盡的
行走而精疲力竭，現在，他們站定一地，單調重複相同的動
作，由身體疲勞轉變為心智疲勞〔非營利性新聞組織調查報
導中心（Center for Investigative Reporting）的《揭露》（Reveal）
雜誌在2020年的一篇報導中，引用美國勞動部職業安全衛生
署（OSHA）發給亞馬遜的一封信指出，機器人導致員工曝露
於「人因危害因子」（ergonomic risk factors），包括重複性動作
及一天站立十小時導致的壓力〕。[7]軟體以看不見的專制力量
指揮機器人大軍的同時，也在監視工作者的表現，任何可量化
的生產力降低都會被標記出來，使員工進入績效改進計畫，並
且有可能被解雇。

　　奇娃收購案確立克拉克就是貝佐斯尋求的那種追求超越的
營運領導者，他在2012年承繼歐內托的職務，並在翌年晉升
為資深副總。現在，克拉克進入S團隊，而他在坎貝爾斯維爾
物流中心時的老夥伴羅斯及瓦德茲回來西雅圖當他的副手，即
將幫助他推動貝佐斯最大膽的願景。

自建物流運輸網絡

　　跟許多非常吻合貝佐斯領導風格的經理人一樣，克拉克
的智商勝過他的情商。他喜歡談論他的家庭及奧本大學足球
隊，他可以滔滔不絕、甚至帶著浪漫情懷地大談亞馬遜的服務
顧客使命。但是，營運部門的幾十名員工也形容他們的這個上
司是個尖刻傲慢的人，在走廊上鮮少跟他人打招呼，隨著他的
管轄幅度擴大，他也不太願意接見職位低於副總的人。

　　從歐內托手中接掌營運部主管後，在與直屬部下最初的一場視訊會議中，克拉克隨口提起他在東岸物流中心時的綽號「狙擊手」，令部屬當場愣住。[8]許多人後來驚惶不安地回想他說過的惡言，例如「這裡不會雇用文科學位的人。」（儘管他自己在大學時主修的是音樂教育）。有一次，部屬開會討論在亞馬遜的貨物拖板和包裝上加入無線射頻識別（RFID）晶片，讓物流中心更容易追蹤它們，這時克拉克走進來，顯然對這個計畫很不滿意，他說：「告訴我，為何我不該馬上開除你們所有人。」

　　但是，這一切與克拉克的出色能力相比，顯得無足輕重。他有分析犀利的頭腦，擅長深入最錯綜複雜的細節，辨識問題及不利趨勢。他具有一項在亞馬遜這家公司很重要的能力，這項能力即將證明極為有用：他能把貝佐斯的雄心願景轉化為近乎現實，再把它們壯大成系統，卻不會導致亞馬遜的龐大規模分崩離析。

　　2013年耶誕節，惡劣天氣加上線上購物大為盛行，亞馬遜的首要貨運合作夥伴優比速無法消化最後一刻激增的訂單。優比速在路易斯維爾的世界港（Worldport）中心占地五百二十萬平方英尺，是全球最大的貨物空運中心之一，它被暴增的節日包裹淹沒，估計有數十萬件亞馬遜包裹無法在節日及時送達。[9]同事回憶，克拉克暴怒，在電話上嚴厲斥責優比速主管，最後讓他們答應配合亞馬遜，補償失望的顧客20美元的禮物卡並退還運費。[10]

　　但是，亞馬遜營運部員工稱之為「耶誕節大紕漏」的這起事件，不能完全歸咎於優比速，它可能無可避免，因此值得在此探究背後的原因。當時，亞馬遜著名的飛輪開始轉得更

快，每一年節日季，Prime會員數增加幾百萬，第三方賣家的商品也暴增，湧入亞馬遜物流中心。

亞馬遜物流中心全年無休，以應付二十四小時來自網站顧客的訂單，但是，優比速和聯邦快遞（FedEx，亞馬遜次要的合作夥伴）在星期天及國定假日並不營運。在一年當中絕大多數的日子，這種差異沒有多大影響，但在感恩節連續假期後，包括黑色星期五的瘋狂購物，遞送公司的網絡就積貨暴增、異常壅塞。

亞馬遜高聲疾呼優比速及聯邦快遞在週末送貨，拓展更多產能以趕上亞馬遜的快速成長。可是，這些遞送公司很謹慎；亞馬遜一家公司就能讓它們的員工崩潰，並且吃下全部遞送產能，不留空間給其他客戶。亞馬遜每隔幾年就談判，要求更高的折扣，對這些遞送公司而言，這個線上巨人雖然帶給它們更多營收，卻也侵蝕了它們原本豐厚而令投資人滿意、促使股價上漲的兩位數獲利率。

優比速和聯邦快遞嘗試加收額外費用，並對其節日期間使用它們的航空貨運網路設定上限，希望藉此減輕亞馬遜造成的侵蝕，但亞馬遜的主管們對此很不開心。當時的四名員工告訴我，他們聽到克拉克及其他的亞馬遜主管抱怨及批評聯邦快遞，說它的創辦人弗瑞‧史密斯（Fred Smith）：「周圍全是馬屁精，傲慢得離譜。」但非常諷刺的是，在克拉克的員工看來，這些話也可以形容亞馬遜的高層領導人。

優比速在2013年節日季的大紕漏，使這些緊張情勢達到高點，亞馬遜主管無法再忍受下去。他們認為，若無法可靠地依賴這些遞送公司以支撐亞馬遜的成長，亞馬遜就必須建立自家的物流運輸網絡，掌控商品從供應商倉庫到亞馬遜物流中

心、再一路送達顧客家中的整個過程。

2013年節日大崩潰後的第二天，克拉克打電話給前聯邦快遞主管、後來進入亞馬遜擔任運輸總監的麥克‧英德瑞桑諾（Michael Indresano），詢問他們能夠在明年節日高峰前興建多少個分類中心。分類中心負責按照郵遞區號區分及匯集包裹，再把它們交給美國郵局，完成遞送到府的最後一哩路。

英德瑞桑諾預估，在2014年年底前，他可以啟運十六個分類中心，「那就開始建造！」克拉克回答。亞馬遜在亞特蘭大、邁阿密、納許維爾等城市快速設立分類中心，內部把這行動稱為「甜蜜16」（Sweet 16）。

這段增建期間，亞馬遜包裹也開始在星期日遞送到府。營運部的一名主管說，優比速及聯邦快遞拒絕週末送貨，令貝佐斯很不滿，克拉克和同事找到一個巧妙的解決辦法：和美國郵局簽約，在所謂的「安息日（星期日）」遞送包裹。[11]這個安排很快讓美國郵局竄升成為亞馬遜包裹遞送數量最多的遞送業者，也讓亞馬遜的平均遞送成本低於使用優比速和聯邦快遞的成本。

亞馬遜的分類中心結合週日遞送，改變了Prime會員的體驗，顧客週五下午不必再被迫放棄線上購物車，改往購物商場獲得立即滿足。對此成就引以為傲的貝佐斯，帶領亞馬遜董事會成員前往加州聖伯納丁諾參觀其中一座新設施。

但是，分類中心和週日遞送只是朝向建立自家物流運輸網絡目標的第一步。亞馬遜從未完全放心於仰賴美國郵局，就如同它不信賴優比速及聯邦快遞，再加上郵局會受到無法預料的政治因素影響，還有長期揮之不去的大眾觀感：大家普遍認為郵局服務較不可靠。因此，克拉克和同事開始推銷他們最富雄

心的行動：遞送到府的「最後一哩」網絡。若亞馬遜不能仰賴那些包裹遞送業巨人來趕上該公司的業務成長，它就必須自行督導訂單的遞送。

參加那些會議的主管說，首要的疑慮不是亞馬遜能否確實建立如此複雜的網絡，而是進入運輸業會不會提高亞馬遜受工會攻擊的風險。遞送站必須設在亞馬遜多數顧客居住的都會區，例如紐約市和紐澤西，這些是有組織的勞工運動的所在地。

克拉克和同事想到，優比速的員工組成工會，但聯邦快遞陸運（FedEx Ground）、DHL以及差不多每一家和優比速競爭的陸運遞送公司雇用的是非工會員工，這減輕了他們的憂慮。亞馬遜將採用相同的模式建立新的運輸事業部門亞馬遜運通（Amazon Logistics），它不直接招募任何人，而是和獨立的遞送公司建立合作關係，這類所謂的「遞送服務夥伴」（delivery service partners，簡稱DSPs）雇用非工會司機。這將使亞馬遜可以支付比優比速更低的勞工費用，又能避免司機集體談判爭取更高薪資的潛在夢魘，後者可能摧毀原本就已經脆弱的遞送到府經濟收益。

這種與司機保持距離的做法，將使亞馬遜免於運輸事業所有無可避免的必然結果，例如拙劣的司機、司機行為不端，或是更糟糕的車禍事故與死亡。這種公司把專門性質工作外包給承包商的方式，經濟學家稱之為「裂解的職場」（fissured workplace），[12] 並譴責這種安排侵蝕勞動基準，鼓勵合法化形式的工資歧視，導致貧富不均的惡化。這已經長達幾十年的趨勢，推手並非只有如聯邦快遞及優步等運輸服務供應業者，還有旅館業、有線電視供應商和蘋果之類的科技公司。當然，亞

馬遜以其規模，把它更推進一步，而保護勞工有責的政策制定者被這種發展殺個措手不及。

昔日鐵三角關係破裂

隨著亞馬遜漸漸展臂自營自控遞送到府流程，克拉克和同事也開始接管供應鏈的另一個重要舞台。在那時之前，亞馬遜一直仰賴大型貨運業者把商品從供應商載運到亞馬遜物流中心，並負責物流中心與分類中心的運送。2015年12月，亞馬遜正在興建新的分類中心，亞馬遜運通漸漸在新城市開張營運，亞馬遜宣布已經購買數千個側邊印有亞馬遜Prime標誌的聯結車後掛車廂，[13]這是由羅斯參與執行、名為「Mosaic」的計畫。同樣地，亞馬遜不召募正職駕駛，而是仰賴長途運輸服務供應商，讓它們的牽引車掛上這些印了Prime及標誌的半掛拖車。

在同事們眼中，年紀較長的羅斯是個出色的策略家，他們說羅斯玩的是圍棋，其他人玩的是西洋跳棋或西洋棋。他們也認為他是個有同理心的領導人，在糟糕的會議之後，會關心員工的心情與狀況，或是討論他們的長程職業規劃。「羅斯彌補了克拉克的很多罪孽，」一位在亞馬遜運通待了很久的主管說：「他親和、善解人意，在克拉克令你極其難堪後，羅斯就在幕後擁抱你，拍拍你的肩膀，安慰你。」

不過，他的同情心是有限度的。當一名顯然喝醉的Mosaic司機現身供應商的廠房時，供應商直接發抱怨電子郵件到貝佐斯公開的電子郵件地址，貝佐斯把信轉寄給某位亞馬遜主管（對方要求匿名），除了習慣的問號，還加了三個字母「WTF」（What the fuck，搞什麼鬼）。

　　主管把這封信給羅斯看，羅斯用他獨特的德國腔說：「啊啊啊，你收到這種信了！哎呀，是貝佐斯發的信，他說『WTF』！是貝佐斯沒錯，這是正宗的貝佐斯風格。祝你好運。」

　　羅斯在坎貝爾斯維爾物流中心的老上司瓦德茲的處境就艱難多了。瓦德茲從英國調回來，接掌新成立的亞馬遜運通事業，他在2013年從聯邦快遞歐洲分公司找來能幹的物流運輸主管加萊蒂，幫助他建立類似聯邦快遞陸運的遞送能力。可是，克拉克與她面談時，認為她是取代該團隊即將退休的人力資源主任尼可克的完美人選。

　　儘管克拉克的直覺是對的，加萊蒂後來加入S團隊，成為全亞馬遜公司人力資源部門主管，但瓦德茲很惱怒，認為他的獨立性被侵犯。他和克拉克都住在西雅圖東郊，相隔一英哩，兩家人關係密切。但那次事件後，他們的關係開始緊張。

　　在瓦德茲的打理下，亞馬遜運通坎坷上路。一如預期，公司在都會區興建全新類型的小型設施，名為「遞送站」，負責整理包裹，交給遞送服務業者。但是一開始，整個運輸網絡混亂而且成本非常昂貴，司機也不可靠，經常表現種種粗魯行為，例如和顧客吵架，或是從遠處把包裹拋到顧客住家的陽台上。員工收到太多來自貝佐斯質問有關這些申訴的問號郵件，多到他們幾乎數不清。

　　貝佐斯也無法理解為何最後一哩遞送的初始表現如此糟糕，他說，報童和披薩遞送員一趟的遞送費用才5美元！一些早期的亞馬遜生鮮每件遞送成本是這個金額的許多倍。根據一位營運部主管的描述，貝佐斯在一場亞馬遜運通業務檢討會議中說：「如果你們犯的是高級錯誤，我還可以接受，但這表現

253

顯得我們像是一群蠢蛋。」

不管公平與否，運輸網絡的糟糕起步，瓦德茲扛下了責任。2015 年初，克拉克改派他去做亞馬遜在新興市場如巴西及墨西哥的營運工作，羅斯是他的頂頭上司。這基本上是降級，對於曾是克拉克及羅斯上司的主管來說，是重大打擊，瓦德茲在亞馬遜的發展之路現在明顯脫軌。

一年後，塔吉特營運長約翰・莫利根（John Mulligan）接觸瓦德茲，想請他接掌該公司供應鏈執行副總。瓦德茲起初回覆表示，他打算「當個亞馬遜人，至死不渝」。但後來開始思考他最近的挫折，最終決定接受這工作。

塔吉特打算在二月的最後一天宣布聘用瓦德茲，該公司執行長布萊恩・康乃爾（Brian Cornell）那天剛好有一場產業研討會演講。瓦德茲不忍心當面告知羅斯這消息，於是打電話給克拉克，詢問能否在他辦公室私下見面，但克拉克那天請假去參加孩子的學校活動，瓦德茲被迫得在電話上告訴克拉克，他要離開了。克拉克起先客氣地問：「你要去哪裡？」

瓦德茲告訴他是塔吉特，克拉克立刻暴怒。這又是另一件赤裸裸的事例，顯現亞馬遜的雙重標準：它強橫地挖角競爭者的員工，但是當它的主管要投奔競爭者時，卻視之為背叛。多年後，瓦德茲痛苦地回憶：「他告訴我，若我做出那個決定，亞馬遜不會善罷干休。」然後，克拉克就把電話掛了。

幾分鐘後，加萊蒂打電話告訴瓦德茲，若他前往塔吉特工作，他會有大麻煩。「貝絲，我的職務是管理一千八百家商店的補貨，以及一個規模很小的電子商務，」瓦德茲為自己辯護。但加萊蒂表示，亞馬遜不這麼認為。接著，瓦德茲傳簡訊給威爾克，表示他很希望有機會可以談談，但從未收到威爾克

的回覆。

　　瓦德茲在塔吉特正式上任的一週前，亞馬遜把他告上華盛頓州金郡（King County）高等法院，指控他違反非競業條款，與競爭者分享亞馬遜的專有資訊，要求法官判決瓦德茲在十八個月內不得前往塔吉特工作。[14]跟亞馬遜打的許多這類官司一樣，在塔吉特同意於瓦德茲的聘用合約上做出無關緊要的調整後，這起官司最終私下和解。

　　但是，十五年的私人關係已經破裂。在那通引發爭端的電話之後，克拉克再也沒和他結婚時的伴郎說過話。

亞馬遜建立自己的機隊

　　克拉克已經證明自己是個十足的亞馬遜人，把對公司的忠誠度擺在私人關係之上，並且致力於實現貝佐斯的獨立供應鏈願景。不過，要確實達成這項使命，他需要做的不只是讓車子和聯結車車廂上路，他還得讓飛機飛上天。

　　在亞馬遜物流網絡中，優比速次日達空運（UPS Next Day Air）及聯邦快遞是重要環節，把附近物流中心沒有存貨和不提供陸地運輸的非經常性購買品項飛速遞送給全美各地的Prime會員。但是，當這些遞送業者開始謹慎看待這個線上零售巨人時，亞馬遜發現，不能再依賴它們。

　　世界港大紕漏一年後的2014年年底，這點明確浮現。優比速再次對其運輸網絡的使用採取配額方式，並且限制所有地區空運到西雅圖的亞馬遜貨物。因此，亞馬遜當季最後的當日限時特惠——免費隔日送達Kindle，將無法供應給西雅圖居民。這顯然是個不能容忍的結果，克拉克打電話給亞馬遜運通副總英德瑞桑諾，問他能否找到飛機。

「什麼意思，飛機？你說的是一張飛機票和一個上方置物櫃，還是一整架飛機？」英德瑞桑諾問道。

「去找一架飛機來就是了。」克拉克回答。

英德瑞桑諾詢問羅斯，克拉克是說真的嗎？然後，他找來他的分類中心業務團隊成員史考特・魯芬（Scott Ruffin），要他想辦法。魯芬打電話給一個經營包機服務業務的老友，租了兩架波音727。亞馬遜讓這兩架包機從南加州和北加州的亞馬遜物流中心，把被擱置的訂單和商品運送到西雅圖塔科馬國際機場。英德瑞桑諾開玩笑地買了一頂存放在加州安大略物流中心的聖誕老人帽子，包裝成禮物遞送至克拉克家中，祝他聖誕節快樂。

這是亞馬遜空運服務非正式的誕生，後來成為「Prime Air」，再改名為「Amazon Prime Air」，最終改名為「Amazon Air」（亞馬遜航空）。這名稱的混淆源於貝佐斯：2013年時，他接受《60分鐘》（60 Minutes）節目專訪，宣布亞馬遜正在研發名為「Prime Air」的無人機，未來將使用無人機把個別包裹遞送到顧客家的後院。幾位營運部主管告訴我，這招令他們很糗（因為過了七年，這項無人機計畫仍然停留在私下測試階段），他們用「舔餅乾」（cookie licking）這個微軟內部的舊詞來形容它，意思是還未實際做某件事之前就宣稱在做這件事，為的是讓它變成眾所周知，防止其他人跟進。[15]

不同於無人機計畫，租包機的成效立竿見影。在2014年年底承租兩架包機後，魯芬被指派負責建立一個貨物空運網絡。他招攬了六位同事，窩在南聯合湖區亞馬遜的魯比道森大樓（Ruby-Dawson buildings）裡一間沒有窗戶的會議室，經常在那裡和克拉克開會。

他們在白皮書中指出，擁有自家飛機隊可讓亞馬遜縮短遞送時間，而且只需支付空中運輸貨物的實際成本，而非優比速及聯邦快遞對外索取的價格。貝佐斯對自購飛機半信半疑，好奇若亞馬遜自營一家貨運航空公司，會採取哪些不同於其他物流運輸公司的做法。主管們也知道，經營空運公司，許多麻煩也會隨之而來：公司可能得面對好鬥的機師工會，非常多的管制，以及不贊同矽谷走捷徑與創新風格的監理機關：美國聯邦航空總署。

他們提出讓亞馬遜避開這些缺點的解決方案，克拉克成功說服S團隊同意這項提案。跟亞馬遜的其他陸運方案一樣，此空運計畫將掌控所有航空貨運，但不一定要擁有它，或是讓公司暴露於危險的航空業麻煩。從計畫細節可以一窺亞馬遜的規模與力量所涵藏的自我擴增優勢。

2016年春天，亞馬遜宣布它將向兩家航空公司租賃四十架波音公司767貨機，分別是位於俄亥俄州威爾明頓（Wilmington）的航空運輸服務集團（ATSG），以及位於紐約州威斯特徹斯特郡（Westchester County）的亞特拉斯航空公司（Atlas Air）。這兩家航空公司將繼續負責飛機的維修及營運，但飛機將掛上「Prime Air」標誌，為亞馬遜所徵用，為期五到十年。

根據交易的約定條款，亞馬遜要先購買認股權證，以每股9.73美元買下ATSG 19.9%的股權，另以每股37.50美元買下亞特拉斯航空20%的股權。亞馬遜知道，與電子商務巨人合作，能讓這些公司的投資人振奮不已，想從中獲得好處。

果不其然，每家公司宣布消息後，股價都上漲──分別在宣布消息後的一個月間上漲了49%和14%。克拉克寫電子郵

件向S團隊報告最新進展，貝佐斯回覆時誇讚：「太棒了，就是該這麼做！」交易的第二週年，根據兩家航空公司的8K申報表資訊，亞馬遜不僅達到取得獨家航空路線的目標，投資也賺了近5億美元。

在2016年夏天的西雅圖航空展，機身印有「Prime Air」、機尾印有亞馬遜微笑標誌的飛機首次露面，引起媒體揣測：亞馬遜會不會顛覆聯邦快遞、優比速、美國郵局以及它們在電子商務遞送業務領域的勢力呢？在一場法人說明會上，聯邦快遞執行長史密斯說，這種臆測是「奇幻」（fantastical）之想，他特別強調，這個字是他謹慎選用的。[16]

公開回答有關於這項計畫的提問時，克拉克說，聯邦快遞及優比速都是「好夥伴」，Prime Air扮演的是增補角色。[17]但是，克拉克並未把他因兩家公司關係而對史密斯產生的敵意隱藏得很好，他後來在推特上發文：「呵！呵！呵！祝大家有個奇幻（fantastical）假期！」並附上一張Prime Air模型飛機擺在一棵聖誕樹前的照片。

亞馬遜在2018年增加十架飛機，2019年再增加二十架，2020年增加十二架，2021年1月又增加七架。Prime Air機隊讓亞馬遜得以利用其增加的銷售量，讓飛機滿載大體積、但重量輕的品項，以往透過傳統的遞送業者運送時，費用貴得多了。[18]它也讓亞馬遜能夠照顧它奇特的全天候線上購物型態，例如安排飛機在週日凌晨兩點從分類中心出發。服務成千上萬其他公司的優比速及聯邦快遞無法對單一客戶提供這樣的彈性。

現在，有了飛機之後，克拉克還需要另一個東西：飛機起飛前裝貨及飛機降落後卸貨的樞紐機場。亞馬遜在2017年

1月宣布，它將在辛辛那提／北肯塔基國際機場（Cincinnati/
Northern Kentucky International Airport）興建一個Prime Air樞
紐，這是DHL的國際樞紐機場，亞馬遜將在其新設施興建期
間付費使用。[19]這椿14億9,000萬美元的交易由亞馬遜的經濟
發展總監荷莉・蘇利文（Holly Sullivan）負責協商，她從地方
及州政府爭取到4,000萬美元的稅收優惠。

　　不過，若克拉克以為他將再次獲得貝佐斯的稱讚，那他可
就錯了。亞馬遜的新樞紐機場將創造約2,000個新工作機會，[20]
反觀電動汽車製造商特斯拉（在私人航太產業及大眾的吹捧
上，特斯拉的執行長馬斯克是貝佐斯的勁敵），幾年前在內華達
州設立電池工廠Gigafactory時，取得了13億美元的減稅。特斯
拉預期它將創造六千五百個工作機會，等於平均每創造一個工
作機會所取得的稅負優惠是亞馬遜的十倍。

　　貝佐斯當然看出這個差距，三名員工分別回憶貝佐斯看到
肯塔基機場交易新聞時的反應，他們認為，貝佐斯的反應已經
預示了近兩年後計畫設立亞馬遜第二總部時，他將推出名為
「HQ2」的公開競賽流程，而此舉最終引發抨擊。[21]貝佐斯當
時在電子郵件中提出類似以下的質疑：「為何馬斯克有如此巨
大的力量，可以獲得政府的高額租稅獎勵，而我們不能？」

亞馬遜司機車禍事故多

　　亞馬遜運通擴張的過程中，貝佐斯想獲得更多政府補助其
實是諷刺的，因為亞馬遜已經把相當多的成本轉嫁到大眾身
上。亞馬遜沒有為它的司機提供醫療保險，沒有維修往返其物
流中心與分類中心的繁忙擁塞道路，也沒有扶助它的物流中心
每年年底節假日高峰期雇用的臨時勞工，高峰期結束後，那些

臨時工就失業了，一整年的其餘時間都領取失業救濟及其他社會福利。在相當快速地建立一個運輸網絡時，亞馬遜處心積慮地避開了一般運輸企業往往得承擔的許多風險。

但是，那些挑戰並未消失，至少在媒體及輿論中，亞馬遜無法完全擺脫它們。

2016年12月22日，八十四歲的芝加哥老奶奶泰莉絲佛拉・埃斯卡米拉（Telesfora Escamilla）被一輛後門印有亞馬遜標誌的白色日產（Nissan）NV1500廂型貨車撞死，這輛貨車的營運公司是印帕斯貨運（Inpax Shipping Solutions），是那些幾乎只為亞馬遜遞送包裹的獨立貨運公司之一。

根據媒體的後續報導，印帕斯貨運公司的經營記錄很差，美國勞動部發現該公司短付薪資給數十名員工，而且因為不支付加班費而違反勞動法。這輛貨車的二十九歲司機瓦爾帝瑪・葛雷（Valdimar Gray）被之前另一家同樣為亞馬遜送貨的公司解雇，後來的官司文件中指出，解雇原因是「可阻止的肇事逃逸」。他沒有商業司機執照，卻仍被印帕斯雇用，在這起死亡車禍發生前，他已在印帕斯工作了兩個月。

葛雷被控過失殺人，但在芝加哥進行的刑事庭中，法官認同被告辯護律師的辯護——這是一起意外，葛雷無罪獲釋。[22]但埃斯卡米拉的家人對亞馬遜及印帕斯這兩家公司提起民事訴訟，指控亞馬遜讓司機承受準時遞送包裹的過大壓力，導致這起車禍及埃斯卡米拉的死亡。事故發生的一週前，亞馬遜以電子郵件通知印帕斯及該地區的其他獨立遞送服務夥伴，提及「最後幾天，一些遞送路線範圍及遞送路線的表現不佳」，並聲明「我們的首要任務是把每一個包裹準時遞送到顧客手上」。[23]亞馬遜及印帕斯在2020年3月靜悄悄地和埃斯卡米拉的家人達成和

解，同意支付他們1,400萬美元。

　　還有其他類似的悲劇，其中許多在2019年被《為了公民》（*ProPublica*）和《話題新聞》（*BuzzFeed News*）的調查報導披露。報導顯示，遞送亞馬遜包裹的司機涉及超過六十起嚴重車禍，包括至少十三起死亡車禍。[24]2018年，六十一歲的律師祕書史黛西・海耶斯・柯瑞（Stacey Hayes Curry）在事務所停車場，遭到為亞馬遜遞送包裹的雷特萊遞送服務公司（Letter Ride）的司機撞死，肇事司機告訴警方，他完全沒看到柯瑞，他以為自己撞上的是減速丘。《為了公民》的調查報導指出，柯瑞的兒子寫信（但這封信並未寄出）告訴貝佐斯：「我認為，這種不顧一切的速度是從高層涓滴釀成的。」[25]

　　亞馬遜的主管告訴我，安全是他們的第一優先，該公司遵守所有公共安全法規，甚至做得更多。在一次訪談中，威爾克說，亞馬遜的運輸夥伴在2019年總計跑了七億英哩，他聲稱亞馬遜的安全紀錄優於全國水準。亞馬遜拒絕提供關於該公司車禍事故率的資料，在缺乏資料下，無從檢驗威爾克所言的正確性。「我沒有看到安全文化的惡化，我看到的正好相反，」威爾克說：「我不認為我們為了產能而必須犧牲安全的說法是正確的。」

　　許多前亞馬遜營運部門員工承認，亞馬遜並未故意降低安全性標準，他們指出，包裹遞送本質上就是具危險性的工作，對所有公司而言皆然。但是，他們也指出，把遞送工作外包給服務供應商而非收購它們，或直接雇用司機，這限制了亞馬遜控管路上遞送狀況的能力。

　　亞馬遜在世界各地的物流中心，習慣採行近乎專制的管理，藉此防止意外事故。例如，工作者每天上工時，先聽訓安

全守則，做伸展操。但遞送包裹的司機未獲得來自亞馬遜的這類支援，免得他們被歸類為亞馬遜的員工。「這是奇特的二分法，」在亞馬遜營運團隊工作了三年的資深經理威爾・高登（Will Gordon）說：「在物流中心和那些執行最後一哩路遞送工作的承包商，工作安全的意義大不相同。」

亞馬遜無法把相同的安全及效率文化加諸於遞送夥伴，就試圖使用科技指引他們。該公司讓遞送包裹的司機在手機下載安裝亞馬遜內部稱為「兔子」的行動應用程式，以掃描包裹，顯示顧客地址，並透過演算法產生最快速的包裹遞送路線。

兔子應用程式原本是為了一種類似優步的獨立服務 Amazon Flex 所開發，讓個人司機在線上註冊後，以時薪18美元至25美元，提取及遞送亞馬遜包裹。[26] 司機可以安排自己的行程，但必須自備車輛、燃料、保險及智慧型手機。Amazon Flex 原本是要遞送 Prime Now 訂單（所以才會取名 Rabbit，是蘭德瑞的魔術品牌分類法的一部分），但很快就成為亞馬遜所有遞送包裹司機使用的工具。

參與此應用程式開發工作的前員工說，兔子的開發工作紊亂且匆促，起先並沒有提醒司機暫停下來休息片刻，或是選擇較少左轉的路線等功能。統計顯示，行車左轉時較常發生事故，優比速及聯邦快遞從很早以前就知道這是一個重要的行車安全功能。兔子開發工作的前設計團隊主管崔普・歐戴爾（Trip O'Dell）說：「跟亞馬遜裡的很多事情一樣，總是『預備、射擊、瞄準』，他們就是要快速擴張，認為可以日後再來修正。」

歐戴爾說，他和團隊成員擔心這款應用程式會導致司機行

駛於危險的城市街道上時分心，並向他們的主管提出這項顧慮。他們指出，兔子應用程式顯示的資訊相當密集，難以在耀眼的陽光下閱讀，司機應該全神貫注於路上狀況，但持續傳送進來的新遞送案件通知，將會分散他們的注意力。

歐戴爾說，這款應用程式的問題很多。路線規劃得很差，司機遞送完一件後，難以順利便捷地進入下一件的遞送。詐欺事件也很多，司機找到其中漏洞，領取實際上非由他們遞件的酬勞。問題之一是，西雅圖及奧斯汀兩地的雙披薩團隊同時開發iOS及安卓系統版本的兔子應用程式，徒增遞送服務公司的混淆。「所有問題同時發生，它不是一款好的應用程式，」歐戴爾說。

可是，員工說克拉克比較關心解決亞馬遜運通棘手的經濟問題，例如：把每輛貨車的載運量最大化、支付司機正確工資。他根據冷冰冰的資料做決策，而員工對於安全的疑慮，根據的是傳聞證據。兔子應用程式團隊偶爾觀察遞送司機，看到他們不用餐；急匆匆地闖過停車查看與禮讓行人標誌，把他們的手機綁在褲腿上以便容易低頭檢視螢幕，這些行為全都是為了趕在截止時限前完成遞送。

諸如此類的安全問題很普遍，但在欠缺量化資料證據下，克拉克及其他主管大多漠視他們的投訴。「我不認為安全性是首要問題或第一優先，」資深經理高登說：「生產力及成本效益才是。」

在《為了公民》和《話題新聞》發表調查報導後，亞馬遜終止與幾家遞送服務公司的合作，包括印帕斯及其他涉及車禍的公司。亞馬遜的一名女發言人說，亞馬遜「有責任……確保這些夥伴在安全及工作環境等方面符合我們的高標準」。這

項聲明形同亞馬遜認錯，它隱含的意思是，它過去選擇合作的一些夥伴並未做到那些安全標準。

亞馬遜航空就沒有類似這樣的認錯，儘管情況相似。2019年2月23日，亞特拉斯航空貨運飛機從邁阿密運送亞馬遜及美國郵局的包裹，在接近休士頓的喬治布希洲際機場（George Bush International Airport）時失事，墜毀於一片沼澤地，兩名機師和一名乘客喪命。過去三年間，亞特拉斯航空快速成長，主要原因就是它和亞馬遜的合作。該公司的公開財務資料顯示，合作之初，該公司雇用了約1,185名機師，不到三年後，墜機事故發生之時，機師總數已經增加到了1,890人，成長達59%。

墜機事故發生前的幾週，新聞網站《商業內幕》（*Business Insider*）與為亞馬遜航空駕駛飛機的十三名機師訪談，他們全都表示，他們的薪資與福利低於業界水準。十二名機師說，為亞馬遜航空開飛機的機師，總體經驗少於其他航空公司的機師。其中一名受訪機師說，亞特拉斯航空讓機師負擔過重，情況就像一顆定時炸彈。[27]

貨運自主，推動成本效益

根據研究機構拉庫登情報（Rakuten Intelligence）的資料，到了2017年秋季，亞馬遜運通遞送約20%的自家包裹，比例高於聯邦快遞，並且接近超越優比速的邊緣。經過多年努力，它催生了數百家新的小型遞送服務公司，衍生出相當多的混亂及負面新聞報導。它也剛剛開始達成亞馬遜主管為它訂定的一些宏大目標。

但是，亞馬遜仍然需要更多的司機，尤其是在節日假期的

業績旺季。因此，克拉克再採取兩項行動，吸引更多的遞送公司。2018年6月，他向貨車少於四十輛的遞送服務供應商推出一個新方案，以優惠價提供印有亞馬遜名稱的車輛、制服、燃料及保險，但仍要求它們獨立營運，負擔醫療保險和加班費。每個城市再增加多家較小的遞送服務公司，一方面能確保亞馬遜有充足的合作夥伴，同時又讓它獲得另一種槓桿效益：它能夠支配合作條款，和任何具有破壞作用或表現差的遞送服務公司終止合作，但不影響亞馬遜提供的顧客服務水準。

幾個月後，克拉克下令採購兩萬輛深藍色賓士Sprinter廂型商用車，以優惠價出租給新成立的遞送服務公司，同時配發藍黑色亞馬遜制服及帽子。[28]

這項策略有效地幫助上千家新的遞送服務公司起步。2019年年初，亞馬遜超越優比速和美國郵局，成為自己在美國國內最大的貨品遞送業者。[29]這是重大的成就，儘管過程涉及可觀的成本。

克拉克花十年改造亞馬遜的物流中心及其最後一哩遞送網絡，徹底改變亞馬遜的零售事業。它讓亞馬遜得以把商品存放在離人口稠密地區更近的地方，而由於不再需要向大型遞送服務業者支付高額遞送費，而能降低運輸成本。它也使得亞馬遜的遞送費用可以配合業務成長的步調：愈多顧客成為亞馬遜Prime會員，使用亞馬遜的雜貨遞送服務Prime Now及亞馬遜生鮮，就能提高派遣司機進入那些社區的效率及成本效益。

最後一哩遞送網絡也讓亞馬遜不必受制於優比速和聯邦快遞的緊急狀況，以及襲擊美國郵局的政治風暴。當川普指責亞馬遜剝削美國郵政總署、揚言調漲費率時，該公司不以為然。[30]但是，這場紛爭的結果已無足輕重，亞馬遜現在可以把

交給美國郵政的運送量轉移至自己的運輸網絡，或轉給另一家合作夥伴優比速。

優比速認知到，亞馬遜已經改變了產業局勢。由於不敵顧客期望以及亞馬遜全天候服務對競爭者的壓力，該公司在2019年宣布，開始在週日遞送包裹。如同多年前發生在美國郵局的情形，優比速必須重新和貨車司機工會談判合約，以增設在週末工作並降低酬勞的司機類別。[31]

聯邦快遞在亞馬遜的遞送量占比降低至個位數，雖然它也開始在週日遞送包裹，但選擇完全停止為亞馬遜送貨。克拉克和史密斯之間的冷戰持續不減且饒富趣味，聯邦快遞響亮地宣布終止和亞馬遜的空中及地面合約，專心服務其他客戶，包括沃爾瑪及塔吉特百貨。[32]史密斯更加堅持他的觀點——亞馬遜對聯邦快遞不是破壞性威脅，在接受《華爾街日報》採訪時，他再次形容這種臆測是「奇幻」（fantastical）之想。[33]克拉克暫時禁止第三方賣家使用聯邦快遞陸運，[34]他的西雅圖辦公室裡擺放了一組高爾夫球，球體上就印著「fantastical」這個字。

在此同時，亞馬遜運通提供亞馬遜最渴望的目標——營運槓桿，貝佐斯立刻把它轉化成顧客福利及競爭護城河。2019年4月，亞馬遜宣布把Prime會員的兩日遞送改為一日遞送。[35]這項改變需要相當高的費用，但亞馬遜應付得來，主要是因為克拉克已經在物流中心和運輸網路中鋪下了基礎。那年稍後，亞馬遜也停收雜貨遞送服務每月15美元的訂閱費，讓Prime會員可以免運費使用亞馬遜生鮮及全食超市的遞送服務。[36]一年後，當新冠肺炎迫使困居家中的購物者使用線上雜貨遞送服務時，免運費成了一大福利。

　　克拉克實現了貝佐斯解放供應鏈的願景，也使自己成為最高水準的亞馬遜領導人化身：大格局思考者，有條理地做出長期賭注，這是多數短期導向的公司裡那些缺乏耐性的高階主管所趨避的作為，也幾乎可以確定是更謹慎、更具社會意識的企業領導人不會涉險去做的事。我詢問克拉克，是哪些能力使他能夠從坎貝爾斯維爾物流中心一路平步青雲晉升至S團隊高層，他說：「我是一個化繁為簡的人，我可以把複雜的東西解析成實現宏大目標所需要的實際行動。」

　　這位前中學樂隊老師一路披荊斬棘，打碎一段深厚的友誼，從亞馬遜的低工資工作者身上榨出更多生產力，把高成本轉嫁給整個社會，但過程中，亞馬遜的聲譽僅僅些微受損。

　　換言之，克拉克證明自己的創造力及冷酷無情與貝佐斯如出一轍。

10

後院的金礦

2017年秋季OP1規劃會議即將到來，許多亞馬遜的老員工對此暗藏著未說出口的恐懼，他們的至尊領導人已漸漸從公司淡出。貝佐斯仍然深度參與那些他認為他的想法與支持能有所貢獻的新計畫，例如Alexa、亞馬遜影業、Amazon Go，但他已經不那麼常進辦公室，大致上把公司愈來愈複雜的主力事業（零售事業及AWS）的控管權交給他的直接下屬、共同執行長威爾克和賈西。

此外，貝佐斯投入更多時間在《華盛頓郵報》及他的私人航太事業藍色起源。與此同時，貝佐斯的生活有個顯著的新變化，那就是他也在應付他的名氣與財富不斷增加所帶來的影響。那年五月，他和太太麥肯琪、他的父母、弟弟馬克及其太太、妹妹克莉絲汀娜及其先生等人在義大利渡假時，被狗仔追蹤。[1]6月15日，在媒體壓力下，貝佐斯開始思考捐獻他的財富，而為了節省研擬慈善策略的時間，他發推特文徵求解決迫切社會問題的點子。[2]七月，他被拍到出席艾倫公司在愛達荷州太陽谷（Sun Valley）舉行的年度研討會，穿著短袖黑色polo衫外加羽絨背心，露出壯碩的二頭肌，這張照片在網路上暴

紅，贏得「肌肉型男貝佐斯」（swole Bezos）的聲名。[3] 從1999年被《時代》雜誌評選為「年度風雲人物」時配上彩色保麗龍粒的封面照，到了此時，貝佐斯已經有長足的進展。

這位亞馬遜創辦人有足夠的理由可以放鬆、鍛鍊身體與照顧健康，並退出公司的日常營運。亞馬遜的股價在過去兩年間翻漲至三倍，那年夏天，公司市值已突破5,000億美元。亞馬遜的飛輪快速轉動，此時的貝佐斯是舉世第二富有的人，身價達890億美元。

貝佐斯也有愈來愈多的助理、公關專員及保全顧問，為他打理每天的行程，管理公眾形象，他們就像對待政府領導人般嚴謹精心地安排與管理他每天的活動，確保他的言辭與社群媒體貼文溫和而不得罪人。那年十月，貝佐斯為亞馬遜在德州設立的一座風力發電廠主持啟用儀式，他站在一架風車上砸破一瓶香檳以示慶祝，並在推特上張貼這段影片。十一月，他在一場名為「洛杉磯峰會」（Summit LA）中接受最溫和的提問者、他的弟弟馬克訪談。馬克是個投資人，也是藍色起源的顧問，曾在TED演講中講述擔任義消的經驗。這場對談中，傑夫與馬克聊調酒、太空探險、他們的祖父母，以及傑夫和麥肯琪如何離開紐約，駕車橫越美國，來到西雅圖創立亞馬遜。

亞馬遜的高層領導人很高興可以更獨立地運作，不再那麼常收到來自創辦人的尖銳質問及高要求，而當然，他們絕對不會公開承認這點。貝佐斯不是不再管事，他參與的會議仍然有可能做出改弦易轍的指示，改動計畫、打擊員工士氣。來自這位洞察尖銳的首領的意見，哪怕是最無足輕重的意見，也會在公司內部引發一陣騷動，讓大家忙著寫白皮書。但至少，現在和他開會的次數少於以往，使得許多主管輕鬆不少，並且好奇

他對亞馬遜的興趣是否消退，也許他們終於能喘口氣了。

夏末的年度規劃會議OP1即將上場，大家在揣測，那位專橫的執行長雖然稍稍退隱，但並未消失。

第一個、也是最不祥的凶兆出現於北美消費者零售事業單位的年度檢討會議上，這會議在Day 1大樓的六樓舉行，窗戶面西的大會議室裡由多張桌子連成一個大矩形，貝佐斯坐在其中一張桌子的中央位置，左手邊是財務長布萊恩・歐爾薩夫斯基（Brian Olsavsky），右手邊是他當時的TA傑弗瑞・赫爾布林（Jeffrey Helbling）。

赫林頓坐在貝佐斯對面，長期追隨他的財務主管戴夫・史蒂芬森（Dave Stephenson）坐他左手邊，看起來就像電影《教父》（Godfather）裡的軍師。威爾克及S團隊其他成員，來自零售、亞馬遜商城及其他部門的主管圍繞桌子，沿牆而坐；其他人則是透過亞馬遜剛推出不久、還不穩定的視訊會議應用程式Chime來聆聽會議。會議以慣常的形式開始，所有人安靜地閱讀零售事業單位的OP1報告，裡頭充滿圖表，詳細描述這事業過去的財務績效，以及來年的營運計畫。

與會主管後來好奇，究竟貝佐斯是事前安排的伏擊，還是閱讀報告時的臨場反應。他們當下注意到，貝佐斯在翻頁時，皺眉瞇眼，微微地抬起頭，問道：「我想知道若沒有廣告收入，這個事業單位2017年的獲利如何？」

亞馬遜網站首頁長久以來展示著橫幅廣告，近期它的搜尋結果頁面上方列出由供應商如寶僑及亞馬遜市集小型賣家付費刊登的廣告，和亞馬遜搜尋引擎產生的未付費搜尋結果摻雜在一起。分析師預估，2017年的廣告收入是28億美元，年成長率達61%。但零售事業主管把這項廣告收入視為事業單位績效

的重要部分，而非應該從損益表上摘除的一個獨立項目。

「傑夫，請等一下，我來算算」，零售事業的財務長史蒂芬森說。計算這個數字並不容易，這位任職亞馬遜十七年的老兵翻閱他面前放的一疊文件夾，用他的智慧型手機計算，會議室所有人緊張地靜坐等待。

大約五分鐘後，史蒂芬森得出一個結果，會議室所有人鬆了一口氣，但貝佐斯仍然冷漠地注視對面的赫林頓及史蒂芬森，「那2016年是多少？」他問。

史蒂芬森再次翻閱文件夾進行計算，又是令人緊張屏息的五分鐘。史蒂芬森得出另一個數字後，貝佐斯又問2014年的數字。「會議室的氣氛實在嚇人，尤其是當傑夫的腦子緊盯著某個東西時，」當時與會的一個主管說：「那氛圍實在令人膽怯，我很佩服戴夫〔史蒂芬森〕的冷靜。」扣除廣告收入，亞馬遜國內零售事業的財務績效突然變得沒那麼好看，這顯示此事業的經濟狀況實際上在惡化中。

貝佐斯掀一個角，蓋被下的情況就開始顯露，然後他繼續掀。接下來幾個小時的討論中，他認為廣告收入的成長掩蓋了線上零售業績的停滯成長。對於一個有前景的新事業，若前十年虧損，貝佐斯基本上能容忍，但零售事業早已過了那個容忍點。他要求盡可能回溯，找出惡化的趨勢始於何時。接著，他要求威爾克和他的團隊丟棄他們精心規劃了多個月後寫成的OP1文件，向他提出修改版本。他要求他們縮減人員雇用計畫及其他投資規模，致力於重返他們多年前達成的獲利能力──拉掉廣告收入這張安全毯之後的獲利力。

這個發展令消費者零售事業團隊主管錯愕，套用財務團隊中頭髮斑白老兵的諷刺用語，這是「根管治療」。貝佐斯自己

早年堅持要跟那些低價的競爭者一拚高下，進軍無利可圖的商品類別，此外，對顧客提供的更多福利和更佳服務水準都相當昂貴，但他們總是能仰賴公司更賺錢的業務來補貼那些投資。因此，財務團隊的主管們從未想過在計算內部損益時，要排除廣告收入。

過去二十多年間，貝佐斯一直強調薄利和低價戰術的好處，為的是搶攻市場占有率，彷彿它們是棋盤遊戲「戰國風雲」（Risk）上的六大洲。但現在他的思維改變了：零售業務沒有變得更賺錢，他覺得很失望；他最信賴的兩個副手威爾克和赫林頓，未能從營運中獲得更多的槓桿效益，他也覺得失望。他認為數字顯示這些主管可能在他們的使命上鬆懈，也就是永不懈怠地追求改善營運績效，他認為亞馬遜可能正在染上他所謂的「第二天」（Day 2）公司的一些特性。「Day 2 是停滯，接下來就是無關緊要，繼而是極痛苦的衰退式微，最終死亡，」他在那年稍早的全員會議中說：「所以，我們必須永遠保持兢兢業業的 Day 1 心態。」

S 團隊成員把一切歸咎於史蒂芬森，一年後他離開亞馬遜，成為 Airbnb 的財務長。一位知情的主管說：「他們的態度是：『你怎麼會疏忽這個？』可是，明明長久以來，我們全都一直疏忽。」

零售事業單位的 OP1 為那個月其他有爭議的會議定了基調。貝佐斯對國際消費者事業單位的資深副總羅素・葛蘭迪內提（Russell Grandinetti）下達類似的指示，而排除了廣告收入，他的事業單位的財務績效看起來比北美消費者零售事業更糟。貝佐斯要求看到亞馬遜在活動較久的國家（例如英國）有更佳的績效，並且嚴格檢視那些不太可能再獲得更多成長的投

資項目。他特別盯住一直虧錢的中國市場,亞馬遜已經和阿里巴巴及京東競爭了十多年而未能成功。那次會議後,他也要求葛蘭迪內提的團隊再與他舉行一系列的後續會議。

另一場是法務、人力資源及全球事務這幾個部門合併的檢討與年度規劃會議,貝佐斯逐條討論它們的增員規劃,要求說明理由,質疑任何看起來不合理的人員擴編。他一度抱怨,為何消費者零售業務公關團隊需要增員規劃,納悶為何亞馬遜原始的書籍銷售業務需要公關人員,畢竟亞馬遜在這個領域的制霸地位已經鞏固。有些員工對他的這項疑問感到錯愕。

只有賈西掌管的AWS沒有遭到這種仔細檢視,這個事業40%的成長率及30%的營業利益率讓檢討會議就像愉快的慶祝會。儘管如此,貝佐斯仍然戳了賈西和長期追隨他的財務長西恩・波伊爾(Sean Boyle)一下,詢問他們的財務預測是否跟零售團隊一樣,是真的自動化預測,抑或受到不當的個人意見左右。

那年的OP1,以及貝佐斯那年稍後一個導致亞馬遜組織架構圖混亂的指示,傳達了清楚的訊息:縱使貝佐斯變得更富有或更出名,亞馬遜仍然是他的公司。對於已有十年歷史的廣告方案,他還有更大的計畫,而非只是用來掩飾其他事業單位的過失。

亞馬遜文化與廣告業生態格格不入

貝佐斯在2000年代中期展開廣告業務時,不是考慮該公司可以接受哪些種類的廣告,而是考慮不應該接受哪些種類的廣告,這或許顯示他一開始對廣告的不安。S團隊成員記得當時貝佐斯發給大家一份他認為絕對不准在亞馬遜網站上打廣

告的產品清單,例如槍枝、酒類、線上約會網站、營養補充品、把人們推向高利率貸款的金融服務。S團隊花了幾小時辯論這張清單,以及進入廣告業務的相對指標。

儘管態度有所保留,貝佐斯主張在亞馬遜網站上引進廣告,使用它們來支撐低價格。他談到兩個假設性的電子商務網站:一個網站使用廣告來補貼低價格,另一個網站沒有廣告但價格較高,他說,顧客總是湧向價格較低的網站。S團隊的幾名成員說,貝佐斯的結論經常是:「如果我們不做,就是愚蠢。」[4]

亞馬遜原本可以快速地把自己建立成一個線上廣告巨人,畢竟,谷歌知道人們搜尋什麼,臉書知道人們喜歡什麼,但亞馬遜握有最實在的資料:人們實際上購買什麼。可是,一直到線上廣告助長了雅虎、谷歌及臉書的崛起後,亞馬遜才開始認真進軍廣告業務,而且,一開始還瞻前顧後,而且有一些錯誤的起步。

2000年後期,亞馬遜開始在世界廣告首都紐約市招聘從事廣告業務的員工,為避免亞馬遜必須在該州代課銷售稅,這些員工起初受雇於一家名為「Adzinia」的子公司,有名片及電子郵件地址。他們最早的辦公室位於第六大道,可以看到第五十五街人行道上著名的「Love」雕塑。

但是,亞馬遜一直與紐約市廣告業的交際文化格格不入。雖然影集《廣告狂人》(*Mad Men*)描繪的那個年代早已過去,但紐約的廣告業仍然圍繞著私人關係及昂貴的午餐打轉,廣告業務專員(AE)習慣帶客戶去觀看重要的運動賽事,飛往外地參加廣告業盛會,例如每年在法國蔚藍海岸舉辦的坎城國際創意節。

節儉到了吝嗇程度的亞馬遜拒絕廣告業務員工做任何這些事，就連員工搭乘國際航班時，也只能搭經濟艙，除非他們自行取得升等。「你的機票錢若超過一定金額，就會被盯上，」當了五年廣告AE的安德魯・詹姆斯（Andrew James）說：「反觀谷歌及臉書則是砸大錢舉辦大型宴會、招待客戶，這讓我們處於劣勢。」

亞馬遜拖拖拉拉、推三阻四，不願意擴編紐約的廣告銷售團隊，它沒有投入人力解決問題，而是用普遍的內部限制來趕走人員。在一次OP1會議上，威爾克翻到廣告團隊提交的報告附錄頁，質疑他們的人員召募計畫，他半諷刺、半開玩笑地問：「我們明年需要召募多少位新的銷售人員來為這些廣告AE提行李箱？」

亞馬遜也拒絕廣告業的其他規範。像是寶僑這樣的大客戶，執行長及行銷長有時會想和賺他們廣告錢的公司「長」字輩高階主管會面，例如，若是臉書，他們可以預期臉書營運長雪柔・桑德伯格（Sheryl Sandberg）會與他們坐下來相談。但亞馬遜這邊，除了一年一次和廣告客戶、廣告代理商共進早餐之外，貝佐斯拒絕與他們會面，而威爾克和S團隊中主管廣告團隊多年的布萊克本也不願意。倒是有一次，威爾克穿著他的Burberry藍色休閒西裝外套迎接Burberry的行銷長。

2013年，聯合利華（Unilever）的一位高階行銷主管率領一組同仁來到西雅圖，和亞馬遜討論擴展兩家公司之間的關係，貝佐斯和威爾克拒絕與他們會面。「他們非常失望，」當時的亞馬遜主管施文・拉姆吉（Shiven Ramji）回憶：「他們一行人帶著PowerPoint投影片及相片前來，我們這邊只有一頁印刷品向他們介紹我們能做的種種業務。」

貝佐斯雖然不與廣告客戶會面，卻總是不遺餘力地讓人感受到他的存在。開展廣告業務的早年，他要求檢視每一個大型廣告活動，尤其是在 2011 年推出的 Kindle Fire 平板電腦上打全螢幕彩色廣告的活動。布萊克本和當時負責管理廣告業務技術面的保羅・寇塔斯（Paul Kotas）也親自檢視廣告活動，他們的嚴格標準和奇特的美學規格，把亞馬遜的廣告 AE 業及他們的廣告客戶搞得抓狂，但布萊克本和寇塔斯端出好理由：他們不想讓亞馬遜做出任何有損顧客信任或干擾線上購物的事，在當時，這是亞馬遜真正的營收引擎。面對客戶的廣告活動提案，他們通常的反應只有一個字：「不」。

廣告客戶不能在他們的廣告中做出含糊聲明。他們不能使用驚嘆號，因為那是在對顧客喊叫；他們不能使用艷麗的色彩，因為那可能會導致購物者分心；他們不能使用展示過大面積皮膚的圖像。諸如此類的特定規定不勝枚舉。[5]

廣告客戶習慣從矽谷科技公司那裡取得顧客的人口統計資料，但廣告客戶不能從亞馬遜那裡取得顧客的年齡、族群及購物習慣的統計資料。亞馬遜不准許如奧多比（Adobe）及安客誠（Acxiom）把它們的第三方軟體標籤放在廣告上以追蹤其廣告成效，儘管這在其他網站很常見，但亞馬遜不准，廣告客戶必須直接從亞馬遜那裡取得有關他們的廣告成效報告。

在亞馬遜的廣告業務團隊內部，有些爭議變得惡名昭彰。有次假日，寇塔斯否決福特汽車公司廣告中使用的特定藍色，理由是那展示型廣告看起來像「週日的宣傳單」。亞馬遜也告訴無線通訊服務供應商 T-Mobile，它那註冊商標的洋紅色標誌太鮮豔，會導致購物者分心。亞馬遜通知索尼影業，電影《007：空降危機》（Skyfall）的一個橫幅廣告違反不得展示武

器的廣告政策。「索尼影業那邊的回應就像『去你的』，」一位亞馬遜的廣告專員回憶：「龐德的剪影有不舉槍的嗎？那不就是一個普通的傢伙了嗎？」

亞馬遜在許多這類爭議中讓步，最終准許007舉著他的招牌武器，理由是那把槍沒有指向特定的任何人。但是，廣告客戶認為這間公司傲慢無理，「我們以溫暖的握手開啟關係，但最終他們對我們感到厭煩，」擔任亞馬遜創意總監五年的史帝夫・蘇西（Steve Susi）說。

這種頑固道出了亞馬遜對於展示型廣告的矛盾心理，以及嚴謹地拒絕可能對顧客信賴的褻瀆，這種理念非常不同於矽谷同儕，例如臉書的做法。在亞馬遜進入廣告業務的第一階段，對貝佐斯而言，顧客體驗的神聖絕對優先於任何商業關係或資產負債表的增益。

公司內部也懷疑可能有廣告會引導顧客離開亞馬遜網站，導致顧客不在亞馬遜網站上購買。廣告團隊提供一種名為「產品廣告」（Product Ads）的服務，讓如諾斯壯百貨及梅西百貨等其他零售業者在亞馬遜網站上推銷商品，目的是讓顧客看更多品項和有競爭力的價格，但在亞馬遜內部引起誤解及指責。「零售團隊認為，他們努力為亞馬遜網站引入流量，而我們卻從亞馬遜網站趕走流量，」亞馬遜的成效廣告副總柯琳・奧布瑞（Colleen Aubrey）說：「我記得和零售部門領導人定期開會時，他們的態度就像：『你們這些傢伙在做什麼？』我們必須向他們解釋，化解他們的疑慮。」

到了2014年，亞馬遜差不多要關閉「產品廣告」這項服務，公司內部對於廣告業務的熱情也在消退。廣告業務帶來的財務成果算是不錯，但不到優異的程度，對廣告客戶的嚴格規

定，以及亞馬遜高階主管拒絕與廣告客戶會面，導致廣告客戶疏遠。廣告部門總是得辛苦爭取資源，廣告專員每週工作六十小時，但感覺不被賞識與重視，還經常受到攻擊，「我們長期艱辛，公司卻對我們問責，」一位廣告部主管說。

蠍子與青蛙

那年夏天，人事異動，寇塔斯晉升為資深副總，接掌整個廣告業務。六個月後，在亞馬遜任職甚久、過去直屬S團隊成員布萊克本管轄的全球廣告銷售副總麗莎・烏茲施內德（Lisa Utzschneider）在深切的沮喪挫折感中辭職，轉往雅虎工作。亞馬遜剛起步不久的廣告業務搖搖欲墜。

寇塔斯在1999年離開華爾街避險基金德劭公司，進入亞馬遜，德劭公司也是貝佐斯之前的東家，他在那裡產生創立線上書店的原始構想。寇塔斯喜歡向員工講述當年的故事——貝佐斯其實在1997年就邀請他加入亞馬遜，他本來都已經打包行李，準備前往西雅圖了，卻在最後一刻決定繼續留在德劭，這最後一刻的改變心意，最終害他損失了幾百萬美元。

除了喜歡龐克和新浪潮音樂，寇塔斯跟許多同事一樣，著迷於指標（例如載入廣告花了多長時間），也是領導原則的狂熱信徒（例如節儉）。他的直屬部下很熟悉他常說的一句話：「我們一起吃晚餐，跟我多講講這件事，晚餐從你的經費帳上支出。」當旺季開始，廣告業務專員聚集於戰情室監視假日廣告活動的成效時，寇塔斯會變得很無情。一位廣告業務專員回憶，他有一年這麼說：「你們當中若有人想去奶奶家、關掉手機、讓人聯絡不到你的話，最好再想清楚！」

寇塔斯接掌困難重重的廣告業務時，這個業務長期問題潛

在的解決辦法正好開始浮現。當時，亞馬遜市集業務開始興
旺，第三方賣家（包括大舉湧入的中國賣家）渴望在愈來愈擁
擠的搜尋結果頁面上提高他們產品的能見度，解決辦法很明
顯：對他們收費，就像谷歌對網站主收費，以在其搜尋引擎中
推銷他們的網站。

　　亞馬遜的谷歌式搜尋廣告競標名為「推廣產品」
（sponsored products，SP），例如讓床單的第三方賣家在顧客於
亞馬遜的搜尋引擎中輸入「寢具」相關搜尋詞時，出價為其產
品投放廣告。起初，廣告出現在搜尋結果第一個頁面底部，若
使用者點擊了SP廣告，就會連到該產品網頁，亞馬遜將收取
費用。

　　當亞馬遜把SP廣告擴展至更多產品類別，並把廣告移到
頁面右側，和搜尋結果並列時，亞馬遜廣告團隊難以快速發展
必要技術。該團隊必須建立一個接受廣告客戶出價的搜尋競標
系統，以及追蹤廣告成效、向廣告客戶回報結果的工具。亞馬
遜最初的搜尋廣告客戶回憶，這些服務的早期版本很弱，紐
威公司（Newell Brands）前全球電子商務副總傑洛米·李柏維
茲（Jeremy Liebowitz）說，「我們收到的廣告成效報告品質非
常、非常差，你根本無法從中看出你的廣告究竟是成功還是失
敗。」紐威旗下有夏比（Sharpie）簽字筆、艾默思（Elmer's）
膠水等產品。

　　亞馬遜也需要在廣告和特定搜尋詞之間建立語義關連
性，谷歌在複雜的搜尋關聯領域有二十年的經驗，亞馬遜在
這方面相對是新手。貝佐斯或威爾克每次看到一個錯置的廣
告，就發電子郵件給寇塔斯，後者再把電子郵件轉寄給工程
師。一名廣告技術工程師回憶一次引發騷動的事件：在搜尋孩

童玩具的搜尋結果頁面，出現了一個情趣用品的SP廣告。

搜尋廣告在亞馬遜內部、甚至廣告事業單位內部引發爭議。亞馬遜在紐約、洛杉磯及倫敦的廣告業務專員的任務是銷售傳統的橫幅廣告，上級每年對他們訂定高難度的業績目標，然而亞馬遜推出搜尋廣告後，客戶在亞馬遜網站上投放廣告的預算顯著改變，使得這些銷售橫幅廣告的業務專員們在達成業績目標上更加困難。此外，在亞馬遜設於矽谷的搜尋部門（A9）工作的工程師們痛恨新的搜尋廣告，他們的工作是客觀地在搜尋結果中列出有用的產品，不是列出付錢投放廣告的賣家的廣告及產品。

但SP廣告顯然有效，顧客會點擊它們，顧客通常無法區分SP廣告和客觀的搜尋結果。賣家及品牌雖抱怨廣告支出，但它們已經習慣在谷歌下搜尋廣告，因此也在亞馬遜網站抓住這種增加曝光度的機會。到了2016年，S團隊面對搜尋廣告的使用度增加，開始辯論一個重要問題：該不該讓SP廣告出現在搜尋結果頁面的上半部，和自然搜尋結果（沒有付費廣告的產品）混雜在一起？

這個關乎醒目的「上半頁」（above the fold）空間的辯論很激烈，在無數會議中上演，神聖的顧客體驗和蓬勃的新收入來源孰輕孰重，各方見解不同。廣告業務專員認為，賣家及廠商的產品與廣告出現於搜尋結果前列，能使它們受益；零售事業主管則擔心顧客可能被低品質產品的廣告誤導，產生不好的體驗，從而減少他們在亞馬遜網站的總消費。

在一次辯論中，國內零售事業主管赫林頓使用蠍子和青蛙的寓言故事來架構這個問題。在這故事中，蠍子問青蛙能否背牠過河，但在過河途中，蠍子忍不住螫了青蛙，結果蠍子和青

蛙都死了。廣告部門的同仁是蠍子，他們並不邪惡，只不過業務性質使然，會破壞純搜尋結果的公平競賽。

最終，貝佐斯必須出面解決爭論，他的解答是可以預期的：先對小部分的搜尋進行測試，把SP廣告放在搜尋結果的前列。進行測試的工程師們從來就不覺得他們的方法或資料很可靠，但結果相當一致：SP廣告放在搜尋結果頁面的顯著位置時，最終購買的顧客數量在短期有小幅、但足以辨識的衰退。至於長期效應，不得而知。蠍子螫了青蛙，青蛙沒有很快地死亡，至於這一螫有沒有毒性，尚不明朗。

雖然，幾乎可以確定會有附帶損害，找到想要的產品的顧客將減少，但SP廣告賺錢，而且賺很多。從這個層面而言，對於是否該讓SP廣告擺在搜尋結果前列，貝佐斯的決定其實隱含著「是」這個答案。是的，亞馬遜應該繼續提高搜尋結果包含SP廣告的比例；是的，每一頁搜尋結果中的SP廣告數量應該增加，縱使會導致顧客點擊小幅下滑。

當初面對橫幅廣告時，貝佐斯堅持拒絕損及顧客體驗，雖然現在他也擔心太多的廣告會導致顧客疏遠，但他選擇了積極推進。他說，任何有害的長期後果必須得是嚴重到超過SP廣告帶來的潛在收入及投資機會。

搜尋廣告具有貝佐斯喜愛的種種商業特性。其一，顧客點擊廣告時，不會轉出亞馬遜網站，而是被轉往個別產品頁面，顧客購買產品為亞馬遜的飛輪提供動力。其二，不需要雇用花錢的廣告業務專員，系統大致上是自助的。其三，一旦技術到位，搜尋廣告將產生巨大的槓桿效益以及龐大的收入，可讓貝佐斯用來做為其他新發明的資金。

「把SP廣告移到搜尋結果頁面前列，改變了賽局，」一

位從事廣告業務的亞馬遜電腦科學家說：「若沒有做出那個決定，SP廣告業務不會是現今的樣貌，這是貝佐斯做的決定。」

Amazon's Choice標章

一旦貝佐斯願意更動自然搜尋結果，把亞馬遜的商業利益擺優先，業務就出現無限的可能性。例如，幾年前貝佐斯收到佛羅里達州一位顧客的電子郵件，敘述他上亞馬遜網站想要購買一支手機自拍棒，網站上有數百個品項可供選擇，他不知該買哪一個，而後他前往當地一家商店，店員給了他建議。這顧客寫道，為何亞馬遜不能提供這樣的推薦呢？

收到貝佐斯轉寄的這封電子郵件之前，S團隊其實已經在考慮這個問題。這個問題在零售部門被轉來轉去，最終交給為Alexa添加語音購物功能的團隊，他們設計出「亞馬遜精選標章」（Amazon's Choice）。它權衡多個變數，例如顧客評價、產品價格、運送速度，然後推薦特定產品。在沒有Amazon's Choice標章之前，當用戶要求Alexa訂購產品時，Alexa要面對擁擠的產品類別。

使用Alexa的語音購物快速成長。2016年，Amazon's Choice標章開始伴隨著SP廣告，大剌剌地出現在搜尋結果。這標章的含義模糊，亞馬遜很少解釋這個背書標章實際上代表什麼，但它似乎至少某種程度地填補了「有知識、能提供建議的銷售員」這個角色。[6]顧客蜂湧購買有此標章的產品，根據一個獨立調查，有此標章的產品，銷售量增加了三倍。[7]不意外，那些不想藉由創造假顧客評價來玩弄制度以贏得此標章的商家迫切地想知道，他們要如何付費才能取得標章。亞馬遜主管回覆，這個標章是非賣品。「我們說，很簡單，推出你的

最佳產品，讓價格便宜，使顧客滿意，」語音購物副總阿薩夫・羅能（Assaf Ronen）說。

但是，Amazon's Choice標章以另一種方式嘉惠亞馬遜。那些負責亞馬遜自有品牌的團隊，例如AmazonBasics電池，看到競爭品牌的產品如金頂（Duracell）電池獲得標章時，吵著也要標章。這激起另一回合的內部激烈爭論，造成自有品牌團隊和A9搜尋工程師、寇塔斯及廣告團隊的對立，他們認為，若讓自有品牌在搜尋結果頁面上獲得顯著地位，將傷害公司的廣告客戶，並侵蝕標章的影響力。儘管如此，還是有許多亞馬遜自有品牌產品取得這項標章，讓它們在搜尋結果中享有相對於其他競爭者的優勢。《華爾街日報》在2019年刊登一篇關於Amazon's Choice標章的調查報導，指出有五百四十項AmazonBasics產品獲得標章，遠多於任何其他品牌。[8]

看到Amazon's Choice標章授予亞馬遜自有品牌產品，憤憤不平的品牌廠商自然會抱怨。亞馬遜的律師呼籲約束這種做法，尤其是看到歐洲反托拉斯當局調查谷歌使用類似手法，讓自家的服務在搜尋結果中取得較顯著地位，這些亞馬遜律師對內發出警告，也有自有品牌團隊主管對此感到不安。「團隊中很多人認為，這種做法不符合亞馬遜風格，」前亞馬遜消費品自有品牌專員傑迪・孟恩說：「把我們的標章授予那些未必有資格的自有品牌產品，似乎有點對不起顧客，也有反競爭之嫌。」

就這樣，亞馬遜的搜尋結果已經從原先直率的、由演算法排序的產品分類法，演變成過度偏向推銷的展示推廣廣告、Amazon's Choice標章背書、來自第三方網站的評論推薦，以及公司的自有品牌。在一些產品類別，一整頁的搜尋結果中只包

含兩個自然搜尋結果。[9]由於廠商品牌及賣家無法再仰賴顧客以舊方式找到它們（亦即透過亞馬遜的搜尋引擎），於是傾向花更多錢買搜尋廣告。後來，美國眾議院反托拉斯小組的兩黨調查報告很不以為然地做出結論說，既然消費者往往只看第一頁的搜尋結果，「實質上，賣家可能必須向亞馬遜買廣告，才可能在亞馬遜網站賣得出產品。」[10]

到了2017年，相較於SP廣告的收入，像橫幅廣告等展示型廣告的收入已經相形失色，而且很快就望塵莫及。那年，亞馬遜的損益表裡，在「其他類別」營收項下（以前，AWS的營收也歸在這個項目），廣告收入達46.5億美元，比上一年增加了58%。亞馬遜已經在自家後院挖出一個名符其實的金礦。

裁修業務，精簡組織

但是，貝佐斯得防止消費者零售事業依賴推廣廣告業務收入。在2017年秋季的OP1會議中，他堅持這個亞馬遜最悠久的事業得靠自己的實力，不能用廣告收入做為掩飾。他強迫逆轉公司長期以來的營運姿態：原本是全方位追求營收及市場占有率成長，現在是追求獲利；原本是要求事業要到處播種，現在是只有最大棵的樹才重要——往往是那些由貝佐斯親手播種栽植的樹，其他昂貴的下注都應該裁減。

接下來幾個月，亞馬遜採取公司史上罕見的行動：撤退。亞馬遜關閉在美國及英國銷售音樂會及其他活動門票的網站；[11]延緩在新城市推出外送餐飲業務Amazon Restaurants（這項業務原本是要和Grubhub、DoorDash以及英國的Deliveroo等新創餐飲外送平台競爭），並在兩年後完全關閉這項業務。亞馬遜也刪減在中國市場的投資，在那裡，它遠遠落後於阿里巴

巴和京東，最終在2019年完全關閉在中國的業務。[12]

亞馬遜也完全凍結零售事業單位的新人員召募。多年來，該公司在召募人才上並沒有特別設限，西雅圖的員工數從2010年時的五千人一路膨脹到2017年時的四萬人。凍結令後的幾年，員工人數基本上持平。「我們決定，經過多年快速成長的固定成本投資，我們應該放慢腳步至少一年，消化這一路的成長，並確定我們的所作所為是有效率的，」威爾克說。[13]

長久以來，亞馬遜首度嘗試它長久以來陌生或不重視的獲利力概念，就像試穿一件新衣服。高層下令零售事業主管重新檢視和可口可樂、聯合利華等大品牌之間的關係，對運送成本高的產品（例如瓶裝水）洽談更好、有利潤的條件。[14]他們再度訴諸他們的搜尋引擎來推進公司的商業要務，嘗試把商品的獲利能力放進演算法的程式裡，決定讓哪些產品獲得Amazon's Choice標章。多年前所推出、以軟體取代零售事業單位進貨經理的「別動方向盤」專案，現在加速推廣，讓亞馬遜網站上的工具處理品牌推銷、管理銷售，不再由亞馬遜的員工處理。[15]該公司仍然為其最大的廠商客戶提供高水準服務，但現在要收費。

在調整行動中，貝佐斯發現另一條降低固定成本的途徑，那就是組織架構扁平化，藉此避免他害怕的幽靈出現，那就是亞馬遜變成步履蹣跚的「Day 2公司」。於是，他指示全公司：從此以後，所有亞馬遜的主管（他們的直屬部下主要也是主管），每人必須有至少六名直接部屬。〔順便一提，貝佐斯經常向全公司發出命令，前亞馬遜工程師史蒂夫‧耶格（Steve Yegge）在2011年的一篇部落格文章中寫道：「當然，他經常這麼做。每當他命令一出，員工就像熱鍋上的螞蟻般忙

亂成一團。」〕[16]

　　雖然聽起來沒什麼大不了，但這道被稱為「管理幅度」（span of control）的命令形同在公司內部投下一顆中子彈，原先只有三名、四名或五名直屬部下的資深經理人必須從部屬那裡搶員工，湊足六名直屬部下，這麼一來，部屬本身的直屬部下可能就不滿六人了，他們得往下搶。這些行動形成瀑布效應，在此同時，那些一直在亞馬遜的職級階梯往上爬的主管現在發現，往上爬的路被封鎖了。

　　組織重新排列讓許多亞馬遜員工感覺，公司文化出現一種非制度化的殘酷，令人想起「強迫排名制」的年代。一些事業單位（例如AWS）暫時豁免於這項命令，其他事業單位卻受到重創。零售事業主管們說，在這些改組中，他們有10%到20%的同事離開（被搶走直屬部下，被奪走主管職務），前往高成長事業單位（例如AWS、Alexa事業），或是完全離開亞馬遜。

　　前亞馬遜鞋類及服飾類商品總經理史丹・弗瑞蘭德（Stan Friedlander）說：「從組織士氣的角度來看，他們處理得真是太差了，」他在亞馬遜工作了十年，原本還蠻喜歡這份工作。「多數大公司通常會宣布裁員，」他說：「你可以留下來或是獲得遣散費。但亞馬遜直到今天從不宣布他們要裁多少人，他們就是製造一種恐懼文化，或許他們偏好這樣吧。」

　　這種非正式的、搶椅子式的組織重整，讓亞馬遜避免對內及對外蒙上宣布裁員的恥辱，它打著降低組織的複雜度、堅持力抗『Day 2』的旗幟，達成裁員的結果，這是典型的貝佐斯風格──聰明，也相當殘忍。發出這道命令的同時，他還下令S團隊成員觀看一部十九分鐘的YouTube影片，製作者

是貝恩策略顧問（Bain & Company），片名為《創辦人心態》（*Founder's Mentality*）。[17]影片內容全是有關於去除組織科層的繁文縟節，在每天的決策中保持顧客的聲音，保持新創公司的心態與幹勁，「成長的弔詭之一是，成長滋生複雜性，而複雜是成長的沉默殺手，」貝恩策略顧問的董事詹姆斯・艾倫（James Allen）在影片中說。

許多主管認為，這些顛覆行動一定還有其他原因，他們試圖猜測貝佐斯的腦袋裡在想什麼。有些人猜測，他喜歡公司裡只有他是冒險者，他覺得他的副手們對任意領域過度投資。一位在亞馬遜工作很久、在那次改組後離開的主管說，他的「最佳理論」是，貝佐斯其實是「想成為洛杉磯之王」，轉而聚焦於獲利，是意圖為擴大投資亞馬遜影業及原創電視節目與電影提供資金。也有人認為，貝佐斯可能擔心亞馬遜股價停滯對該公司偏重配股的薪酬制的影響，他知道創造獲利有助於迎合華爾街，帶動公司股價上漲。

若貝佐斯真是走這步棋，那可是成績斐然。在2017年秋季那些引發爭議的OP1會議以及「管理幅度」命令後，亞馬遜員工數成長減緩，零售利潤提高，Prime全球會員數增加到超過一億，AWS繼續強勢成長。其結果是，亞馬遜的年獲利從2017年的30億美元激增至2018年的100億美元，令投資人欣喜若狂，亞馬遜股價飆漲，市值在2017年年底突破5,500億美元，2018年年底飆升至7,300億美元。

這當然有深層的影響，累積多年配股的老員工看著他們的淨財富劇增，亞馬遜的長期投資者的忠誠度也獲得了豐厚的回報。2017年秋季，貝佐斯終於超越比爾・蓋茲，成為全球首富。[18]根據經過通膨調整的數字，他很快就變得比微軟視窗壟

斷力量高峰期的蓋茲更富有，比沃爾瑪宰制美國零售市場時期的山姆・華頓（Sam Walton）更富有。

已經受到大眾矚目二十年的貝佐斯，「全球首富」的稱號為他帶來全新層級同儕的羨慕眼光，以及媒體的審視。「從傑夫被宣告為全球首富的那天起，這個用詞也開始進入任何有關亞馬遜報導的第一段內容，」亞馬遜公關事務資深副總卡尼說。陪貝佐斯重回他童年時期位於邁阿密住家的高中友人溫斯坦說：「成為全球首富這件事改變了其他人看待他的眼光，世界對他而言變得不一樣了。」

貝佐斯本人是這改變的建築師。靠著發掘搜尋廣告這個金礦，堅持他的公司不能把廣告收入當成唯一支柱，奮力遏制組織科層繁文縟節的增長，他開展了堪稱亞馬遜史上最肥沃的成長期。至少，在地表的商業世界，他已經在零售與科技業建立了絕對凌駕於多數同儕的地位。

11

步步挺進，英勇無畏

致力於遏制亞馬遜組織科層增長的一年前，新啟用的Day 1大樓六樓召開一系列不尋常的會議。2016年秋季的幾週期間，在貝佐斯私人持有、獨立於亞馬遜的藍色起源（本章以下簡稱「藍源」），主管們輪流在中午時分，從華盛頓州肯特市的辦公室，搭乘優步計程車，到半個小時車程的西雅圖市中心。做什麼呢？和他們公司的創辦人一對一共進午餐，討論這家已有十六年歷史的航太新創公司的問題與困境。

在亞馬遜的輝煌成就與《華盛頓郵報》驚人的重振中，藍源是貝佐斯不斷擴張的帝國成就中唯一落後的一個。用名為「新雪帕德」（New Shepard）的可回收火箭載運觀光客進行次軌道太空飛行的計畫已經多次延後，而且已有兩部無人載具突然大爆炸，或者套用火箭科學家的恐怖詞彙——「意外的快速解體」。一個更雄心的計畫是以體積更大的火箭「新葛倫」（New Glenn）把觀光客及貨物載運至太空軌道，但這項計畫離完成還有多年。

另一方面，特斯拉共同創辦人馬斯克晚兩年創立的私人航太公司SpaceX出現明顯的進展，正在開創歷史：它的「獵鷹

9號」（Falcon 9）火箭相當穩定，經常把商用及軍用衛星發射到太空軌道，還贏得美國太空總署的合約，為國際太空站執行補給任務。2016年4月，SpaceX發射獵鷹9號，完成為國際太空站補給的作業後，成功地回收第一節火箭，降落於漂浮在大西洋上的一個無人機平台上。[1]這是一項非凡的技術成就，使SpaceX和藍源這兩家航太公司及它們背後的億萬富豪金主，形成鮮明對比。

現在，貝佐斯撥出他在亞馬遜部分的工作時間，用來了解藍源的問題。在一系列的午餐會議裡（有些長達兩小時），藍源的主管們試圖教育他們的創辦人，他們抱怨糟糕的內部溝通、浪費時間的會議及難以理解的支出決策。一位工程師把這家公司形容為「波坦金村莊」（Potemkin Village）——勤奮的外表掩飾了問題重重的文化。另一名主管揚言，若不立即解決問題，他將辭職。

和貝佐斯共進午餐的許多藍源員工在談到這些問題的根源時小心翼翼，他們迂迴地避免提及貝佐斯的問題——徒具擴張公司的雄心，卻限制公司的人數。此外，他們擔心貝佐斯可能把他們的意見告訴為他管理藍源、任職藍源十三年的羅布‧邁耶森（Robert Meyerson），所以也謹慎地避免討論到這個人。

但是，貝佐斯很仔細地聆聽、做筆記，似乎也洞察了訊息。結束一系列的午餐會議之後，他通知邁耶森，他將開始為自創立以來從未有過執行長的藍源尋覓一位執行長。亞馬遜的人才召募副總蘇珊‧哈克著手為貝佐斯覓才，過程中曾探詢SpaceX的營運長暨總裁葛溫‧蕭特威爾（Gwynne Shotwell），但蕭特威爾斷然拒絕，據一位知情人士說，蕭特威爾說「這樣

不妥」。

　　為藍源尋覓執行長的工作持續了一年，邁耶森協助面談候選人，他的同事懷疑他是否為了保護自己的工作，故意緩慢地進行，抑或貝佐斯對此事還未下定決心，猶豫不決。最終，該公司和鮑伯・史密斯（Bob Smith）的商談變得緊鑼密鼓。史密斯是漢威航太（Honeywell Aerospace）的機械系統與零組件事業總裁，之前在支援美國太空總署退役太空梭計畫的聯合航太聯盟公司（United Space Alliance）擔任執行董事。

　　跟貝佐斯一樣，史密斯是「阿波羅孩子」，在德州的童年時期津津有味地觀看美國太空人漫步月球。長達十二個月的求才期間，他與藍源的主管面試了二十多次，他後來回憶自己當時曾開玩笑地詢問他們：「你們需要我的牙科就診記錄嗎？」

　　就在貝佐斯超越比爾・蓋茲而成為全球首富之時，以及他在 Day 1 大樓與藍源的人員開午餐會議的一年後，史密斯終於在 2017 年 8 月獲得這份工作。藍源沒有發出正式的新聞稿，媒體也沒什麼報導，但貝佐斯對史密斯的命令很清楚：把這個表現欠佳的研發組織轉變為成熟的事業，對得起全球首富的支持，並且證明他一直以來不是在對此事業及太空夢想誇大其辭、虛張聲勢。「藍源已經遭遇一個重要的轉折點，」史密斯後來在一個訪談中說，該是「跨過一些更重要的門檻」的時候了。

烏龜精神

　　最早揭露貝佐斯輝煌人生的報導中，已經鮮明地描繪出他對於太空旅行的狂熱。童年時，他的父母每年夏天把他送到已退休的外祖父勞倫斯・普勒斯頓・蓋斯（Lawrence Preston

Gise）位於德州南部的牧場。蓋斯在1950年代和1960年代為美國原子能委員會（Atomic Energy Commission）的太空技術及飛彈防禦系統工作，他對太空的熱情深深感染了貝佐斯。貝佐斯在暑假觀看阿波羅火箭發射，大量閱讀圖書館裡的科幻小說，夢想人類登上太空的天命。他常說，他那大家稱呼為「大爺」的外祖父教他自力更生的價值觀，他們一起修理風車，重建一台推土機，為牛群打疫苗。代表邁阿密棕櫚高中畢業生致詞時，他談到藉由把數百萬人送到繞著軌道運行的太空站，解決地球上人口過多及汙染的問題。

2000年，貝佐斯從亞馬遜撥出大量資源，創立藍源（人類的誕生地——地球），追求他的這些夢想。他假定，太空旅行及移民計畫要有顯著的進展，需要不同於液態燃料火箭的方法。但是，這個假說很快就被證明不正確。記者史蒂芬・李維（Steven Levy）在《連線》有篇文章寫道，藍源創立後的頭幾年，「更像一個社團，而非一家公司」，[2] 有如一個網羅小說家尼爾・史蒂文森（Neal Stephenson）、科學史學家喬治・戴森（George Dyson）等十多位太空迷的智庫，他們一起研討激進、未獲證明的太空旅行方法。

2003年，貝佐斯改變路線，承認傳統的液體推進具有無敵的效率。藍源不再試圖重新發明火箭，轉而聚焦於如何使火箭可以回收再利用，以降低建造火箭的成本。那年，他錄用邁耶森。邁耶森曾任太空總署航太工程師多年，後來進入基斯勒航太公司（Kistler Aerospace，這家公司在2010年申請破產）工作了六年，是個內向、有著憂鬱氣質的工程師，沒有高階主管層級的管理經驗。進入藍源後，邁耶森首先擔任「新雪帕德」火箭的高級系統工程師。當時已經分身乏術的貝佐斯無法親自

審核藍源的每一個決策，但又想讓這項航太事業推進得更快一些，因此，邁耶森進入公司後不久，就被指派擔任計畫經理暨公司總裁。

貝佐斯雖然無法在藍源監督大大小小事情的細節，但他能夠建立機制，指導員工如何排定工作項目的優先順序，執行他們的工作。2004年，他寫了一份八百字備忘錄，時至今日，這份非官方名稱為「歡迎信」（The Welcome Letter）的備忘錄仍會放進藍源新進員工的錄用信封袋裡，但從未公開過。

「我們是一個致力於為人類在太空開闢立足之地的小團隊，」貝佐斯在這份備忘錄的開頭寫著，反映他想把這間公司維持在七十人以下的原始想法：「藍源會按部就班，耐心地追求這個長期目標。」他描述到，「以節拍器般的規律」，每六個月推出新版本的火箭，並預測公司最終將聚焦於載人太空載具計畫，而這項計畫「將挑戰藍源的組織與能力」。他釐清那些計畫與更偏向長期假設情境的不同，例如建造造訪月球的太空船，並提醒員工聚焦於手上的任務，有條不紊地工作。

「我們被丟在未經勘察的山區，沒有地圖、能見度很差，」他寫道：「你們不能停下腳步，要踩著速度穩定的步伐，持續攀爬，當個烏龜、別當兔子。把支出維持在可以長久延續的水準，力求開銷徐緩持平地增加。」他告訴員工，他了解個人獨力出資挹注藍源的營運有多麼昂貴，「我知道、也接受，在相當長的一段投資期間，藍源的投資報酬不會符合任何一個通情達理的投資者的期望，」他寫道：「藍源員工務必知道並放心的是，若這個預期成真，我不會驚訝，也不會失望。」

這份貝佐斯署名的文件，在藍源內部的神聖地位一如亞

馬遜最初的致股東信，在每年的全員會議上，員工都會再重溫它。貝佐斯把其核心概念濃縮成該公司的拉丁文座右銘：Gradatim Ferociter，意為「步步挺進，英勇無畏」。他還精心設計了一個盾徽，上頭是兩隻烏龜站在地球上，仰望星空，最下方有一個展翼的沙漏，象徵時間的飛逝。

這封「歡迎信」及其後續表述就像黑暗中的燈塔，安靜地映照著公司裡那些想要在太空拓荒的熱情夢想家。貝佐斯一直沒有公開藍源的存在。貝佐斯要求所有新進員工必須閱讀及深思這份備忘錄，甚至要求應徵者撰述他們對於藍源使命的熱情，若被認為熱情不足，將不會被錄取。

貝佐斯與馬斯克：從友善到敵對

2000年代中期，貝佐斯對太空的興趣引起另一位太空迷的注意，他就是在2002年創立SpaceX的馬斯克。SpaceX也有相同的目標──建造更經濟、可回收再使用的火箭，在太空拓荒。貝佐斯和馬斯克曾私下會面兩次，討論他們共同的痴迷，一次在舊金山，後來在西雅圖，他們當時的配偶麥肯琪和賈絲汀都在場。兩對夫妻在西雅圖市中心的一間餐廳共進晚餐，飯後貝佐斯和麥肯琪帶馬斯克夫婦參觀藍源的倉庫辦公室，一位員工回憶，貝佐斯很奇怪地提前清場，要員工離開，也把可能顯露他們工作的所有東西收起來。

當時的SpaceX在許多方面與藍源恰恰相反。SpaceX的種子資金來自馬斯克及一群創投家，它從一開始就積極追求獲利，與一些相當有歷史的航太業巨人競標發射商用與軍用衛星的政府合約。貝佐斯對藍源採取更長期的思考，他想自己獨資支撐這間公司，希望新雪帕德計畫發展出的技術可以在未來與

更富雄心的太空任務做整合。「別只是建造太空載具，要打造一家建造太空載具的公司」，貝佐斯在那封歡迎信中寫道。

馬斯克後來告訴我，他認為「貝佐斯創造藍源是很酷的事。能有另一個人對太空懷抱著相似的慈善目標，並投入大量資源。」他回憶他們早年的會面很友善，並且記得他當時還和貝佐斯為藍源打算使用的燃料組合過氧化氫（peroxide，暴露於陽光會快速分解）而辯論。「過氧化氫很好，只不過到了某個週末，你回來一看，你的載具炸掉了，你的試驗場也毀了，」馬斯克說。但貝佐斯接受他當時的火箭推進技術長威廉・克魯斯（William Kruse）的建議，克魯斯之前是天合航太公司（TRW Aerospace Corp.）的工程師，他喜歡過氧化氫的非低溫特性，而且可以使用現成的渦輪分子幫浦，不需要投入額外的工程。

貝佐斯覺得，使用這種現成的化合物可以使藍源的工程團隊維持小規模，快速推進，這些是他在那封「歡迎信」中列出的原則。他相信限制有助於驅動創新，他想用軟體專案的那種節奏來發展太空載具，讓新點子付諸試驗、經常迭代，盡可能使用愈多的標準技術。這種方法很適合用於像亞馬遜這樣的網際網路公司，因為可以很容易地修正錯誤與漏洞，但是在一家資源長期緊繃的航太公司，這種方法很容易使錯誤及漏洞悄悄地進入必須費力測試的系統中。

2011 年 8 月，藍源在貝佐斯位於西德州、占地三十萬英畝的牧場上發射一具測試載具，但是一個簡單的軟體錯誤導致火箭偏離航向，迫使安全系統在到達四萬五千英尺的高度時終止飛行器繼續飛行。地面上，三十英哩外的范霍恩鎮（Van Horn）居民看到高空出現「意外的快速解體」。[3] 該公司確保

沒有影片被公開，直到媒體開始調查時，才承認這起意外。
「這不是我們任何人想看到的結果，但我們心裡有底，這是困
難的事，」貝佐斯在藍源網站上的一篇部落格文章中寫道。[4]

此時，藍源已經在重新發展「新雪帕德」，同意馬斯克
對於過氧化氫的揮發性的看法，改用性能較佳的火箭燃料組
合，即液態氧和液態氫。藍源也開始嘗試申請政府合約，並且
從「商用載人航天發展計畫」（Commercial Crew Development，
簡稱CCDev）最初兩個階段取得2,500萬美元的發展資金，這
是歐巴馬政府時代推出的計畫，徵求私人公司把太空人運送
至國際太空站的提案。但在2012年冬季推出的CCDev第三階
段，要求更嚴格，參與的公司必須在三年內建造出一部完整的
軌道太空船。

想在這個階段搶得合約，貝佐斯必須大舉擺脫他在「歡迎
信」中列出的一些原則，例如，他想要藍源保持精實，「步步
挺進」。此時的藍源大致上仍然以新雪帕德計畫為重心，因此
決定不參與這個階段的合約競爭。後來，SpaceX和波音公司
贏得合約，SpaceX初期獲得4.4億美元。[5]多年後，美國監察長
辦公室（Office of Inspector General）公布的CCDev稽核報告顯
示，SpaceX總計從這項計畫獲得77億美元合約。[6]一位同事回
憶，貝佐斯後來忘了早期的那些談話，還大聲質問：「為何我
們當時決定不參與競爭？」筆者就此事詢問藍源時，該公司說
貝佐斯從未質疑過不參與競爭的決定。

這些路線上的分歧，讓SpaceX以很快的速度成長。
2013年，藍源雇用第兩百五十名員工時，SpaceX已經有兩
千七百五十名員工，而且已經發射無人太空船至國際太空
站。[7]藍源全心全意投入於新雪帕德計畫，SpaceX則是完全跳

過建造次軌道火箭載觀光客上太空的這個中間階段，而貝佐斯認為這是必要的，部分是為了促使人們適應太空旅行的概念，這樣才能達成他的終極目標——創造一個數百萬人在太空中生活與工作的未來。

從太空抱負來看，貝佐斯與馬斯克似乎志同道合，但在推動公司營運方面，兩人的理念不同。馬斯克經常談到的目標是殖民火星，使人類成為一種「多星球物種」，[8] 做為地球發生大災難時的保單。貝佐斯認為：「在太陽系的所有行星中，地球是最好的一個。」降低太空旅行成本是把大批人口送上太空站的途徑，他們可以在那裡取用太陽能，開採月球表土豐富的金屬及其他資源。貝佐斯假設，以目前的人口成長率和能源使用率來看，不出幾個世代，人類就必須開始實施資源配給，這將導致一個停滯的社會，「為了拯救地球，我們必須上太空」，他在推特上宣布。[9]

但是，藍源和SpaceX無可避免地朝向衝突，它們最終相互競爭——不只爭搶政府合約、人才及資源，也爭奪熱衷太空的大眾及媒體的吹捧及注意。到了2013年，馬斯克與貝佐斯以往會面時的友善已經消逝，取而代之的是兩位成功、意志堅定、自負的創業家彼此間新開啟的敵對。

那年九月，藍源大剌剌地企圖減緩SpaceX的發展，抗議SpaceX計畫租用太空總署位於佛羅里達州卡納維爾角（Cape Canaveral）甘迺迪太空中心的39號發射台，[10] 這裡是阿波羅計畫的發源地，具有歷史意義。為了回應藍源提出的法律質疑，馬斯克在發給《太空新聞》（*SpaceNews*）的電子郵件中寫道，比起在未來五年內看到藍源建造出合格而能對國際太空站進行補給任務的火箭，「我們更可能發現獨角獸在火焰通道

中跳舞」。[11]藍源的抗議無效，該公司後來取得了較小的36號發射台，但這座發射台的修復整建工作需要花更多經費。2014年，兩家公司又為了一項專利申請案槓上。藍源申請在海上大型駁船平台上降落回收火箭這項技術的專利，但這項技術構成專利的適足性太薄弱，SpaceX向法院提出質疑，法院判決SpaceX勝訴。[12]

貝佐斯研究SpaceX及其不斷成功的原因，SpaceX藉由發射服務為快速成長提供資金，或許藍源也可以做類似的事，同時在「步步挺進」的太空之路上保持專注。2014年，俄羅斯入侵克里米亞後，一個機會出現：由洛克希德馬丁公司（Lockheed Martin）及波音公司的航太事業單位共同成立的合資企業聯合發射聯盟（United Launch Alliance，簡稱ULA），是當時為美國軍方提供發射服務的主要供應商，而ULA宣布，為防止可能被迫無法再從俄羅斯購買任何火箭引擎，它將找尋一家美國的火箭引擎供應商。[13]藍源的主管接洽ULA，想銷售為新葛倫軌道助推器而研發的BE-4液化天然氣引擎給ULA。

ULA的母公司想確定，購買BE-4不會是在幫助一個未來的競爭者，就像SpaceX那樣，最後回過頭來跟他們競爭發射衛星的賺錢生意。貝佐斯和兩家公司的主管通電話，顯然說服了他們。2014年9月i7日，ULA宣布，藍源擊敗ULA的主要引擎供應商洛克達因（Aerojet Rocketdyne），贏得合約。但是藍源很快就會證明自己是個言行不一的夥伴。

2015年4月，藍源首次發射新雪帕德的乘員艙原型，發射作業同樣是在貝佐斯的牧場執行。公司內部舉辦了一項名為「讓你的東西飛向太空」（fly your stuff）的活動，員工把他們的紀念品如玩具、名片、珠寶等東西裝入乘員艙，火箭抵達距離

海平面一百公里、零重力處的卡門線（Kármán line）時，乘員艙與火箭脫離，藉由三頂降落傘，順利降落於地球。但可回收推進器卻未能和緩地返回地面，因為液壓系統在降落過程中故障，導致火箭猛烈墜毀，「意外的快速解體」事件再一次發生。

「我們從失敗中學到的東西總是比從成功中學到的還要多，」藍源的元老級主管賴蓋瑞（Gary Lai）說：「事後來看，若有適當的地面測試，M1過程中發生的失敗是可以避免的。」其他同事回憶，從貝佐斯的談話可以聽出他頗為沮喪，「我們犯的是高級錯誤，還是丟臉的愚蠢錯誤？」在分析這起不幸事故時，他這麼問。

不過，那年十一月，藍源的光輝時刻到來，它終於完成壯舉，太空火箭進入太空後，乘員艙和推進器火箭都成功回收。當火箭降落地面，垂直落回發射台、揚起塵土時，控制中心的所有人爆出歡呼，「大家都顧不上禮貌了，」賴蓋瑞說。

在乘員艙搭著降落傘安全返回地面後，戴著牛仔帽的貝佐斯激動地拿出賴蓋瑞形容是「我這輩子見過的最大瓶香檳」。他不是拔掉瓶塞，而是拿出一把大刀，乾淨俐落地砍斷瓶頸。員工舉杯慶祝之際，貝佐斯說：「我的眼裡有淚，這是我所見過最偉大的事情之一。這是一個重大的里程碑，但這不是終點，而是起點，是了不起的大事的開端。這真是偉大的一天，不僅是藍源、也是整個文明的重要日子。我想，我們今天的成就將流傳數千年，你們應該感到非常自豪。」

與此同時，SpaceX從可拋棄的低技術系統起步，再回頭發展可回收系統。當它的可回收推進器在一個月後首次成功降落時，[14] 貝佐斯向馬斯克發了一則諷刺的推特文：「歡迎入

列」。[15]

　　但是，這兩家公司之間的基因差異，注定藍源將是短暫領先。在成功發射與回收時，藍源有大約四百名員工，他們的心力主要聚焦於新雪帕德計畫，以及羽翼未豐的新葛倫計畫的長期規劃，再加上 BE-4 引擎。

　　在此同時，SpaceX 有四千五百名員工，處於快速成長階段，而且專注於軌道任務。藍源仰賴貝佐斯的注資，SpaceX 的經費大多來自政府、納稅人及其他客戶。

　　換言之，這不是寓言：烏龜追趕的是一隻真實的兔子，不意外地，勝出的是兔子。

團隊士氣低迷

　　儘管有這些競爭，藍源的員工跟亞馬遜的員工一樣，被灌輸的觀念都是保持專注於手邊的工作，別去管競爭前景。在貝佐斯愈來愈耀眼的財富光芒下工作，這並不難做到。從外面看，他們位於肯特市某個工業區的總部並不起眼，占地三十萬平方英尺，之前是波音公司為隧道施工作業製造鑽頭的工廠。[16]但是走進裡面，辦公室被改造成太空迷的遊樂園，擺滿貝佐斯多年來購買的工藝及科幻珍品。

　　那些個人收藏橫跨人類探索太空的歷史，包括水星計畫年代（Mercury-era）[*]的太空總署安全帽、蘇聯聯盟號（Soyuz）太空人穿的壓力衣、一塊太空梭的隔熱磚。二樓中庭陳列《星艦迷航記》原創電影裡使用的企業號星艦（Starship Enterprise）的模型，旁邊是朱爾・凡爾納（Jules Verne）的小說《從地球到月球》（*From the Earth to the Moon*）中描述的蒸汽龐克太空船複製品，有兩層樓高。附近的一面牆上裝飾了

達文西的名言：「只要嘗試過飛行，你往後走路時總會仰望天空，因為你去過那裡，總是渴望再回到那裡。」

大樓的西北側有個名為「祕密花園」的戶外空間〔取名自法蘭西絲・霍森・伯內特（Frances Hodgson Burnett）的小說〕，員工可以在那裡休息。那裡有鯉魚池、步道和戶外廚房，混凝土叢林外的果樹與藍莓叢間設了吸菸區，園區裡的一張長椅鑲了一塊紀念牌，上頭刻了一個名字：Elizabeth Korrell（伊麗莎白・寇瑞爾），她是貝佐斯的已故事業經理暨私人律師，2010年死於癌症，享年四十二歲。

寇瑞爾曾發生一件嚴重事故，但沒有成為注目焦點。2003年3月6日，她和貝佐斯在西德州教堂山（Cathedral Mountain）附近物色土地。他們搭乘的直升機試圖在強風中起飛，墜入淺溪，寇瑞爾斷了一塊脊椎骨，貝佐斯幸運地只有一些輕微擦傷。[17]後來，貝佐斯在一次訪談中說，這起事故帶給他的最大教訓是：「盡可能避免搭乘直升機。」[18]

貝佐斯和寇瑞爾最終在范霍恩鎮附近找到合適的土地，透過以著名探險家命名的一些控股公司，陸續購買了一些土地。[19]童年時期的貝佐斯曾在德州牧場上渡過許多寧靜的夏天，他想要過著與外祖父相同的德州隱居生活。此外，這裡還可以闢建藍源的設施及發射台。

十年後，這座牧場成為藍源的工程師們另一處豐富有趣的解悶地。這裡有游泳池及露臺、戶外火爐，還有一座裝設高倍率望遠鏡的圓頂建築，讓他們遙望德州無雲夜晚的星空。白天，他們可以在這片土地開沙灘車，晚上，貝佐斯在一個

＊譯注：水星計畫（Project Mercury）是美國第一個載人的太空飛行計畫，時間為1959年至1963年。

戶外交誼廳招待晚餐與美酒，他把這交誼廳取名為「Parpie's Bar」──「Parpie」是（所有孫子輩對他的父親麥克・貝佐斯的稱呼。每喝完一瓶頂級威士忌，他就讓在座所有員工在瓶子上簽名。

這些娛樂過後，他們得返回現實，面對一個惱人的兩極化組織。貝佐斯訂定的目標愈來愈宏大，但給這些目標的資源極少。很長一段期間，他很少來藍源，偶爾在週六進公司檢視深度技術計畫，和公司的火箭科學家及空氣動力學家爭論。他很喜歡和工程師互動，在公司最重要的建築與設計決策中，都想扮演顯著角色，但他卻傾向與邁耶森通電子郵件，以神隱的方式管理日常營運的許多細節。

這種督導風格令公司總裁邁耶森陷入困難處境，他是貝佐斯的傳聲筒，但沒有貝佐斯的威權；他也掙扎於遵循貝佐斯的矛盾命令──既要遵奉節約，又要快速召募人員，以應付公司愈來愈高遠的雄心壯志。他和直屬部下舉行週一會議時，經常指責他們的工作進展不夠快，他們因此士氣低落、生產力不振。多名員工表示，那些直屬部下懷疑邁耶森，認為他拚命寫一大堆筆記是為了經常向貝佐斯傳送報告，在他們和貝佐斯之間扮演扭曲事實的過濾器。

藍源內部的這些摩擦最終在2016年引爆一連串激烈衝突。公司內部士氣低落，貝佐斯對於欠缺進展感到惱怒，他在亞馬遜內部已經克制的一些尖銳的管理習慣和惡名昭彰的暴怒，這次在藍源發作。那年二月，在一場技術檢討會議上，他惡言謾罵新雪帕德系統建築師葛雷格・賽默爾（Greg Seymour），在公司待了十二年的賽默爾本來就已經很不滿，隔日凌晨三點，他發簡訊辭職。

那年夏天，邁耶森及其他高級主管提出五億多美元的預算，遠遠超過貝佐斯的預期，他嚴厲斥責他們。這筆預算是新葛倫計畫預計的火箭及引擎工廠相關資本。當時身價約450億美元的貝佐斯看到這筆預算，大吃一驚，「我不會花這筆錢的，」他很憤慨：「這麼大的金額，你們應該在半夜打電話告訴我！」

貝佐斯在那封「歡迎信」中說，若公司無法立即出現投資報酬，他不會感到意外或失望，但現在，他似乎既意外又失望。貝佐斯通常是週三待在藍源，員工說，在很久沒有在週三前來肯特總部後，他開始每週都來幾小時和部門主管相談，以更加了解愈來愈高的開銷和持續不理想的進展。他相信藍源受到決策遲緩的拖累，因此他也開始在午餐時間現身於公司餐廳，任何人有問題或構想，只要準備一頁文件，寫出問題與潛在解決辦法，都可以找他快速做決定。

2016年秋天，所有事情迎來一個尷尬的收場。美國天文學會決定把年度太空飛行獎（Space Flight Award）頒發給邁耶森，這座獎是頒給「擁有傑出的工作表現與成就，對太空探索的進展貢獻最為卓著的人」。當貝佐斯在一場管理會議中宣布這項榮譽時，沒有人鼓掌喝采，幾乎所有主管都垂下目光。「我可能得再說一次，這是非常尊榮的獎項，」貝佐斯說，但整個會議室仍然沉默。這時的他們，因為內部爭執、資源與工作目標之間的遙遠落差、集體尊嚴經常因為表現遜於SpaceX而備受打擊，已是滿腔憤怨。

就是在這個時候，貝佐斯開始一一邀請主管前來他的亞馬遜辦公室共進午餐。

改變發展策略

在為藍源尋覓一位能夠引進「亞馬遜般的卓越營運」的執行長的同時，貝佐斯也開始改變他對於如何經營這間公司的觀點，拋棄束縛公司成長的一些指導原則。他不再堅持他在歡迎信中陳述的「如同節拍器般的漸進主義」，改而讓藍源火力全開，多計畫同時並進。他也拋棄公司開銷應該「徐緩持平地增加」的主張，授權擴增重大預算。2017年4月，他在科羅拉多泉市的太空研討會（Space Symposium）上宣布，將每年出售十億美元的亞馬遜股票為藍源籌措資金時，員工目瞪口呆，這還是他們第一次聽到這樣的事。[20]

一如貝佐斯在亞馬遜做出的許多逆轉（例如他在那年稍後要求亞馬遜事業必須展現廣告收入以外的優異獲利能力），這個消息讓藍源的員工很緊張，想了解他為何突然改變想法。唯一合理的答案是：兔子跑贏烏龜。貝佐斯認知到，若藍源想開始贏得商業及政府合約，以投資自身的成長，趕上馬斯克及SpaceX，就必須改變策略。

十多年來，藍源一直聚焦於要帶給付錢的顧客十一分鐘興奮的太空邊緣之旅，但在新雪帕德於2016年10月第五度試飛成功後，次軌道太空船在一年多以後才再度試飛。藍源的焦點和資源轉向貝佐斯命名為「新雪帕德的哥哥」身上。

2016年9月，該公司向大眾公開新葛倫火箭計畫，誓言在2020年前展開首航，[21]但這個目標最終並未實現。新葛倫火箭的設計顯示，它的推進力優於SpaceX的獵鷹9號和其體積較大的雙胞胎——獵鷹重型火箭（Falcon Heavy），它也將收費載運商用及軍用衛星至更高的地球同步軌道，而這正是聯合發射

聯盟的主管們當初相信藍源不感興趣的市場。

「ULA的主管們覺得亞馬遜欺騙、背叛了他們，」前ULA首席科學家暨副總喬治·索爾斯（George Sowers）說。兩家公司的主管不再交談，雙方關係緊張到在太空研討會上相遇時，連招呼都不打，直接擦身而過。藍源後來駁斥有關於主管不再與ULA主管交談的說法，但索爾斯說，ULA後來聽藍源的員工說，政府資助馬斯克的太空夢想，貝佐斯對此感到沮喪，因為他也想要加入。

為了競爭那些有利可圖的合約，好「拿錢做練習」（get paid to practice）——貝佐斯這麼告訴同仁，藍源和多家衛星營運公司，例如法國的Eutelsat、加拿大的Telesat、英國的OneWeb，簽立用新葛倫火箭為它們發射衛星的合約。當美國空軍宣布展開下一階段的國安衛星發射系統競賽時，貝佐斯決心讓藍源參賽，不再只是為其他參賽者供應引擎。最終，藍源在2018年贏得5億美元發射衛星服務合約，另外兩間贏家是諾斯洛普格魯曼（Northrop Grumman）及ULA。[22]

現在，藍源是赤裸裸的機會主義者。川普當選總統並宣布在2024年前讓美國人重返月球的目標後，藍源的主管們立刻撰寫一份七頁提案，說明提供探索月球南極沙克爾頓隕石坑（Shackleton Crater）的服務，為人類殖民月球鋪路。貝佐斯取得這提案的複本後，發電子郵件給《華盛頓郵報》，寫道：「該是美國重返月球的時候了，這一回，我們將留在那裡。」[23]這項構想將推進藍源的另一個重大行動——名為「藍月」（Blue Moon）的登月計畫。

伴隨藍源的目標範疇擴大，貝佐斯成為該公司使命、人類太空旅行願景顯眼的福音傳播者，他完全拋棄了以往的堅

持——藍源應該在達成目標後，才公開討論它們。2017年7月，在每年夏天於威斯康辛州奧希科什市（Oshkosh）舉行的航太迷年度盛會EAA航天探索展（EAA AirVenture Oshkosh）上，貝佐斯展示完工的新雪帕德乘員艙。它有六個可仰躺的座椅，每個座椅旁邊有一面高四十三英吋的大防碎窗，每位乘客可以透過這面大窗觀看星球曲面及浩瀚太空。一些還在世的阿波羅太空人參觀這架乘員艙之際，貝佐斯告訴現場群眾：「太空會改變人們，如果你跟去過太空的人交談，他們會告訴你，當你從太空回望地球，看到它的美、它的脆弱，以及它那薄薄一層的大氣層時，你會真心珍惜我們的家。」

藍源的一名主管告訴現場群眾，他們計畫在明年或後年載付費乘客上太空。這份時程規劃，公司最終也未能實現。

為追求這些同時並進的目標，公司員工數激增，在2017年突破千人，2018年又增加一倍。這些新雇員工當中有部分來自馬斯克的公司，常有業內從業人員說：「在SpaceX辛勤工作後來到藍源，簡直就是加入鄉村俱樂部。」這些話若是讓貝佐斯聽到，他鐵定氣炸了。藍源也在佛羅里達州卡納維爾角和阿拉巴馬州亨茨維爾（Huntsville）破土興建火箭生產工廠。新執行長史密斯得消化這一切成長，讓公司邁向專業化。

史密斯召募來自雷神公司、勞斯萊斯（Rolls-Royce）的航太事業單位、波音公司、洛克希德馬丁、諾斯洛普·格魯曼，及其他歷史悠久的航太公司的主管。SpaceX主管曾公開輕蔑這些公司，認為它們是數十年間航太創新停滯的共犯。但在新人新氣象的藍源公司，不存在這種不安，因為如同史密斯所言，藍源「需要做所有企業必須做的事，那就是有優良的財務，有優良的人力資源流程，還有懂得如何領導與發展大團隊

的領導者。想實現經常載人上太空的目標，這些是我們必須採取的行動。」

在專業經理人湧入之下，許多在祕密花園裡散步、在德州 Parpie's Bar 慶祝勝利的老員工感到被排擠，選擇離開藍源。邁耶森留下，名義上掌管「先進發展計畫」，但沒有實權也沒有直屬部下。貝佐斯把注意力轉移到史密斯身上，並且再度不常現身公司，邁耶森覺得自己被閒置，新執行長已不再想要他繼續留下來，他在2018年末離開公司。

給人類的禮物

貝佐斯在那封歡迎信中預測，藍源終將為他的龐大投資創造報酬：「我預期，很長一段期間之後，甚至從現在算起的幾十年後，藍源將能自給自足、創造營收、創造報酬。只不過這得花很長的時間。」

可是，當他持續公開宣傳藍源時，他開始把這家公司描述成更像是一種長期的博愛志業，淡化個人愛好或商業追求。2018年5月，在台上接受媒體巨擘阿克塞爾・斯普林格集團執行長杜普夫納訪談時，貝佐斯說：「每過去一年，我就愈加深信，藍源這家太空公司是我現在所做最重要的工作。我做這件事是因為我相信，若我們不做，我們最終將變成一個停滯的文明，我認為這非常令人沮喪，我不想讓我的後代生活在一個停滯的文明。」[24] 他解釋，他這個世代的天命是降低通往太空的成本，展現與網際網路創新黃金年代同樣的創造力。目標是有朝一日，有一兆人在遍布太陽系中的太空站上生活與工作，使用充足的太陽能電力。

這個高遠的目標是受到貝佐斯最喜歡的太空理論家之

一、已故物理學家傑瑞德・歐尼爾（Gerard K. O'Neill）的啟發，而對於這位慈善捐獻現在經常受到審視與批評的全球首富來說，這個目標還有另一個作用。因為有了這個崇高目標，貝佐斯就不再只是一個有著昂貴業餘愛好的電子商務鉅子，而是要送給人類一份大禮的偉大工業家。

這種博愛的說法對藍源的許多老員工來說是個新訊息，也幫助遮掩了一個更明顯的事實——創立二十年後，藍源仍然在掙扎困頓中艱辛奮鬥。到了2021年春季，它還沒載過一個觀光客越過卡門線或飛入軌道。貝佐斯的夙敵、同樣把太空行動描述成激勵人類和拯救人類免於滅絕的馬斯克，掌握每一個機會，指出貝佐斯與藍源不願面對的這些事實。

2019年9月，馬斯克公布SpaceX新一代火箭的原型、五十五公尺高的星艦（Starship）時，暗暗地挖苦藍源說：「我很尊敬已經把火箭飛進軌道的人。」幾週後，在一場財務研討會上接受訪談時，SpaceX的營運長蕭特威爾說得更直白：「他們比我們長兩歲，但他們還未抵達軌道。他們每年有十億美元的免費資金呢。」[25]

藍源在公司網站上堅稱：「我們並不是在競賽，在這場進入太空以造福地球的人類壯舉中，將有許多參與者。」但是，這兩家公司之間的對比，再鮮明不過。SpaceX在2020年時執行它的第一百次任務，把人載運到國際太空站，確立它是稱霸世界的火箭公司。曾經在2021年特斯拉股價高漲時、短暫超越貝佐斯成為全球首富的馬斯克率先把太空工業化，而且毫不迴避地視之為競賽。「我認為競爭是好事，不是壞事，」他告訴我：「在奧運中，要是所有人只是手勾著手，一起越過終點線，那種奧運將相當無聊。」

　　藍源保持神祕，並且因為貝佐斯植入其基因結構中的機能障礙而掙扎，若撇開藍源不算，貝佐斯幾乎在他創造的所有其他事業都成功了。為了月球計畫和火星計畫；為了亞馬遜打算發射低軌衛星群的計畫是否在模仿 SpaceX；為了亞馬遜收購自駕車公司 Zoox 可能是要和特斯拉競爭，這兩個大亨之間耐人尋味的你來我往、針鋒相對仍在繼續中。

　　馬斯克和貝佐斯有很多相像之處，堅持不懈、好勝、很在意他們的自我形象。但是，馬斯克熱衷於吸引大眾注目，在他的公司及粉絲中培養如同狂熱信徒般的崇拜，精心打扮地站上特斯拉活動的舞台，即興地（且往往不顧後果地）發推特文。他也似乎很自在於分享私人生活的情色細節，例如他和歌手格蘭姆斯（Grimes）的關係。

　　反觀貝佐斯就比較謹慎，在公開場合總是照著精心撰寫、反覆排練過的腳本演出，努力地把制度與價值觀擺在藍源的核心，高度管理他的時間與聲譽等資源。在私人生活細節方面，他也遠比馬斯克更小心謹慎。

　　不過，那些細節也難以隱藏太久。2018 年 7 月，藍源在貝佐斯的德州牧場上進行新雪帕德第九次試飛，成功發射後，新雪帕德計畫經理人必須處理一筆預算外的開銷，那是一家名為貝來奧飛行（Black Ops Aviation）的公司的服務費。貝佐斯雇用該公司航拍這次試發過程，說是為了一項特別的宣傳計畫：在美式足球超級盃中為藍源打廣告。

　　火箭發射過程中，這家專門提供航拍服務的公司創辦人一直在貝佐斯身旁：迷人的前電視新聞主播蘿倫·桑契斯。這又是一個令人費解的轉變，因為員工們全都知道：傑夫·貝佐斯痛恨直升機！

第三部

稱霸

亞馬遜
2018 年 12 月 31 日

年度營收淨額	$ 2,328.9 億美元
全職與兼職員工人數	647,500 人
年終市值	$ $7,344.1 億美元
貝佐斯的年終資產淨值	**$1,249.3 億美元**

12

去想要我們的地方

　　貝佐斯的個人興趣和亞馬遜的成功事業原本毫無相關，到了2018年初終於匯合，使公司及創辦人的名聲更上層樓。全球數千萬人擁有Amazon Echo，[1]亞馬遜從他們的門前移進他們的家中，虛擬助理Alexa即將引進無縫的語音電腦運算時代。無人商店Amazon Go終於在西雅圖開張營業，很快就會開始出現在全美各大城市。亞馬遜也在印度花大錢爭奪電子商務霸權，與沃爾瑪旗下的富利卡爭搶地盤。在好萊塢，《漫才梅索太太》和《邊過女郎》等作品的成功確立亞馬遜是新顛覆浪潮的一份子，也確立串流影音是進入繁榮的亞馬遜Prime生態系的另一條入口。

　　在原始的電子商務事業中，亞馬遜利用中國資本主義的混亂力量，推升其第三方賣家商城；完成對全食超市的收購；發展最後一哩運輸網絡來支持其成長，降低它對包裹遞送公司和美國郵局服務的依賴程度。AWS依然是公司現金流量與獲利的首要引擎，但亞馬遜也發展出次要的現金與獲利來源：非常賺錢的線上廣告業務。

　　縱使員工人數接近六十萬（其中有近三分之二是物流中心

的作業員），2018年初的亞馬遜依然充滿創造力，並且展現了相當優異的營收與固定成本比例。基於這樣的獨特組合，而且基於公司似乎沒受到阻礙多數大企業的組織重力定律的限制，投資人在那年六月首度把公司的市值推升至超過八千億美元，而且股價還繼續攀升。

貝佐斯讓各項事業自行運轉，偶爾才回頭檢視，而且通常未事先通知就提出前衛的新構想、壓制成本、削減那些積累的繁文縟節。他自己的時間則是忙於修補《華盛頓郵報》的事業與技術，督導藍色起源的新管理團隊，為新雪帕德號在西德州牧場的試飛而雀躍不已。在財富超過一千億美元後，他也在公眾壓力下，開始規劃慈善事業，捐贈財產。此外，一如往常，他思考亞馬遜的長期未來，不只是亞馬遜能做什麼全新的事，還有可以在哪些地方做事。

2018年1月29日，亞馬遜在西雅圖總部園區興建的球體辦公大樓舉行啟用儀式，由貝佐斯主持，有眾多記者、華盛頓州州長傑伊・英斯利（Jay Inslee）等政要，以及其他賓客出席。這棟建築是由三個互連的玻璃與鋼鐵製的溫室組成，裡頭有大量的熱帶植物、人造溪流與水族箱。這是八年旅程的高潮：八年前，亞馬遜向微軟共同創辦人保羅・艾倫（Paul Allen）的伍爾肯公司（Vulcan Inc.）承租位於南聯合湖區的十一棟低樓層建物，當時以為這些建物就足以在可預見的未來容納公司的成長。[2]貝佐斯覺得，一座有活力的市中心總部園區能幫助亞馬遜吸引及留住搶手的年輕科技人才，但是，原本預期會緩慢增加的員工人數，開始隨著亞馬遜業務的快速擴張，每年成長30%至60%，南聯合湖區裡那些六層樓的建築物裡擠滿員工。

2012年，亞馬遜從伍爾肯公司手中買下整個園區，外

加附近三個街區，開始規劃高樓層複合式辦公大樓。那年十月，貝佐斯碰巧參觀位於義大利馬拉內羅鎮（Maranello）的法拉利汽車公司（Ferrari）總部，而向來習慣從其他公司的特色與習俗汲取靈感的他，可能從該公司寧靜的廠房裡交織座落的戶內花園得到了靈感，對亞馬遜的新總部設計有了一個激進的新構想。

在揭幕儀式上，貝佐斯站在台上，面對群眾說：「Alexa，開啟球體。」沒有形體的Alexa回答：「好的，傑夫。」這是科羅拉多州博德市的歌手暨旁白演員妮娜・羅爾的聲音。此時，球體的圓頂環邊亮起藍色燈光，灑水器開始向數千株外來種植物及樹木灑水。員工及來賓鼓掌，貝佐斯邊往後退，邊爆出他獨特的笑聲。

但不是所有人都在慶祝。「球體」啟用的2018年1月，當時在西雅圖工作的亞馬遜員工已經多達四萬五千人，[3]這家公司占據西雅圖市精華地段五分之一的辦公空間。原本已經很稠密的市中心冒出許多新旅館、餐廳和建築物，亞馬遜改變西雅圖的特色，這裡曾經是個工業城，也是頹廢搖滾等另類風潮和時尚的起源地。

二十一世紀都市主義的所有負面效應伴隨這些快速變遷而來。有深厚文化歷史的老社區，例如亞馬遜辦公室東方三英里處的黑人中央區（Black Central District），正在以驚人速度仕紳化（gentrify）。根據全美低收入住房聯盟（National Low Income Housing Coalition）的資料，西雅圖一房一廳的公寓平均租金在2013年至2017年間上漲67%。[4]尖峰時段，南北貫串西雅圖市的5號州際公路（I-5）以及連接西雅圖西區和東邊市郊的多座橋樑總是壅塞到動彈不得。嚴格的土地使用管制和社

區反對，限制住房的興建，導致低收入家庭流離失所，西雅圖街上到處可見無家可歸的遊民，亂象到了難以忍受的地步。

多數政府官員承認，西雅圖市沒有為這些轉變做好準備，因應行動不夠快速。「亞馬遜廣度、深度、與加速度兼具的成長，令我們政府部門的人驚訝不已，」曾於2017年短暫擔任過西雅圖市長的市議員提姆・柏吉斯（Tim Burgess）說：「這個城市在很多方面都沒有為此做好準備。」前西雅圖大都會商會（Seattle Metropolitan Chamber of Commerce）執行長莫德・道頓（Maud Daudon）說，亞馬遜的成長使西雅圖「整個地區難免措手不及，這變化實在是天翻地覆。」

相同的情形也發生在南方八百英里處的矽谷，谷歌及臉書之類的公司帶來的改變引發當地老居民的強烈反彈，這種現象被稱為「抵制科技」（techlash）。在西雅圖，這種強烈反彈具有高度針對性，稱為「抵制亞馬遜」（Amazonlash）。

沉浸於無盡成長中的亞馬遜主管及員工很容易詆毀這些批評。不同於立足當地更久的微軟和波音，媒體批評亞馬遜不曾對當地慈善事業（例如聯合勸募的當地分會）有任何捐獻，[5]甚至不曾響應員工發起的慈善捐款行動。（亞馬遜駁斥這種說法，說它「長期支持西雅圖當地的倡議活動」。）貝佐斯顯然更偏好把每一分錢投入在新產品線，或是為顧客降低價格。亞馬遜和西雅圖之間的溝通僅限於不動產部門主管約翰・修特勒（John Schoettler）與西雅圖都市計畫官員之間。不像其他當地傑出人士，如比爾與梅琳達・蓋茲夫婦、珍珠果醬樂團（Pearl Jam）主唱艾迪・維達（Eddie Vedder），貝佐斯極少現身任何公益活動，對當地社區的影響力微乎其微。

《西雅圖時報》（Seattle Times）及其他當地媒體批評亞

馬遜缺席當地的慈善工作，這家公司在這些敏感言論下，於2016年開始尋求貢獻的方法。修特勒帶頭，把公司所屬土地上的前旅客之家旅館（Travelodge Hotel）捐給收留無家可歸的婦女與小孩的非營利組織「瑪麗之家」（Mary's Place）。當這間旅館被拆除時，亞馬遜把這家庇護機構遷往附近的戴斯旅館（Days Inn），之後則在新辦公大樓保留八層樓給它使用。那一年，亞馬遜也支持一個聯盟，成功通過一項540億美元的提案，擴建地區輕軌及其他公共運輸系統。

參與這些工作的亞馬遜員工說，貝佐斯知道這些行動。幾名員工覺得，他支持這些行動，是因為能提升亞馬遜的形象，也不需要他花太多的金錢和時間。他向來專注於事業，當討論到社區參與時，他主要著眼於「交易」性質，公司的內部文件主張亞馬遜在慈善方面只需做到足以維持「社會的營運許可」（social license to operate）就行了。社會的營運許可是指大眾接受一家公司、公司的員工與商業慣例。[6]

曾經很長一段期間，公司與當地社區之間的長年契約相當穩定：企業創造工作機會、繳稅、做少量的公共服務，就能安靜地做生意。但在二十一世紀，城市與在當地蔓生的跨國企業集團之間的關係受到質疑：當城市以減稅及土地廠房贈與等優惠吸引企業時，公眾得付出什麼成本？公司如何成為社區真誠良善的夥伴？當政府無法解決棘手的所得不均與貧窮問題時，企業有什麼責任介入及面對這些問題？

在西雅圖，自稱馬克斯社會主義者的莎瑪·薩旺特（Kshama Sawant）在2014年當選市議員，這是企業責任運動的體現：薩旺特及她的盟友主張課徵額外的稅負，旨在迫使亞馬遜為公司成長造成的負面後果買單。前市長柏吉斯說：「她的

當選對於改變公共論述的氛圍與品質產生重要影響。」

2017年6月，薩旺特提出一項議案，建議對年所得超過25萬美元的個人徵收2.25%的所得稅。[7]市議會一致通過這項議案，但後來被法院判決無效，因此從未付諸實施，不過亞馬遜員工說，這項議案引起向來不怎麼關注當地政治的貝佐斯注意。那年稍後，薩旺特又提議課徵「人頭稅」，根據公司在當地雇用的員工人數來課稅。[8]這個構想未獲支持，但接下來幾年一再提出。因此，亞馬遜的主管們感覺，這個長期受到景氣循環困擾的城市並不歡迎他們。1970年代，一個著名的廣告牌貼切描繪這種受景氣循環困擾的情況：「最後離開西雅圖的人，請把燈關掉。」

在此同時，貝佐斯的長期計畫中有另一個重要考量：儘管亞馬遜興建新辦公大樓，它在西雅圖的辦公空間還是快不夠了。到了2018年，每個月有數千名新進員工進入公司，在都卜勒大樓（Doppler）及Day 1大樓工作的員工回憶，辦公室太擁擠了，有時同事會被分配到擺在走廊上的辦公桌工作。公司的活動也擠滿人，那年是亞馬遜首度無法在世紀互聯體育場舉辦年度夏季野餐，只是因為員工太多。[9]

人才召募工作也變得困難許多，這個太平洋西北地區的城市總是被雨和霧籠罩，使得公司難以召募到足夠數量的工程師、律師、經濟學家與人力資源專員。為了下階段的成長，亞馬遜勢必得另覓去處。

2016年8月提出的白皮書已經考慮到這件事勢在必行，這份名為〈房地產選址方案進展更新：亞馬遜北美園區選址〉的白皮書是亞馬遜的經濟開發團隊主管所撰寫。分析二十五個城市的優點與可取得的技術人才。這些城市包括達拉斯、紐

約市、華盛頓特區，亞馬遜可以讓大約兩萬名員工搬到新城市，享有大型衛星辦公室帶來的效率。

這份文件，以及後續的S團隊的討論，是亞馬遜朝向降低對家鄉的依賴度這條新道路邁進的第一步。一年後的2017年9月，西雅圖市官員與其他人將錯愕地從媒體上得知，亞馬遜正在尋求建立第二總部。

公開徵選第二總部

據說，後來大家熟知的「HQ2」（第二總部）選址流程是貝佐斯想出來的。他注意到，華盛頓州在2013年端出總值87億美元的租稅優惠，以吸引波音公司在該州建造波音777X廣體飛機。[10]他也觀察到，馬斯克很有技巧地把特斯拉規劃的鋰電池工廠取名為「Gigafactory」（超級工廠），然後激起七個州相互競爭，最終選擇在內華達州雷諾市東邊設廠，並獲得13億美元的租稅減免。馬斯克親自參與選址，在與各州州長會面及參觀可能的廠址時，展現獨特的魅力。選址流程結束時，內華達州對特斯拉提供該州史上最高額的租稅減免方案，讓公司實際上有十年的經營免稅。[11]

值得稱許的一點是，亞馬遜從未向西雅圖或華盛頓州要求租稅減免優惠，但是，貝佐斯現在認為，以亞馬遜創造高薪工作及創新者的聲譽，應該能夠在對企業友好的地區取得大筆的租稅優惠。他下令亞馬遜的經濟開發團隊「為我們找到一個持久優勢」，不只是可能很快就會用罄的資金補助，還要是一個願意提供優渥且持久租稅減免的城市。

一如往常，貝佐斯的標準很高，耐心有限。舉例而言，當亞馬遜在2017年1月租用辛辛那提／北肯塔基國際機場的一個

空運樞紐五十年，並取得四千萬美元的租稅優惠時，他發出
一封失望的電子郵件，質疑為何馬斯克有取得高額減稅的特
殊「強大特權」。根據《華爾街日報》後來的報導，亞馬遜的
S團隊在那年指派給經濟開發團隊一個目標：爭取到一年十億
美元的租稅優惠。[12]

　　為了取得這麼高的稅負減免，最大膽的點子最終出自貝佐
斯本人。2017年夏季，他思考經濟開發團隊上一年白皮書的
結論；西雅圖的政治意見變化；特斯拉、波音與台灣的鴻海科
技從州政府及地方政府那裡取得的優渥租稅減免，[13]得出一個
很有貝佐斯風格的點子，完全顛覆一般企業選址時的傳統做
法。

　　亞馬遜不在多個城市設立辦事處，或私下商議一個地點做
為衛星辦公室，而是宣布打算設立與西雅圖總部地位相同的第
二總部，並開放北美所有城市參加競爭，爭取五萬個工作機會
與十五年間五十億美元的資本投資。貝佐斯認為，這樣的選址
流程可以突顯社區渴望獲得亞馬遜帶來的益處，而非批評者
對它的害怕。「這個流程有一部分作用像是啦啦隊，」HQ2團
隊的一個成員說：「誰想要我們？答案會隨著流程揭曉。」但
是，跟許多其他參與者一樣，他們不願意談到對於不良反應的
害怕。

　　為了啟動這項計畫，公關人員和經濟開發團隊研擬一份六
頁報告，其中很多內容反映在亞馬遜在2017年9月7日發布的
新聞稿及HQ2提案徵求書（request for proposal，RFP）。[14]除了
說明公司偏好居民超過百萬、對企業友善的環境、以及可取得
優秀人才及交通運輸方便的都會區，這份提案徵求書明確描述
贏得競爭的條件：它提到「獎勵誘因」二十一次，並說租稅減

免形式「將是決策的重要考量因素」，還提到具有競爭力的提案甚至可能需要通過特別立法。

如此直白的措辭引來一些人反感。新聞稿發布後，駐守華盛頓特區、負責為 AWS 物色資料中心地點的經濟開發團隊成員麥克·葛瑞拉（Mike Grella）開始接到認識的各地城市官員的電話，他們對亞馬遜的提案徵求書，以及該公司即將把一個原本私下協商的流程公開感到震驚，這將受制於無法預料的政治力量及輿論。

但有趣的是，「他們全都很生氣，」葛瑞拉說：「但後來，他們全都按照亞馬遜的規定做事。」

238個城市提案，各出奇招

亞馬遜宣布HQ2專案後，激起媒體狂熱，根據律商聯訊（LexisNexis）資料庫，宣布後的兩週內，媒體總計發出超過八百篇關於這項競賽的文章及評論。各家地方報紙分析所在城市出線機會不大的原因，資深的亞馬遜觀察家們則打賭哪個城市能勝出。[15]《紐約時報》預測丹佛市會贏，理由是「這個城市的生活型態與負擔能力，再加上附近有大學可以供應科技人才」；[16]《華爾街日報》選擇達拉斯，[17]《彭博新聞》說亞馬遜主管會青睞波士頓。[18]

不過有些異議出現。矽谷眾議員羅·康納（Ro Khanna）發推特表示，科技公司「不該向我的選區或其他地區的城市要求稅負減免，它們應該投資於社區。」[19]《洛杉磯時報》（*Los Angeles Times*）專欄作家批評這個流程「傲慢、幼稚、有點太過憤世嫉俗。」[20]但如同貝佐斯的期望，整體反應積極而清楚，雖然西雅圖及矽谷的科技業批評者質疑科技業巨人導致

仕紳化的加速和無家可歸者的增加，其他城市卻渴望款待它
們。於是，許多城市爭搶這二、三十年僅此一次的機會，可以
得到幾萬個高薪工作，還有城市迫切需要的經濟活動。

到了2017年10月19日截止日時，亞馬遜共收到238件申
請案，有些城市，例如底特律、波士頓、匹茲堡，在申請書中
加上影片，用高昂的音樂和iMove軟體的特效來推銷它們的魅
力。佛羅里達州坦帕聖彼得堡（Tampa-St. Petersburg）地區製
作的影片中有海灘排球玩家在沙灘上嬉戲的鏡頭；達拉斯誇耀
它的「韻味」、「氣氛」、「瑪格麗特雞尾酒」等等。不習慣上
鏡頭的市府官員穿西裝、打領帶，靦腆地對著鏡頭以客氣的語
調對亞馬遜喊話。

一些城市訴諸較為奇特的手法。例如，阿拉巴馬州伯明罕
市（Birmingham）在市內設置三個巨大的硬紙板箱，請居民和
它們自拍合照，把相片張貼到社群媒體上。堪薩斯市市長在
亞馬遜網站上購買一千個產品，並在每個產品的評價中讚美
堪薩斯市的優點。[21]加拿大卡加利市（Calgary）在西雅圖的人
行道上張貼一些塗鴉，又在亞馬遜總部附近懸掛長兩百英尺的
紅色橫幅布條，寫著：「就算是要抵擋熊……為了你們，我們
願意。」喬治亞州亞特蘭大市東方二十英里的市郊小鎮史通克
雷斯特（Stonecrest）則提議改名為「亞馬遜」；亞利桑那州的
土桑市（Tucson，2019年的人口有54萬5,000人）把一棵高達
二十一英尺的巨人柱仙人掌送給亞馬遜，後來公司捐給一間博
物館。[22]各城市招數盡出。

許多市府官員說，他們別無選擇，只能向選民展示他們是
如此努力爭取如此豐厚的獎項。「我個人的看法是，未來的工
作全都跟科技有關，如果你不以某種方式參與其中，你的經

濟就會完全落後，」內華達州州長的經濟開發辦公室主任萊恩・史密斯（Ryan Smith）說。他為拉斯維加爭取這項機會，但最後徒勞無功。

申請書被轉往亞馬遜內部的一個小組，成員大約有六人，他們來自西雅圖及華盛頓特區辦公室，有人力資源、公關、公共政策與經濟開發業務等部門的主管。多年來，亞馬遜在美國首府幾乎沒有什麼存在感可言，政策團隊曾在華盛頓特區年久失修的一間連棟房裡的一個樓層辦公，樓下是奧克拉荷馬州的原住民部落切羅基國（Cherokee Nation）兩名遊說代表的辦公室。政策團隊員工共用一間臥室，必須使用虛擬私人網路（VPN）連到亞馬遜的公司網路。亞馬遜對於政府關係的投入程度微小到令人難以置信，擔任歐巴馬政府白宮新聞祕書的卡尼說，他「從未見過來自亞馬遜的任何人，一次都沒有，縱使我們去西雅圖募款時也一樣。」

卡尼在2015年進入亞馬遜擔任全球事務資深副總後，開始直接管轄華盛頓特區團隊，並取得較多的資源。那時亞馬遜剛搬至紐澤西大道605號的一棟現代辦公大樓，就在喬治城大學法律中心（Georgetown University Law Center）的對面，這家公司現在吸引政府的高度注意，眾目睽睽之下，它再也無法隱藏起來。

卡尼雖駐守華盛頓特區，但經常飛到西雅圖，因此這間辦公室由公共政策副總布萊恩・休斯曼（Brian Huseman）掌管。先前擔任美國司法部檢察官的休斯曼出身奧克拉荷馬州，在辦公室是評價兩極的人，同事認為他嫻熟內部政治。2017年秋天，HQ2流程開始時，在他的精心規劃下，貝佐斯出席華盛頓特區的一場頒獎典禮，領取人權運動基金會頒發的

全國平等獎。休斯曼也精心設計亞馬遜九樓辦事處的裝潢，電梯門一開，迎面而來的是來賓接待區，一排由老舊的門板改裝而成的辦公桌，象徵亞馬遜的節儉。一條走廊通往一處公共空間，擺設一台奇娃機器人、一架遞送包裹的原型無人機，以及螢幕上循環播放亞馬遜影業的作品。另一邊通道有一個旋轉門，進去就是簡約的亞馬遜風格辦公室，其中一個房間需要一把特殊鑰匙才能打開，這個房間是保留給HQ2團隊進行機密工作，報紙遮住所有窗戶，如果有人被抓到要窺視房間內部，就會被舉報，送交保全部門。

HQ2提案截止後幾週，華盛頓特區團隊每週工作六到七天，每天工作十二小時，審查蜂湧而至的申請書。審查流程一度淪為主觀獨斷，幸虧一名團隊成員提醒同仁必須建立客觀的評審標準，把所有得到的資料交給S團隊。於是，他們回到原始的HQ2提案徵求書，制定權衡各種因素的表格，例如人口、當地理工科畢業生人數、就業率、地區GDP等等。

審查作業充滿理想主義，HQ2團隊成員真心相信任何城市都有機會勝出，那時他們把入圍城市的預測寫在紙上，放進一個彌封的信封袋裡，口才便給、人脈甚廣的亞馬遜經濟開發總監蘇利文的猜測最接近結果。「我們真心認為我們在做二、三十年間最重要的經濟開發計畫，將改變數十萬人的生活，」HQ2專案的一名員工說。

到了一月初，蘇利文和財務總監比爾・克羅（Bill Crow）把所有資料及申請書交給S團隊。同事說，貝佐斯意識到有責任去認真審視每一個申請的城市，他詳細閱讀238個地區的申請文件，總共花了好幾個鐘頭。

亞馬遜預定在2018年1月18日宣布二十個入圍城市名

單，HQ2專案人員提議各種揭曉方式，其中一個點子是由公關
團隊每隔一小時揭露一個城市，擴大懸疑氣氛，但貝佐斯否決
這個點子。或許他認知到亞馬遜不需要再提高HQ2原本已經
高張的曝光度，又或者這個流程引發的政治風向已經變得太難
預測。

入圍的有……

　　入圍名單公布的前幾天，HQ2團隊列出兩百多個未入圍
的城市名單，打電話給當地官員，提醒他們為壞消息做好準
備。多數官員詢問為什麼，並且對他們為這項競爭投入時間與
心力卻換來失敗的結果表達失望，亞馬遜員工則是引據資料來
回應，典型的回答像是：「你們的都會區人口只有37萬5,000
人，其中只有10%的人有碩博士學位，抱歉，人才供給管道並
不夠。」城市官員大多認為亞馬遜的回應誠懇，尤其是蘇利文
花比必要還多的時間去耐心回答疑問，並保持關係，或許這些
關係在未來對公司有所幫助。

　　亞馬遜宣布入圍名單後，光是那週就產生一千四百條新聞
報導，HQ2團隊也上路了。從二月到四月底，由蘇利文和不動
產部門主管修特勒率領的十多名員工團隊，幾乎馬不停蹄的
造訪入圍的城市。行程分為三趟，分別走訪西岸，南方與東
岸，各趟行程之間只有幾個星期的間隔。他們遵循亞馬遜的節
儉風格，坐飛機經濟艙或巴士，早晨動身，深夜結束。

　　這些城市在他們到訪的幾天前才接獲通知，而且沒得到
任何指引，只說想參觀它們提議的場址，並聽取城市的人
才庫和教育體制的相關資訊。[23]有些城市的準備工作比較充
足，洛杉磯市長艾瑞克・賈西迪（Eric Garcetti）準備生動的

簡報說明，並安排與當地大學的校長共進早餐；納許維爾市（Nashville）安排亞馬遜團隊和當地音樂人見面。在達拉斯，市府官員帶亞馬遜團隊搭乘M線電車遊覽市中心，在上城區（Uptown）一家西部風格的餐廳招待他們晚餐。「亞馬遜團隊很真誠，」達拉斯區商會資深副會長麥克·羅薩（Mike Rosa）說：「有些撰寫報導說『一切都很虛假』的人，當時並沒有和我一起在現場。他們跟我做過的任何專案接觸到的人一樣認真。」

貝佐斯從西雅圖關注及參與這件事，只是不像馬斯克為Gigafactory站出來，他一直待在幕後。HQ2本身就引發媒體騷動，他不想讓自己的現身和他龐大財富的光環分散媒體焦點，他希望焦點擺在亞馬遜創造的就業機會和社區投資。同事們說，蘇利文經常收到貝佐斯及其他S團隊成員的電子郵件，詢問參觀位址及城市提案的相關細節。一次前往西雅圖總部時，她和貝佐斯坐在Day 1大樓六樓，貝佐斯翻閱申請書，她在緊張的靜默中等待回答貝佐斯的提問。

對貝佐斯而言，尋找HQ2的落腳地點不僅攸關公司未來的迫切課題，也是他現在公開現身時大多籠罩著大片陰影的一個公關課題。那年四月，他前往達拉斯，在南美以美大學（Southern Methodist University）的喬治布希總統中心舉行的領導力論壇上演講，論壇結束後的雞尾酒會上，達拉斯市長麥克·羅林斯（Mike Rawlings）走向貝佐斯，努力爭取機會，他說：「我們是你們的正確選擇。」貝佐斯含糊其詞，只說他從住在達拉斯的朋友那裡聽到這座城市的許多優點，「我感覺到他有點害羞，這讓我感覺不是太好，」羅林斯後來對我說。

團隊在那個月完成各城市的造訪工作，把結果與建議寫成

六頁報告交給S團隊。在為這本書做研究時，我閱讀了那份報告，以及另外兩份重要的HQ2文件。這六頁報告於2018年6月完成，把二十個入圍城市區分為三組：「不可行」、「熱烈辯論」與「首選」。

德州奧斯汀、俄亥俄州首府哥倫布（Columbus）、丹佛市、印第安納州首府印第安納波利斯（Indianapolis）、邁阿密、馬里蘭州蒙哥馬利郡（Montgomery County）、紐澤西州紐華克（Newark）與匹茲堡全都屬於第一類，被排除的城市主要是因為它們太小，沒有亞馬遜所需的基礎建設及人才。此外，團隊從造訪城市與輿情分析中得出結論，認為奧斯汀及丹佛市可能對亞馬遜設址有敵意，「我們從造訪中可以明顯感受到，奧斯汀和丹佛市對於這項專案的支持，熱度不如其他城市」，他們在報告中寫道。匹茲堡「仍力圖從經濟困境中振作」；紐華克被否決是因為紐約市的能幹工程師「不會想去那裡工作」。

亞特蘭大、波士頓、洛杉磯、納許維爾、多倫多與華盛頓特區被列為「熱烈辯論」類型，HQ2團隊指出波士頓和多倫多的缺點是高成本及高稅負，他們描述亞特蘭大的交通堵塞是問題，還有喬治亞州議會最近通過議案，廢止對達美航空（Delta Air Lines）飛機燃料免稅的優惠，因為在不久前發生佛羅里達州帕克蘭市（Parkland）高中校園槍擊事件後，航空公司決定終止對美國全國步槍協會會員的機票優惠。[24]在亞馬遜看來，這個州因為政治價值觀而懲罰公司，此舉令人擔憂。

這份文件也寫道：「我們全都對納許維爾抱持高度期望，但是這個城市還沒為我們的投資規模做好準備。」至於洛杉磯，他們的意見是：「這是世界上最壅塞的城市，沒有提供地

理多樣性,而且,加州不是對企業友善的州。」

「首選」的地方包括芝加哥、達拉斯、紐約市、北維吉尼亞、費城與北卡羅萊納州的羅利市(Raleigh),儘管最推薦這些城市,HQ2團隊仍然表達對它們的疑慮。他們擔心達拉斯的地理位置較孤立,較難召募頂尖人才;紐約市是所有城市中地方稅負、員工薪酬水準與房地產價格最高的一個,而且有太多其他的大雇主,「我們將無法像在其他地點那樣,以有利方式利用我們的存在。」他們寫道。北維吉尼亞對企業友善,但不盛產工程人才,物價也不是特別便宜。

HQ2委員會在結論中建議S團隊再做一次篩選,在縮小範圍後開始和各城市的民選官員商談,確保取得條件最佳的房地產。他們建議在9月7日,也就是亞馬遜宣布尋找第二總部的一週年,公布最終勝出者。報告中寫道:「下一個HQ2里程碑的目標是繼續推動正面的媒體報導,增進公司的聲譽,同時也別給予我們的批評者不必要的彈藥,或是令外界覺得這是要求太多、太誇張的實境秀。」然後,在歷經多月的出差、餐飲招待、推測、談判之後,他們挑出令人驚訝的三個決選推薦:

芝加哥,費城,羅利。報告的結論是:「這些地點不是現今科技人才最大的集中地,但我們相信,它們具備我們許多事業成長所需的人才基礎。」

首選城市全部落馬

但是,在亞馬遜,這些文件只提供選項與建議,它們只是審議流程的開端,不是結束。那個月,貝佐斯及S團隊成員在西雅圖和HQ2團隊領導人開會,安靜地閱讀文件,接著討論好幾個小時,改變整個專案的路線。

北卡羅萊納州的羅利市對企業友善、生活成本低、交通不壅塞，但對亞馬遜的擴張需求而言，規模太小。芝加哥的政府機關間經常發生衝突，而且該市和伊利諾州一直被信用評等機構評為財務不穩定。費城不是培育工程人才的搖籃，有人回憶，AWS執行長賈西在會議中表示他不喜歡這個城市，費城老鷹隊（Philadelphia Eagles）是他最喜歡的紐約巨人隊（New York Giants）的死敵，並說他和他的員工永遠都不想在那裡生活。賈西顯然是在開玩笑，不過HQ2團隊歷經幾個月詳細的量化分析工作之後，一些團隊成員對於這個流程現在受高階主管們的主觀偏好左右感覺很惱怒。

HQ2團隊的經理人在那次會議後得到一份與他們提議明顯不同的候選名單。我檢視八月製作的第二份文件，HQ2團隊在六月會議結束時決定追蹤的五個地點是達拉斯、洛杉磯、紐約市、北維吉尼亞、納許維爾。HQ2團隊先前推薦的前三名城市都不在列，雖然報告中也提及他們要再訪芝加哥，但只是因為「如果芝加哥被淘汰，此行可以把潛在的負面反應降到最低。」

於是，HQ2選址的優先考量改變了，原本是要尋找租稅獎勵最優惠的城市，現在取而代之的是對最大城市的興趣、最佳的人才召募機會，以及最友善的政治環境。這一點也不意外，因為就在主管們審議選址名單的同時，亞馬遜和西雅圖市的關係正在快速惡化。

薩旺特和左傾的西雅圖市議會再度提議課徵「員工工時稅」（Employee Hours Tax），對大型雇主課徵每名員工最高可達500美元的稅，藉此籌措8,600萬美元來解決無家可歸者和缺乏平價住屋等問題。這是相當嚴苛的稅負，相較之下，芝加

哥實行近三十年的員工人頭稅僅課徵每人4美元，而且後來市長拉姆・艾曼紐（Rahm Emanuel）證明，這項稅制是導致芝加哥市工作機會流失的重要原因，說服議會廢止。

根據這項在2018年4月提出的議案，亞馬遜除了一年繳交2億5,000萬美元的州稅與地方稅，還要額外增加2,250萬美元的地方稅，[25]雖然只占2018年100億美元獲利的一小部分，但這是該市對企業的敵意。西雅圖正朝課徵企業所得稅及員工人頭稅的雙重稅制發展，而這種稅之所以必要的一個原因是，華盛頓州是美國不課徵個人所得稅的七個州之一（貝佐斯及亞馬遜的其他主管多年來深深受惠於這點）。亞馬遜認為，公司已經繳了很多的地方稅，若西雅圖市沒有以正確的方式花用稅收，以解決最迫切的問題，錯絕對不在公司。

在人頭稅議案提出後，貝佐斯聯絡修特勒，下令不動產部門調整興建Day 1大樓附近的另一棟十七層大樓「Block 18」，[26]並且把雷尼爾廣場（Rainier Square）附近已經竣工、占地八十萬平方英尺的大樓大部分出租，亞馬遜將不會遷入。一位知情人士透露，不動產部門預估，此舉將導致公司損失超過一億美元（這個人也說，公司後來在這項交易中達到損益平衡）。但貝佐斯說他不在乎：亞馬遜不會在一個不想要它的城市裡追求未來的成長。

在此同時，貝佐斯對內下達另一項指令，把亞馬遜的西雅圖員工人數上限設在五萬人左右。當時已經占據西雅圖市精華地段辦公空間超過19%的亞馬遜，[27]員工數即將在十二個月內達到這個上限，屆時，公司的經理人必須把他們的員工成長挪至其他城市的亞馬遜辦公室，因此，修特勒和不動產團隊忙著應付這項新需求。與西雅圖相隔華盛頓湖、過橋僅十五分鐘車

程的柏衛市（Bellevue）是西雅圖市郊富裕的住宅區，亞馬遜在那裡僅雇用七百名員工，當時，該市正趁機推出向當地企業招商的宣傳活動，亞馬遜主管決定，西雅圖這邊過多的員工可以移往那裡，於是訂定一個目標：把兩萬名員工遷移到柏衛市。那年秋季，亞馬遜在柏衛市簽約租下線上旅遊公司智遊網（Expedia）前總部二十層的辦公大樓。[28]

雖然，亞馬遜從未公開揭露西雅圖員工人數上限的消息，但該公司大聲宣布停止興建 Block 18 大樓，高調地把雷尼爾廣場大樓出租。這是一種高壓攻勢，展現亞馬遜在西雅圖的影響力與商業格言：資本流向歡迎它的地方，駐足於善待它的地方。[29]前西雅圖大都會商會執行長道頓說：「我認為這是一家不妄為的公司不尋常的強硬行動。」

市府官員清楚聽到這個訊息，五月時，每名員工 480 美元的人頭稅被降到 275 美元，他們誤以為亞馬遜會接受這樣的讓步。市議會全體無異議通過這項稅法。亞馬遜立刻捐款兩萬五千美元給一個申請在十一月舉行公投廢除這項稅法的委員會，而其他當地企業如星巴克、伍爾肯以及受歡迎的家族企業如迪克速食連鎖店（Dick's Drive-In），也都加入捐款及反對新稅的行列。

許多民眾在民意調查中轉而反對市議會，站在當地公司及大型企業雇主這邊，錯愕的市議員現在被打敗了。眼看著連署人數即將超過公投門檻，而且投票結果可能通過廢除這項稅法，市議會召開特別會議，很丟臉地以七比二的票數廢除不到一個月前自己通過的法案。[30]簽署這項稅法的西雅圖市長珍妮‧杜肯（Jenny Durkan）現在要簽署廢除它。[31]

但失算的不只是市議會。貝佐斯及其他亞馬遜主管只看

到左翼議員把持的市議會對企業的敵意，他們似乎沒有認知到、或是不關心，西雅圖輿情的轉變也代表更廣的意向：排斥科技公司，排斥它們對社區帶來的混亂變化。這是所謂的「抵制科技」，那些薪酬豐厚的亞馬遜高階領導人看不到這股在外面蔓延的風氣，他們沒有認知到，這些力量即將引發嚴重後果。

除了以柏衛市做為因應員工數量成長的立即替代方案，一些亞馬遜主管認為，HQ2現在必須比先前規劃的還要大，極可能比原先預期的成長得更快速。十七頁的八月報告撰寫時，HQ2團隊和S團隊已經瞄準紐約市和北維吉尼亞的水晶城（Crystal City），他們認為這些地區可以滿足亞馬遜未來的擴張。這份報告中寫道：「若成本和企業環境是首要考量，我們推薦北維吉尼亞為首選。若是以既有人才為首要考量，我們推薦紐約市。」

HQ2團隊預測，這兩個城市在政治上都對亞馬遜抱持歡迎態度，就算選擇的是皇后區的長島市也一樣：這個位於曼哈頓商業中心外的地區曾經是衰落的工業區，但在過去十年間快速仕紳化。HQ2團隊在報告中寫道：「我們有來自州政府的支持，我們和紐約州的經濟開發局局長密切合作，他是州長安德魯・古莫（Andrew Cuomo）的親信。市長白思豪（Bill de Blasio）不會直言擁護我們的計畫，他通常是大企業的批判者，但我們相信，他支持紐約市雀屏中選。」

兩座城市共同得標

就跟之前一樣，這份報告只是S團隊討論的起點。那年九月，HQ2團隊經理人從會議中出來，傳達領導高層的決定，而

答案讓同仁很錯愕。貝佐斯和S團隊選擇把HQ2分建於紐約市和北維吉尼亞，並在納許維爾設立一個較小的「卓越營運中心」。亞馬遜花了一整年的時間尋覓單一的第二總部位址，但考慮到公司的人才需求，以及貝佐斯下令亞馬遜接下來主要在西雅圖以外地區擴展，一個地點並不夠。HQ2專案的一名員工說：「我不敢相信，可是，另一方面，我也可以相信，因為這就是亞馬遜，不足為奇。」

這個決定使亞馬遜的公關發言人陷入尷尬局面。過去一年多，他們積極駁斥外界對HQ2流程最諷刺的解讀，也駁斥任何暗示亞馬遜將選擇東岸兩個權力中心當中之一的說法。*現在，亞馬遜就要證實這個看法：由全球首富所領導、全世界最富有的公司，即將在政治首都與金融首都擴大存在感，而貝佐斯在這兩個城市都擁有豪宅。更加難堪的是，9月4日星期二早上，亞馬遜的股價高達2,050美元，亞馬遜市值短暫越過一兆美元門檻後，股價回跌。[32]

我檢視的第三份HQ2文件是2018年10月提出的，裡頭就說明這個挑戰，以及在宣布亞馬遜的決定時，要如何避免引發負面反應風暴。這份文件承認，「不論我們怎麼做，這項宣布都會占據全國新聞版面」，他們也想到，「資金雄厚的批評者」可能指責亞馬遜，先前說要挑選一個與西雅圖地位相同的營運中心，現在卻食言了。

列出這些可能的批評後，這份報告還引述「好工作優先」（Good Job First）這個維權組織的言論（這個組織的宗旨是促進企業與政府在經濟開發裡的責任）；還有支持社區利益與小型企業、對抗連鎖店和集團企業的「地方自力更生協

---

* 譯註：兩個權力中心是指紐約市和華盛頓特區。

會」（Institute for Local Self-Reliance）。它也提到紐約大學教授史考特・蓋洛威（Scott Galloway），他曾指責HQ2是「飢餓遊戲選美賽」，[33] 還預言最終選址「將是貝佐斯想花更多錢的地方，我打賭會是紐約市都會區。」[34] 還有法律學者莉娜・可汗（Lina Khan），她2017年在《耶魯法學期刊》（*Yale Law Journal*）上發表一篇文章，指控亞馬遜的反競爭行為，以及美國的反托拉斯法老舊過時。[35]

可惜，這份報告沒有提及紐約市議會裡激進的政治人物，也就是那年秋天在紐約第十四選區角逐眾議員席次的民主黨候選人亞歷珊卓麗雅・歐加修—寇蒂茲。報告寫到：「這項決議是一個好機會，展現亞馬遜是有益於經濟開發與創造就業的投資者，是社區的好夥伴。因此，我們必須讓批評者撻伐我們的時間縮到最短……我們相信，批評者正迫不及待要利用這項決議來推動他們的謀畫。」

幾週後，11月13日星期二，亞馬遜宣布勝出者，新聞稿的標題是〈亞馬遜選擇紐約市和北維吉尼亞做為新總部〉。[36] 引人好奇的是，這項宣布或亞馬遜發言人的談話中完全沒有提到「HQ2」這個簡稱。這家公司與執行長對每份文件的字句都再三琢磨，完全不提「HQ2」並不意外，亞馬遜是在試圖淡化過去十四個月間傳達過的訊息。

一如預期，其他入圍的城市一片失望，它們現在認知到，亞馬遜選擇的是人口重鎮的權力走廊和科技人才，根本不是原始提案徵求書（RFP）中所說的其他層面，像是生活成本、地理多樣性、獎勵方案規模等等。蘇利文打電話告知達拉斯市長羅林斯這個壞消息，達拉斯和德州給出總額11億美元的財務獎勵，雖然遠不如紐約市和紐約州給的25億美元抵

減稅額與退稅，但卻遠高於阿靈頓郡和維吉尼亞州給的5億7,300萬美元現金補助。此外，在達拉斯興建總部的成本大約比東岸低40%，可惜，這最終也無濟於事。惱怒的羅林斯問蘇利文：「請解釋一下，既然你們都已經有定見，為什麼要這樣把我們耍得團團轉！」

敗選的城市官員們會冷嘲熱諷還有其他原因。2019年3月在鹽湖城舉行的經濟開發主管研討會上，三百多名與會者聽到蘇利文不經意提到，在整個遴選過程中，她經常和維吉尼亞州經濟開發夥伴計畫（Virginia Economic Development Partnership）執行長史蒂芬·默瑞（Stephen Moret）交談。「謝謝她這麼坦誠透露她經常和他討論這計畫，」一位聽到蘇利文此言的與會者說。但「這就不禁讓人質疑這樣的過程到底有幾分真心誠意。」

在阿靈頓郡，默瑞和其他官員為勝利雀躍不已。但在紐約及皇后區，一直處於狀況外而被這條新聞震驚的地方官員立刻譁然，表達不滿。市議會發言人柯瑞·強生（Corey Johnson）發出一則聲明，譴責亞馬遜、紐約州州長與紐約市市長沒有諮詢社區的意見，沒有讓市議會參與協商。[37]市議會副會長吉米·范布拉默（Jimmy Van Bramer）和紐約州參議員麥克·詹納利斯（Michael Gianaris）發表聯合聲明指出，紐約給予亞馬遜的租稅優惠前所未見（雖然這個陳述並不正確）。他們在聲明中寫道：「我們目睹一場精心算計的遊戲，亞馬遜愚弄紐約，讓紐約給予這家全球最富有的公司空前金額的租稅優惠。」他們顯然忘記或不知道，其他州給予波音、鴻海科技及其他企業的租稅優惠更高。

新當選的眾議員歐加修—寇蒂茲在推特發文：「我們一整

337

天接到皇后區居民的電話及探詢，亞馬遜是市值數十億美元的公司，在我們的地鐵破舊、社區需要更多投資、而非更少投資之際，給予亞馬遜數億美元減稅的構想，引起這裡的居民極度關切。」[38]

亞馬遜的HQ2團隊準備對這些批評做出回應之際，他們又遭受另一記不愉快的意外打擊。他們得知，亞馬遜的不動產團隊在最後一刻與兩個城市的「理解備忘錄」中插入一個條款，要求它們協助取得建立與經營一座直升機起落場所需要的航空權和經營許可。

根據亞馬遜的一名律師在當月稍早發給紐約州帝國發展公司（Empire State Development Corporation）主管的一封電子郵件，這座直升機起落場最好「就在」亞馬遜的新辦公大樓，如果不行，則要「儘量靠近」公司，亞馬遜會負擔所有成本。[39]在十四個月HQ2競賽期間習慣縱容這個科技業巨人突發奇想的這兩個城市，又一次同意通融。

當地媒體很快就報導及奚落這項新條款，11月14日《紐約郵報》（New York Post）高喊：「皇后區贖金」，附上一則插畫，內容是貝佐斯從一架直升機上伸出手，手上拎著幾袋錢。[40]亞馬遜HQ2團隊成員很困惑：公司並沒有直升機，而富有的網際網路公司主管搭乘直升機俯瞰交通壅塞的市街與地鐵，這畫面實在不好，更何況，這個點子本身就與亞馬遜格格不入，節儉與謙遜可是公司倡導的十四條領導原則之一。

幾位員工議論，設立直升機起落場是個糟糕的點子，但他們被告知這是來自高層的要求，不會撤回。「直升機起落場是他們最不應該要求的東西，」長島市國際希望中心（Center of Hope International）教會主教米契爾‧泰勒（Mitchell Taylor）

是HQ2支持者，他嘆息道：「為何要這樣大刺刺地提出來呢？事情確定以後，他們可以直接設直升機起落場。」

亞馬遜員工現在的困惑，似曾相識：之前有一家名為貝來奧飛行的公司及其共同創辦人、前電視新聞主播蘿倫・桑切斯出現在西德州，為了製作宣傳影片而拍攝「新雪帕德」火箭發射時，藍色起源的員工也曾困惑不解。除非出現了什麼重大轉變，否則，在自家辦公大樓開一扇航空門，這絕對不是貝佐斯的作風。

取消紐約計畫

在尷尬的HQ2宣布餘波和直升機起落場引發的軒然大波中，民間反對亞馬遜擴張進入長島市的聲浪爆發，在歐加修—寇蒂茲的勝選激勵下，草根運動組織者以這股新動力做為樞軸。他們在當地教會策畫反對行動，志工上街發傳單，警告居民：壓倒西雅圖的仕紳化及流離失所，也將會改變皇后區。

這項情勢演變令亞馬遜措手不及，這家公司之前一直選擇隱密低調，而不是深入地方做準備；它選擇自己應付任何負面反應，而不是雇用有經驗的公關及遊說公司。亞馬遜主管們不熟悉紐約嚴厲、毫不含糊的政治風格，誤以為有來自古莫、白思豪與其他盟友的支持就能順利過關。立本企管顧問公司（BDO）的選址事務主管湯姆・史崔林格（Tom Stringer）說，「從他們宣布消息的那一刻，他們就已經輸掉紐約了。」

在最初的震撼後，亞馬遜趕忙展開地面戰，雇用政治顧問與公關公司SKDK，以及代表皇后區的前紐約市議員馬克・魏普林（Mark Weprin）當說客。他們有非常樂觀的訊息要傳

達：亞馬遜將為這個過去十五年間衰退的濱海區帶來四萬個工作機會；租稅優惠只不過是亞馬遜所創造公共收入中一小部分的減免而已；這些租稅優惠，有許多其實是來自紐約市為鼓勵外圍行政區的商業發展而制定的獎勵方案。[41]

但是，這些是理性論述，而紐約的這場戰役已經被塑造成情緒戰：那些感覺彷彿他們的城市、住家與運輸網絡已經擁擠不堪的民眾，還有那些因貧富差距擴大而憤怒的民眾，奮起對抗一個冷漠的獨占企業和全球首富。

那年十二月，亞馬遜在市議會舉行的公聽會上首度有機會面對批評者，至少一名顧問希望卡尼能出席這場公聽會，他是前歐巴馬政府的閣員，被認為對當地的民主黨人有一定程度的影響。但亞馬遜拒絕這項提議，認為這會引起更高的注目，公司將派公共政策副總休斯曼和蘇利文出席。

這兩個人在華盛頓特區的亞馬遜辦公室為這場公聽會做準備，蘇利文機伶、反應快，但顧問們擔心休斯曼的言談狡黠自負，而他堅持自行撰寫他的開場白，內容包括陳腔濫調的亞馬遜措辭：「我們對於成為全球最以客為尊的公司感到自豪。」顧問們求他刪掉這句話，市議會想知道的是亞馬遜會為這個社區做什麼事，不是為地球做什麼，但他堅持己見。

這場2018年12月12日的公聽會可說是一場大災難，三小時的會議中，市議員輪流拷問這兩個人，從為何這家富有的科技巨人需要租稅優惠，到亞馬遜網路服務公司向美國移民及海關執法局銷售人臉辨識技術，無一不問。他們也面對一些變化球，例如，市議會發言人強生問：「為什麼你們需要直升機起落場？」休斯曼含糊其辭，強生厲聲說道：「你們知道這跟一般紐約客有多脫節嗎？」在此同時，憤怒的抗議者在會議

廳中樓拉起反亞馬遜的布條「亞馬遜說謊」（Amazon Delivers Lies），譏諷亞馬遜。

在災難性的公聽會後，亞馬遜重新聚焦在老派的零售政治。蘇利文和她的華盛頓特區老同事、說話溫和、性格內向的公共政策主任布拉登・考克斯（Braden Cox）走訪皇后區，拜會社區團體及地方官員；修特勒邀請二十位小型企業主在長島市的一家義大利餐廳共進晚餐。[42] 亞馬遜還動員支持者進行反抗議，宣傳民調顯示多數居民支持亞馬遜進駐計畫。皇后區居民的信箱中出現傳單，上頭寫著：「你未來的鄰居亞馬遜祝你新年快樂」，還強調亞馬遜將帶來就業機會、職業訓練與稅收。

但是，爭論邁入新的年頭後，開始和另一個有潛在危險的主題結合，那就是工會。紐約市是一個工會城市，這是簡單明瞭的事實，而亞馬遜向來極力阻絕物流中心員工組工會的任何企圖，貝佐斯曾告訴人力資源副總尼可克，心中不滿且年資長的時薪勞工是公司最大的一項威脅。

其實，亞馬遜得到紐約市一些工會支持，像是具有影響力的建築與勞工工會，他們也在西雅圖支持亞馬遜，他們的會員為亞馬遜興建新大樓。但是，以往未能在全食超市和亞馬遜物流中心成功將勞工組織起來的其他工會，現在逮到了機會：亞馬遜現在來到它們的地盤。

這件事雖然和亞馬遜的新辦公大樓將雇用的白領工作者沒有多大關係，但這不重要，一場政治風暴正在積蓄能量，而且愈來愈壯大。

2019年1月30日，亞馬遜計畫的第二場市議會公聽會在皇后區舉行，大多數時間是由看起來不耐煩且惱怒的休斯曼發

言，並隱約傳達公司的威脅，「我們想投資在一個想要我們的社區。」他告訴市議會。接下來，休斯曼和蘇利文又忍受三小時的拷問，聆聽有關工會對紐約市的歷史重要性。

最後，市議會發言人強生直接問道：如果紐約市的工作者想組織工會，亞馬遜會承諾保持中立嗎？

「如果員工選擇這麼做的話，我們尊重他們在聯邦法律及州法律下組織工會的權利」應該是休斯曼照本宣科的範本，但他沒這麼說。

相反的，他說了一個鑄下大錯的回答：「不，我們不會同意這件事。」就這一句，亞馬遜輸了這場戰役。那一天，在一場記者會上被問到這件事時，紐約市長白思豪回答：「歡迎來到紐約市，我們是一個工會城市。」他又說：「亞馬遜將承受容許工會存在的巨大壓力，而我將是對其施壓的其中一人。」[43]

到了2月8日，《華盛頓郵報》報導，亞馬遜正在重新思考紐約計畫。[44]一位幾乎可以確定是亞馬遜公關的匿名者提到：「問題在於，若紐約的政治人物不想要這項計畫，還值得去做嗎？尤其維吉尼亞州和納許維爾的人是多麼的友好。」[45]

在皇后區現場努力的HQ2團隊及說客對此渾然不覺，以為一樁交易接近完成。到了2月13日，休斯曼、蘇利文與考克斯在州長辦公室和幾位工會代表會面，協商進行一場「公平選舉」，讓紐約市的亞馬遜員工決定是否可以組成工會，市長白思豪後來說，事情正在「推進」。[46]

然後，2月14日情人節那天早上，考克斯和其他亞馬遜員工在皇后區的布魯斯特大樓（Brewster Building）舉行一場說明會，回答大致上支持HQ2社區顧問委員會成員提出的問題，同樣蒙在鼓裡的市長及州長辦公室的高級幕僚也在場。會

後，在返回曼哈頓的地鐵上，這群亞馬遜員工收到簡訊通知他們，公司剛剛解雇它聘用的公關公司SKDK，他們感到很奇怪。約十五分鐘後，他們的電話開始響個不停，亞馬遜已經宣布取消在長島市興建辦公大樓的計畫。

卡尼打電話給市長白思豪及州長古莫，告知這個消息。在電話上，以及後來的公開場合，這兩個人的反應有所不同：市長在失望中盛怒，州長試圖商議再給第二次機會。到了2月15日，憤怒的白思豪現身當地電台WNYC，抱怨亞馬遜的行動「不尊重紐約市居民……，突然接到電話，說：『再見……我們不玩了，要打道回府了。』這真的很不恰當，我從未經歷過這樣的事。」[47]

雖然卡尼試圖阻止，但州長古莫還是決意挽救這個局面。八十位主管商業的官員、工會領袖與政治人物發出一封連署信給亞馬遜，溫和的致歉，請求給第二次機會。他們買下《紐約時報》的廣告版面，刊出這封信，上面寫道：「我們知道，長島計畫宣布後，激烈的公眾辯論不是很友好，在紐約，輿論很強烈，有時很尖銳，我們認為這是紐約的魅力之一！」據報導，古莫也和貝佐斯通電話，但他心意已決。[48]

事情演變至此，很多人都有責任。市長及州長在沒有取得當地政治人物的支持下，招引亞馬遜前來皇后區。那些政治領袖也有錯，他們誤以「亞馬遜獲得25億美元獎勵」來號召群眾抵制，沒有考慮到這家公司在未來二十年間貢獻的稅收。他們也利用居民害怕一個珍貴的社區及其周圍社區將因亞馬遜的進駐而改變，但事實上，長島市早在多年前就已經仕紳化，這個地區及周圍社區的低所得住宅，多數若非被納入租金穩定計畫內，要不就是隸屬於大型公營住宅，居民受到管制租金上漲

的保護。而且，這裡的房價及生活成本並非呈現持續上漲的趨勢，實際狀況是，這裡的房價通常呈現下跌趨勢，生活成本降低，經濟發展毫無希望。拒絕亞馬遜進入，這個紐約外圍行政區等於堵住可能嘉惠貧窮居民的一股經濟活水。

不過，亞馬遜的主管也應該為這場災難咎責。他們不諳紐約市的政治藝術，仰仗兩位在正常情況下絕對合不來的官員支持，其中之一是白思豪市長，卡尼後來承認，白思豪支持這項計畫的話，「實質上幾乎就意味著市議會將會表示反對」。

此外，十五個月的HQ2遴選過程中，來自各城市與自己同仁的懇求與迎合，也形塑了貝佐斯和S團隊成員的神經突觸，他們認為自己會被視為所向披靡的英雄，因此愉快而無戒心的踏進紐約這個管制、工會政治與社區行動主義等複雜交錯的地區。他們似乎不怎麼關心該如何贏得紐約市的「社會的營運許可」。還有，不同於馬斯克親自領導Gigafactory廠址的遴選流程，HQ2選址的公開流程少了貝佐斯的身影，他試圖隱匿私人意圖，縱使他從遠處微觀管理，記者仍然猜測他的個人偏好，甚至追蹤他的私人飛機，看看他可能去造訪哪些候選城市。[49]

亞馬遜依舊以特有的風格含糊說明取消紐約計畫的理由，它指向當地政治人物與選民的抵制。「決定從紐約撤出這個計畫，其實是基於『長期而言，我們是否會獲得政治面支持』的考量」，蘇利文在2019年的一場研討會上說：「我們愈來愈覺得我們並未獲得這樣的支持。」

但是，關於工會的發言當然是談判破裂的一大關鍵，它引發貝佐斯及同事做出與整個亞馬遜史上其他類似事件相同的反應，例如2000年時的西雅圖電話客服中心、2013年時德國的

一個物流中心，以及後來在新冠疫情爆發之初的法國。在這些例子中，當組織工會的主張出現時，當工作者罷工時，亞馬遜的反應是減緩在該地區的成長計畫，或是暫時關閉營運，或是完全撤出。但亞馬遜後來堅稱，它取消紐約計畫跟組織工會的疑慮無關。

紐約計畫失敗後，亞馬遜內部沒有什麼自省，華盛頓特區團隊沒有撰寫「錯誤修正」報告（當貝佐斯本人得為某個錯誤負起部分責任時，常會要求負責這件事的團隊撰寫這樣的報告）。休斯曼並未因為他在皇后區地面戰中的笨拙表現而被究責，他的職務依然穩固；蘇利文被公認是HQ2流程的功臣，晉升為全球發展事務主管，後來晉升為副總。只有態度溫和的考克斯付出代價，在一次組織改組中，他失去所有的直屬部下，過沒多久就離開公司，許多同事覺得他被不公平地當成代罪羔羊。

接下來幾年，亞馬遜擴展它位於曼哈頓中城哈德遜廣場（Hudson Yards）的辦公室，並宣布計畫在紐約市增募兩千名員工，明顯少於曾經想在長島市創造的四萬個工作機會。[50] 這家公司也在柏衛、奧斯汀、達拉斯、丹佛、鳳凰城與聖地牙哥等城市擴展，但跳過西雅圖或皇后區。在紐約市的慘敗後，亞馬遜幾乎沒再走錯過一步，線上購物、雲端運算合約以及Prime影音串流等業務偶爾遭遇意外的爭議，但似乎也毫髮未傷。這是HQ2事件真正的一課：亞馬遜正在逼近戰無不勝的境界。

13

諜影疑雲

　　貝佐斯遲到了，這天是 2019 年 2 月 14 日，自從那條震驚全球的新聞爆發以來（也就是這位全球首富和一位已婚的前電視新聞主播發展婚外情，並將與結縭二十五年的妻子離婚），這是 S 團隊首次開會。就在那天早上，亞馬遜已公開宣布取消在長島市興建部分第二總部的計畫，中午，S 團隊在 Day 1 大樓六樓的大會議室等候遲到的大老闆，會議室裡的焦慮氣氛更甚於往常。

　　終於，貝佐斯闊步進入會議室，坐入主桌中央位置。他拿起放在他前方桌上的六頁報告，抬眼環視在座主管，然後說道：「你們當中有誰在這個星期過得比我辛苦的，請舉手。」語畢，現場爆出陣陣笑聲，緊張氣氛瞬間化解，然後，他們又恢復應有的沉默。貝佐斯是公私分明的高手，他區分私人生活與工作生活的能力是無敵的，但現在，這兩股線交纏在一起，他需要應付房間裡的大象。

　　根據當時在場的兩位人士，貝佐斯緩緩開口：「在此澄清一下，我確實和這位女士交往，但報導完全錯誤且混亂。麥肯琪和我已經好好地談過了。她沒事，孩子們沒事。媒體抓住機

會大肆報導。這一切很令人分心，所以，感謝你們專注於工作上。」

接著，貝佐斯拿起桌上那份列出全公司員工人數新成長目標的文件，這個動作意思是該回到工作上了。同事們認為他的這段簡短談話很出色，他沒有為他給公司帶來醜聞致歉，但仍然表達了謙遜與感激。

儘管如此，許多亞馬遜主管及前主管沒辦法這麼容易地把這件事拋諸腦後。貝佐斯總是要求亞馬遜同仁謹言慎行，展現無懈可擊的判斷力，當員工的表現不如他的期望時，他撕掉文件，走出會議室。如今，他這麼輕率地搞婚外情，變成《國家詢問報》的情色爆料，再演變成所有媒體的注目事件，他不符合自己的高標準要求。許多現任及前主管後來說，他們對於貝佐斯的風流韻事感到驚訝與失望，他們這位永遠正確、自覺有理的領導人，其實也是一個會犯錯的人。

婚外情的曝光，或許也可以解釋他近期行為的奇怪變化。過去一年，在西雅圖總部愈來愈難見到貝佐斯；OP1會議常被延後或延期，存在已久、需要他處理的爭議難以排入他的行事曆。同仁們也注意到，他花更多時間在外旅行，2018年11月，他只提前幾小時通知，就突然現身亞馬遜於當年2月收購的智慧型門鈴新創公司環安智控（Ring）位於聖塔莫尼卡的總部。

還有，亞馬遜突然莫名其妙地要求在長島和北維吉尼亞的新總部要設立直升機起落場，亞馬遜的公關人員聲稱，在紐約市有直升機起落場，「對特定活動有用，例如接待要人」，但貝佐斯的新女友蘿倫・桑契斯會開直升機，而且貝佐斯本身也在學開直升機。根據美國聯邦航空總署的航空器註冊資

料庫，約莫在此時，貝佐斯的私人控股公司波普勒葛林企業
（Poplar Glen LLC）甚至向貝爾直升機德事隆（Bell Textron）購
買了至少一架直升機。

貝佐斯即將離婚的消息似乎也和另一個令人不解之謎有
關。傑夫和麥肯琪宣布的幾週前，亞馬遜的法務和財務部門開
始徵詢公司最大的機構股東是否願意支持發行另一類股價較
低、投票權較少的亞馬遜股票。臉書及谷歌的母公司字母公司
（Alphabet Inc.）也使用這種雙重股權結構，讓投票權集中於創
辦人手上，讓他們縱使持股比例小，也能對公司的治理握有控
制權。亞馬遜比多數矽谷同業早十年公開上市，早在這種A、
B股結構流行之前。

亞馬遜提出此徵詢時，一些股東很疑惑，如此受到敬重
的一位執行長，為何需要取得對公司更大的控制權呢？他的
影響力並非來自他的16%持股，而是來自二十五年間先知般
的發明、策略遠見與紀律嚴謹的管理，激進投資人很難像對
eBay、全食超市等公司那樣，攫取亞馬遜股權、進而要求公司
做出重大改變（例如切割亞馬遜網路服務事業與零售事業）。

亞馬遜方面說，它在2018年初就已經開始研究這種安
排，並說這種安排或可配發股票給物流中心的員工，他們往往
得為了繳稅而出售他們的持股。亞馬遜又說，這種股權結構可
以讓公司更順利地進行企業購併，就跟巴菲特的波克夏海瑟威
一樣。但是，一些在2018年年底聽到此徵詢的投資人表示，
這些論點奇怪且缺乏說服力，亞馬遜不久前才宣布，不再配發
股票給時薪超過15美元的倉庫員工，而且,在管制趨於嚴格環
境下，亞馬遜不太可能在短期內進行任何大型收購案。一位收
到此徵詢、並加入反對行列的投資人說：「亞馬遜提出的論點

向來強而有力，相較之下，它這次提出的理由薄弱，未能獲得積極支持，我們全部疑惑不解。」

不過，貝佐斯在推特上宣布離婚的消息後，一些聽到這項股票分類計畫的人，疑惑豁然開朗。雖然，亞馬遜駁斥這種解讀是誤解，但他們覺得，這股票分類計畫根本不是為了對員工配股，而是面對昂貴的離婚分產，貝佐斯想要牢牢掌握公司的控管權。最終，離婚分產將使貝佐斯的亞馬遜持股比例降低至12%。

控制——這才是過去幾個月風暴中令貝佐斯大傷腦筋的事，他有生以來首次因為敵人和自身行為的後果而陷入困境。在看似重疊的婚外情和婚姻破碎風暴中，貝佐斯面臨一個詭詐的好萊塢經理人兜售他最私密的簡訊、一家八卦雜誌一心一意要羞辱他，還有一批媒體磨拳擦掌，準備火上加油，詆毀這位全球首富。在地球的另一邊，沙烏地阿拉伯王儲沙爾曼因為《華盛頓郵報》報導異議人士賈邁爾・哈紹吉（Jamal Khashoggi）遭謀殺案而對貝佐斯展開報復，一些網路資安專家相信，沙爾曼雇人駭入貝佐斯的手機。

淫亂、庸俗的八卦劇情，完全不像一個二十多年來頌揚其妻子與家庭的男人。這是一部垃圾小說，不是亞馬遜渴望撰寫的一部偉大商業史。這也是貝佐斯有生以來遭遇的最大挑戰，不僅考驗他的公司善於形塑媒體敘事的能力，也考驗貝佐斯本身的性格，以及他卓越的脫困能力。

回到西雅圖。S團隊會議一直開到傍晚，苦惱的財務主管們進進出出，分發財務試算表。貝佐斯或許不能控制八卦媒體津津有味地報導他和蘿倫・桑契斯的縱情逸樂，但他能控管亞馬遜各事業單位的員工數成長。

太陽漸漸沒入奧林匹克山脈，日落餘暉灑入會議室，主管們開始偷瞄他們的手機，回覆重要簡訊。終於，晚上七點半，資深副總傑夫‧布萊克本開口說出所有人想問的話：「傑夫，你認為這會議還要開多久？我們很多人還有其他的事。」畢竟，這天是情人節。

「噢，對，」貝佐斯笑著說：「我都忘了這個。」

性格迥異的妻子與情婦

多年來，貝佐斯把他追求麥肯琪‧杜托（MacKenzie Tuttle，麥肯琪的本姓）以及兩人結婚的故事編織成他的人設。在演講中，他常笑談他光棍時渴望找到一位足智多謀的女性，「把我從第三世界的監獄裡救出來」——這一番話說得彷彿從普林斯頓大學英文系畢業、喜愛閱讀書籍的小說家麥肯琪有一天會嘴咬著開鎖工具，從委內瑞拉的一座監獄屋頂垂降。2014年接受訪談時，他說：「我太太現在仍然聲稱她喜歡我，我可不會挑釁地質疑她這點」，[1]他還頌揚每天晚上洗碗的美德，他說：「這是我所做過最性感的事。」[2]2017年的洛杉磯峰會，他在台上接受他的弟弟馬克訪談時，展示一張貝佐斯夫婦拍攝於1994年的照片，當時他們正準備驅車前往西雅圖，創立亞馬遜網站。[3]

貝佐斯及其助理塑造一個深情丈夫與愛家男人的形象之際，他和麥肯琪正朝往不同興趣發展，兩人對於公眾注目也有著迥異的態度。創立亞馬遜影業後，貝佐斯明顯被好萊塢的活力與多采多姿吸引，出席金球獎和金像獎，現身好萊塢電影首映會，每年十二月在他高踞比佛利山莊日落大道的豪宅主辦年度節日宴會。

　　他也經常獨自飛到華盛頓特區，參加首蓿俱樂部（Alfalfa Club）這個有影響力的企業人士和政治人物的聚會，並為《華盛頓郵報》主管、政府官員及其他名人舉辦晚宴。這些都是在華盛頓特區的私密餐廳舉行，而他位於卡洛拉馬區、占地兩萬七千平方英尺的宅第正在大舉翻新裝修，這裡以前是紡織博物館。[4]伴隨著他變得更成功，他成為所有這類冠蓋雲集的宴會的重心，同事往往得攔住或溫和地擋下不受歡迎的闖入者。

　　各方都認為，貝佐斯很享受成為鎂光燈焦點，他已經破繭成蝶，不再是來自西雅圖、笑聲爽朗的科技怪胎，而是一個身材鍛鍊有形、穿著時尚的人，縱使在全球精英的頂層，他的財富與名氣也令人敬畏。

　　麥肯琪有時會陪同丈夫出席這類場合，但她承認自己不是一個喜歡或善於社交的人，「我有時對雞尾酒會感到緊張」，她告訴《時尚》雜誌：「無數次短促的交談，這不是我擅長的事。」[5]朋友們說，這對夫婦都很保護他們的四個孩子，盡可能使他們遠離名利的有害影響。

　　當時，麥肯琪對於重要理想的疾呼吶喊，最終也變得如同低語般地無足輕重。她在2013年創立一個名為「旁觀者革命」（Bystander Revolution）的反霸凌慈善組織，建立一個網站：「透過眾包形式，針對個人如何利用舉手之勞以緩和霸凌，提供實用建議。」這個網站有莫妮卡・陸文斯基（Monica Lewinsky）、黛咪・洛瓦托（Demi Lovato）、米高・福克斯（Michael J. Fox）、露絲・韋斯海默（Ruth Westheimer）等名人錄製的反霸凌影片，還有人身安全顧問、暢銷書作家、貝佐斯家庭的親近友人蓋文・德・貝克提供的一些建議，包括遭到霸凌的孩子變成大規模槍擊行兇者的常見警訊。為推動這

項計畫，麥肯琪雇用亞馬遜在矽谷的公關公司之一奧塔斯特
（Outast）協助。

在這個運動中和麥肯琪共事的人回憶，她謙遜、自在，但
非常保護她的隱私，她盡可能不讓自己和丈夫的名氣介入這項
運動。或許就是這個原因，「旁觀者革命」在2014年推出時，
沒什麼新聞報導，也從未產生多少動能。這個組織在兩年後發
出最後一則推特文，此後鮮少更新。多年來，想報導她的新聞
工作者找不到任何素材，只得像《紐約客》（*New Yorker*）所
說的，分析她的兩本小說中「內向而畏怯於面對公眾」的人
物，[6] 還有她在2013年的一次電視採訪中回憶，她二十三歲在
德邵公司擔任研究助理時，愛上了貝佐斯的爽朗笑聲（「一聽
鍾情」），兩人約會三個月後就訂婚了。[7]

後來的法律文件顯示，貝佐斯在2018年就已經開始和桑
契斯交往，但仍然表現出婚姻美滿的樣子。那年四月，貝佐
斯一家人前往挪威慶祝麥肯琪的生日，他們住進一棟冰屋旅
館，貝佐斯後來在推特上張貼了一支短片，在狗拉雪橇上笑得
很開心。[8] 過沒幾天，他在台上接受訪談時說：「那是一次很
棒的假期，我們在三天半裡做了所有事，太棒了。」[9] 幾個月
後，這對夫婦設立20億美元的「貝佐斯第一天基金」（Bezos
Day One Fund），這是一個致力於解決無家可歸問題、以及在
低所得社區興建幼兒園的慈善基金。[10]

十月，他們在聖塔芭芭拉的四季酒店渡假村舉辦另一種形
式的營火會——家庭營火年會兼研討會，貝佐斯喜歡把這種
年度活動稱為「我每年最精彩的時刻」。賓客和他們的家人搭
乘私人飛機抵達，全部費用由亞馬遜買單，他們的飯店房間裡
有奢華的禮物等待他們。那年的營火年會上，麥可・路易士

（Michael Lewis）談他講述川普總統的新書《第五風暴》（*The Fifth Risk*），珍・古德（Jane Goodall）談氣候變遷，巴基斯坦運動員瑪莉亞・圖爾帕凱・瓦齊爾（Maria Toorpakai Wazir）講述她有十六年的時間必須裝扮成男孩才能參加壁球比賽的經歷，她的故事打動賓客的心。最後一晚，傑夫・特維迪、大衛馬修樂團、邦喬飛、聖玟森（St. Vincent）等歌手及樂團上台表演。

在認識貝佐斯夫婦的賓客看來，那個週末，他們看起來很正常且親愛。但是，誰能真確地知道婚姻的私人領域發生了什麼呢？兩個月後，麥肯琪缺席在比佛利山莊貝佐斯家中舉行的年度亞馬遜影業耶誕節派對，貝佐斯身邊是蘿倫・桑契斯及她的哥哥麥克。

當時四十八歲的桑契斯活力充沛、非常外向，是娛樂媒體巨擘奮進集團執行董事長懷特塞爾的妻子。出席這場派對的兩百多名賓客，絕大多數她都認識，其中有些人在2005年參加她和懷特塞爾那場眾星雲集的婚禮。

桑契斯熱情洋溢，身材曲線玲瓏，喜歡一進房間就擁抱在場的每一個人，在洛杉磯、紐約、華盛頓特區這類大城市的高瓦數鎂光燈前超級自在。她在許多方面和麥肯琪恰恰相反，若貝佐斯受困於委內瑞拉的監獄，她大概會大剌剌地走進監獄，取悅所有獄卒，說服至少一名獄卒自願打開牢房。

跟貝佐斯一樣，桑契斯出生於新墨西哥州阿布奎基市（Albuquerque），他們的家庭互不認識，但她和貝佐斯後來發現他們親戚之間有種種巧合的重疊，例如貝佐斯的母親賈姬和貝佐斯的繼父麥克初次相遇於新墨西哥銀行（Bank of New Mexico），桑契斯的遠親曾經任職那間銀行。桑契斯的父親雷

伊在當地經營一所飛行學校「黃金航空」（Golden Airways），
擁有十架飛機，母親艾琳諾也擁有飛行員執照。桑契斯年輕時
和一名飛行教練練習熄火處置方式時，引擎無法重新啟動，飛
機墜毀，她受了重傷。

　　桑契斯八歲時，父母離婚，結束爭吵不斷、互控不忠的
婚姻。她和兩個哥哥保羅及麥克跟著母親生活，母親再婚三
次，開始了多變、轉戰各處的職涯，後來擔任洛杉磯副市長的
助理，再成為哥倫比亞大學的行政主管。桑契斯有閱讀障礙
症，難以應付學校課業，但後來成為模特兒，又於1987年贏
得新墨西哥州美國妙齡小姐選美冠軍，引起注意。高中畢業
後，她進入南加大，後來輟學，進入地方新聞台工作。[11]

　　1990年代末期，桑契斯成為報導八卦雜誌新聞的娛樂
節目Extra的記者，後來成為福斯電視台的《日安，洛杉磯》
（*Good Day LA*）晨間新聞主播。她主持過真人秀電視節目《舞
林爭霸》（*So You Think You Can Dance*）第一季，也在一些電影
院及電視影集中客串演出，例如，在1999年上映的《鬥陣俱
樂部》（*Flight Club*）中客串一名新聞播報員（出現於影片第91
分鐘）。她至少三度解除婚約，在嫁給懷特塞爾之前，和美式
足球球員托尼・岡薩雷斯（Tony Gonzalez）育有一子，和懷特
塞爾則育有一子一女。

　　據報導，貝佐斯經由懷特塞爾結識桑契斯，兩人在2016
年亞馬遜影業於洛杉磯為電影《海邊的曼徹斯特》舉辦的宴會
上再次相遇。婚姻觸礁後，她和貝佐斯因為「對飛行的熱愛」
而走到一起。[12]羅曼史的實際起源時間不明，但2018年初，
她的直升機公司貝來奧為藍色起源公司拍攝紀錄片，發布於
YouTube。

　　2018年3月，貝佐斯邀請桑契斯到棕櫚泉參加他所舉辦的第三屆年度MARS會議——這是只限受邀者參加的太空旅行、人工智慧、與機器人技術會議。[13]麥肯琪並未出席，而在貝佐斯和一台日本製機器人對打乒乓球的影片中，可以聽到背景裡桑契斯的聲音。[14]

　　幾週後，桑契斯告訴她的哥哥麥克，她想介紹他認識她的新男友。四月，他們在西好萊塢的赫紅餐廳（Hearth & Hound）共進晚餐，作陪的有麥克和他的丈夫，以及另外兩名友人。麥克坐在貝佐斯對面，兩人初次見面就很投緣，看到貝佐斯和桑契斯在公開場合如此親密，他不禁擔心，深怕被狗仔發現，畢竟，這兩人分別仍是有婦之夫和有夫之婦。

　　回顧起來，貝佐斯確實一反常態，不顧公眾反應，發展這婚外情。他還帶桑契斯、她的母親、以及她的哥哥來西雅圖，以貴賓之姿參觀「球體」，又帶桑契斯去華盛頓特區參觀《華盛頓郵報》。[15]那年夏天，她參加了「新雪帕德」第九次試飛，為藍色起源製作了兩分鐘的火箭發射影片，以及一支罕見的貝佐斯旁白影片，大談藍色起源的使命，背景音樂是U2樂團和布萊恩·伊諾（Brian Eno）共同創作的歌曲〈你的藍色房間〉（Your Blue Room），「我們所有人內心深處都有探索的人類需求」，貝佐斯在影片開頭說道。[16]

　　到了2018年夏天，這兩人的高調讓麥克·桑契斯愈發焦慮。麥克是個英俊的男同性戀者，川普支持者，業餘網球好手，酷愛古馳（Gucci）的雙鼻架眼鏡。他的職涯途徑迥異於他的妹妹，曾任職好萊塢經紀公司國際創造管理公司（ICM Partners），後來在MTV做銷售與行銷工作，然後創立艾克賽斯經紀公關顧問公司（Axis Management），代理一票有線電視

新聞右翼名嘴和真人秀電視明星。[17]他在2007年與他人共同創立死亡之冬製片公司（Dead of Winter Productions），製作了恐怖片《殺人電影》（*Killer Movie*），爛蕃茄評分為19%。電影票房慘淡，之後，這部片的金主之一控告他欠債不還，而為了保護自己的資產，麥克・桑契斯在2010年宣告破產，他的公開申報文件顯示，他欠他妹妹蘿倫16萬5,000美元。

多年來，桑契斯兩兄妹經常為了財務問題爭吵感情失和，但蘿倫嫁給懷特塞爾時，麥克是伴郎，也是他們兒子的教父。當蘿倫開始和貝佐斯祕密傳簡訊和親密相片時，她經常把貝佐斯發給她的訊息轉寄給麥克。客氣地說，這兩兄妹的關係不尋常。

但貝佐斯完全不知道這一切，他被大膽、愛冒險的桑契斯迷住了，而且，他天性不是個有被害妄想的人，不會立刻就懷疑並提防任何人，更何況是他的新情婦的哥哥。一位友人說，貝佐斯的基本信念是：「最好是先信任他人，然後發現自己錯了，好過總是以為別人想訛詐你。」

自家人向小報爆料

2018年整個夏天，貝佐斯和桑契斯的戀情愈趨濃烈之際，《國家詢問報》的編輯群開始調查貝佐斯的私生活。這家專門挖掘隱私、自1950年代起就付錢買煽情八卦消息的小報，剛渡過了艱辛慘澹的幾年，除了報攤銷售量下滑，它的發行人大衛・佩克（David Pecker）指導該報使用「捕殺」（catch and kill）手法買斷有關於他的朋友川普對婚姻不忠的報導權，這使得該報的母公司美國媒體公司（American Media Inc.，AMI）捲入川普圈醜聞案的無底洞。佩克的副手、掌管

AMI旗下包括《線上雷達》（*RadarOnline*）、《男人誌》（*Men's Journal*）、《我們週刊》（*Us Weekly*）在內四十個媒體的內容長迪倫‧霍華（Dylan Howard），也被《紐約客》作家羅南‧法羅（Ronen Farrow）點名，說他試圖抹黑那些指控溫斯坦性侵與性騷擾的人。[18]

霍華是個矮胖、三十六歲的澳洲人，專門以尖酸筆鋒撰寫美國名人的偽善與不檢行為，他筆下的這類轟動報導包括揭露梅爾‧吉勃遜（Mel Gibson）的反猶太狂言，還有阿諾史瓦辛格（Arnold Schwarzenegger）的私生子事件。霍華很保護他的工作，對於他認知的敵人，他會好鬥地反擊。當《華盛頓郵報》挑釁報導AMI的「捕殺」問題時，盛怒的霍華下令調查其富有的業主貝佐斯的私生活。

根據AMI新聞室在2018年夏末發給公司記者的一封電子郵件顯示，調查線之一是貝佐斯和其生父泰德‧尤根森（Ted Jorgensen）的家人的關係，以及尤根森在2015年去世時，貝佐斯為何沒有跟他們聯絡。[19]這份備忘錄完全沒提到婚外情一事。

第二天發生的事，實在難以把它歸之為純屬巧合。但不論你如何解讀接下來一年被揭露的、令人難以置信的事件，這類巧合充斥於後續一堆民事與刑事訴訟呈堂的訪談錄音稿、電子郵件與簡訊記錄、以及其他證據，也成為整個故事主要的遺留物。

2018年9月10日，星期一，麥克‧桑契斯寫了一封電子郵件給AMI駐洛杉磯記者安德莉雅‧辛普森（Andrea Simpson）。桑契斯和辛普森是好友，他經常傳送有關他的客戶的新聞給她，例如他的妹妹蘿倫在那個月回去Extra當一日

主持；[20]他們曾經心血來潮，一起去刺青（他的刺青在前臂：
「Je suis la tempête（我是風暴）」）。

　　麥克・桑契斯在這封電子郵件中說，他有一個最新內幕
消息給辛普森。他在信中寫道，有一個朋友為一個「比爾・
蓋茲之類」的名人工作，而這個名人已婚，和「一個B級已婚
女演員」有染。桑契斯說，他的這個朋友握有這對婚外情主
角的黑材料照片，但他想要六位數的錢才要提供這則獨家內
幕。桑契斯說他只是中間人。[21]

　　辛普森和她在紐約的編輯只能猜測這對神祕戀人的身
分。後來於洛杉磯地方法院審理的「麥克・桑契斯控告AMI」
官司中揭露的電子郵件顯示，該公司新聞工作者猜測的人物
包括伊凡・史匹格（Evan Spiegel）、祖克柏及麥克・戴爾
（Michael Dell）。桑契斯讓他們持續猜了幾個星期，還試圖抬
高索價，暗示這條新聞可能被一家英國小報買走。十月初，他
進一步挑逗，和辛普森見面時，向她出示簡訊以及遮住臉部的
照片。但辛普森還是猜到了，她寫給紐約的上司說，「從整體
畫面以及身材判斷，我想可能是傑夫・貝佐斯。」

　　終於，10月18日，麥克・桑契斯打電話給霍華，揭露
那所謂「比爾・蓋茲之類」的名人，就是亞馬遜的執行長。
桑契斯和AMI簽了一個合約，支付約20萬美元，這是《國家
詢問報》有史以來為內幕消息所付過的最高價格。[22]合約中
約定，《國家詢問報》將盡一切努力保密麥克・桑契斯的身
分，不吐露他是消息來源。

　　桑契斯還未揭露「B級已婚女演員」的姓名，但《國家詢
問報》的編輯很快就查了出來。霍華派攝影師去跟蹤貝佐斯的
飛機，他在參加法國坎城影展時收到照片：亞馬遜執行長和蘿

倫‧桑契斯一起步下灣流 G650ER 飛機。

10 月 23 日，麥克‧桑契斯飛到紐約，和霍華及《國家詢問報》的另一位編輯詹姆斯‧羅伯森（James Robertson）共進晚餐，證實他們現在已經知道的事情。他還向他們展示一個隨身碟，裡頭有貝佐斯寫給他妹妹蘿倫的簡訊，以及這兩人彼此交換的大量私人照片，他暗示，過幾天，他可以向他們展示貝佐斯傳給蘿倫‧桑契斯更露骨的自拍照。後來，在聯邦法庭上，霍華、羅伯森及辛普森都表示，他們在調查期間收到的所有黑材料都是來自麥克‧桑契斯。[23]

位於曼哈頓南端那棟黃褐色辦公大樓的 AMI，過去一年的裁員及醜聞導致整個辦公室籠罩著鬱悶氣氛，現在，貝佐斯的故事令大家為之振奮。霍華相信，這可以重振《國家詢問報》的低靡聲譽。過去，該報揭露一些名人的醜聞，例如老虎伍茲（Tiger Woods）及約翰‧愛德華茲（John Edwards）的婚外情，引起有名望的媒體心不甘情不願的欽羨。一位同事問到，他們為何要追一個商業人物的八卦，八卦小報的讀者感興趣的是名流，對商業人物的興趣可能不大，霍華說：「這是個很棒的故事，是《國家詢問報》風格的報導。掀開超富名人的虛偽外表，正是我們應該支持的事。」

但是，該報在為揭露貝佐斯的「情事」努力時，佩克卻很緊張。公司已經在 2010 年申請破產保護，又因收購《連繫週刊》（*In Touch Weekly*）及《生活與風格》（*Life & Style*）等雜誌而負債累累，想從沙烏地阿拉伯取得一筆投資以競購《時代》雜誌一事還未成功，公司的主要金主、鮮少被拍到照片的紐澤西州避險基金查坦資產管理（Chatham Asset Management）創辦人安東尼‧梅爾奇奧瑞（Anthony Melchiorre）很擔心這家

媒體公司再惹上什麼新官司。

那年九月，針對試圖買斷及隱匿有關川普的負面報導一事，AMI和司法部簽了一項不起訴協議，協議中要求該公司主管在聯邦當局調查川普的律師麥克・柯恩（Michael Cohen）時採取合作態度，並且在未來完全誠實營運。協議中也提到，檢察官將監視該公司多年，若有違反協議情事，可能危及該公司的財務。[24]

佩克是個喜怒無常的老闆，他的很多工作是在往返於康乃狄克州住家和紐約市辦公室之間透過手機處理的，對於報導貝佐斯婚外情一事，他時而興奮，時而害怕。對後續法庭調查知情的一位人士說，佩克當時拿到報導的一篇草稿時稱讚：「這是《國家詢問報》有史以來最棒的新聞作品」，他在給編輯的一封電子郵件中寫道：「報導的每一頁應該都是對貝佐斯的致命打擊。」但是，佩克也很害怕被這位全球首富控告，尤其是該報著迷於好萊塢的讀者可能不怎麼感興趣的一個故事，他要求報導必須「百分之百無誤」，對於該在何時刊登、甚至該不該刊登，他猶豫不決。[25]

十一月初，他得知霍華和AMI的法務長卡梅隆・史特拉徹（Cameron Stracher）在公司與麥克・桑契斯的合約中加入一條不尋常的條款，讓桑契斯在報導刊出前可以取得頭期款。這下，他更焦慮了，萬一他們沒刊登報導，或是哪裡出了問題，他們將浪費一大筆錢，公司可能又惹上一起「捕殺」的指控。在曼哈頓下城的西普林安尼華爾街餐廳（Cipriani Wall Street）午餐時，佩克向史特拉徹大發脾氣，這位身經百戰的律師起身走出餐廳，等於是當場辭職。於是，他最近雇用的副手強・范恩（Jon Fine）順勢升職，這又是另一個難以置信的

巧合：范恩之前在亞馬遜工作了九年。[26]

　　那年秋季的剩餘期間，《國家詢問報》在麥克・桑契斯的幫助下，調查及撰寫這故事。他挑選並傳送這對戀人的一些簡訊及照片給該報，當霍華擔心貝佐斯和蘿倫是否在刻意導演這則報導，而麥克向他保證，他們完全不知道該報正在調查他們。桑契斯還向該報透露這對戀人的旅行計畫訊息。11月30日，麥克和這對戀人在加州威尼斯的菲利斯塔托利亞餐廳（Felix Trattoria）共進晚餐，《國家詢問報》的兩名記者就駐守在附近餐桌，攝影師偷拍了不少照片。

　　不過，在承諾提供貝佐斯的露骨自拍照方面，桑契斯似乎有點推拖。他安排在接近十一月時於洛杉磯提供給霍華，後來又取消會面；幾週後的11月21日，在《國家詢問報》的編輯一再催促下，他終於同意向辛普森展示，霍華和羅伯森則是在紐約透過FaceTime觀看。

　　媒體、多數觀察家、甚至他的家族，事後都譴責麥克・桑契斯這驚人的行為是背叛，但是，在深刻怨恨、和妹妹長期爭吵以及複雜家庭不健全的影響扭曲下，他內心認為他這是在聰明地操弄《國家詢問報》。

　　蘿倫和貝佐斯毫不避諱地公開交往，被他們的家人和公眾發現是遲早的事，如同他後來所說的，他只是在「引導這架747客機軟著陸」，[27]意指精心地讓這對戀人的個別家人得知他們的戀情，啟動離婚程序，把他們的關係公諸於世。「我做的每件事都是在保護傑夫、蘿倫及我的家人，」他在後來給我的電子郵件中寫道：「我絕對不會出賣任何人。」他也認為，他和AMI的合約排除該公司使用他所提供最不堪的素材。

　　許多人會認為，麥克・桑契斯的說法根本無法自圓其

說，但至少在一件事情上，他似乎說了實話：他後來告訴紐約南區的聯邦調查局調查員，他其實從來沒有什麼貝佐斯的露骨照片。11月21日那次，桑契斯並未向他們出示貝佐斯的任何照片，只有一張他從男同性戀網站Rent.men取得的匿名男性生殖器照片。

婚外情曝光，貝佐斯反擊

2019年1月7日星期一，《國家詢問報》的編輯分別向傑夫・貝佐斯及蘿倫・桑契斯發送簡訊，開頭就是：「這則訊息是想邀請你接受採訪，談談你的戀情。」就在HQ2的紐約計畫接近終結的同時，在幾個互有關連而各懷鬼胎的人煽風點火下，這起婚外情事件報導也快要塵埃落定。[28]

這則簡訊當然是響亮的警報，這對戀人立即做出反應。蘿倫・桑契斯求救於她最親近的、最了解小報產業走起旁門左道毫無分寸的人：她的哥哥。在這個危機中，麥克・桑契斯表示，他可以利用他和《國家詢問報》編輯的關係，去查查他們手上有什麼材料。他的妹妹和他約定，每個月支付他2萬5,000美元，幫助她渡過這荒唐難關，然後他打電話給霍華，告知他現在他是妹妹蘿倫的代表，說他要來紐約看看該報準備的報導（當然，那些報導材料都是他提供的）。在對AMI的保密承諾深具信心之下，麥克・桑契斯現在玩起了腳踏兩條船的遊戲。

另一邊，貝佐斯向他的長期安全顧問德貝克，以及德貝克長期往來的洛杉磯娛樂業知名律師馬蒂・辛格（Marty Singer）尋求諮詢。1月9日（星期三）早上，搶在報導曝光之前，貝佐斯做了一件讓員工震驚的事，他讓亞馬遜公關部門在他的推

特帳號上發消息，宣布他的婚姻破裂：「我們想讓大家知道我們的生活出現轉變。如同我們的家人和親近友人所知，在歷經長時間愛的探索和分居試驗後，我們決定離婚，並以朋友關係繼續我們生活中共同的部分。」[29]

在紐約，霍華目睹他的獨家內幕正在溜出他的掌控。[30]《國家詢問報》都是在週一出刊，他極力說服佩克授權發行十一頁的紙本特刊，並於當天傍晚在線上張貼該報的頭條報導，標題很聳動：「亞馬遜的大老闆貝佐斯因為與影業大亨之妻有私情而離婚」。當晚，麥克‧桑契斯私下傳簡訊給霍華，為貝佐斯發的推特文及《紐約郵報》的一篇後續報導致歉，並說：「感謝願意和我合作，儘管那些蠢蛋不肯。」

《國家詢問報》的報導不只是為了揭露貝佐斯的婚外情，也想羞辱他。礙於與麥克‧桑契斯的保密條款，報導內容引述私訊及描述幾張親密照片，還怪異地引述「凱蒂嬸嬸」的說法（這是貝佐斯生父之弟的前妻，她上次見到貝佐斯是他兩歲的時候）。這報導極盡八卦小報的羞辱之詞，例如「億萬富豪搞劈腿」、「厚顏無恥的偷情男人」等等。

報導的兇猛及語氣，使德貝克和其他觀察家很自然地懷疑，這調查背後是否有總統政治力的介入。柯恩遭起訴之前，佩克的好友暨盟友川普經常在推特上號召抵制《華盛頓郵報》，指責亞馬遜繳的稅與它賺的錢不成比例，占美國郵局的便宜，最後還打擊它。結了三次婚的川普還在推特上對貝佐斯最近的困境火上澆油：[31]

唐納・川普
@realDonaldTrump

真遺憾聽到傑夫・貝佐斯被一個競爭者扳倒的消息。
就我的了解，這家競爭者的報導遠比為他遊說的那家
報紙——亞馬遜華盛頓郵報的報導要正確多了。

 5:45 PM, Jan 13, 2019

　　儘管外界懷疑它可能有政治動機，《國家詢問報》仍繼續
報導，在媒體上批露更多有關於貝佐斯和桑契斯及他們私訊的
更多細節。[32] 最終，麥克・桑契斯居中調停，暫時停火：要
求AMI停止新報導，以換取狗仔獨家拍攝蘿倫・桑契斯和兩
位友人行走於聖塔莫尼卡機場的照片。報導在1月14日刊登於
《我們週刊》，加上錄音內容，以及溫和的標題：「首批照片顯
示傑夫・貝佐斯的女友桑契斯在醜聞爆發後一派輕鬆」。[33]

　　該報導刊登後，麥克・桑契斯傳私訊感謝霍華：「你我在
十四天內建立的合作水準將被寫入教科書裡。」第二週，霍華
發電子郵件給麥克・桑契斯，向他保證會對資訊來源保密，
「不為人知的故事——若你願意這麼說的話，都還未說出來，
我會把它帶進我的墳墓裡。」[34]

　　但這是個不穩定的寧靜。為查出《國家詢問報》如何取得
他和桑契斯的私訊，貝佐斯給予德貝克「追查真相所需的任何
預算」。[35] 住在夏威夷的德貝克曾被美國司法部兩度任命為總
統顧問委員會成員，撰寫過四本有關於暴力心理學的書籍，為
許多知名的政治及娛樂圈人士提供顧問服務。貝佐斯曾挑選他

在1997年出版的《求生之書》做為S團隊讀書會首批討論主題之一，並且親自叮囑亞馬遜網路書店把這本書放在主打新書之列。

換言之，德貝克是個聰敏且經驗豐富的判斷者，和麥克‧桑契斯通過多次電話與簡訊後，這位老練的調查者就已經覺察這其中有些不對勁。貝佐斯新情婦的這個哥哥自誇他控制《國家詢問報》編輯群的能力，分享有關網路間諜的陰謀理論，還提到認識川普圈的一些人物，例如已經失勢的保守派政治顧問羅傑‧史東（Roger Stone）。[36]在沒有明顯證據顯示貝佐斯的手機被駭之下，德貝克很快就深信，貝佐斯身邊有內鬼，而且可能就是那個最熱心地聲稱自己能幫上忙的人。

為公開表達他的懷疑，德貝克找上一個自己人的媒體：貝佐斯的朋友巴瑞‧迪勒的《野獸日報》（*The Daily Beast*）。《野獸日報》在1月31日刊登一篇報導，揭露德貝克已經指認麥克‧桑契斯可能是禍首。[37]但可能是過度執著於把客戶的難堪事件定位為更大陰謀的一部分，德貝克也把《國家詢問報》調查貝佐斯一事和川普總統及他抵制《華盛頓郵報》的行動牽連在一起，並在那篇報導中表示：「線索明顯指向政治動機」。[38]

至此，事件的荒誕程度再升一級。德貝克暗示這起八卦爆料事件背後有政治陰謀，而在川普鍍金時代，這種說法太容易取信於人，這增加了《國家詢問報》的壓力。AMI執行長佩克擔心，哪怕這只是個謠言，也可能破壞該公司和紐約南區聯邦地區法院簽定的不起訴協議。而該公司背後金主、極少露面的查坦資產管理創辦人梅爾奇奧瑞擔心貝佐斯可能控告AMI，進而導致查坦的投資人撤資，其中包括非常避諱牽扯上醜聞的退

休基金。[39]

　　佩克和梅爾奇奧瑞要求霍華解決問題，和貝佐斯陣營化解紛爭，要對方承認《國家詢問報》的調查沒有政治動機，該報也未使用非法手段取得爆料材料。幸運的是，迪倫和代表貝佐斯處理此事的律師辛格有私交，他們會一起觀看運動賽事，雖然兩人經常因為《國家詢問報》報導辛格的名人客戶的八卦新聞而爭論，但不失友好。事實上，當辛格接到請求他代表貝佐斯處理此醜聞事件的電話時，他正好和霍華以及電影導演布瑞特‧拉納（Brett Ratner）在紐約市共進晚餐。

　　但是，從某種意義上來說，他們的私交反而導致霍華最終被迫交出一些保密的材料。二月的頭幾個星期，霍華和辛格展開談判，試圖協商終結《國家詢問報》和貝佐斯陣營之間的敵對。霍華請辛格說服貝佐斯和德貝克相信，這件事並不是政治打手行徑，並承諾他會停止做有傷害的報導，但辛格想知道究竟該報手上還有哪些未刊登的簡訊及照片。霍華猶豫不決，他懷疑辛格想要確認他的匿名消息來源。

　　《華盛頓郵報》準備刊登一篇有關這宗醜聞的文章，質疑這次的爆料報導「是否純屬八卦，抑或是政治打手行徑」，[40]這對霍華與辛格的談判更增添緊張對立。佩克擔心，舉世備受尊崇的報紙的這種影射，可能會傷害他的不起訴協議，再度催促霍華解決此事，因此霍華最終軟化，開始攤牌。

　　這位AMI的內容長在2月5日下午發給辛格的一封電子郵件中寫道：「由於《華盛頓郵報》打算刊登對於《國家詢問報》初始報導無事實根據的謠言，我想向你說明我們在情報蒐集期間取得的照片。」霍華列出九張貝佐斯和蘿倫‧桑契斯交換的照片，蘿倫把這些照片轉給她的哥哥，而她的哥哥把這

些照片提供給《國家詢問報》。

　　因報導被毀而滿腔憤恨的霍華還指出另一張照片：他在麥克・桑契斯與辛普森會面時透過FaceTime錄下的那張「皮帶以下的自拍照」。霍華不知道的是，他誇耀的這張私密照，其實是麥克・桑契斯從Rent.men取得的不知名男性的照片。「發這封電子郵件，沒有編輯會覺得開心，」霍華結論：「我希望大家能盡快恢復理智。」

　　可惜，理智缺席了。《華盛頓郵報》當晚刊登了那篇文章，德貝克再度指出禍首可能是麥克・桑契斯，並指控這洩密案是出於政治動機。麥克・桑契斯也接受《華盛頓郵報》記者的採訪，駁斥對他肇禍的指控，在公共領域製造另一回合的錯誤報導。他暗示可能是德貝克本人洩露了貝佐斯和蘿倫婚外情的消息，並且說服《華盛頓郵報》（以及後來的其他報紙），說《國家詢問報》在2018年夏天就已經展開調查，也就是他開始和該報接洽的幾個月前（但沒有證據顯示這點的確實性）。

　　《華盛頓郵報》刊登這篇報導後，佩克打電話給霍華，說梅爾奇奧瑞氣炸了，並再度施壓霍華，停止事態的瘋狂發展。霍華開始直接在電話上和貝佐斯的代表德貝克談判，出於懷疑及提防的心態，兩人都對電話交談錄音。

　　霍華的小心翼翼其來有自。德貝克在其暢銷書《求生之書》中寫道：「我建議客戶迫使勒索者承認自己的骯髒手段，使他陷入防禦處境。我要求受害人重複對勒索者說：『我不明白你想要什麼』，直到勒索者明白說出他的目的。」根據我後來聽到轉述的那些電話交談錄音謄本，德貝克和霍華通電話時，就是使用這套方法，「所以，除非我們寫一份書面承認，

否則你們就要刊登這些照片？」他問霍華。

霍華試圖避免作出如此直白的威脅，但仍然在混亂中繼續保留刊登材料的報導權。「這絕對不能被架構成某種形式的勒索或諸如此類之事！」他在電話上告訴這位於經驗老道的調查者：「訴訟的幽靈滿天飛，達成協議對雙方都有利。」

霍華和德貝克的談判似乎獲得了進展。2月6日，倉促之下取代史特拉徹、對小報法律事務糾葛的詭譎情境還相當陌生的AMI新副法務長范恩透過電子郵件，向辛格提出一份協議條款：若貝佐斯及其代表加入AMI，公開否認《國家詢問報》的報導係受到任何政治或其他外力的唆使、命令或影響，那麼，AMI同意不刊登或分享任何尚未發布的照片或簡訊。[41]

這封電子郵件很容易被看成是勒索，2月7日，貝佐斯告訴他的顧問們，他已經知道他要怎麼做了。他寫了一份標題為「不，謝謝你，佩克先生」（No thank you, Mr. Pecker）的上千字聲明，交給卡尼。正在透過Chime軟體和同仁開視訊會議的卡尼，初讀這份聲明時皺了皺眉，然後把它上傳至Medium網站。

貝佐斯在這篇貼文中收錄霍華及范恩寫的電子郵件，然後，他寫道：

> 昨天，有件不尋常的事發生在我身上，事實上，於我而言，它不僅不尋常，而且是頭一遭。有人向我提出了一項我無法拒絕的交易，或者，至少《國家詢問報》的高層是這麼認為的。我很高興他們這麼以為，因為他們才會大膽到把它形之於文字。[42]

接著，貝佐斯講述AMI和川普政府的法律糾葛，以及該

公司未能從沙烏地阿拉伯政府那裡取得投資，而後者是另一個與《華盛頓郵報》敵對的政府。貝佐斯在此貼文中寫道，他對《華盛頓郵報》的所有權：「對我來說是一個讓事情變得更複雜的因素，無可避免地，遭《華盛頓郵報》報導的特定權勢者會錯誤地把我視為他們的敵人。」他又說，他不後悔擁有這家報社，他說：「這是一家背負重要使命的重要機構。這是我九十歲回顧我的一生時，我將最引以為傲的事，若我有幸能活那麼長的話……」

當然，如此高尚的一番話，跟他長達一年公開進行婚外情、他女友的哥哥背信棄義，或是AMI急於撇清政治動機疑雲等事沒什麼關係。但是，就如同漢彌爾頓（Alexander Hamilton）在1790年代面對婚外情通姦指控時撰寫《雷諾茲小冊》（*Reynolds Pamphlet*）譴責其敵對者一樣，張貼於Medium網站的這篇文章是高明的公關手段，貝佐斯把自己塑造成一個值得同情的對抗媒體者，對抗「AMI長久以來把新聞工作者的特權當成武器，躲在重要權勢的保護背後，忽視新聞工作真正的信條與目的。」[43]

貝佐斯是否知道或懷疑《國家詢問報》刊登露骨照片的威脅根本是紙老虎，這點不得而知。在完全不知道幕後鬧劇與詭計的讀者眼中，貝佐斯勇敢對抗川普的小報盟友不光明的手段，不顧自己不光彩的照片曝光的風險，甘願同歸於盡。大眾的同情心倒向貝佐斯這一邊，《紐約郵報》聲稱：「貝佐斯揭發佩克。」

Medium網站在2月7日下午刊登貝佐斯的這篇聲明，對此還不知情的霍華傳簡訊給德貝克，要求貝佐斯陣營回覆AMI的提議，德貝克故意拖延，不予回覆。終於，在那篇聲明刊登

後，這位知名的安全顧問做出致命一擊，傳簡訊給霍華：「你大概也看到了，我提交你的提議時，遭到拒絕。」

沙爾曼王儲捲入陰謀論

霍華在自家公司也遭到痛擊。佩克現在轉向損害控管模式，試圖挽救公司脫離法律與財務的險境，他把整個災難歸咎於霍華，拔除他的內容長職務，讓他擔任不太涉及編輯事務的發展資深副總一職。一年後，合約到期時，霍華選擇離開AMI。

我聯絡霍華，請他憶述這整起事件時，他說：「為了一個百分之百正確的報導，我成了最終犧牲者。」接著，他告訴我，由於官司目前還在進行，他不能對此事多說什麼。「說我報導這則新聞是出於政治動機，根本是毫無根據的指控，是對我莫須有的誣衊，」他說。

除了毀掉霍華在AMI的工作，貝佐斯的那篇聲明把該報如何取得其私訊及照片這個原本已經一池混水的疑問變得更加令人困惑。他在這篇聲明中很有技巧地暗示，AMI為何對此故事源頭的調查工作三緘其口，「值得玩味」，又說「沙烏地阿拉伯這個角度似乎觸動了特別敏感的神經。」

德貝克繼續支持這些論點，三月時，他在《野獸日報》寫了一篇文章，指稱AMI拚命自我辯護，撇清政治陰謀，他說，整個事件背後必然隱藏了另一個真相。「我們的調查員和幾位專家能夠非常有把握地說，沙烏地阿拉伯駭入貝佐斯的手機，取得私人資訊，」他寫道：「截至今天為止，還不清楚AMI是否獲知這些細節，以及知道的程度。」[44]

佩克及其同仁先是面對他們為川普而作此報導的指控，現

在又被影射和沙烏地阿拉伯方面合作，在霍華已經被拔職、又在墨西哥渡假的情況下，該公司決定，它無需再信守對麥克‧桑契斯的保密承諾。「事實是，麥克‧桑契斯在2018年9月10日向《國家詢問報》透露這件事，並且在接下來的四個月期間，為我們的調查提供了所有材料，」該公司發表聲明：「他對我們報導的持續討論及不實代言，還有他在這其中的角色，已經形同放棄消息來源保密條款。」[45]

但是，AMI的這個揭露起不了什麼作用，尤其是因為它的主管曾經在跟川普有關的「捕殺」指控方面公然撒謊。還是有人認為是國際陰謀，這主要是因為沙烏地阿拉伯政府要教訓貝佐斯的這種說法，雖然未必真實，但卻非風穴來風。

跟其他的美國商界領導人一樣，貝佐斯和沙烏地阿拉伯王儲沙爾曼也有私交。2018年初，這位年輕的王儲看似致力於使這個在宗教上保守的國家自由化，並降低該國對石油收入的依賴度。那年春天，沙爾曼造訪美國時，貝佐斯與他會面，兩人交換了WhatsApp帳號，接下來幾個月，他們在WhatsApp上保持聯繫，談論亞馬遜打算在沙烏地阿拉伯投資20億美元設立AWS資料庫的計畫。[46]那年五月，沙爾曼傳送一個加密影片給貝佐斯，看起來像是在宣傳沙烏地阿拉伯低廉的寬頻價格，貝佐斯被這個以阿拉伯文撰寫的訊息搞糊塗了，「令人印象深刻的數字及影片」，他最終如此回覆。

幾個月後的10月2日，貝佐斯在華盛頓特區領取「薩謬爾海曼服務精神獎」（Samuel J. Heyman Spirit of Service Award），在座還有《華盛頓郵報》同仁。頒獎典禮進行到一半，該報發行人佛瑞德‧萊恩傾身向貝佐斯耳語，說他有新聞要告訴貝佐斯，然後，他在一張紙頭上寫道：曾撰文批評沙爾曼轉向獨

裁的《華盛頓郵報》專欄作家哈紹吉在那天稍早進入沙烏地阿拉伯駐土耳其領事館辦理結婚許可證，遲遲沒有出來。貝佐斯看了內容後，低聲回應：「若有我幫得上忙的地方，請讓我知道。」

接下來幾週，《華盛頓郵報》持續調查哈紹吉被謀殺一事，其社論譴責沙烏地阿拉伯政府，並呼籲美國企業切斷與該國的商業往來。貝佐斯跟其他商界領導人一樣，取消出席沙爾曼的未來投資會議（Future Investment Initiative），也就是有「沙漠中的世界經濟論壇」之稱的年度會議。[47] 但奇怪的是，沙爾曼仍繼續傳訊給貝佐斯，包括傳送一則WhatsApp訊息，看起來像在暗示貝佐斯的婚姻問題，而當時是2018年秋季，這件事情在當時還是祕密。這則訊息寫道，「和女人爭吵就像閱讀軟體授權同意書，最終你必須略過一切，點選『我接受』。」訊息還附上黑髮、長得有點像蘿倫・桑契斯的女性相片。

在此同時，由沙爾曼政權組織的一個推特網軍在線上抨擊貝佐斯，張貼繪圖及影片，說他是「種族歧視沙烏地阿拉伯的敵人」，呼籲抵制亞馬遜以及它旗下的杜拜電子商務公司Souq.com。

عادل جابر
@aadelljaber

我們沙烏地阿拉伯人絕對不接受早上被《華盛頓郵報》
攻擊、晚上又在亞馬遜和Souq.com買東西！真奇怪，
這三家公司的老闆都是那個白天攻擊我們、晚上賣東
西給我們的猶太人！

 12:20 PM, Nov 4, 2018

2019年初，和《國家詢問報》的爭戰檯面化時，貝佐斯
（他不是猶太人）有更多理由相信他的手機被駭。2月16日，
在貝佐斯發表聲明說他懷疑沙烏地阿拉伯涉及整起事件後，
沙爾曼再度傳訊給貝佐斯，那是一段滿是文法錯誤的英文：
「傑夫，你聽到或被告知的，全都不是真的，時間會告訴你真
相。我或沙烏地阿拉伯對你或亞馬遜都沒有惡意。」

德貝克找人檢查貝佐斯的手機，他的老同事、前美國國安
會網路事件因應主任安東尼・費蘭提（Anthony Ferrante）最後
的結論是，沙爾曼在2018年傳送給貝佐斯的宣傳寬頻價格的
影片可能內含一種名為「飛馬」（Pegasus）的惡意軟體。費蘭
提發現，這種由以色列公司NSO Group開發、近乎隱形的惡意
軟體，一旦啟動，貝佐斯的手機向外傳送的資料量就暴增約
3000%。

由於缺乏更具體的呈堂證據，一些知名網路安全性專家質
疑費蘭提的結論，而且，費蘭提的報告中所說的大量「資料外
洩」正好發生於貝佐斯和桑契斯交換私訊及私人影片之時。但

是，《華爾街日報》報導，接近王儲沙爾曼的沙烏地阿拉伯官員知悉攻擊貝佐斯手機的計畫。[48]2020年，一份由聯合國人權調查員阿格妮絲‧卡拉瑪（Anges Callamard）及大衛‧凱伊（David Kaye）撰寫的一份報告說，有「中度至高度的把握」，沙烏地阿拉伯駭入貝佐斯及其他政治與媒體界人士的手機，是企圖掌控媒體對該國政府的報導的行動之一。[49]

沙爾曼政權是否得知貝佐斯與蘿倫的關係，把消息提供給《國家詢問報》，或在麥克‧桑契斯提供的資訊外，予以補充資訊呢？若你想得夠偏，這種可能性或許有一些合理，佩克曾經爭取沙烏地阿拉伯投資人提供融資以幫助AMI收購《時代》雜誌，但不成功。為了提高爭取到融資的機會，該公司主管甚至在王儲沙爾曼造訪美國時，製作了九十七頁奉承阿諛的特刊雜誌《新王國》（*The New Kingdom*）。不過，至少從我的觀點來看，截至目前為止，沒有任何決定性的證據支持沙烏地阿拉伯向《國家詢問報》暗示貝佐斯風流韻事的假說，有的只是重疊事件的迷霧，不同人物之間的弱連結，以及奇怪的巧合。

不過，對於想要正面詮釋離婚事件的貝佐斯及其顧問們來說，這種疑雲至少能夠轉移人們對更不堪而複雜的真相的注意力。

塵埃落定

在2019年的一片混亂中，貝佐斯和桑契斯開始公開出雙入對。七月，他們一起參加艾倫公司在愛達荷州太陽谷舉行的午度研討會，和巴菲特、提姆‧庫克、祖克柏等商界聞人共聚一堂。幾天後，他們在皇家包廂觀賞溫布頓網球賽男子決賽，坐在威廉王子與凱特‧密道頓（Kate Middleton）王妃

後面相隔三排的座位。八月，他們航行於西地中海，在娛樂業大亨大衛‧葛芬（David Geffen）的豪華遊艇上嬉戲[50]，他們還前往義大利索羅米歐（Solomeo）參加奢豪品設計師布魯內洛‧庫西內利（Brunello Cucinelli）舉辦的峰會，搭乘貝佐斯友人、影視大亨巴瑞‧迪勒及黛安‧馮佛斯登柏格（Diane von Furstenberg）夫婦的遊艇。在這些旅行中，貝佐斯一再被拍到穿著章魚圖案的彩色泳褲，意外引發跟風潮。[51]

二十多年間，貝佐斯一心專注於亞馬遜和他的家庭，剩餘不多的時間都投入藍色起源及太空旅行。但是，他的鉅富、對有趣的人的好奇心、對新體驗的渴望，以及他和桑契斯的關係，已經明顯改變他。他享受他的超級成功帶來的種種花俏生活，在那些花極多時間觀察他的人眼中，他看起來快樂且充滿活力。

他和麥肯琪的離婚手續在2019年7月完成，麥肯琪獲得1970萬股亞馬遜股份，總值約380億美元，而離婚協議中約定，在她出售或贈與這些股份之前，貝佐斯仍保有這些股份的投票權。2018年時，亞馬遜曾探詢創造雙重股權結構的可能性，當時有些投資人就猜測是否跟投票權有關。

麥肯琪也獲得他們在西雅圖和洛杉磯的房子，她也簽署「捐贈誓言」，承諾捐贈她的過半財富。2020年間，她捐了近60億美元給包括食物銀行、社群團體、專為非裔設立的大學院校等在內的許多組織，並貼文說明她的動機，揮別她多年前提倡「旁觀者革命」時採取的寡言慎行態度。離婚後，她改名為麥肯琪‧史考特（MacKenzie Scott），史考特是她出生後就冠的中間名。

麥克‧桑契斯和丈夫遷居舊金山，除了母親艾琳諾，他

的所有家人都不再跟他往來。他在洛杉磯地區法院分別對AMI和貝佐斯、德貝克提出毀謗控告，但在真相逐漸浮現下，兩起官司幾乎所有庭審都告敗訴。2021年初，貝佐斯要求法院強制執行麥克‧桑契斯支付170萬美元的律師費，但法官後來把金額降低至21萬8,400美元。貝佐斯在Medium的聲明指稱，AMI在《國家詢問報》刊登其婚外情報導後向他勒索一事，紐約南區聯邦法院檢察官也立案調查，但想必是查無證據，因為檢察官後來悄悄地停止調查，從未起訴。

貝佐斯很快就擺脫這一切，2019年10月，他意外現身前沙烏地阿拉伯駐土耳其領事館，參加哈紹吉被謀殺一週年的追悼會，由德貝克處理複雜的保安安排。[52] 貝佐斯坐在哈紹吉未婚妻哈蒂絲‧森吉茲（Hatice Cengiz）旁邊，並在追悼會上擁抱她，「就是在這裡，你望著那條街，踱步與等候，幾個小時過去了，他沒再出來，那種煎熬實在難以想像，」他說：「妳必須知道，妳在我們心裡，我們在妳身邊。」[53]

這趟前往險地之旅向《華盛頓郵報》員工展示，他們的業主支持他們的新聞工作，不論付出什麼個人代價。同時，此舉也是把箭頭直接瞄向貝佐斯的敵人沙爾曼。[54]

如此高調的姿態取代了人們記憶中的婚外情醜聞，亞馬遜的同仁只能觀望並好奇：他們這位執行長仍然屬於他們嗎？抑或屬於某種財富、魅惑與國際陰謀的平行時空？他出現於媒體的頻率似乎跟他出現於辦公室的頻率不相上下，他砸大錢購買古董藝術品，[55] 又豪擲1億6,500萬美元，從大衛‧葛芬手中買下位於比佛利山莊、占地九英畝的莊園，刷新加州豪宅價格。[56] 2020年2月，他和法國總統馬克宏大談氣候變遷，桑契斯就在一旁；他和蘿倫及其他名人一起現身邁阿密的美式足球

超級盃，還轉往一家知名夜總會，上了DJ臺。亞馬遜的同仁好奇：他們這位創辦人未來還會有什麼驚人轉變？

這個問題的答案，在荷蘭私人定製遊艇製造商歐遜科（Oceanco）的造船廠可以找到一絲線索。這座位於鹿特丹市郊的造船廠裡，一艘新遊艇正在祕密建造中：長一百二十七公尺，有三面主帆，就連在豪華遊艇業的耳語圈也無人知道有關這艘遊艇的其他資訊，不過，完工之後，它將是舉世頂尖的遊艇之一。歐遜科也為這高端客戶建造一艘伴隨的支援遊艇，客戶特別委託該公司在設計時包含一項設施——你猜對了，直升機起落場。

儘管發生這麼多事件，貝佐斯戰無不勝的盔甲僅有輕微凹陷。現在，亞馬遜二十五年歷史最大的挑戰隱約逼近：它在美國及歐盟的敵人齊起開砲，以遏制亞馬遜強大的市場力量；新冠肺炎疫情即將來襲，把全球經濟帶往崩潰邊緣。

14
樹大招風

　　貝佐斯與桑契斯鬧出緋聞之後的那一年，亞馬遜的市值持續以讓人眼花撩亂之姿不斷攀升。亞馬遜在市值接近一兆美元之際，宣布對美國會員的兩日送達服務縮短為一日，[1]更強化了人們在網路上購物的意願。2019年7月，貝佐斯與麥肯琪離婚後，他的個人淨資產從1,700億美元降至1,100億美元，然而亞馬遜公司股價的上揚，使他依然保有全球首富的頭銜，並在十二個月內就賺回失去的財富。[2]他的個人財產大於匈牙利的國內生產毛額，甚至超過通用汽車公司的市值。

　　然而他的優勢終於得面對算帳的時刻。美國人和歐洲人向來喜歡把精明且事業成功的創業者吹捧為名人，但對於有距離感的大型企業也抱持懷疑的態度，而且會毫不留情地謾罵超級有錢人，尤其收入不平等的情況正日益擴大。

　　因此，傑夫・貝佐斯的個人財富與公司市值雙雙成長，這種具有歷史意義的事業成就不僅贏得了掌聲，也矛盾地激發眾怒。在亞馬遜最賺錢十年的最後幾年，人們突然覺得這個體系是透過不正當的手段操縱，消費者和小型公司都遭到亞馬遜無情地控制，而且亞馬遜與其他科技業龍頭正在吞噬整個經

濟。美國和歐洲有膽識的政治家們開始調查亞馬遜及其科技業好友谷歌、臉書和蘋果公司的勢力，並發起各種活動抑止亞馬遜的迅速成長。即便這些活動還不算是向大型科技公司及其造成的深遠影響宣戰，起碼也已經對未來的戰役射出第一砲。

貝佐斯表示他歡迎這種審查，儘管他沒有因此修正亞馬遜商業策略的銳利優勢。「所有的大型機構未來都會受到審查，而且也應該接受這些調查、檢視與查核。」[3]他在2018年於華盛頓特區經濟俱樂部（Economic Club）所舉辦的一場訪談中，告訴私募股權界的億萬富翁大衛・魯賓斯坦（David Rubenstein）。「這並非針對個人，而是滿足整個社會的期望。」他的口氣聽起來像是樂於接受任何結果。「我們公司非常具有創造力，因此無論頒布什麼樣的法令，也無論法令如何規範，都無法阻止我們繼續為客戶提供服務。」

不過，面對外界對於科技業日漸加劇的抨擊，貝佐斯在私底下並不打算逆來順受。2019年的秋天，S團隊與亞馬遜的董事會讀了經濟歷史學家馬克・萊文森（Marc Levinson）所寫的《偉大的大西洋與太平洋茶葉公司以及美國小型企業的掙扎》（*The Great A&P and the Struggle for Small Business in America*）。這本書追溯美國二十世紀第一家連鎖雜貨商的興起與衰落，[4]以及該公司在創辦人去世後的策略轉移，還有民粹派政客與反托拉斯官員長達數十年反對該公司的運動。書中的結論是：反對大西洋與太平洋茶葉公司的運動主要出於政治理由，因為成千上萬名支持小型商家的消費者及小型商家的供應商抗議這家公司，加上該公司在面對批評時一開始表現得異常被動，才會導致這種反對運動發生。

雖然大西洋與太平洋茶葉公司擁有強大的供應商，並靠著

掠奪性的低價打敗對手而闖出名號，可是該公司未能適當地回應外界批評，並且在創辦人去世後未妥善規畫後續策略，因而走向滅亡。這一點似乎引起貝佐斯及亞馬遜其他高階主管的共鳴。「我們從這個案例學到的智慧，是絕對不能因為外面的噪音而分心。外界必然會有閒言閒語，那是無可避免的。」亞馬遜的資深副總裁兼法律總顧問大衛・扎波爾斯基（David Zapolsky）表示。「那就是我們的社會對於大型企業的反應。」

亞馬遜不能忽視即將發生的變化。隨著社會大眾與政治人物對大型科技公司的態度開始明顯轉變，亞馬遜不僅要面對一群對其抱持敵對態度的2020年民主黨總統候選人，還要面對其物流中心員工要求調高薪資的抗爭，以及公司在美國與歐洲只繳納一點點公司所得稅而引發的爭議。川普總統一直以來都是貝佐斯與《華盛頓郵報》的死敵，他指控亞馬遜與美國郵政簽定的合約不公平，據說還阻礙AWS取得「絕地計畫」（JEDI contract）標案。絕地計畫是利潤豐厚的合約，內容為負責美國國防部電腦系統的雲端操控。

除此之外，美國眾議院司法委員會的反托拉斯小組委員會，在花了十六個月針對數位經濟的競爭狀況進行調查之後，發表了一份長達四百五十頁的報告，嚴厲指控亞馬遜及其他科技公司濫用市場力量。除了諸多譴責之外，該報告並指控亞馬遜在網路零售業界享有主導優勢、從事反競爭併購，以及在公司的第三方市場霸凌小型賣家。那份報告建議透過信託方式來拆分亞馬遜公司的業務，就如同昔日處理鐵路公司和電話公司的問題。

向來好鬥的亞馬遜資深公關副總裁卡尼在捍衛自家公司時表示：「我覺得那份小組委員會報告幾乎不具有任何可信

度。」不過，主導這份報告的小組委員會律師莉娜・可汗駁斥了調查程序具有政治意味的說法。可汗曾在《耶魯法學期刊》發表振興反托拉斯法的論文，為國會的調查行動提供了智識方面的基礎。她年僅三十一歲，已是亞馬遜公司最可敬的敵人之一。可汗曾經在某次訪談中告訴我：「亞馬遜能要求每一個依賴該平台的人遵從它訂定的規矩，而且在整個經濟體系中愈來愈享受其挑選贏家和輸家的權力。當資訊優勢與議價能力全部偏袒制定規矩的那一方時，『市場』就已經不再具有實質意義。」

駁斥攻擊，保護形象

　　當政客和專家們開始猛烈攻擊亞馬遜的同時，亞馬遜也擴張了它在全世界的溝通與策略部門。2015年時，根據《紐約時報》的報導，亞馬遜在全世界擁有兩百五十個公關與策略團隊；隨著公司的成長，到了2019年年底，亞馬遜在全世界的公關與策略團隊已多達近千個。這個日益擴大的部門包括一個「迅速反應小組」，負責隨時監看與亞馬遜有關的媒體報導，並主動查詢。這個部門的神聖守則之一是：「我們是公司的品牌大使，也是公司的品牌保護者。」那些守則都是與S團隊共同制定，主導著員工的任何決定。「雖然我們有時候並不介意遭人誤解，但只要有媒體、分析報告或立法者提到與亞馬遜有關的錯誤資訊或誤導內容，我們就會迅速且強勢地公開回應，以正視聽。」

　　亞馬遜這種被外界認為過度敏感的態度，當然是貝佐斯要求的。他會找出他認為不正確的文章或分析報告，馬上轉發給員工，追問公關部門為什麼沒有更盡力地反駁。他的這種能力

讓員工們不寒而慄。擔任亞馬遜全球溝通部門副總裁多年的赫德納，敦促部門員工不可放過「任何一點風吹草動」，再微小的事實以及再隱晦的影射都不容忽視，只要他們認為內容不正確，就應該做出回應。因此，當時代思潮改變對大型科技公司的看法，導致亞馬遜經常淪為政治話題時，亞馬遜早已做好準備，針對諸多的批評提出強烈反擊，儘管這些回應不見得都很理性。

亞馬遜最早的敵人之一是麻薩諸塞州參議員伊莉莎白‧華倫。華倫是前哈佛大學教授，也是華爾街的剋星。在經濟大衰退之後，她成功地倡議並協助成立了消費者金融保護局（Consumer Financial Protection Bureau）。2016年，華倫在位於華盛頓特區的左傾智庫「新美國」（New America）發表一場動人的演說，宣稱美國在經濟方面的「競爭正在消亡」，而亞馬遜和谷歌等大型科技公司利用其享有優勢地位的平台，操控消費者去購買自有品牌的商品和服務。

華倫在角逐民主黨總統候選人提名時重申了這項主張，並於2019年3月在部落格平台Medium上發表了一篇標題聳動的文章〈以下是我們打倒大型科技公司的方法〉（Here's How We Can Break Up Big Tech），[5] 表示科技公司已經太過強大，建議應該強迫那些公司放棄大型收購計畫，以亞馬遜為例，就是收購全食超市和捷步。

在那篇文章以及CNN隨後舉辦的市政廳會議（town hall discussion）中，華倫還指控亞馬遜以壟斷的手法箝制電子商務，藉著推出網站上最暢銷商品的自有品牌品項，損害第三方賣家的利益。（亞馬遜的自有品牌部門禁止員工查看獨立賣家的銷售資料，但如我們所知，該部門員工都違反這項執行鬆散

的內部規範。）「你可以在棒球賽中擔任裁判，老實地訂定規則。或者，你可以擔任球員。」[6]華倫在CNN上表示。「也就是說，你可以管理賽事，或者組隊參加比賽，但是不能在比賽中既當裁判又組隊參賽。」

華倫在CNN的市政廳會議發言隔天，亞馬遜公司便在自家的推特帳號上反擊。它宣稱自己只占整個零售業（網路加上實體）的一小部分，並否認其自有品牌事業在縮減規模的同時還有辦法剝削他人：

亞馬遜新聞
@amazonnews

我們不會使用個別賣家的資料來推出自有品牌商品（我們的自有品牌大約只占銷售業績的1%）。我們也不會「淘汰」賣家，他們的銷售業績一年比一年好。除此之外，沃爾瑪比我們大多了；亞馬遜在全美國的零售業中，市占率不到4%。

華倫和其他民主黨總統候選人還緊緊咬住稅務與經濟政策研究所（Institute on Taxation and Economic Policy）發表的一份報告。該報告顯示，雖然亞馬遜在2018年獲利112億美元，但聯邦政府仍退稅給該公司，退稅金額高達1億2,900萬美元。亞馬遜專精稅法，它以其愈來愈多的物流中心和不斷上揚的股價而成為稅負優惠的受益者。透過扣除供應鏈中設備成本與員工配股的價值，亞馬遜有效地抵銷聯邦所得稅的稅負，同時還

利用其龐大的研發預算獲得稅額抵扣。[7]

這些完全合法的手段，引來反對亞馬遜的另一波攻擊。「我並不討厭亞馬遜，」即將上任的美國總統拜登在6月13日於推特上表示：「但是任何一家獲利數十億美元的公司都不該適用比消防隊員和教師還低的稅率。我們獎勵工作，而非財富。」

亞馬遜的聲譽守護者在同一天於推特上發表了回應：

亞馬遜新聞
@amazonnews

自2016年以來，我們繳納了26億美元的公司所得稅。我們一分一毫都沒拖欠。國會制定稅法來鼓勵企業對美國經濟進行再投資，我們都確實做到。自2011年以來，我們投資了2,000億美元，並且在美國創造了30萬個就業機會。副總統拜登應該批評稅法，而不是批評亞馬遜。

貝佐斯灌輸溝通團隊這種戰鬥性的同時，也建議他們應該考慮在某些紛爭中讓步。「我用來指導及訓誡亞馬遜內部員工的觀念，是當你遭受批評的時候，應該先照一照鏡子，想清楚對方說得到底對不對，」貝佐斯於2018年在柏林舉行的一場訪談中表示：「如果對方說得沒錯，你就應該改變，不要抗拒。」[8]

2018年年末，當另一位經常批評亞馬遜的政治家佛蒙特

州的參議員桑德斯又開始對準貝佐斯的財產開砲，並猛烈抨擊亞馬遜倉庫員工的薪資太低時，亞馬遜便採行前述策略。當時桑德斯提出了被他戲稱為「阻止貝佐斯」（Stop BEZOS）的法案（全名是 Stop Bad Employers by Zeroing Out Subsidies，意為「取消補助以阻絕惡雇主」），該法案提議依據仰賴食物券等公共援助計畫的員工人數來向企業徵收新稅。

　　貝佐斯沒有找地方躲子彈，也沒有忽視這個法案，其實該法案在由共和黨主導的參議院根本不可能通過。相反的，貝佐斯召開了一場 S 團隊會議，重新思考員工薪資的問題。亞馬遜的物流中心工資因州而異，[9] 有些員工的時薪只有 10 美元，高於聯邦最低薪資標準的 7.25 美元。S 團隊考慮了營運長克拉克提出的若干建議，包括逐步將時薪提高至 12 或 13 美元。然而貝佐斯選擇了最激進的一項計畫，直接將全美各地員工的基本時薪調高為 15 美元。為了部分彌補公司在這方面的額外開支，貝佐斯廢除了員工的附加所得，例如員工認股及根據員工能力表現所發放的集體獎金。

　　就策略來說，此舉十分出色。多年來，亞馬遜針對倉庫的員工進行調查，發現絕大多數員工的薪資只夠餬口，因此他們寧可選擇領到預付的工資，而不想要認股權。藉由取消認股權，貝佐斯不僅讓員工得到加薪，還消除一個可能鼓勵不具生產力或不喜歡公司的低階員工在公司裡賴著不走的動機。

　　加薪之舉也讓許多批評者滿意，對求職者而言，辛苦的物流中心工作變得更有吸引力，亞馬遜也因此能夠遊說聯邦政府提高最低薪資標準，這是那些財產不夠雄厚的零售業競爭對手負擔不起的做法。然而亞馬遜隨後標榜的加薪道德警訊，也令一些高階主管感到虛偽。「我們決定該是時候帶頭提供更有競

爭力的薪資了。」[10]貝佐斯當年在股東信函中這麼寫，但他的同事們心裡都很清楚，貝佐斯無意帶頭，他只不過是時時閱讀而已。他是因為讀到政治家和媒體認為亞馬遜對倉庫工人吝於給薪，而且批評愈演愈烈。貝佐斯只有在公眾抗議時才會面對問題，而這種習慣馬上會再次出現。

亞馬遜宣布加薪之後，桑德斯試著打電話貝佐斯致謝。當電話被轉接給卡尼時（「很抱歉，我知道很多人在發現是我接聽電話時都很失望，」卡尼說），桑德斯參議員感謝了S團隊的成員，並詢問卡尼關於報導指出有些具終身職的工人在新的薪酬方案施行後可能收入變少一事。[11]卡尼向桑德斯保證，絕對不會有員工因此收入減少。

卡尼的解釋似乎讓桑德斯相當滿意，因此在接下來的兩個月，桑德斯慷慨地暫停砲轟亞馬遜，直到兩個月之後他才又在推特上指責亞馬遜沒有繳納聯邦所得稅。[12]兩黨的政治人物都針對此事不斷抨擊，對於市值正接近一兆美元的亞馬遜而言，這是現實的新問題。

爭取政府標案失利

孤傲的川普在四年總統任期內幾乎無法掩飾他對亞馬遜、貝佐斯及其私人擁有的報紙《華盛頓郵報》強烈且不分青紅皂白的蔑視。川普經常在推特上和接受訪問時痛罵亞馬遜的稅務問題（「亞馬遜利用狡猾的稅務知識逃避稅責」）[13]，還有亞馬遜如何扼殺小城鎮的零售業（「美國的小鎮、城市與各州都受到傷害，許多就業機會正在流失！」）[14]以及亞馬遜不合情理地利用《華盛頓郵報》來助長對其有利的政治議題（「就我看來，《華盛頓郵報》這家賠了很多錢的報社只不

過是個昂貴的說客」)。關於川普對貝佐斯的敵意，各界有諸多猜測；大多數的觀察家認為，因為貝佐斯不僅掌握了媒體實權，還有傲人的豐厚資產，遠遠超過川普的身價。

　　自從2015年貝佐斯在推特上發表「送川普上太空」之後，他便聽從顧問團隊的意見，努力克制自己不再回應來自白宮的攻擊。卡尼後來也表示沒有必要回擊川普，因為大多數立場中立的記者們都知道，川普的論點根本毫無根據，純粹只是出於他對《華盛頓郵報》的不滿。「我們三不五時就遭受總統抨擊，其實根本不關亞馬遜的事，而是因為傑夫擁有一家獨立的報社，」他說。

　　不過川普的幾項攻擊確實引起亞馬遜的注意。2017年年底，川普開始經常譴責亞馬遜與美國郵政的合約。他指控亞馬遜遞送包裹所支付的費用過低，並認為美國郵政浪費納稅人的錢，亞馬遜應該要負起責任。

唐納・川普
@realDonaldTrump

為什麼美國郵政署每年虧損數十億美元，卻向亞馬遜收取那麼低的包裹遞送費用？這使得亞馬遜愈來愈有錢、郵局愈來愈笨也愈來愈窮。郵政署應該要收取更高的費用！

　　正如川普許多的指控一樣，要在錯誤的資訊泥沼中尋找真相十分困難。美國郵政藉著收取郵資及其他遞送服務來負擔

該機關的各項開支，然而多年來一直虧損，[15] 關鍵原因之一是國會規定該機關必須預先為員工準備退休基金及退休醫療帳戶。此外，美國郵政與亞馬遜簽訂的合約與該公司和優比速及聯邦快遞簽訂的遞送包裹合約類似，依法規定不能賠錢。[16]

儘管這些事實擺在眼前，川普仍深信只要美國郵政向亞馬遜收取較高的費用，就能夠彌補虧損。根據《華盛頓郵報》的報導，川普在2017年和2018年的幾次會議中，要求郵政署長梅根・布倫南（Megan Brennan）向亞馬遜加收一倍的費用。[17] 布倫南表示包裹遞送是美國郵政成長最快速的業務，而郵寄費率是由一個獨立的委員會決定。川普總統的邏輯也忽略一項重要的事實：如果美國郵政將費率調高至超出合理的市場價格，只會讓亞馬遜加速將遞送包裹的業務移轉到自家持續成長的物流服務，使美國郵政陷入更艱難的處境。

川普最後委任一個特別小組來審查包裹遞送價格，這個小組在2018年年末建議可以適度調升費率，但是調整幅度遠遠不及川普的期望。就此事而言，亞馬遜基本上躲過了川普的攻擊，然而在其他方面，川普對貝佐斯和《華盛頓郵報》的仇殺使亞馬遜遭受嚴重的損失。

在川普於2017年上任之後，美國的軍事將領做出一項緊急結論：美國國防部複雜又凌亂的科技基礎建設需要進行大規模檢修。川普當時任命的國防部長吉姆・馬提斯（Jim Mattis）於那年夏天前往西岸，向那些大型科技公司的執行長們尋求建議。他拜訪了谷歌的桑達爾・皮查伊（Sundar Pichai）和謝爾蓋・布林（Sergey Brin），並且與貝佐斯會面。貝佐斯在推特上發表了一張自己與國防部長在 Day 1 大樓走廊上邊走邊聊天的照片。[18]

　　這趟訪問之旅結束後，馬提斯確信現代化的科技正在改變戰爭的本質，因此國防部必須將其作戰技術放到雲端。他召集一個指導委員會來促成這個目標，該委員會經過多方思考，基於安全理由以及方便戰場上的部隊取得資料，決定只找單一一家雲端供應商，而不選擇平時那種由多家承包商和中間人一起提供政府服務的方式。

　　美國國防部在2018年7月發表這個合約的提案徵求書，並且為了好記，將該合約名稱取為「絕地計畫」（JEDI），全名是「聯合企業國防基礎建設」（Joint Enterprise Defense Infrastructure），並承諾在十年內會投入一百億美元的經費。在競爭激烈的企業電腦領域中，「絕地計畫」這個利潤豐厚且由政府認證的大案子，立刻成為有史以來競爭最激烈的政府標案之一。「我從來沒想過會有政治干預的情況發生，」主導亞馬遜競標、肯塔基州出生的前語言病理學家暨AWS公共事業部副總裁泰瑞莎・卡爾森（Teresa Carlson）表示。「我沒有心理準備會看到這種事情發生。」

　　仇恨似乎從一開始就緊緊糾纏著這項標案。在預覽過「絕地計畫」的規格要求之後，許多科技公司認為這個合約根本是特別為AWS而設計。在2018年時，AWS在雲端市場的市占率為47.8%，從2013年拿到美國中央情報局的雲端合約以來，亞馬遜網路服務一直擁有高級安全機密許可。包括微軟、IBM和美國SAP公司在內的至少九家科技公司因此聯合起來，抗議這項標案偏袒亞馬遜，[19]並遊說國會和五角大廈將該合約拆分為多個部分。

　　其中，甲骨文後來表現得更為激進。甲骨文控告國防部，質疑該合約只讓一家公司得標的合法性及整個招標過程的

神聖性。甲骨文指控某些國防部官員過去曾經在亞馬遜工作或者曾經擔任亞馬遜的顧問，因此對「絕地計畫」的招標過程產生偏頗性的影響。此外，一份長達三十三頁的神祕檔案開始在華盛頓特區流傳，內容宣稱有幾位國防部官員和亞馬遜的高階主管之間有著不當的私人關係和工作關係，破壞招標程序的公正性。那份檔案後來被查出是來自一家名為羅塞蒂史塔爾（RosettiStarr）的私人調查公司，雖然該公司的總部位於華盛頓特區，但是大多數的觀察家都知道甲骨文顯然與這件事脫不了關係。[20]

美國政府問責署（Government Accountability Office）在審查甲骨文的訴訟時雖然發現該標案有些情節輕微的不當行為，但認定那些不當行為微不足道，因此駁回了甲骨文的控訴。甲骨文又將這個案子告上聯邦法院，結果在幾年後不太光彩地敗訴。然而就某方面而言，這場征戰已經成功，因為「絕地計畫」陷入了廣為人知的爭議泥沼，並引起一個更可怕的人物的注意——川普總統。

2018年4月3日，風險資本家彼得・提爾（Peter Thiel）邀請甲骨文的聯合首席執行長莎法拉・凱芝（Safra Catz）一起前往白宮共進晚餐。凱芝是註冊共和黨員，曾於2016年擔任川普的交接團隊，並且是川普競選連任時的主要金主。[21]她向川普抱怨那項標案似乎是專門為亞馬遜所設計，而根據彭博新聞社當時的一篇報導披露，川普在聽完凱芝抱怨之後便表示他希望這場競爭可以公平地進行。[22]

那年十月，在接近截止日時，谷歌的母公司Alphabet退出了這場競賽，表示他們缺乏這項工作某一方面的安全認證，此外標案內容與公司的價值觀產生衝突。[23]在做出這個決定之

前，谷歌員工曾公開抗議公司向美國政府提供強大的人工智慧技術。

假如亞馬遜的員工也和谷歌員工有同樣的想法，他們在公然擁護國防事業的貝佐斯面前發表意見時可得小心一點。貝佐斯在加州西米谷雷根圖書館舉行的國防論壇上發表演說時表示：「如果大型科技公司背棄了美國國防部，這個國家就會陷入困境。」[24]

最後一共有四家公司投標，甲骨文和IBM很快就在2019年4月遭到淘汰出局，剩下亞馬遜和微軟對決。那年春天，當川普在推特上批評貝佐斯關於美國郵政和避稅等種種問題時，AWS的員工們正忙著部署標案所需要的各種必要資源，以備得標時所需，但他們忍不住懷疑自己的努力注定是徒勞。「因為川普曾經不只一次表示不會讓亞馬遜得標，」一位不願透露姓名的AWS高階主管說。

2019年7月，川普在與荷蘭首相一起舉行的聯合記者會上被問及引起爭議的「絕地計畫」合約爭奪戰。「你說哪家公司，亞馬遜？」川普回答道：「我接到許多關於五角大廈與亞馬遜合約的激烈抗議，大家都說招標過程不公平……全世界最大型的企業都在抱怨這件事……各式各樣的公司，例如微軟、甲骨文和IBM。」[25]

幾個小時之後，川普總統的兒子小唐納‧川普在推特上又把這次的政府採購程序扯到政治。「看起來內部黑暗又腐敗的@Amazon和不愛競標的貝佐斯（No Bid Bezos）可能會咬到自己。」[26]

這份合約原本應在八月份簽妥，然而在川普發表上述言論之後，他新任命的國防部長馬克‧艾斯培（Mark Esper）暫停

合約的進行，並開始調查那些關於利益衝突的控訴。[27]那份合約就這樣被擱置了八十五天。在那段調查期間，艾斯培本人刻意迴避介入，因為他兒子就在IBM上班，讓這件事又增添一筆花絮。[28]

2019年10月25日，五角大廈宣布最後拿到合約的贏家，並正式為公部門迅速發展的雲端運算領域新領導者加冕：微軟公司。企業科技圈對這個結果大為震驚，大多數媒體也都強烈表達不滿。AWS的卡爾森說，她對這個結果早有心理準備，可是多位AWS的員工後來承認他們非常失望。「我們在投標過程中投入大量心血，」一位匿名的AWS高階主管表示，呼應了近期在HQ2甄選中輸掉的那些城市所表達的怨氣。「我們忙到連晚上和週末都無法休息，這個結果實在令人崩潰。」

微軟的執行長薩蒂亞・納德拉（Satya Nadella）似乎也承認了政治算計在他們出人意料的勝利中扮演著重要的角色。「如果真的要說，我認為這得追溯到微軟一直遠離政治，只專注在客戶需求上，」他向科技部落格GeekWire表示。[29]

亞馬遜隨即在聯邦法院提起訴訟，開啟另一樁複雜的訴訟案。即使在一年多之後，當我撰寫本書時，那場訴訟仍然還沒落幕。五角大廈在抗辯時聲稱微軟的出價更具經濟效益，可是AWS的高階主管們都忠誠地覺得自家公司的技術卓越，不相信微軟可以勝出，認為這個結果肯定是因為政治干預。不過這些人是一群AWS的死忠擁護者。AWS在2019年舉行一年一度的re:Invent會議時，同時還舉辦一場名為「交集」（Intersect）的音樂節，但那場音樂節很少人參加，而且過程像一場災難，但也是同樣這批人熱烈宣稱音樂節成功。換句話說，AWS對員工有很強的魔力。

「我們才是最好的合作夥伴。」賈西在亞馬遜沒拿到「絕地計畫」之後對我說：「如果你真的評估過各種選項，你一眼就會看出我們的實力比較強，而且我們在情報領域有更豐富的經驗。」

他沒有明說的是，亞馬遜成長最快速且獲利最豐富的部門，已經因為亞馬遜龐大複雜的業務線與貝佐斯個人的持股帝國，招來了人為的阻礙。當零售業的競爭對手沃爾瑪和塔吉特紛紛避開 AWS，[30] 而且沃爾瑪還要求其供應商不得與 AWS 往來時，人們很容易因此相信川普已促使五角大廈不再與他公開宣稱的政治敵人簽訂政府合約。貝佐斯因為買下美國最有名的政治報紙之一《華盛頓郵報》而與狂暴且充滿惡意的川普水火不容。在那紛紛擾擾的四年裡，川普曾經是全地球上最具有權勢的人，因此貝佐斯收購《華盛頓郵報》的真正代價，可能是害亞馬遜失去價值一百億美元的政府合約。

反托拉斯制裁危機

1990 年代晚期，許多科技公司的法律部門都從美國政府以反托拉斯控告微軟學到重要的教訓。在那個案件中，可拿來定罪的電子郵件、證詞副本和會議紀錄全都被列為證物。亞馬遜公司的高階主管們都接受過嚴格的法遵教育和競爭訓練，他們知道在各種情況下應該如何以正確的方法應對，避免犯下與微軟相同的錯誤。舉例來說，根據亞馬遜員工轉述他們內部會議的裁示：假如聽到同事在談論訂價或者與合作夥伴私下串謀，一定要立刻站出來表示反對，就算打翻手邊的咖啡也在所不惜。

大衛・扎波爾斯基之前曾經擔任布魯克林區的檢察官，

如今變成大力保護亞馬遜公司的企業律師。他在準備可能發生的法律審查時甚至更進一步。扎波爾斯基認為「用字遣詞在法律上非常重要」，因此自2012年獲聘為亞馬遜的法律總顧問之後，他就開始在辦公室的牆上列出一份清單，註記他不希望在公司內部文件或討論過程中出現的不精確字句。員工不應該使用「市場」（market）這個詞彙，除非明確指出自己所說的是哪種市場；也不應該使用「平台」（platform）這個詞彙，因為該詞彙可能暗示著一種可隱約控制其他公司的全能權威。列在牆上的其他短語還包括「主導」（dominating）、「大數據」（big data）以及他覺得很討人厭的商用術語，例如「鑽取數據」（drill down）和「水平集」（level set）。

扎波爾斯基不斷強調用字遣詞很重要，因為文字具有力量，使用不當時很可能會被別人拿來當成對付亞馬遜的武器。「那些術語一點幫助都沒有，而且當監理機關將它們當成行話來看待時，對我們就更沒有好處，」扎波爾斯基表示，「因為可能會造成實際上的傷害。」

事實證明，他的建議有先見之明。隨著川普和2020年民主黨候選人對亞馬遜施加愈來愈大的壓力，法學家、立法者和監理機關也都睜大眼睛仔細監視亞馬遜，希望證明亞馬遜有違法的反競爭行徑，並且讓它像標準石油、美國鋼鐵和AT&T等可怕的壟斷者一樣接受處分。

讓各界開始關注亞馬遜的人是莉娜・可汗。2017年1月當她還在就讀耶魯法學院的最後一年時，於《耶魯法學期刊》發表了一篇長達九十三頁的文章，標題為〈亞馬遜的反托拉斯悖論〉（Amazon's Antitrust Paradox）。[31] 這篇論文批評美國那幾年在執行反托拉斯法時態度散漫，期許有關當局更嚴格地檢視

亞馬遜這個電子商務巨頭。可汗認為亞馬遜證明了現行法規未能「理解二十一世紀的市場力量結構」。當各界對亞馬遜避稅和霸凌獨立賣家的批評日漸加劇，並對大型科技公司出現新的懷疑論，可汗的這篇論文不僅觸動人們的神經，甚至可說開啟了一項運動。

可汗不太像是會挑戰反托拉斯數十年來傳統觀點的人。[32]她十一歲的時候才跟著巴基斯坦裔的父母親來到美國，是家裡年齡最長的孩子。她在威廉斯學院主修政治理論，論文以政治哲學家漢娜・鄂蘭（Hannah Arendt）於1958年出版的《人的條件》（*The Human Condition*）為題，該書探討的是現代科技如何影響民主體制。

可汗在2010年大學畢業之後加入伊莉莎白・華倫經常前往發表其獨特反科技演說的智庫「新美國」，與貝瑞・林恩（Barry Lynn）共事。林恩是一位資深研究員，他撰寫的許多書籍和文章都批判了現代的壟斷勢力。林恩派給可汗的第一份任務是要她針對亞馬遜最初也最具主導勢力的市場圖書產業，撰寫一篇報告。

過了幾年之後，可汗在發表於《耶魯法學期刊》的那篇文章中採用相同的懷疑角度和新聞報導手法。那篇文章的標題〈亞馬遜的反托拉斯悖論〉是取自羅伯特・博克（Robert Bork）於1978年出版的重要著作《反托拉斯悖論》（*The Antitrust Paradox*），那本書認為只有在市場力量可能導致消費價格上漲時，監理機關才應該加以約束。可汗嚴正反駁，她認為這種所謂的「消費者福利標準」並不適用於網際網路的聯合效應，也不適用亞馬遜這樣的公司，因為他們無情地以降低價格的手法排擠競爭對手並擴大市占率，而且這種持續賠錢的策略依然獲

得亞馬遜充滿耐性的投資人支持。

那篇文章不僅挑戰亞馬遜，還挑戰整個監理現狀。由於文章抨擊成長迅速的亞馬遜和其他科技巨頭，因此成為華盛頓特區與布魯塞爾策略圈裡的必要讀物。政治家開始在接受訪問時引述那篇文章的內容，[33]並敦促「重新審議反托拉斯」：不僅要檢視價格的影響性，還要檢視那些主導市場的公司對員工、薪資和小型競爭對手的影響力。一位批評那篇文章的評論家嘲笑其為「時髦的反托拉斯」，但這個就此深駐人心的綽號其實不見得有輕蔑的意味。[34]

可汗的那篇文章也引起西雅圖那些科技公司的注意。該文章發表後的六個月，扎波爾斯基突然打電話給「新美國」的林恩，表示他和亞馬遜的策略團隊來到華盛頓特區，想與林恩見個面。林恩邀請那年夏天正好也在華盛頓特區的可汗及一位曾擔任聯邦貿易委員會法律顧問的反托拉斯法律師喬納森・坎特（Jonathan Kanter）一同出席。

「新美國」辦公室的那場會議歷時一個小時，氣氛不佳。扎波爾斯基聲稱亞馬遜並非壟斷企業，因為亞馬遜只掌控全世界24兆美元零售產業的一小部分，並認為亞馬遜對市場競爭及小型公司有正面影響。他詢問那些批評者認為亞馬遜應該採取哪些不同的做法，並請他們在發現亞馬遜造成任何問題時與他聯繫，不要只顧著撰寫批評嚴厲的法學評論，或在媒體上發表懷有敵意的言論。坎特表示：「當時的氣氛很超現實，就像雙方人馬持槍對峙，眼睛緊盯著對方的槍管。」

結果扎波爾斯基隱匿了一項會讓其對手大喊不妙的資訊。隔天，也就是2017年1月16日，亞馬遜宣布收購全食超市。美國聯邦貿易委員會在六十八天之內便迅速批准，顯示監

理機關並未被可汗的文章或林恩針對大型科技公司的持續批評所影響。[35]

　　然而可汗和林恩關於限制科技公司勢力的觀點正在慢慢滲透至監理體系之中。一年之後，在歐盟相當活躍的競爭執行委員（Commissioner for Competition）瑪格麗特・維斯塔格（Margrethe Vestager）開始調查亞馬遜是否不當利用獨立賣家的資料來協助其自有品牌發展。[36]又過了一年，在2019年5月，美國司法部主掌反托拉斯案件的助理總檢察長馬坎・德爾拉希姆（Makan Delrahim）與美國聯邦貿易委員會主席約瑟夫・西蒙斯（Joseph Simons）以維斯塔格為榜樣，也開始調查美國科技業的四大巨頭：司法部負責調查谷歌和蘋果公司，聯邦貿易委員會則負責調查臉書和亞馬遜。[37]

　　短短幾年前，大型科技公司因為其超凡的創新能力與財富創造力而備受吹捧，如今卻得面臨政府有如大海嘯般的嚴格審查。在這波風浪中，原本擔任刑事辯護律師的羅得島州民主黨議員大衛・西西里尼（David N. Cicilline）呼籲眾議院的反托拉斯、商業和行政法小組委員會審查亞馬遜收購全食超市一事，並且聯繫了莉娜・可汗。西西里尼剛接任該小組委員會的主席，期望「讓大型科技公司負起責任」。[38]當時可汗已經完成法學院的課業，在聯邦貿易委員會擔任法律研究員。她願意加入政府迄今為止最重要的調查行動，並對抗大型科技公司無懈可擊的經濟權威嗎？

　　可汗當然抓緊了這個機會。由兩黨議員組成的小組於2019年6月宣布將針對數位市場競爭進行為期十六個月的審查，該調查由西西里尼和可汗負責帶領，必須通過許多艱困的障礙，包括眾議院司法委員會全體成員對川普總統的彈劾、

共和黨的資深眾議員道格・柯林斯（Doug Collins）在決定競選參議員之後退出司法委員會，以及繼任其司法委員會席位的俄亥俄州眾議員吉姆・喬丹（Jim Jordan）所造成的混亂局面。喬丹不僅癡迷於審核壟斷勢力，還有社群網路的反保守偏見。接著還有顛覆全世界的新冠肺炎於2020年初開始大流行，迫使國會的調查人員好幾個月的時間只能透過網路在遠端工作。

然而該小組委員會無懼這些難以應付的困難，針對科技巨頭公司累積及留存勢力的方式進行廣泛且激進的審查，並且要求亞馬遜公司提供其在收購、產品訂價及其第三方市場管理規範等方面的內部資料。後來小組委員會公布大量亞馬遜的資料，其中披露亞馬遜的高階主管早在2009年就已經訂定策略，以虧損的方式經營尿布業務，來對抗競爭敵手Diapers.com。亞馬遜還在2018年收購網路門鈴公司環安智控，但不是為了它的技術，而是為了在市場上占有主導地位。

2020年1月，小組委員會在科羅拉多州的博德市召開一場聽證會，直接聽取為什麼許多品牌和賣家與亞馬遜這家電子商務巨頭的關係如此緊繃。一家名為PopSockets的公司專門生產智慧型手機背後的裝飾握把，該公司的創辦人大衛・巴奈特（David Barnett）作證表示，亞馬遜允許大量仿冒品在該網站上販售，那些仿冒品的價格低於他與亞馬遜議定的售價。當他試著脫離與亞馬遜的批發關係，改到亞馬遜市集上成為獨立賣家以掌控自己產品的售價時，亞馬遜卻不答應，還直接將PopSockets趕出亞馬遜網站。「貝佐斯一定不知道這個單位這樣做事，」巴奈特對我說：「假如他知情，他一定會介入並加以制止。」

　　西西里尼在整個調查過程的其中一項目標十分明確：他要貝佐斯和其他科技公司的執行長到國會宣誓作證。亞馬遜的策略主管們顯然不希望讓他們的執行長像臉書的祖克伯那樣接受社會大眾的抨擊，因此當小組委員會邀請貝佐斯出席作證時，在亞馬遜的回函上簽名的不是貝佐斯，而是公共策略副總裁修斯曼。第二總部失敗一事也是由修斯曼負責。「我們會請適合的亞馬遜高階主管前往委員會說明這些重要的事項。」[39]修斯曼迴避地寫道。

　　私底下，亞馬遜委任的科文頓・柏靈法律事務所（Covington & Burling）合夥人蘭尼・布魯爾（Lanny Breuer）則試圖影響民主黨的委員會成員，讓貝佐斯躲開聚光燈。布魯爾曾經擔任前總統歐巴馬的司法部刑事司助理部長。莉娜・可汗後來告訴我，他們覺得亞馬遜的姿態「冷酷又挑釁，對立法者非常無禮」，而且相較於已經有十年經驗因應政府審查的谷歌，亞馬遜的做法令人不快，谷歌的方式比較優雅。

　　最後，由兩黨議員組成的小組揚言要傳喚貝佐斯。該小組引述了《華爾街日報》的一篇報導，該報導提到亞馬遜自有品牌的員工曾說他們使用第三方賣家的內部資料，來推出亞馬遜自家品牌的產品。由於亞馬遜的一位律師奈特・薩頓（Nate Sutton）先前曾在委員會宣誓表示絕無這種情況發生，[40]因此議員們要求貝佐斯出面說明，並回答薩頓是否做偽證。貝佐斯和亞馬遜再也無法閃避，這是貝佐斯第一次必須在國會作證。

　　雖然新冠肺炎肆虐，亞馬遜的策略與溝通部門高階主管們仍從各自隔離的家，前往 Day 1 辦公室協助貝佐斯準備相關事宜。卡尼後來將那次準備會議稱為「這一年在工作方面的最佳時刻之一」，因為他終於可以親眼看見同事們，而且貝佐斯天

生充滿好奇，願意學習應對眼前挑戰的最佳方法。就某方面來說，這次的首航對貝佐斯相當輕鬆，因為四位被傳喚作證的執行長都不必親自前往國會山莊、被關進擠滿攝影師的聽證室，只要透過網路視訊從遠端作證即可。

美國東西岸和歐洲各國都熱切關注這場在 2020 年 7 月 29 日舉行的聽證會。「我們的建國者不向強權低頭，因此我們也不應該臣服於網路經濟的皇帝。」西西里尼在開場白中表示。身穿天藍色套裝且戴著口罩的莉娜・可汗則靜靜地站在西西里尼的右側。貝佐斯穿著海軍藍顏色的西裝，並打了同色的領帶，在他位於西雅圖的辦公室以連線方式現身。他先向他的父母及信賴亞馬遜的客戶致上崇高的敬意，而後表示零售業的規模很大，容得下許多競爭者。

接著聽證會就開始變得愈來愈混亂。在五個多小時的過程中，議員們分別向貝佐斯、皮查伊、祖克柏和庫克提出與他們各自公司有關的問題，那些委員會的成員不時打斷幾位執行長們講話，急著在有限的時間內插入戲劇化的政治聲明，而非耐心聽取更全面性的答覆及那些公司照本宣科的規範，好幾位共和黨議員還扯到科技界的反保守偏見議題。此外，貝佐斯發表完他的開場白之後，視訊會議軟體就發生故障，[41] 以致貝佐斯在問答時間的第一個小時完全離線。

不過當技術問題解決之後，委員會的成員就把焦點放在貝佐斯身上。他遭受攻擊的議題，都是他從來沒有被迫公開談論的事，例如：仿冒商品以及在《貝佐斯傳》中所揭露亞馬遜與 Diapers.com 的激烈價格戰，[42] 還有該公司在私底下對小型出版商的態度。亞馬遜公司曾自稱「獵豹」，並且將某個內部談判計畫取名為「瞪羚專案」（the gazelle project）。正如亞馬遜

法律部門長期以來所擔心的：該公司內部隨意使用的詞彙與短語，如今被拿來當成對付他們的武器。

不過，關於亞馬遜潛在的反競爭行徑，議員們主要聚焦在最清楚的事例：該公司的第三方市場問題，以及委員會從遭到霸凌的獨立賣家那裡獲得的大量投訴。貝佐斯認真地回答這些問題，但似乎有點準備不足，因此除了以充滿防禦性的公司格言來應對之外，他沒有辦法（或者不願意）提供其他的答覆。亞馬遜的前高階主管們後來將貝佐斯當天的表現與該公司無數員工的遭遇做比較：員工們即便工作努力且準備多時，但是當他們被苛求又好鬥的S團隊追問問題時，依然免不了會被訓斥一頓。

向來公開批評亞馬遜的西雅圖議員普拉米拉・賈雅帕爾（Pramila Jayapal）是第一個向貝佐斯直搗核心問題的人：亞馬遜員工到底有沒有偷看賣家的私人銷售資料？[43]「亞馬遜就像一家糖果店，任何人都可以得到他們想要的東西，」賈雅帕爾引用一位曾與小組委員會交談的亞馬遜前員工的陳述。

「關於賣家的資料我們有一些保障措施，而且我們根據公司的規範來培訓員工，希望員工都能像我們一樣遵守公司政策。」貝佐斯告訴賈雅帕爾。雖然貝佐斯肯定知道這項規定執行不力，員工為了達到公司的高標準要求會踐踏該政策，但是貝佐斯只含糊地聲稱自己「無法保證從來沒有員工違反這項規定」，並堅稱公司針對此事還在進行內部調查。「事實上，我們是自願採行這種政策，」他補充道，「我認為其他的零售商根本沒有這樣的規定。」

西西里尼接著詢問為什麼某個小型服飾賣家把在亞馬遜賣東西比喻為吸毒。「先生，我非常尊敬您與這個委員會，」貝

佐斯說，「可是我完全不同意這種說法……邀請第三方賣家進入我們最珍貴的零售疆域，也就是我們的產品細節頁面，在我們公司內部是非常審慎的決定。我們這麼做是因為我們相信這樣對消費者更有益處，讓客戶擁有各式各樣的選擇。」

喬治亞州的眾議員露西・麥克巴斯（Lucy McBath）問道：「假如亞馬遜對這些賣家沒有壟斷權，你覺得他會願意待在這種被形容為霸凌、恐懼和驚慌的關係中嗎？」

「請恕我直言，議員女士，」貝佐斯在他被再次打斷之前回答，「我不接受這個問題的前提，因為那不是我們經營業務的方式。事實上，我們非常努力地為賣家提供最棒的工具，這也是他們能獲得成功的原因。」[44]

賣家的故事

2020 年夏天，當莉娜・可汗和其他的國會工作人員忙著完成他們最後的報告時，我想去了解一下在擁擠的亞馬遜交易平台上，那些數以萬計的賣家們是不是真的喜歡亞馬遜。根據不滿的賣家向小組委員會提供的證據，亞馬遜簡直宛如卡通裡的惡棍，不僅霸凌賣家、竊取他們的資料，還隨意將賣家踢出網站、影響他們的生計。

亞馬遜的高階主管在回應時辯稱，那些廣為流傳的不滿都只是空穴來風，而且在亞馬遜網站上銷售六成實體商品的獨立賣家，業績大部分都有成長。「如果你有一百萬個賣家，要從其中找到幾個不滿意的人應該不會太難，」扎波爾斯基表示。儘管他承認有些賣家的爭執真的是因為亞馬遜犯錯，但他也表示大多數心生不滿的賣家是因為「賺到的錢不如他們想像中的那麼多」。

　　為了衡量亞馬遜賣家的真實感受，我決定不訪問那些在賣家社群中大家熟知的反對派，而是找亞馬遜的盟友、曾經為亞馬遜遊說或替亞馬遜公開說話的商家，取代某些來路不明、參差不齊的意見。當國會仔細審議貝佐斯帝國的真實本質時，那些賣家對於亞馬遜不斷進化的零售領域有什麼看法，他們覺得這家公司在管理上有沒有盡到公平誠實與堅守道義的職責？

　　保羅・桑德斯（Paul Saunders）曾於2017年和2018年兩度前往國會山莊作證，因為他參與過亞馬遜宣揚其協助小型企業的活動。桑德斯從美國海軍陸戰隊退伍，他本人就是海軍陸戰隊座右銘「忠貞不渝」的最佳體現。他不斷向立法者讚揚亞馬遜，表示亞馬遜幫助他在印第安納州埃文斯維爾（Evansville）所成立的eLuxury高級家庭用品公司，使業績大幅成長。「亞馬遜經常遭到詆毀，」有一次他在關於亞馬遜對於經濟影響的私人會議中告訴一群資深政府官員，「如果不是亞馬遜幫忙，我可能無法打造出一家擁有七十五名員工、提供大量員工福利，並支付數百萬美元地方稅與聯邦稅的企業。」

　　不過，當我在2020年聯繫桑德斯時，他的觀點已經不同。亞馬遜不斷上漲的費用和日益昂貴的廣告要求使得他的獲利大為減少，而且AmazonBasics的自有產品在搜尋結果中直接出現在他的商品旁邊，與他競爭。另外還有成本較低、沒有納稅義務、評價十分可疑且看似來自邪惡企業的外國賣家，幾乎讓他無法對抗。由於桑德斯忠心耿耿，他一開始還猶豫要不要接受我的訪問，因為他不願自己的憂慮被記錄下來。他選擇持續與亞馬遜的高階主管聯繫，試著尋求幫助。最後他終於答應受訪時，寄給我一份亞馬遜式六頁報告的摘要檔案。他曾親手把這份檔案交給亞馬遜的高階主管們，包括資深副總裁赫林

頓。

那份摘要表現出一位沮喪的夥伴最原始的感受，並且向亞馬遜提出諸多支持賣家福祉的方法，畢竟賣家們在亞馬遜的成功中扮演了重要的角色。他的結語是：「我『超越職責本份』，成為亞馬遜及你的客戶值得信賴且具有影響力的合作夥伴。不幸的是，貴公司似乎愈來愈不在乎這種理念，尤其是談論到與第三方賣家相關的事宜時。」

在桑德斯與亞馬遜高階主管們開會之後過了好幾個月，一切都沒有顯著的改變，於是桑德斯將大部分的eLuxury商品從亞馬遜移轉到更值得信賴的合作夥伴，例如：沃爾瑪、塔吉特、Wayfair和Overstock，並且在那些銷售平台上看見業績持續成長。讓他失望且驚訝的是，亞馬遜沒有馬上採取行動去懲罰問題的元兇並且保護他們共同的客戶。「我真心相信而且知道（許多在亞馬遜的賣家也同意這一點）：亞馬遜公司很清楚亞馬遜市集一團糟，但不曉得應該如何解決這個問題，」桑德斯對我說。

溫德爾・墨利斯（Wendell Morris）完全同意這個看法。墨利斯是YogaRat公司的創辦人，該公司的總部設立在聖塔莫尼卡，是亞馬遜網站上最早販售瑜珈墊和瑜珈毛巾的賣家之一，其業務後來擴展至沙灘毛巾和超細纖維被毯，商品全部來自中國。2014年，墨利斯成為貝佐斯在給股東的年度信函中大肆吹捧的少數亞馬遜賣家之一。「亞馬遜的美妙之處，在於有人可以說：『我想要創業。』然後就來亞馬遜開創出一番事業，」當年貝佐斯在信中引述墨利斯的話；「你不必承租店面，剛開始時甚至不必雇用員工，只要自己一個人就可以辦到。我就是這樣開始的。」

　　然而當我與墨利斯進行訪談時，墨利斯已經和桑德斯一樣改變了想法。在2016年，當時YogaRat雇有七名員工，但墨利斯卻發現他的商品無緣無故從亞馬遜網站的搜尋結果中消失。他花了幾個小時與亞馬遜位於印度的客戶服務人員通電話，還寫了抗議信到貝佐斯的公務電子郵件信箱。最後他的商品終於又出現了，可是始終沒有再回到原本在搜尋結果中最頂端的位置。一年之後，他的賣家帳號被完全停用，因為他某些商品的圖片違反亞馬遜關於禁止在產品照片中描繪特定族群的規定。墨利斯承認錯誤，但是極為不滿地表示無數賣家都違反相同的規定，卻無人因此受到懲罰，可能是因為有人故意找他麻煩，也許是他的競爭對手向亞馬遜的執法團隊檢舉他。

　　當墨利斯忙著恢復帳號時，販賣相同商品的其他賣家已經在搜尋結果中取代他的位置，而且YogaRat的帳號始終未能恢復。墨利斯現在只能和妻子繼續經營公司剩餘的業務，前途充滿挑戰。他必須不斷地與仿冒他產品設計的國外商品對抗，可是關於其商品的好評，仍會神祕地出現在競爭對手的商品清單上。當他打電話給亞馬遜的客戶服務部抱怨時，他懷疑那些客服人員的績效衡量標準，是可以在多短的時間內掛掉投訴者的來電。墨利斯曾經是瑜珈的忠實愛好者，如今他再也無法忍受看見瑜珈墊。

　　「我完全不排斥競爭，但是我創業的目的不是為了埋葬並毀滅自己，以便幫助亞馬遜網站蓬勃發展，」墨利斯告訴我，「很顯然的，這種事情發生在許多賣家身上，我不認為亞馬遜這樣做是正確的。亞馬遜所做的事，就好比邀請你去享用感恩節晚餐，然而當你坐下來準備開動時，卻發現自己是桌上的火雞。」

2016年4月，貝佐斯在寫給股東的信函中曾提到史蒂芬・阿爾斯托和阿爾斯托的Tower Paddle Boards公司，可是當貝佐斯在他後來出版的文字集《創造與漫想》（Invent & Wander）中，卻誤把史蒂芬的名字拼為Stephen。阿爾斯托這位企業家曾經在電視實境競賽節目《創智贏家》中有優異的表現，他在公司最成功的巔峰時期曾雇用十名員工，充氣式單槳衝浪板的日營業額超過1萬1,000美元。多年來他就像是亞馬遜可靠的小白鼠，加入亞馬遜一項新的獨賣品牌計畫，同意不透過其他通路銷售自己的商品，還向亞馬遜申請貸款來擴張事業，用倉庫裡的商品做為抵押品。「藉著亞馬遜貸款服務的一點幫助，阿爾斯托的公司已經成為聖地牙哥成長最迅速的公司之一，」貝佐斯寫道。

但是對阿爾斯托而言，事情很快就有了轉折。開始有數以百計的立槳衝浪板賣家湧進亞馬遜網站，那些賣家主要來自中國，靠著XYLove和FunWater這類普通的名稱與Tower Paddle Boards搶生意。其中有一些賣家為了競爭，假造正面的客戶評價。正面評價是亞馬遜網站中最珍貴的資產，有助於確立商品在搜尋結果中的排列順序。

阿爾斯托只好試著在亞馬遜網站打廣告來提升知名度，可是這麼做會減少他的利潤。在貝佐斯的股東信函中提到阿爾斯托之後過了幾年，阿爾斯托雇用的員工人數從十人減少為三人，銷售額從最高紀錄的400萬美元年減少為不到150萬美元。「亞馬遜對品牌商根本不屑一顧，」阿爾斯托表示。因此到了2020年，阿爾斯托已經幾乎完全脫離亞馬遜，專注在自己的網站上販售商品。「他們才不管你的死活。」

在同一封致投資者的信函中，貝佐斯也吹捧了伯尼・湯

普森的普拉格科技公司，並引述湯普森的話，表示將商品大批運往亞馬遜位於歐洲和亞洲的倉庫「改變了該公司的銷售模式」。湯普森與中國的供應商競爭多年，中國的消費性電子產品銷售商安克創新科技的創辦人陽萌彬彬有禮，但是曾經對湯普森開嗆：「抱歉，伯尼，我要贏過你了。」

雖然遭到陽萌宣戰，普拉格科技的業務依然蓬勃發展，和我採訪過的其他幾位亞馬遜前盟友處境不同。湯普森藉著低售價和高品質來戰勝亞馬遜自家品牌 AmazonBasics 的同類商品，並且不斷推出新產品以因應舊產品被對手商品化的問題。然而湯普森仍擔心亞馬遜可能隨時會將他的商品下架。2019 年年中，湯普森像保羅·桑德斯一樣向亞馬遜公司輸誠，在西雅圖的聽眾面前發表多達二十頁的投影片演說，內容闡述他對亞馬遜公司的依賴，以及如果亞馬遜網站將他的產品下架，會讓他面臨什麼樣的危機。其中一張投影片的內容是他向亞馬遜懇求：希望「不要有任何意外發生」而且「減少一些不確定性」。[45]

然而湯普森的懇求沒有得到回應。隨著每個月有成千上萬個新賣家進入亞馬遜市集，亞馬遜的執行人員根本忙不過來，他們建立的自動化系統也經常被惡意人士操弄。就在湯普森發表演說之後的幾個月，在七月的某一個星期天，湯普森最暢銷的商品，銷售額占業績 40% 的筆記型電腦擴充座，突然從亞馬遜網頁上消失了。

四天後，湯普森的商品列表又恢復正常，可是湯普森已經損失了 10 萬美元業績。發生這件事情之後，湯普森每年花 6 萬美元向亞馬遜購買一項附加服務，以吸引亞馬遜公司客戶經理的注意。那種額外服務「感覺有點像支付保護費」，湯普森表

示。他始終未能明確找出他的筆記型電腦擴充座被亞馬遜下架的原因。

這些亞馬遜公司前盟友的故事彰顯出國會小組委員會所提出的問題。幾年前，貝佐斯曾經給亞馬遜市集團隊幾項簡單的指示：除去在亞馬遜銷售方面的各種摩擦、消弭跨國貿易的障礙、用創新科技與自動化系統解決所有的問題，不要靠昂貴的人力。結果之一是低價的商品選擇激增，將亞馬遜電子商務的業績推向歷史性的成長，然而另一個結果是全球化的去中介力量壓垮了西方的賣家，並且創造出一種動態，使保護智慧財產權、防止惡意欺詐及公正裁決爭端都變得極為困難。

亞馬遜知道這些問題，但是公司運用它毫不鬆懈的企業溝通機器掩飾這些問題，並堅稱公司是每個創業者的朋友。「第三方賣家狠狠地教訓了我們第一方賣家，」貝佐斯在2019年發表的股東信函中寫道，並解釋亞馬遜市集如此成功，甚至讓亞馬遜自己本身的零售事業黯然失色。2020年，一則亞馬遜的廣告在美國電視上強力放送，廣告標題是「支持小型企業」（Supporting Small Business），內容描述一間木工店營業的日常。[46]但正如許多亞馬遜賣家心知肚明的：那種手工藝製造商在Etsy網路平台可能成長茁壯，但絕對不可能在亞馬遜這種血腥殘酷的資本主義網站上存活。

貝佐斯個人則離這個戰場遠遠的。「這家公司的組織已經變得非常複雜，因此貝佐斯不可能會注意到這些事的所有細節，」亞馬遜市集的前員工暨電商顧問公司「購買盒專家」（Buy Box Experts）策略長詹姆斯・湯姆森（James Thomson）表示，「不過他應該知道，亞馬遜努力說出一個好故事的精神早已經失控粉碎。」

市場秩序與第三方利益的兩難

反托拉斯小組委員會的最後報告於2020年10月6日發表，其中包括四百五十頁對於亞馬遜、谷歌、臉書和蘋果公司惡行的指控及譴責性結論。[47] 莉娜・可汗與她的同事們提出一項深具說服力的論證：大型科技平台隨心所欲且自私自利地操控我們的政治話題、我們的財務生活以及無數小型公司的健康，而政府未能監管這些公司，是不負責任的危險行徑。

「毫無疑問地，根據我們調查的結果，國會與反托拉斯執法機關顯然迫切需要採取重啟競爭的行動……」西西里尼在他與美國參議院司法委員會主席傑瑞・納德勒（Jerry Nadler）的聯合聲明中寫道。[48] 該報告提出的補救措施之一，是拆解亞馬遜與其他科技公司，以消弭這些企業不同業務線之間的利益衝突，例如：亞馬遜零售商店與其第三方市場，還有亞馬遜電子商務與AWS部門之間的衝突。

雖然中立的立法者與在這場激烈政治混戰中沒有利害關係的反托拉斯學者，都同意其中的某些原則，但是其他人認為這種補救措施聽起來有點過分，因為將亞馬遜公司拆解之後，對於該公司的賣家、合作夥伴或客戶而言並沒有幫助；如果關閉亞馬遜的自有品牌產品線，也缺乏法律依據。畢竟早在很久之前，像大西洋與太平洋茶葉公司這種零售商早已研究過哪些產品賣得好，再以較低的價格推出自有品牌相同商品，放在貨架上讓消費者有額外的選擇。

該報告還試圖證明亞馬遜擁有的壟斷勢力，可以將某些行為變成在美國違法的行為。這個產業中最常被人引用的數據收集商eMarketer，估算亞馬遜在美國電子商務的業績市占率為

38.7%，[49]但那些自行開發網站來銷售自家商品的沃爾瑪、塔吉特及加拿大Shopify等公司的成功，也證明亞馬遜對零售產業並不具有任何箝制力。（不過，亞馬遜在美國的實體書和電子書銷售方面有完全的主導地位，2018年的市占率分別為42%和89%。[50]這方面或許值得深入研究。）「雖然沒有哪個網路零售商能與亞馬遜匹敵，但是就傳統的反托拉斯觀點，我們很難證明亞馬遜擁有壟斷勢力，」前紐約總檢察長辦公室的反托拉斯處處長傑伊・希姆斯（Jay Himes）表示。

該報告也提供美國政府許多建議以解決亞馬遜的市場力量，而不需耗費時間求助於1970年代對付AT&T和1990年代對付微軟公司的反托拉斯訴訟。舉例來說，監理機關可以審查亞馬遜與賣家的合約，防止該公司懲罰移轉到其他收費較便宜的網站進行販售的賣家。監理機關還可以幫助個別賣家集結起來，向亞馬遜提起集體訴訟，使賣家不受現行條款的約束或被迫進入機密且冗長的仲裁程序。報告還建議國會提高大型科技公司申請併購時的核可標準，讓那些占有主導地位的公司就算在併購非常小型的公司時都必須加以揭露，並證明其併購行為「對於服務公眾利益是有必要的」。

雖然報告沒有提到，但是要平息亞馬遜市集的混亂局面，立法者可以修正惡名昭彰的通信規範法（Communications Decency Act）第二百三十條：該法目前規定像亞馬遜這種網際網路供應商對於其用戶的違法行為不必承擔責任。修正第二百三十條可以迫使亞馬遜對於第三方賣家在其網站銷售仿冒品或不安全的產品負責。監理機關還可以強制亞馬遜核對具有納稅識別號的賣家，或是要求賣家存入保證金，只要有任何欺詐行為發生，就將押金沒收（阿里巴巴的天貓商城即採行這個

方法）。只要增加成為亞馬遜賣家程序的困難度，就有助於恢復競爭環境的平衡，而非目前這種只有利於中國賣家的狀態。

然而這些補救措施只著眼於亞馬遜不當行為中最明顯的部分。小組委員會另外還指控亞馬遜更重要的事情：該公司利用 AWS 與廣告業務的獲利補貼其零售事業，以便透過削價競爭的方式勝過對手，並打進與其無關的市場，目的是吞併更大的數位疆域。可是該報告無法證明這項指控，抱怨亞馬遜「未提供能幫助小組委員會工作人員進行獨立評估的財務資料。」[51]

這是反托拉斯官員們所面對最艱難的挑戰。為了提出可信服的理由來拆解亞馬遜的業務，他們必須挖掘出該公司竭盡全力掩飾的問題。亞馬遜的各項業務究竟如何連結在一起？如果 Amazon Prime 之類的收費服務負擔了其他部門的某些成本，應該如何衡量每個業務部門實際上的獲利能力？如果亞馬遜提高那些收費服務的金額，或者試圖藉由完全取消那些費用來提升其市場地位（例如該公司在 2019 年秋季免除每月 15 美元的雜貨配送費），[52] 又算不算是反競爭的做法？

「世界上沒有哪家公司比亞馬遜更加複雜、更難以被外界理解，」曾在亞馬遜擔任十五年財務主管的寇特・祖姆瓦特（Kurt Zumwalt）於 2019 年離職前表示，「這家公司不像波克夏海瑟威或奇異公司那種典型的企業集團。亞馬遜的每個面向幾乎都是藉由巧妙增進與客戶的連結所打造而成，其商業模式的力量來自該公司不斷自我加強的業務與服務，將兩者彼此結合，並輔以世界級的技術、卓越的營運，與嚴格檢查及測量的過程來達成。

就目前來說，針對亞馬遜勢力最引人矚目的調查程序已經結束，儘管亞馬遜的麻煩還在眼前。「如果公司高階主管的電

子郵件內容與他們試圖對外公開的消息截然不同時，從歷史上的教訓來看，這種否認現實的做法很少救得了公司，」莉娜・可汗表示。拜登總統準備在2021年初任命她為聯邦貿易委員會的五位委員之一。在歐洲，競爭執行委員維斯塔格仍指控亞馬遜以不公平的方式利用第三方賣家的內部機密資料幫助自家商品，進而損害零售業的競爭。[53]這個案子可能會持續數年，而亞馬遜也可能會像谷歌一樣，被歐盟徵收巨額的罰款。

貝佐斯似乎很樂於迎接接下來的發展，甚至暗示這可能會使亞馬遜的地位更加耀眼輝煌。「遭受監管的一種常見意外結果，是讓在位者得利，」他在柏林的一場活動中表示，「亞馬遜此刻就是扮演在位者的角色，因此我或許應該為此感到開心。然而我不會沾沾自喜，因為我凡事都為社會著想。我真心希望看到社會可以持續進步。」他補充道，「這些是非常具有挑戰性的問題。即使再過幾年，我們也不回答這類問題。我認為這種問題將會持續相當長一段時間。」[54]

不確定的未來取決於諸多因素：美國國會執政黨的權力轉移、優先對付谷歌和臉書等其他科技公司的相對緊迫性，以及社會大眾對於亞馬遜和貝佐斯的整體觀感。雖然人們愈來愈擔心大型科技公司和亞馬遜操控了西方世界的經濟，但亞馬遜公司勉強可算是2020年的救星。當全世界數百萬個家庭因為無情的新冠肺炎肆虐而被迫隔離時，這家公司就宛如世人的救生圈。

15

大疫時代

　　亞馬遜近期所面臨的挑戰，對該公司而言只不過像馬路上的減速丘。無論是HQ2的運氣不佳、貝佐斯私生活的風波、絕地計畫合約意外落馬，以及該公司與川普和反壟斷監理機關的開戰，似乎都無法減緩亞馬遜氣勢難擋的崛起。至少就目前為止，大型企業因受到規模束縛而產生的種種弊端，例如企業成長速度變緩、靈敏度受限制、公司的資深領導幹部因為賺太多錢而失去判斷力等，貝佐斯與其遍及全世界的事業帝國完全沒有受到規模所累。

　　當然還有新的障礙出現，不過亞馬遜也迅速駕馭那些狀況。2019年9月20日，上千名亞馬遜的員工走出辦公室，與世界各地的科技同業及學生一起參加由青少年社會運動家格蕾塔・童貝里（Greta Thunberg）發起的「為氣候罷課罷工」活動。他們於上午十一點三十分在亞馬遜球體前集合，高舉寫著「亞馬遜，讓我們提高標準，而不是提升溫度」（Amazon, Let's Raise the Bar, Not the Temperature）以及「不為石油和天然氣公司提供AWS」（No AWS for Oil and Gas）的標語牌，認為亞馬遜應該仔細思量：在致力於增加商品選擇、加快配送服務與滿

足更多客戶的同時，亞馬遜是否犧牲了環境的保育？

　　就在前一天，貝佐斯才在華盛頓特區舉行的記者招待會上發表了氣候宣言，承諾亞馬遜在2040年時會達到淨零碳排，比巴黎氣候協定設定雄心勃勃的目標提早十年。Verizon、微軟和梅賽德斯賓士等公司都簽署了這個倡議案，亞馬遜並買下西雅圖新體育館的冠名權，命名為「氣候宣言競技場」（Climate Pledge Arena）。

　　全世界各地的媒體都報導了亞馬遜員工的抗議活動，比起亞馬遜在氣候宣言中模糊的企圖心，員工的抗議活動得到更多的共鳴。這種對照預示著一種政治新勢力的抬頭，這種新勢力來自科技公司的員工，而非無所不能的企業主管。亞馬遜在接下來一年所面臨的最大意外考驗之一，就是防堵公司內部的危險分歧。不過，人們很快就忘了亞馬遜大量排碳的問題，因為這家公司已經向全世界保證會落實淨零碳排的計畫。

　　貝佐斯本人無視各界對亞馬遜的批評浪潮及其對社會與地球的影響。2019年11月，政治界和媒體圈的菁英份子聚集在位於華盛頓特區史密森尼（Smithsonian）的國家肖像畫廊派對，慶祝該畫廊新增美國傑出人士肖像畫的收藏。貝佐斯是六位受勛者之一，他帶了一大群親友團參加，包括亞馬遜的董事會成員、《華盛頓郵報》的高階主管、他的父母與子女，以及他的女友蘿倫‧桑契斯。

　　貝佐斯的演說內容有一些他經常提及的老話題，例如自嘲Fire Phone的失敗，以及回憶他們剛開始經營亞馬遜的那幾年，應該買張桌子來包裝書籍，而不是跪在地上包裝。聽眾們跟著他一起哈哈大笑，但直到貝佐斯十九歲的長子普雷斯頓罕見地公開露面並致詞，大家才終於有機會一窺這位億萬富翁可

能不為人知的一面：

> 我記得我八歲的時候，有一天我坐在廚房裡，看著我爸爸慢慢將電線纏在一根釘子上。我記得他把電線兩端接上電池，然後將釘子靠向一塊金屬，釘子和那塊金屬立刻緊緊貼在一起。我記得他從地下室拿出一塊白板，試著向八歲的我解釋在釘子注入磁力的魔法……這段回憶之所以如此特別，是因為他曾經試著向我展示這種魔法十多次，但是直到那次才終於成功……正是他這種滿是關懷的愛、對於知識的熱烈追求，以及充滿耐性的毅力，才讓一切成為可能。這些都是我欣賞我爸爸的特質，也是我認為他十分獨特的地方。而且我希望人們最後可以記住他這樣的個性。

貝佐斯似乎真的被這番話感動了。「我需要一點時間來恢復情緒，」他回到講台上時表示，「我原本不知道普雷斯頓會說些什麼，因為他事前不肯告訴我。他想讓我驚喜。」對於這位父親暨商業鉅子而言，那是一個毫無心理準備的時刻，畢竟他每一次公開露面之前都會先拿到稿子並經過排練。

兩個月之後，貝佐斯又有機會透過一種有趣且意想不到的方式塑造公共形象。2020年1月中旬他前往印度訪問，自2014年他站在卡車上拿著超大型支票進行宣傳以來，那是他首次訪問印度，而且在2014年之後發生了許多變化。在那趟訪問行程中，貝佐斯和桑契斯在泰姬瑪哈陵前合影留念、到聖雄甘地的墳墓前致意，並換上時髦的印度晚禮服，參加在孟買舉行的Prime Video首映會。亞馬遜已經花了五年多的時間經營印度市

場，但貝佐斯聲稱公司在印度的業務才剛剛起步。「這個國家
有其獨特的地方，」貝佐斯在亞馬遜舉辦的獨立賣家高峰會
議上對資深副總裁暨前 TA 阿加瓦爾說，「這將會是印度的世
紀。」

　　不過，貝佐斯如他兒子所形容的科技樂觀主義與「充滿耐
性的毅力」性格，在印度並不是那麼受歡迎。當地的商家聯
合起來抗議他的來訪，稱他為「經濟恐怖份子」，並揮舞寫著
「傑夫・貝佐斯滾回去！」（Jeff Bezos, go back!）的標語牌。在
他抵達印度前兩天，印度的競爭委員會宣布將對亞馬遜及其主
要競爭對手沃爾瑪旗下富利卡的反競爭折扣活動展開新一波的
調查，該國政府官員也抨擊貝佐斯的報紙事業《華盛頓郵報》
指稱印度迫害宗教與少數民族。印度總理莫迪拒絕與貝佐斯會
面，許多觀察家認為是因為印度政府暗中支持印度首富暨電信
及零售集團信實工業執行長安巴尼發展電子商務。

　　儘管如此，無論印度或其他地方經年累月挑戰亞馬遜，似
乎都不曾動搖公司的整體業績表現。1 月 30 日，在貝佐斯返回
美國之後，亞馬遜發表了一份重要的假日財務報告：Prime 會
員在訂購隔日即可收到商品的服務，已經大大提升公司的銷售
業績，再加上 AWS 的持續強勢及廣告業務的長期獲利，就像
在後院裡挖出金礦，總共創造出 33 億美元的利潤，遠遠超出
華爾街的預期。亞馬遜並宣布該公司在全世界共有一億五千萬
名 Prime 會員，高於兩年前的一億人，而且該公司聘雇約八十
萬人，穩穩坐上美國第二大私人雇主的寶座，雇用人數僅次於
沃爾瑪。[1]

　　亞馬遜公布當季財報之後，投資者紛紛搶購亞馬遜的股
票，使公司市值躍升超過一兆美元的神奇門檻，並且在經過幾

個星期之後一直保持在那個位置。整個故事幾乎可以在這個地方寫下句點：傑夫・貝佐斯的身價高達 1,240 億美元，亞馬遜的無敵光環看起來也比以往更加無敵！不過就在這個時候，亞馬遜的管理階層首次看到了神話中的黑天鵝：一場罕見且無法預期的大災難，即將在讓大家焦頭爛額的 2020 年展翅高飛。

迅速而全面的防疫部署

哥倫比亞大學的流行病學家伊恩・利普金博士（Dr. Ian Lipkin）因為追蹤 1990 年代末期西尼羅河病毒爆發及 2003 年嚴重急性呼吸道症候群（SARS）疫情，被譽為「病毒獵手」。他於 2021 年 1 月在中國旅行期間，發現北京和廣州的街道冷冷清清，商店裡空無一人，醫院卻擠滿求診的病患。引發新冠肺炎且傳染性極強的新型冠狀病毒，據說是從中國武漢的露天肉品及海鮮市場裡傳出來的，短短幾個星期就已經蔓延至全中國各地。

利普金搭乘最後一班由北京直飛紐華克機場的班機飛回紐約，並在他位於曼哈頓上西區的公寓裡展開為期兩星期的隔離。2 月 5 日，也就是利普金回到美國的隔天，他接到在亞馬遜工作多年的健康安全經理凱蒂・休斯（Katie Hughes）打來的電話。與其他的美國公司一樣，亞馬遜已限制員工往返中國，然而病毒已經開始散播至義大利各地，亞馬遜在義大利有十幾間倉庫和運輸中心。休斯詢問利普金是否能協助亞馬遜分析疫情的風險，以便該公司駕馭這場即將到來的風暴。

利普金是亞馬遜的 Prime 會員暨崇拜者，儘管他對於這公司影響小型商家生意一事深感遺憾，並且盡可能在當地商店消費。他對這種新型傳染病已有足夠的了解，知道如果他最擔憂

的事情成真，亞馬遜的員工可能正暴露於非常嚴重的風險之下。其他公司可以關上大門、讓員工在家工作，但亞馬遜的配送人員每天都必須與社會大眾互動，位於世界各地的數百個物流中心可能將成為傳染性病毒的培養皿。因此利普金同意與亞馬遜簽約，擔任公司在這方面的顧問。

2021年2月，利普金在與亞馬遜的人力資源部門及營運團隊的定期線上會議中分享了許多建議，包括如何徹底清潔倉庫、使用所謂的MERV-13濾淨器過濾空氣、強制員工在工作時戴上口罩和手套，以及在每個物流中心設置體溫檢測站。「亞馬遜的這些人都相信數學和科技，因此只要你提出的建議嚴謹又具科學性，而且有所憑據，他們就願意加以實行，」利普金表示，「他們完全不在意成本問題，不是每一個與我共事過的團隊都能做到這一點。」

2月27日，利普金用視訊向整個S團隊發表演說。他向貝佐斯及其他高階主管分享他日前在中國旅行途中的所見所聞，並闡述亞馬遜員工可能面臨的風險。儘管川普政府在幾個星期後才宣布全國進入緊急狀態、美國人民到那時也才開始正視這種傳染性疾病，但是亞馬遜的高階主管們似乎都早已具備相關知識，詢問利普金病毒的潛伏期及基本傳染數（單一感染者可能傳染給多少人）等問題。利普金不記得貝佐斯問了什麼問題，但他說：「我記得我注視著那個傢伙，他看起來非常健康。」

S團隊與利普金開會隔天，亞馬遜停止員工所有非必要性的出差。[2]3月4日那天，西雅圖某家公司的員工被診斷出感染新冠肺炎病毒，亞馬遜因此下令要求辦公室員工全部待在家裡工作兩個星期。[3]後來公司又下令延後員工返回公司上班的日

期，最後指示在今年結束前員工都待在家裡工作。[4] 又過了一個星期之後，亞馬遜取消所有的現場面試，改用該公司內部的視訊會議軟體Amazon Chime與大部分的求職者進行線上面試。[5] 此舉突顯出一道明顯的鴻溝，同時也是亞馬遜面對的最大挑戰之一：該公司允許白領階級職員透過安全的遠端方式工作，但卻讓對於該公司業務至關重要的倉庫員工面對較高的風險。

3月初的時候，S團隊的某個小組在西雅圖時間下午四點鐘都會舉行線上會議，討論亞馬遜要如何因應這場危機。該會議由人力資源主管加萊蒂主持，參與者包括威爾克、賈西、營運長克拉克以及貝佐斯。亞馬遜的執行長貝佐斯通常把大部分時間花在規劃未來幾年之後具有潛力的專案，但現在他緊盯著眼前十萬火急的情況。他提出問題、仔細觀察，並帶領大家集思廣益，討論如何以新的方式透過科技來保護員工，同時滿足被隔離的客戶激增的需求。

他刻意增加自己的曝光度。「親愛的亞馬遜員工，」他在3月21日給全公司同仁的信中寫道，「現在的情況非比尋常。這是一個充滿壓力及不確定性的時代，也是我們在工作上最重要的時刻……因為人們依賴我們。」[6] 這封信概述亞馬遜一些早期的預防性健康措施，例如增加清潔環境的頻率，以及在口罩全面短缺的情況下努力為員工購置口罩。亞馬遜還宣布將增聘十萬名倉庫工人，而且每小時薪資暫時增加2美元，同時提高加班費，並給予員工無限期的無薪休假。「我現在所有的時間和思緒都聚焦在新冠肺炎的問題上，還有亞馬遜如何在此時發揮最大的效用。」貝佐斯寫道。

貝佐斯在亞馬遜的行事曆保密多年，但他開始積極分享自

己的動態。3月26日，他在Instagram上發表一張他在西德州牧場的照片，照片內容是他與世界衛生組織祕書長譚德塞透過視訊談話。[7]隔天他又貼出一張自己與華盛頓州州長傑伊・英斯利（Jay Inslee）對談的照片。[8]4月8日，亞馬遜在推特上發表一段影片，內容是執行長貝佐斯臉上戴著口罩，袖子捲起來，走在位於達拉斯近郊的物流中心和全食超市——這是多年來他第一次參觀倉庫。[9]與此同時，他缺席每星期三固定與《華盛頓郵報》和藍色起源舉行的會議。那裡的高階主管們表示，從新冠肺炎開始肆虐初期，他們就已經好幾個星期沒有機會與貝佐斯說到話。

貝佐斯在大眾面前增加曝光度，一部分的原因是基於執行長的職責，試圖在這個充滿挑戰的時刻展現自己的領導力。隨著病毒到處散播，人們也感到愈來愈焦慮。物流中心的缺勤人數激增：根據估計，30%的亞馬遜員工因為染上新冠肺炎無法上班，[10]或因為聽說同事、朋友或家人染疫而決定請假，深怕自己是下一個受害者。[11]這一次，氣候宣言的長期目標也幫不上忙。在高缺勤率和客戶需求激增的雙重挑戰下，亞馬遜亟需增加新的員工，而且百忙之中還得改變亞馬遜龐大供應鏈中許多根深蒂固的流程。

就這方面而言，亞馬遜是令人羨慕的。克拉克這位戴眼鏡的前中學樂隊教師，已證明自己具備獨特的能力開發大型且複雜的系統，例如使用奇娃機器人的倉庫網絡以及亞馬遜的內部運輸部門亞馬遜運通。亞馬遜運通目前負責亞馬遜在全世界大約一半及全美國三分之二的配送服務。[12,13]假如供應鏈可以打贏這場戰爭，就如同古老的軍事諺語所言，那是因為貝佐斯身邊有全世界本領最高強的大將。

到了4月4日，在利普金的建議之下，克拉克和他的團隊在物流中心、分類中心與運輸中心都設置了體溫測量儀。亞馬遜沒有大量使用手持式紅外線溫度計，因為這種方法需要穿著個人防護衣的體溫測量員在員工進入建築物時近距離接觸對方。亞馬遜選擇耗資數百萬美元購買熱影像攝影機，將這些熱影像攝影機安裝在建築物入口處，從遠端掃描員工是否發燒。高階主管們還訂購大量的口罩——他們收到數百封來自許多創業家的電子郵件，那些創業家都抓緊這個企業界突然出現大量口罩需求的機會。「那些創業家幾乎每一個人都有親戚朋友在中國生產口罩，」克拉克回憶道。

為了補充口罩的供應量，亞馬遜也從內部著手，在亞馬遜航空無人機實驗室裡重新設置3D印表機，以製造塑膠口罩。[14] 亞馬遜在4月初表示已經將數百萬個口罩發放給員工，並且捐贈N95口罩給第一線的醫護人員。[15]「現今的環境非常瘋狂，」克拉克說，「每一天就像一個星期那麼長。」

在動蕩不安中，亞馬遜被迫以違反其成長本能的方式行事，不僅取消母親節和父親節的促銷活動，[16] 也取消在網站上向客戶展示有類似購物史的消費者買了哪些東西，並且將Prime會員日延到秋天舉行，以減輕倉儲壓力。亞馬遜還宣布在春季的幾個關鍵星期中，亞馬遜物流服務（FBA）只接受販售「家庭日用品，醫療用品和其他高需求商品」的賣家委託出貨。[17]

這項禁令使得一些依賴FBA的賣家遭到排除，導致那些公司必須付運費給亞馬遜。可是亞馬遜仍繼續販售自有品牌的非必需商品，例如吊床和魚缸等，偏袒自家商品。（亞馬遜後來向司法反壟斷小組委員會承認，繼續販售那些商品確實有

錯。）[18]該禁令一直持續到4月中旬，接著亞馬遜宣布將再聘雇七萬五千名工人，以滿足增加的工作量所需。[19]

克拉克最大的挑戰是防止工人在物流中心群聚。由於物流中心是為了滿足最高工作效率而打造，不是為了嚴格的社交距離，負責執行新規定的團隊要求工人在倉庫裡必須彼此保持六英尺的距離，並監視每個人是否確實遵守社交距離與戴上口罩的規定，身穿防護衣的清潔工則在物流中心裡忙著噴灑醫院等級的消毒藥劑。不過，亞馬遜大部分的解決方案都是靠科技方法。機器人小組打造了一個名為「Proxemics」的系統，分析物流中心監視器拍攝到的畫面，以追蹤員工彼此之間的距離。該系統利用人工智慧演算法來識別有問題的區域，以數據豐富的報告向總經理們說明各物流中心的狀況。此外，亞馬遜透過「遠端助手」（Distance Assistant）計畫，在倉庫額外增設監視器和電視螢幕，以隨時監控員工經過鏡頭時的情況，假如工人們太靠近彼此，他們在螢幕上的影像就會出現紅色圈圈。[20]

亞馬遜營運部門所嘗試的各種方法，並非每一項都行得通。例如，當公共衛生官員發現雜貨商品的表面並沒有嚴重的病毒傳播風險後，亞馬遜就停止使用一種設計用來在全食超市走道上朝貨架發射紫外線的自動消毒車。另一個使用血氧機定期測量物流中心員工血氧濃度的計畫，也因為無法有效識別新冠肺炎感染者而中止。一項透過員工的個人手機與物流中心的無線網路來追蹤倉庫內員工所在位置的試驗，同樣被亞馬遜公司放棄。[21]

利普金博士曾與S團隊討論快速篩檢的迫切需要，以解決無症狀者在不知不覺中散播病毒的問題。由於美國正努力解決

新冠肺炎試劑嚴重短缺的問題，加上亞馬遜無法採購，因此貝佐斯決定自己製造試劑，儘管他們以前並沒有這方面的經驗。貝佐斯正在「與現實世界打交道，但現實世界就是沒有疫苗，而且短期內也肯定不會有疫苗，」卡尼表示。

由此而生的專案名稱為「紫外線」（Ultraviolet），由威爾克負責主導。亞馬遜位於加州森尼維爾的Lab126部分辦公室以及位於肯塔基州路易斯維爾的營運中心，都被改造為臨時的醫學實驗室。一個由衛生專家、研究科學家和採購專家所組成的團隊，暫時放下他們平時的工作，聯手打造大規模的內部測試能力。到了秋天的時候，亞馬遜位於二十三個州的數千名倉庫員工自願戳拭自己的鼻孔十秒鐘，再將樣本送至上述兩個實驗室。[22]該公司表示他們每天在六百五十個據點進行上千次測試。[23]

「如果您是亞馬遜的股東，您可能得先坐下來，因為我們有大事要宣布，」貝佐斯在四月份發表的第一季營收報告中寫道。他預測該公司在新冠肺炎肆虐的這個夏天將花費數十億美元在防疫工作上。「這場危機將持續數月之久，為了提供客戶服務同時保護員工，我們需要技術、謙遜、創造力和金錢。」在接連不斷的批評聲浪中，亞馬遜投入大筆資金並且多方嘗試，以試圖控制這場疫情所帶來的風險。「我們盡一切的可能，採行我們擁有的各種方針，」人力資源主管加萊蒂表示。

卡尼補充道：「我相信無論就以前或長遠的歷史來看，任何像亞馬遜這種規模的企業都不可能做得比我們更多、更快、更好。」

「我們做得完美嗎？不，絕對不是。」

不停工的亞馬遜

隨著新冠肺炎在美國和歐洲肆虐，許多實體零售商店都關門了，衛生紙和消毒清潔劑等必需品則在繼續營業的商店裡被搶購一空。矛盾的是，在這一波充滿不確定與恐懼的浪潮中，亞馬遜和其他網路零售商的業績都因此攀升，因為待在家裡舒適且相對無菌的客廳上網購物比較安全。網路訂單激增，甚至連亞馬遜帝國業績較差的部門，例如亞馬遜生鮮以及全食超商的配送服務，業務量也都大幅增加。一位分析師表示：新冠肺炎就像「為亞馬遜打了一劑生長激素」。[24]

亞馬遜的出色業績再一次引來批評。雖然該公司推出許多高階主管們想到的防護措施，並且提高基本薪資數月及暫時增加加班費，然而繼續為客戶服務使得工人置身危險之中，即便一部分的危險是來自往返工作場所的通勤過程。

三月的時候，這個問題開始明朗化，因為亞馬遜在義大利和西班牙至少有五名工人感染新冠病毒。[25]隨後的幾個星期，位於美國各地的亞馬遜倉庫也出現了病例。我問克拉克，他們是否討論過關閉倉庫或完全停止服務，以解決這個致命的問題。「我們觀察了特定的倉庫以及世界各地的情況，」他回答道，「可是人們必須取得這些生活與醫療用品，尤其在疫情剛開始的時候。」

許多倉庫工人及工會因此感到憤怒。長期以來，工會一直認為亞馬遜是他們公開的敵人。四月中旬，法國貿易工會在巴黎法院控告亞馬遜，要求該公司關閉在法國的六個物流中心。法官裁定亞馬遜只能販售保健用品和食品等必要品項，否則每一項違反規定的商品都將處以110萬美元的罰款。

訂定規範很容易，執行起來卻很困難，因為亞馬遜的業務網絡有那麼多員工，隨時可能有人犯錯，將不符合新規定的產品配送出去。亞馬遜的法國營運團隊估計，亞馬遜最後可能會被處罰超過十億美元。西雅圖的亞馬遜總公司隨後便下令關閉法國的物流中心，因為法官的裁決加上驚人的巨額罰款，「這項決定並不困難，」克拉克表示。

法國的物流中心關閉了一個月，但也引來許多批評。[26]巴黎市長安妮・伊達戈（Anne Hidalgo）呼籲市民抵制亞馬遜，並且支持在地商家；法國文化部長則猛烈抨擊：「亞馬遜正在狼吞虎嚥，但我們可以決定要不要餵食它。」[27]

這場爭執在公司內部也造成損失。歐洲營運團隊多年來一直努力將亞馬遜打造為值得信賴的雇主，如今有些高階主管感到自己孤立無援，因為遠在數千英里外的西雅圖總公司做出以中央為重的決策，毀了他們的心血。在法國的爭議事件中，長期擔任亞馬遜歐盟營運副總裁的羅伊・珀帝庫奇（Roy Perticucci）突然離職，他團隊中的其他幾位資深成員也在不久後跟隨他的腳步離開。

美國亞馬遜的時薪員工也開始發出批評聲浪。從員工在社群媒體上公開的照片和影片可以發現，儘管公司試圖要求他們保持社交距離，但在工作場所和休息室裡仍然有人擠人的狀況發生。那些員工指控公司提出的解決方案根本無效，而且比起員工的安全，公司更重視銷售業績。位於南加州河濱郡（Riverside County）的物流中心工人埋怨，他們在當地媒體報導感染事件幾天之後才被公司告知疫情，而且消毒殺菌劑供給器經常是空的。[28]其他的物流中心和運輸中心的工人則抱怨他們只有在上工時可以領到一片消毒拭巾來清潔他們的工作站或

廂型車。[29]

　　這些令人痛心的指控只是傳聞，但也提高了亞馬遜在新冠肺炎初期試圖降低工人染疫風險的方法雜亂無章的可信度，儘管公司的高階主管不太願意承認這個事實。在印第安納波利斯以南一個面積為六十萬平方英尺的IND9物流中心，有工人抱怨公司一開始只用容易撕裂的塑膠浴簾掛在空間狹小的集貨接收站，充當臨時的隔板（過了幾個星期才改用樹脂玻璃隔板）。在俄亥俄州哥倫布市以東一個面積達八十五萬五千平方英尺的CMH1物流中心，經理移走了休息室裡原本幾十台微波爐的其中幾台，以便增加微波爐之間的距離。然而工人們表示，這樣一來，剩下的微波爐旁邊就擠滿了人。位於科羅拉多州25號州際公路旁邊的超大型DEN3倉庫，消毒劑和洗手液等清潔用品從五月開始就不夠用，主管們指示員工到他們所謂的「損壞之境」（damage land），也就是堆放不適合出貨的廢棄商品區，去尋找可以用來清潔的替代品。

　　由於許多員工使用亞馬遜提供的無限期無薪休假，肯塔基州薛佛茲維爾市（Shepherdsville）的SDF9物流中心工人表示，疫情剛爆發時的最初幾個星期，建築物裡感覺比平時少了許多人，可是當這項臨時福利於5月1日截止時，儘管美國本土病例的增長並未減緩，他們的工作場所卻變得更為擁擠，而且願意遵循社交距離政策（例如依照地板上的標記行走）的人變少了。「感覺有一點可怕，」一位SDF9的工人說，「同事們根本不遵守規矩。」

　　沒有人比史泰登島（Staten Island）JFK8物流中心的副理克里斯・史默爾斯（Chris Smalls）更擔憂這方面的問題。JFK8的員工已經開始公然嗆聲，並且與反對亞馬遜在長島市

打造HQ2的工會聯合起來。史默爾斯表示，JFK8的工人三月初到西雅圖參加訓練活動，回來之後就陸續出現染疫症狀。西雅圖是新冠病毒在美國的初期熱點，但是該中心的經理們似乎對此無動於衷，還在3月12日為員工舉辦一場室內活動，找來DJ並進行抽獎活動，並鼓勵大家報名參加亞馬遜公司裡的各種社團。

保持社交距離的措施在不久後發揮了效用，但根據美國疾病管制與預防中心（Centers for Disease Control，CDC）當時的指導方針，一開始工人們只被告知要保持三英尺的距離。[30]史默爾斯認為，由於倉庫裡都是團體工作，根本不可能遵守諸如群聚時不得超過十人的規定。史默爾斯已經在JFK8工作五年了，他開始請假，並遊說上司暫時關閉物流中心，以進行徹底消毒。

3月24日，史默爾斯重返工作崗位，並出席一場定期會議。資深經理告知他們JFK8出現了第一個新冠肺炎確診病例，該員工已經兩個多星期沒來上班。史默爾斯主張關閉倉庫並進行消毒，讓所有員工都以有薪假的方式回家隔離，但是他的上司反對。史默爾斯不同意上司的做法，然後明目張膽地「盡可能告訴許多人我準備回家去，」他表示。

在接下來的幾天，史默爾斯向市政府、州政府和疾病管制與預防中心提出申訴。雖然他承認與一位遭受感染的同事有過接觸，但他依然回到倉庫，在休息室靜坐抗議。3月28日星期六，一位上司告訴史默爾斯他被安排了有薪「隔離假」，要他回家去。然而在下個星期一，史默爾斯又在倉庫外面發起一場示威遊行，時間安排在午休時間，並通知媒體前來採訪。抗議者們聚集在一起，有人把口罩戴在下巴處，手裡高舉標語

牌，牌上寫著：「傑夫・貝佐斯，你聽見我們的聲音了嗎？」以及「Alexa，讓我們回家隔離！」亞馬遜的員工和在場的記者都直播了這場抗議行動。

「我想要嚇嚇大家，」史默爾斯表示。「愈來愈多人意識到現在疫情非常可怕，但我們還不知道自己正面對什麼樣的處境。」幾個小時後，史默爾斯因為違反居家隔離的指令而遭到開除，但他認為自己只是試圖「站出來力挺正確的事」。[31]

幾天之後，《VICE》新聞發表了一份從S團隊會議外洩的備忘錄，讓亞馬遜的公關形象更加惡化——高階主管們在會議中討論如何處置史默爾斯。[32] 史默爾斯是黑人，他反對亞馬遜安全防禦措施的行徑引起媒體廣泛的注意。「他的腦袋不聰明，表達能力也很差，如果媒體想看我們與他過招，我們在公關占上風，不需要只忙著解釋我們做的一切都是為員工著想，」重視措辭的亞馬遜法律總顧問扎波爾斯基表示，「我們可以讓他成為整個新聞事件中最有趣的部分，如果可能的話，我們還可以讓他擔任工會或這次活動的代言人。」

扎波爾斯基表示自己當時不知道史默爾斯是黑人，他後來竭盡所能地公開為他所說的話致歉，包括寫一封電子郵件給他的員工，表示他支持「黑人的命也是命」（Black Lives Matter）運動，該運動自當年五月喬治・佛洛伊德（George Floyd）遭警方暴力執法致死而受社會大眾矚目。「我不應該讓情緒影響自己，」扎波爾斯基對我說，「我不應該用那種話語來描述亞馬遜的任何一位員工，我非常後悔。」

然而亞馬遜反對組織工會的態度，如今已經明顯地攤在陽光底下，因此招來社會大眾的冷嘲熱諷甚至偏頗的批評。在接下來的幾個月，更多新聞報導披露了亞馬遜的兩個情報分析師

職缺，³³工作內容是負責研究物流中心的「勞工組織威脅」及全食超市現有的資料熱圖（heat map）——該資料熱圖根據每一間分店的員工更替率、種族多樣性和安全規範違反次數等變數加以評分，以評估潛在的支持工會情緒。

亞馬遜物流中心紛爭的問題核心，出自公司如何提醒員工注意工作環境的感染情況。在新冠肺炎肆虐初期，公司的內部溝通部門忙不過來，未能制定一份向同仁通報感染情況的準則。溝通團隊裡針對什麼樣的訊息需要大範圍通知同仁而爭執：是疑似有症狀就通知，還是篩檢之後確定染疫才通知？這個問題非同小可，因為證明文件需要幾天的時間才能拿到，可能會延遲開始隔離的時間以及通知其他同事的時機；然而告知所有的疑似病例可能會讓員工過於不安，並且引發恐慌。

最後溝通團隊確定了一項方案，如果有人在篩檢後確定染疫，公司就會透過簡訊和自動語音電話通知大樓裡的每一名員工。至於染疫員工在倉庫裡負責的工作與班別，還得仔細考量可以透露多少，才不致侵犯個人隱私或助長社群媒體散播謠言與猜測。溝通團隊制定出一項計畫，利用倉庫的監視器來追蹤員工之間的接觸情況，只要是曾與染疫者密切接觸的工人，隨後也會收到人力資源部的指示，要求他們在家隔離，而且公司會支付薪資。

在這種充滿挑戰的環境下，這是合理的解決方案，然而亞馬遜員工的大量確診，卻引發更多混亂與失望。員工抱怨公司沒有具體告知他們有多少人染疫，也沒有提供他們足夠的細節來評估自己是否暴露於風險之中。一位負責進行溝通的員工將這項任務比擬為「一邊橫渡大西洋，一邊打造船隊」。

缺乏染疫病例的可靠資訊這件事，啟發了某一些員工，

於是他們採取經典的亞馬遜風格，試著靠自己填補缺漏。賈娜‧朱普（Jana Jumpp）是印第安納州南部SDF8物流中心的員工，五十九歲，她在疫情開始之際就請假，把時間拿來鑽研亞馬遜物流中心的非官方臉書社團，並且核對未通報的案例與謠言，以幫助她的同事們隨時了解情況。

朱普在5月時接受CBS電視網的《60分鐘》節目訪問，分享她如何追蹤並揭發亞馬遜拒絕公開的案例資料。[34] 那一集的節目還採訪了史默爾斯，形同對亞馬遜不願公布其物流中心員工感染率資訊的懲罰。克拉克獨自站出來面對可怕的節目主持人萊絲莉‧史塔爾（Lesley Stahl），和氣地表示亞馬遜物流中心的新冠肺炎病例總數並不是有意義的數字，因為公司相信大多數員工是在自家社區感染，而非在工作時染疫。

然而到了秋天，亞馬遜在愈來愈沉重的壓力下改變說法。根據報導，在公司130萬名第一線員工之中，約有2萬人在採檢後確定感染新冠肺炎病毒。[35] 亞馬遜辯稱，由於他們採行了預防措施，才使得這個數字遠遠低於根據當地社區感染率所預測的人數。公司也表示，沒有任何一個競爭對手發表過類似的數據，或者因為這個問題遭受政府官員與媒體相同的批評。[36]

儘管如此，朱普、史默爾斯以及「亞馬遜員工氣候正義陣線」創辦人全都遭到解雇。亞馬遜還開除了全食超市的員工凱蒂‧多恩（Katie Doan），[37] 因為她追蹤全食超市員工的新冠肺炎病例；一名明尼蘇達州物流中心的索馬利亞工人巴希爾‧穆罕默德（Bashir Mohamed），因為他鼓吹應該加強保護員工的安全；[38] 以及一名賓夕法尼亞州的工人寇特妮‧鮑登（Courtney Bowden），因為她發放徽章並呼籲讓兼職員工也享

有帶薪假。³⁹

亞馬遜堅稱他們沒有因為那些員工說出自己的想法而加以報復，公司發言人表示那些員工是因為個別違反公司政策才遭開除，例如違反社交距離的規定，或者違反禁止在未經公司授權的情況下與媒體交談之規定，但是這樣的說法很難讓人信服。貝佐斯和他的同事們多年來對外界的批評深感憤怒，當他們發現批評來自公司內部時，更是完全無法忍受。他們害怕來自團隊內部的火花會引爆他們長期擔心的勞工抗議，最後將倉庫變成充滿激進活動的地獄。

誰來保護員工？

提姆・布雷（Tim Bray）無法繼續昧著良心待在亞馬遜。布雷是一個喜歡戴軟呢帽的軟體開發人員，也是深具影響力的網路程式設計語言 XML 創作者之一，曾擔任 AWS 的副總裁，不僅是一位傑出的工程師，也是公司技術聖壇的高階人才之一，解救過許多陷入困境的專案。布雷被他的左派激進友人批評，指責他為什麼要待在一間解雇舉報人卻不受懲罰、而且已經被外界描繪為無視員工安全的公司。

最後的結果是，他確實無法繼續待下去。5 月初的時候，布雷辭掉工作，並且在個人網站上發表一篇激烈的陳述，表示亞馬遜解雇那些員工是不公平的，而且亞馬遜對員工的不在乎態度也反映出公司在本質上的問題。「解雇那些舉報人不是總體經濟力量的副作用，也不是自由市場固有的功能。」他寫道。「這種行為只證明公司的文化有毒。我選擇不再向別人施毒，自己也不再繼續喝那種毒藥。」⁴⁰

幾個月後，我聯絡上布雷。他在溫哥華，在遊艇的辦公室

裡透過視訊與我交談。談到他丟下那份好工作及優渥年資股權，他神情尷尬，但是他接受員工在社群媒體上指稱亞馬遜是不安全的工作環境。他說，亞馬遜開除那些發聲的員工，對他產生了深遠的影響。「解雇舉報人已經是不同的層次，」他說，「就道德方面而言，感覺已經超出界限。當公司這樣硬來時，不可能只靠著自圓其說就帶過一切。這已經不是我能夠忍受的程度。」

媒體在布雷的推特發文上短暫吵鬧期間，亞馬遜的公關部門小心翼翼地聯繫記者，並告訴他們亞馬遜另一位名叫布萊德・波特（Brad Porter）的優秀工程師已經在 LinkedIn 提出反駁。[41] 波特駁斥布雷影射亞馬遜在推出安全防護措施上進展緩慢，也反對他說公司把工人當成用完就丟的商品。「如果我們希望人們選擇到亞馬遜工作、為客戶遞送包裹，第一要務就是讓那些有價值的員工相信，我們每天都盡力保護他們的安全。」

儘管如此，波特的反駁以及亞馬遜對外界批評其新冠肺炎措施的回應，都無法改變布雷在良心上對亞馬遜的不認同。布雷可以理解那些發聲員工的證詞，因為他們反映出人們在這段悲慘時期的焦慮。然而亞馬遜反射性的防禦並沒有看見一般人真正在意的問題，他們只看到反對意見的無形之手，例如組織化的勞工團體。「在吵雜的環境之中，我們有時候很難判斷哪些話出自我們員工之口，哪些話是有利可圖的第三方團體故意放大問題，」克拉克告訴我，「無論我們做什麼，都會有一群人非常喜歡我們，而無論我們做什麼，也都會有一群人非常討厭我們。」

布雷還提出一個不是針對亞馬遜的重要論點：整個美國沒

有保護其最脆弱的勞工階層。他深信，亞馬遜和其他公司的員工及外包廠商，都迫切需要聯邦政府透過法律加以保護。

舉例來說，許多歐洲國家規定，相當規模以上的工作場所必須依法設立工務委員會（Works Councils），這種委員會獨立於工會之外，可以讓員工針對重大事項發表意見。美國沒有這種規定，因此那些大幅影響工人生活的決定，都是由資方定奪。勞方如果不喜歡，只能辭職另謀出路，或者冒著被解雇的危險公開批評，沒有其他的選擇。

其他富裕國家有能夠讓人過活的最低薪資與政府強制的福利，例如有薪病假和育兒假、保障全職與兼職員工待遇平等，以及工作時間的限制。在美國，聯邦最低工資依然維持在每小時7.25美元的低水準，許多立法者和一些企業高階主管認為，上述的那些福利是美國公司負擔不起的奢侈品，也是競爭的壓力。因此許多工人只能在新冠肺炎危機中漂泊，為了賺取薪資並享有雇主提供的醫療保險（如果有的話），被迫把自己的性命和家人的安危暴露於風險之中。

「亞馬遜只是冰山一角，」布雷在他的遊艇上表示，「雖然我也想和公司好好講，就像在對我的小孩講話一樣。『要守規矩喔！』可是那根本沒有效。你需要的是規範框架。如果你不滿意倉庫工人被企業對待的方式，就應該訂定法規來避免這種情況發生。」

「在我們所處的大環境中，惡劣地對待第一線員工完全合法，」他繼續說道，「所以亞馬遜才會這麼做。因為就算你不這樣做，你的競爭對手也會。」

因疫得利，逆勢而起

到了2020年底，隨著新冠肺炎持續在全世界造成致命的傷亡（尤其在美國），亞馬遜公司內部重新建立了一種新常態。現在是進行評估的時候了。

那一年，大家的日子普遍過得悲慘，但是亞馬遜卻業績興隆。儘管亞馬遜在新冠肺炎測試與安全措施方面投入大量資金，那年卻是該公司有史以來最賺錢的一年，年營收飆升37%，超過3,800億美元。[42] 到了秋天，隨著新一波的染疫潮在美國和歐洲蔓延，亞馬遜的物流中心聘雇了比以往更多的工人，全職與兼職員工數首次達到一百萬人。[43]

隨著視訊會議及遠端學習取代商務旅行和實體互動，AWS這種重要的網際網路無形基礎設施使用量激增，被困在家中的客戶也更頻繁地與Alexa互動，並且在永無止盡的隔離過程中向語音助理求助，以尋求一絲慰藉。Prime Video蓬勃發展，暴力的超級英雄影集《黑袍糾察隊》和喜劇電影《芭樂特電影續集》（*Borat Subsequent Moviefilm*）等熱門影片，進一步確立了亞馬遜影業在好萊塢的地位，與Netflix和迪士尼等新興競爭對手一較高下。

到了該年年底，亞馬遜的市值達1兆6,000億美元的市值，傑夫・貝佐斯的個人資產則超過1,900億美元。在新冠肺炎疫情肆虐期間，貝佐斯的財富增加70%以上。在病毒造成經濟崩壞、亞馬遜物流中心勞工衝突的同時，這是一項讓人目瞪口呆的驚人成就。隨著小型企業與在地商家接連倒閉，原本早已傾向亞馬遜和其他科技巨頭的全球商業環境，又進一步朝著對他們有利的方向發展。

未來布局

在西雅圖的 Day 1 大樓裡，一個時代即將結束。一月時，五十三歲的亞馬遜消費品事業執行長威爾克告訴貝佐斯他打算明年退休。然而隨著新冠肺炎疫情加劇，他告訴貝佐斯暫時不用擔心他要離職的事。「我會繼續待在這裡，直到我們有信心公司狀況已經穩定，並且弄清楚我們經營事業所處的世界，」他說。到了八月，由於亞馬遜已經熬過最艱困的時期，威爾克覺得放心，因此宣布了他的離職決定。

威爾克在網際網路走下波的那段期間建立起物流中心網絡，當時是亞馬遜史上最低潮的時刻，然後又掌管龐大的電子商務部門，負責截然不同的業務。普遍認為，威爾克是亞馬遜強硬文化中倡導人性元素的鬥士。「威爾克的事蹟與影響力，在他離開之後會在公司裡繼續流傳下去，」貝佐斯寫信告訴全公司，「若沒有他，亞馬遜不會是現今的面貌。」[44]

不意外，威爾克提名由克拉克接任他的職位。在成功打造亞馬遜物流並因應新冠病毒危機之後，克拉克成為貝佐斯底下的零售業務執行長，並且於 2021 年 1 月寫信給新上任的拜登總統團隊，表明亞馬遜願意協助疫苗的分送。[45] 接下來的營運事務要靠克拉克的眾接班人，他們要能夠冷靜熟練又富同理心地管理亞馬遜規模龐大的第一線員工，但這些人在亞馬遜逐漸站穩腳步的那幾年沒有在物流中心的混亂狀況中磨練出相似的本能。

許多任職多年的高階主管也跟著悄悄離職──有些人是因為他們已經非常富裕，想要退休了，有些人則是轉往規模較小但更有活力的公司發展。離職者當中包括已經服務二十二年的

亞馬遜老將布萊克本，這位資深副總裁曾經掌管亞馬遜影業和蓬勃發展的廣告部門。取代這些離職者的是一個全新團隊，其中包括幾位S團隊的成員，例如Amazon Fashion的克莉絲汀・鮑尚普（Christine Beauchamp）、廣告部門的柯琳・奧布瑞和營運部門的艾麗西亞・博勒・戴維斯（Alicia Boler Davis）。[46]她們的加入，再加上加萊蒂，終於開始改變這個已擴大為二十五位成員的領導團隊，因為該團隊多年來一直被質疑缺少性別與種族的多元性。

　　至於貝佐斯，隨著亞馬遜對疫情的回應大致塵埃落定，他終於可以啟動新計畫。2020年2月，他許諾捐贈科學家、活動家及氣候團體100億美元，做為貝佐斯地球基金（Earth Fund）的慈善行動。這項計畫因為新冠肺炎疫情的影響而推遲。與此同時，麥肯琪・史考特震驚了全世界：她是先火速向許多黑人大學、女權團體和LGBTQ權利團體捐出60億美元無特定用途的補助金，然後與西雅圖的化學教師丹・傑維特（Dan Jewett）再婚，而傑維特也簽了捐贈承諾書。[47]麥肯琪的善舉與她前夫正在萌芽的慈善行動並駕齊驅。

　　2020年秋天，貝佐斯和桑契斯開始利用視訊與氣候及自然保育團體開會。那些機構的高階主管們表示，這對情侶提出具有深度的問題，並且認真地請教可以改變現況的建議。貝佐斯與桑齊斯接著又接觸範圍更廣的非營利組織，包括保護低收入社區免受汙染的小型基層組織。然而他們對於所得到的回應感到驚訝，因為其中有些組織不信任貝佐斯，小心翼翼地不想與這位以虐待工人聞名的亞馬遜執行長扯上關係。

　　NDN Collective是一個長期致力於原住民賦權的組織，它接受貝佐斯的捐款，從貝佐斯地球基金獲得1,200萬美元。它

隨後發表一份特別聲明，部分內容如下：「我們不會假裝不知道亞馬遜和傑夫・貝佐斯因為不公的工作條件、企業併購及直接導致全世界氣候變化而飽受批評的事實。」[48]其他的基層組織堅持要與環境保護基金（Environmental Defense Fund）、世界資源研究所（World Resources Institute）等預計將獲得1億美元捐款的大型環保團體平起平坐。有五家這類環境正義組織共可獲得1億5,100萬美元的捐助。

有一些團體甚至進一步，要求貝佐斯也捐助給主張公正對待勞工的氣候組織。隨著這些對話變得比貝佐斯預期的更加複雜且更具爭議，他要求長期擔任亞馬遜董事、比爾與梅林達・蓋茨基金會（Bill and Melinda Gates Foundation）前執行長帕蒂・史東賽佛（Patty Stonesifer）出面。環保團體回憶史東賽佛在那年秋天如何介入這段過程，並協助將氣候和清潔能源公平基金（Climate and Clean Energy Equity Fund）和氣候和性別正義蜂巢基金（Hive Fund for Climate and Gender Justice）等組織納入接受貝佐斯慷慨捐款的受贈名單。她還溫和地結束與美國全國有色人種協進會之環境與氣候正義計畫（NAACP Environmental and Climate Justice Program）等團體的對談，那些團體堅決將勞工權利視為氣候正義不可或缺的一部分。

2020年11月16日，貝佐斯的地球基金宣布捐出第一筆高達7億9,100萬美元的捐款，顯示貝佐斯終於將他傳奇般的智慧及巨額財富用來幫助這一代所面臨的最大挑戰。雖然環保團體一直懷疑貝佐斯真正的意圖，然而他這輩子經歷過無與倫比的成功，他不會輕易改變自己的做事方法。

這樣的態度也適用在他緊密管理亞馬遜內部最新且最具前途的計畫，儘管他的位階不斷地提升。在推出Alexa和Amazon

GO 等服務之後，他又協助開發雄心勃勃的庫柏計畫（Project Kuiper），目標是發射衛星以提供全世界高速網際網路連結。亞馬遜這項耗資一百億美元的案子直接挑戰馬斯克已經部署的星鏈（Starlink）衛星系統的 SpaceX 公司。這兩家公司正在監理機關爭奪無線電波的涵蓋區域與低地球軌道，因為這些地方的訊號最強。全世界最富有的兩個人，再次於備受矚目的競爭中彼此對立。

除此之外，貝佐斯也繼續管理亞馬遜在美國醫療保健市場中約占 4 兆美元的業務，包括經過長期規畫以方便亞馬遜客戶在線上訂購處方藥物的亞馬遜藥房（Amazon Pharmacy）服務。當新冠肺炎疫情開始在美國肆虐時，亞馬遜也在十一月正式推出這項服務。該公司在醫療保健市場的業務還包括 2020 年 8 月推出類似 Fitbit 公司商品的 Halo 智慧手環，以及一種透過智慧型手機應用程式提供的亞馬遜醫療保健（Amazon Care）服務。[49] 這項服務可為美國華盛頓州的亞馬遜員工提供線上醫療諮詢，同時已開始推廣至其他的公司。貝佐斯深信醫療保健領域將會有驚人的顛覆與創新的潛力，因此他定期與公司內部一個名為「重大挑戰」（grand challenge）的祕密小組開會，目的是激發且追求這個領域的創意。

貝佐斯持續沉迷於追尋有前景的新商機，以期大幅增進亞馬遜原本早已豐厚的財力。他也繼續將更多舊部門的權力轉交給主要副手，例如賈西和克拉克。2021 年 2 月 2 日，亞馬遜發表了一份歷史性的公告，表示貝佐斯也將交出其他的東西：他的執行長寶座。[50] 該公司在那份財務季報中宣布，在該年稍晚時，貝佐斯將轉任執行董事長，並且把執行長的職位交給賈西。賈西長期帶領 AWS 團隊，從很早以前就已經是貝佐斯的

首席全職TA。

卸任執行長

此舉不僅顯示亞馬遜即將正式改朝換代，同時也為現代商業史的一段壯麗史詩畫下句點。在二十五年的歲月中，貝佐斯從透過網際網路這種新媒介銷售書籍的想法開始，藉著不斷發明與全然擁抱科技，以及堅決追求營運槓桿，將這份事業發展成一個身價超過1兆5,000億美元的全球帝國。

貝佐斯現在或以前的同事對於他卸任執行長的決定幾乎都不驚訝，因為貝佐斯這些年來早已逐漸放手，把時間分散於亞馬遜以外的諸多優先事項上。他們對貝佐斯的女友感到好奇，或許貝佐斯比較想在奢豪的家中與桑契斯享受休閒生活，並在不久之後到他們的華麗遊艇上過日子。

貝佐斯之所以交出亞馬遜的最高寶座，還有另一個理由：亞馬遜執行長這個職位，會愈來愈不好玩。亞馬遜有複雜且發展成熟的事業需要監管，例如亞馬遜市集，這個事業體有些不滿的商家抱怨亞馬遜欺詐和競爭不公，還有亞馬遜物流中心，這個事業體聘雇超過一百萬名藍領階級工人，其中一些人鼓噪著要有更高的薪資與更好的工作環境。這些人總是把箭頭指向亞馬遜的高階主管，認為貝佐斯應該親自負責這些問題，另外還有來自華盛頓特區和布魯塞爾的相關監管挑戰。現年五十三歲的賈西已經被貝佐斯以其獨特的管理方式細心調教成為紀律嚴謹的領導者，不僅在鎂光燈下表現優異，在亞馬遜的政治界敵人眼中也是比較謙恭的目標。這位貝佐斯的前TA已經藉由打造並經營亞馬遜最賺錢的部門充分證明自己，他具備了應付更艱難任務的廣度。

　　「身為亞馬遜公司的執行長是一項沉重的責任，而且這份工作非常消耗精力和時間。當你背負著這種責任，很難再把注意力放在其他事情上，」貝佐斯在一封給員工的電子郵件中寫道，「改任公司的執行董事長之後，我可以繼續參與亞馬遜的重要計畫，同時還有時間和精力專注於第一天基金、貝佐斯地球基金、藍色起源、《華盛頓郵報》以及其他的興趣上。我從不曾感到像現在這樣充滿活力，因此這項決定真的與退休無關。」[51]

　　傑夫・貝佐斯的使命是避免亞馬遜停滯不前，讓這家「Day 1」公司可以在他卸任後繼續保有擅長創造的文化與恆久的客源。「亞馬遜並沒有大到不會倒，」他曾在某次公司全員會議中告誡員工，「事實上，我認為亞馬遜將來有一天會倒閉。亞馬遜一定會破產。如果你們看看其他大型公司，那些大企業的壽命往往只有三十多年，而不是一百多年。」

　　如今要預防亞馬遜倒閉的可能性，必須倚重新上任的執行長安迪・賈西。賈西面對的最大挑戰，包括了即使亞馬遜股價停滯不前，也要留住公司裡經驗豐富的資深領導幹部、讓人數不斷增加的倉庫員工保持積極與快樂的心態，以及如何安然度過國內外即將展開的監督審查。這場激烈的戰役還沒開始，也許有一天會以美國政府向亞馬遜提起反壟斷訴訟收場，前方的問題還很多。

　　不過，憑著亞馬遜十四條神聖不可侵犯的領導原則、彼此相互支援的營業單位以及勢如破竹的衝勁，貝佐斯似乎已經可以確定，自己卸任之後，賈西會讓亞馬遜繼續蓬勃發展。就這方面而言，他一生的職志（至少在打造亞馬遜這份事業上）可說是已經大功告成。

　　當然，有一個長久以來的問題，即使到現在也還沒有確定的答案：這個世界有了亞馬遜之後是否變得更好？

　　或者，在亞馬遜發展為上兆美元的帝國以及傑夫・貝佐斯成為商業史上的重要人物之後，這個問題已經不再具有任何意義。如今，亞馬遜與我們的生活和社群密不可分，在家裡訂購商品的便利性，消費者深受吸引，幾乎是所有零售業者無法超越的挑戰。這讓人想起貝佐斯那句關於單向門和雙向門的名言，以及不可逆轉的「第一類」決策。許久之前，我們穿過一扇單向門，走進了貝佐斯和他的同事們所構思及建立的科技社會。在二十一世紀第三個十年，對於掌控我們諸多經濟現實的這家企業（還有這個人），無論你有什麼樣的觀感，如今已再也無法回到從前。

致謝

　　我在2018年初開始為這本書進行採訪，在2020年及新冠肺炎疫情期間寫下這本書，就像這段艱難期間的許多事情一樣，因為有來自朋友、家人及同事的支持與智慧，才能成功完成這本書，我由衷感謝他們。

　　在西蒙與舒斯特出版公司（Simon & Schuster）方面，編輯 Stephanie Frerich 從不避諱提出困難的問題，重新安排長篇論述，極力避免較大篇幅的敘事偏離軌道。她使這本書明顯變得更好。在加快出版時程的期間，Emily Simonson、Elisa Rivlin、Jackie Seow、Matthew Monahan、Samantha Hoback 及 Lisa Erwin 等人協助達成目標。Jonathan Karp、Dana Canedy、Richard Rhorer、Kimberly Goldstein、Stephen Bedford、Marie Florio、Larry Hughes、以及已故的 Carolyn Reidy 等人信任這本書，並支持不受限制的檢視其中具有影響作用的主題。

　　我的經紀人——聯合人才經紀公司（United Talent Agency）的 Pilar Queen，是堅定的支持者暨顧問，她總是耐心的督促我回到快速演變中的亞馬遜與貝佐斯主題，後來又成為熱心的擁護者及早期讀者。我衷心感謝她。

Lindsay Gellman提供寶貴的研究協助，還有Lindsay Muscato、Rima Parikh、及Jeremy Gantz等人一絲不苟且快速的事實查核協助，Diana Suryakusuma協助處理相片事宜。但所有錯誤應該由我一人負責。在此也要感謝亞馬遜公司的Chris Oster和Halle Gordon協助安排多個訪談，蒐集無數的事實。

在彭博新聞社方面，我要感謝John Micklethwait、Reto Gregori、及Heather Harris的熱心支持這項計畫，縱容我從日常工作中退隱。我以身為彭博的全球科技報導團隊成員為傲，Tom Giles、Jillian Ward、Mark Milian、Peter Elstrom、Edwin Chan、Giles Turner、Molly Schuetz、Alistair Barr及Andy Martin是非常棒的夥伴，他們領導六十五名駐守全球各地的科技領域新聞工作者。《彭博商業週刊》（*Bloomberg Businessweek*）的Joel Weber、Kristin Powers及Jim Aley是堅定盟友；在本書撰寫過程中，Max Chafkin提供很多很好的建議與黑色幽默。

我在彭博的同事Mark Gurman、Austin Carr、Ellen Huet、Josh Brustein、Dina Bass、Priya Anand、Ian King、Nico Grant、Kartikay Mehrotra、Anne Vandermey、Naomi Nix、Tom Metcalf、Jack Witzig、Brody Ford、以及Devon Pendleton，全都回應我經常請求的協助。Sarah Frier和Emily Chang總是給我打氣與鼓勵。Saritha Rai幫助我清楚了解亞馬遜在印度的故事，第三章有部分內容取材自我們共同撰寫及發表於《彭博商業週刊》的封面故事。Ashlee Vance是個堅定的朋友與盟友。

我要特別感謝彭博的記者Spencer Soper和Matt Day，以及編輯Robin Ajello，本書大量引用他們的工作成果，他們也提供不可或缺的回饋和大量對亞馬遜的深入了解。我們一起製作一個影音版的亞馬遜故事，是Shawn Wen製作的彭博科技播客

《Foundering》一系列的節目之一，敬請期待此系列的推出。

Anne Kornblut、Matt Mosk、Adam Piore、Sean Meshorer、Ethan Watters、Michael Jordan、Fred Sharples、Ruzwana Bashir、Adam Rogers、Daniel McGinn、 及Charles Duhigg，他們在各種有需要的時刻提供友誼與協助。我的幾趟洛杉磯之行承蒙Nick Bilton和Chrysta Bilton的慷慨接待；Nick Wingfield和Emily Wingfield在西雅圖以同樣的熱情招待我。多年來，Stven Levy提供我非常有見地的諮詢及寶貴的友誼。

我非常幸運擁有一個支持我的大家庭，包括我的兄弟Brian Stone及Eric Stone，Dita Papraniku Stone及Becca Zoller Stone、Luanne Stone、Maté Schissler及Andrew Iorgulescu、Jon Stone及Monica Stone。我的父親Robert Stone是我最親近的讀者，也是本書中許多構想的測試人；我的母親Carol Glick對我提供無條件的愛、建議，並適時對我的巨量工作提出適度的關切。我的祖母Bernice Yaspan已經高齡103歲，仍然熱愛閱讀，我的個人目標就是把這本書交到她手上。

我的女兒Isabella Stone、Calista Stone以及Harper Fox使我天天引以為傲，相較於她們在疫情期間展現的韌性，撰寫本書顯得相對輕鬆。當然，若沒有我的太太Tiffany Fox的愛、耐心與無盡的鼓勵，我不可能寫完這本書。

各章注釋

前言

1. Matt Day, "Amazon Tries to Make the Climate Its Prime Directive, " *Bloomberg*, September 21, 2020, https://www.bloomberg.com/news/features/2020-09-2l/amazon-made-a-climate-promise -without-a-plan-to-cut-emissions (January 16, 2021).

2. Amazon Employees for Climate Justice, "Open Letter to Jeff Bezos and the Amazon Board of Directors," *Medium*, April 10, 2019, https://amazonemployees4climatejustice. medium.com/public-letter-to-jeff-bezos-and-the-amazon-board-of-directors-82a8405f5e38 (January 18, 2021).

3. Milliravi這個縮寫來自「Meaningful Innovation Leads, Launches, Inspires Relentless Amazon Visitor Improvements」，這是一位亞馬遜主管創造出來的詞，意思是「百萬美元以上的數字錯誤」。參見本書作者前作《貝佐斯傳》第四章（*Everything Store: Jeff Bezos and the Age of Amazon* , p.135; Boston: Little, Brown and Company, 2013）。（譯注：此語暗諷的分析師是雷曼兄弟的Ravi Suria。）

4. Jeff Bezos profile, "Billionaires: March 2011," *Forbes*, March 9, 2011, retrieved from https://web.archive.org/web/20110313201303if_/http://www.forbes.com/profile/jeff-bezos (January 17, 2021).

5. Nicole Brodeur, "Neighbors Talking About Amazon," *Seattle Times*, January 12, 2012, https://www.seattletimes.com/seattle-news/neighbors -talking-about-amazon/ (January 17, 2021).

6. Senator Elizabeth Warren, "Here's How We Can Break Up Big Tech," *Medium*, March 8,2019, https://medium.com/@teamwarren/heres-how -we-can-break-up-big-tech-9ad9e0da324c (January 17, 2021).

第一章

1. Katarzyna Niedurny, *Kariera Głosu Ivony.* '*Wsiadam do windy i słyszę jak mówię"piętro pierwsze* '" ("Ivona's Voice Career. 'I get in the elevator and hear me say "first floor" ' ") January 4, 2019, https://wiadomosci.onet.pl/tylko-w-onecie/jacek-

labijak-o-karierze-glosu-jacek-w-syntezatorze-mowy-ivona/kyht0wl (January 19, 2021).

2. Eugene Kim, "The Inside Story of How Amazon Created Echo, the Next Billion-Dollar Business No One Saw Coming," *Business Insider*, April 2, 2016, https: //www.businessinsider.com/the-inside-story-of-how-amazon-created -echo-2016-4 (January 19, 2021).

3. David Baker, "William Tunstall-Pedoe: The Brit Taking on Apple's Siri with 'Evi,' " *Wired UK*, May 8,2012, https://www.wired.co.uk/article/the-brit-taking-on-siri (January 19, 2021).

4. Mike Butcher, "Sources Say Amazon Acquired Siri-Like Evi App For \$26M—Is A Smartphone Coming?" *TechCrunch*, April 17, 2013, https://techcrunch.com/2013/04/17/sources-say-amazon-acquired-siri-like-evi-app-for-26m-is-a-smartphone-coming/ (January 19, 2021).

5. James Vlahos, "Amazon Alexa and the Search for the One Perfect Answer," *Wired*, February 18, 2018, https://www.wired.com/story /amazon-alexa-search-for-the-one-perfect-answer/ (January 19, 2021).

6. Nikko Strom, "Nikko Strom at AI Frontiers: Deep Learning in Alexa," *Slideshare*, January 14, 2017, https://www.slideshare.net/AIFrontiers/nikko-strm-deep-learning-in-alexa (January 19, 2021).

7. Amazon. Techniques for mobile deceive charging using robotic devices. U.S. Patent 9711985, filed March 30, 2015. https://www .freepatentsonline.com/9711985.html (January 19, 2021).

8. Jeff Bezos, "2018 Letter to Shareholders," Amazon, April 11, 2018, https://www.aboutamazon .com/news/company-news/2018-letter-to-shareholders (January 19, 2021).

9. Austin Carr, "The Inside Story of Jeff Bezos's Fire Phone Debacle," *Fast Company*, January 6, 2015, https://www.fastcompany.com/3039887/under-fire (January 19, 2021).

10. Charles Duhigg, "Is Amazon Unstoppable?" *New Yorker*, October 10, 2019, https://www.newyorker.com/magazine/2019/10/21/is-amazon-unstoppable (January 19, 2021).

11. Matt Day, Giles Turner, and Natalia Drozdiak, "Amazon Workers Are Listening to What You Tell Alexa," *Bloomberg*, April 10, 2019, https://www.bloomberg.com/news/articles/2019 -04-10/is-anyone-listening-to-you-on-alexa-a-global-team-reviews-audio?sref =dJuchiL5 (January 19, 2021).

12. Joshua Brustein, "The Real Story of How Amazon Built the Echo," *Bloomberg*, April 19, 2016, https://www.bloomberg.com/features/2016-amazon-echo/ (January 19, 2021).

13. Mario Aguilar, "Amazon Echo Review: I Just Spoke to the Future and It Listened," *Gizmodo*, June 25, 2015, https://gizmodo.com/amazon-echo-review-i-just-spoke-to-the-future-and-it -1672926712 (January 19, 2021).

14. Kelsey Campbell-Dollaghan, "Amazon's Echo Might Be Its Most Important Product in Years," *Gizmodo*, November 6, 2014, https://gizmodo.com/amazons-echo-might-be-its -most-important-product-in-yea-1655513291 (January 19, 2021).

15. Brustein, "The Real Story."

16. David Pierce, "Review: Google Home,"*Wired*, November 11, 2016, https://www.wired.

com/2016/11/review -google-home/ (January 19, 2021).

17. Todd Bishop, "Amazon Bringing Echo and Alexa to 80 Additional Countries in Major Global Expansion," *GeekWire*, December 8, 2017, https://www.geekwire.com/2017/amazon-bringing-echo-alexa-80-additional-countries-major-global-expansion/ (January 19, 2021).

18. Shannon Liao, "Amazon Has a Fix for Alexa's Creepy Laughs," *Verge*, March 7, 2018, https:// www.theverge.com/circuitbreaker/2018/3/7/17092334/amazon-alexa-devices-strange-laughter (January 19, 2021).

19. Matt Day, "Amazon's Alexa recorded and shared a conversation without consent, report says," *Seattle Times*, March 24, 2018, https://www.seattletimes.com/business /amazon/amazons-alexa-recorded-and-shared-a-conversation-without-consent-report-says (February 12, 2021).

20. James Vincent, "Inside Amazon's $3.5 Million Competition to Make Alexa Chat Like a Human," *Verge*, June 13, 2018, https://www.theverge.com/2018/6/13/17453994/amazon-alexa -prize-2018-competition-conversational-ai-chatbots (February 12, 2018).

第二章

1. Jeff Bezos interviewed by Charlie Rose, *Charlie Rose*, 34:40, November 16, 2012, https://charlierose.com/videos/17252 (January 19, 2021).

2. John Markoff, "How Many Computers to Identify a Cat? 16,000," *New York Times*, June 25, 2012, https://www.nytimes.com/2012/06/26/technology/in-a-big-network-of -computers-evidence-of-machine-learning.html (January 19, 2021).

3. Jacob Demmitt, "Amazon's Bookstore Revealed? Blueprints Provide New Clues About Mysterious Seattle Site," *GeekWire*, October 12, 2015, https://www.geekwire.com/2015/amazons -bookstore-revealed-blueprints-provide-new-clues-about-mysterious-seattle -site/ (January 19, 2021).

4. Brad Stone and Matt Day, "Amazon's Most Ambitious Research Project Is a Convenience Store," *Bloomberg*, July 18, 2019, https://www.bloomberg.com /news/features/2019-07-18/amazon-s-most-ambitious-research-project-is-a-convenience-store?sref=dJuchiL5 (January 19, 2021).

5. Laura Stevens, "Amazon Delays Opening of Cashierless Store to Work Out Kinks," *Wall Street Journal*, March 27, 2017, https://www.wsj.com/articles/amazon-delays-convenience-store-opening-to-work-out-kinks -1490616133 (January 19, 2021); Olivia Zaleski and Spencer Soper, 'Amazon's Cashierless Store Is Almost Ready for Prime Time," *Bloomberg*, November 15, 2017, https://www.bloomberg.com/news/articles/2017-11-15/amazon-s-cashierless-store-is-almost-ready-for-prime-time?sref=dJuchiL5 (January 19, 2021).

6. Shara Tibken and Ben Fox Rubin, "What It's Like Inside Amazon's Futuristic, Automated Store," *CNET*, January 21, 2018, https://www.cnet.com/news/amazon-go-futuristic-automated-store-seattle-no-cashiers-cashless/ (January 19, 2021).

7. 亞馬遜把AWS的營運成本列入研發費用。參閱：Rani Molla, "Amazon Spent

Nearly $23 Billion on R&D Last Year-More Than Any Other U.S. Company," *Vox*, April 9, 2018, https://www.vox.com/2018/4/9/17204004/amazon-research-development-rd (January 19, 2021).

8. Spencer Soper, "Amazon Will Consider Opening Up to 3,000 Cashierless Stores by 2021," *Bloomberg*, September 19, 2018, https://www.bloomberg.com/news/articles/2018-09 -19/amazon-is-said-to-plan-up-to-3-000-cashierless-stores-by-2021?sref =dJuchiL5 (January 19, 2021).

9. Sebastian Herrera and Aaron Tilley, "Amazon Opens Cashierless Supermarket in Latest Push to Sell Food," *Wall Street Journal*, February 25, 2020, https://www.wsj.com/articles/amazon -opens-cashierless-supermarket-in-latest-push-to-sell-food-11582617660?mod =hp_lead_pos10 (January 19, 2021).

10. Jeff Bezos, "2015 Letter to Shareholders," https://www.sec.gov/Archives/edgar/data/1018724/000119312515144741/d895323dex991.htm (January 19, 2021).

11. Robin Ajello and Spencer Soper, "Amazon Develops Smart Shopping Cart for Cashierless Checkout," *Bloomberg*, July 14, 2020, https://www.bloomberg.com/news/articles /2020-07-14/amazon-develops-smart-shopping-cart-for-cashierless-checkout?sref=dJuchiL5 (January 19, 2021).

第三章

2018年9月，我和同事莎利薩·萊（Saritha Rai）一起到印度的班加羅爾造訪Amazon.in和Flipkart。本章的內容有部分是以我們以下這篇報導為基礎："Amazon Wants India to Shop Online, and It's Battling Walmart for Supremacy," *Bloomberg Businessweek*, October 18, 2018, https://www.bloomberg.com/news/features/2018 -10-18/amazon-battles-walmart-in-indian-e-commerce-market-it-created (January 19, 2021)。我也參考了Mihir Dalal的著作：*Big Billion Startup: The Untold Flipkart Story*, New Delhi: Pan Macmillan India, 2019。2019年8月3日，我訪問了亞馬遜墨西哥公司的前執行長加西亞，那是他在成為逃犯之前。

1. Nicholas Wadhams, "Amazon China Unit Closes Vendor After Report of Fake Cosmetics," *Business of Fashion*, March 20, 2014, https://www.businessoffashion.com/articles/technology/amazon-china-unit -closes-vendor-report-fake-cosmetics (January 19, 2021).

2. Arjun Kharpal, "Amazon Is Shutting Down Its China Marketplace Business. Here's Why It Has Struggled," CNBC, April 18, 2019, https://www.cnbc.com/2019/04/18/amazon-china-marketplace-closing-down-heres-why.html (January 19, 2021), and Felix Richter, "Amazon Has Yet to Crack the Chinese Market," *Stastista*, February 22, 2017, https://www.statista.com/chart/8230/china-e-commerce-market-share/ (January 19, 2021).

3. Dalal, *Big Billion Startup*, 101.

4. "Amazon.in Goes Live—5th June 2013," YouTube video, 2:38, posted by Amit Deshpande, March 11, 2016, https://www.youtube.com/watch?v=TFUw6OyugfQ&feature=youtu.be&ab_channel=AmitDeshpande (January 19, 2021).

5. Jay Green, "Amazon Takes Cowboy Tactics to 'Wild, Wild East' of India," *Seattle Times*, October 3, 2015, https://www .seattletimes.com/business/amazon/amazon-takes-cowboy-tactics-to-wild-wild-east-of-india/ (January 19, 2021).

6. Mihir Dalal and Shrutika Verma, "Amazon's JV Cloudtail Is Its Biggest Seller in India," *Mint*, October 29, 2015, https://www.livemint.com/Companies/ RjEDJkA3QyBSTsMDdaXbCN /Amazons-JV-Cloudtail-is-its-biggest-seller-in-India. html (January 19, 2021).

7. Aditya Kalra, "Amazon documents reveal company's secret strategy to dodge India's regulators," Reuters, February 17, 2021, https://www.reuters.com/investigates/special-report/amazon-india-operation (February 23, 2021).

8. Dalal, *Big Billion Startup*, 163.

9. Sunny Sen and Josey Puliyenthuruthel, "Knock on Wood, India Is Shaping Up Like Our Businesses in Japan, Germany, the UK and the US," *Business Today*, October 26, 2014, https://www.businesstoday.in/magazine/features/amazon-ceo-jeff-bezos-sachin-bansal-binny-bansal/story/211027.html (January 19, 2021).

10. "Amazon CEO Jeff Bezos Meets PM Narendra Modi," *India TV*, October 4,2014, https://www.indiatvnews.com/business/india /narendra-modi-jeff-bezos-amazon-ceo-flipkart-e-commerce-14744.html (January 20, 2021).

11. Carolina Ruiz, "MercadoLibre busca alian:zas co'n minorist' enMexico" ("Mercado-Libre Seeks Alliances with Businesses in Mexico"), *El Financiero*, OctOBER 11, 2014, https://www.elfinanciero.com.mx/tech/mercadolibre-busca-alianzas-con-competidores-en-mexico (January 20, 2021).

12. James Quinn, "Jeff Bezos . . . Amazon Man in the Prime of His Life," *Irish Independent*, August 19, 2015, https://www .independent.ie/business/technology/news/jeff-bezos-amazon-man-in-the -prime-of-his-life-31463414.html (January 20, 2021).

13. 亞馬遜2015年在谷歌搜尋的支出估計值是由Tinuiti的研究總監安迪・泰勒 （Andy Taylor）所提供。

14. Daina Beth Solomon, "Amazon Becomes Mexico's Top Online Retailer in 2017: Report," Reuters, December 15, 2017, https://www.reuters.com/article/us-mexico-retail/amazon-becomes-mexicos-top-online-retailer-in-2017-report-idUSKBN1E92ID (January 20, 2021).

15. Jon Lockett, "Ex-Amazon Mexico CEO on the Run in the US After Wife's Mysterious Murder ... Months After 'Battering Her,' " *The Sun*, December 12, 2019, https://www. thesun.co.uk/news/10538850/amazon-boss-shooting-mexico-fugitive/ (January 20, 2021).

16. Aditi Shrivastava, "How Amazon Is Wooing Small Merchants With Its 'Chai Cart' Programme," *Economic Times*, August 21, 2015, https://economictimes.indiatimes.com/ small-biz/entrepreneurship/how-amazon-is-wooing-small-merchants-with-its-chai-cart-programme/articleshow/48565449.cms (January 20, 2021).

17. 10 Things PM Said at US-India Business Council," *Financial Express*, June 8, 2016, https://www. financialexpress.com/india-news/modi-in-us-10-things-pm-said-at-us-

india-business-council /277037/ (January 20, 2021).

18. 同前。

19. Malavika Velayanikal, "It's Official: Flipkart's App-Only Experiment with Myntra Was a Disaster," *Tech in Asia*, March 28, 2016, https://www.techinasia.com/flipkart-myntra-app-only-disaster (January 20, 2021).

20. Jon Russell, "New E-commerce Restrictions in India Just Ruined Christmas for Amazon and Walmart," *TechCrunch*, December 27, 2018, https://techcrunch.com/2018/12/27/amazon-walmart-india-e-commerce-restrictions/ (January 20, 2021).

21. Saritha Rai and Matthew Boyle, "How Walmart Decided to Oust an Icon of India's Tech Industry," *Bloomberg*, November 15, 2018, https://www.bloomberg.com/news/articles/2018-11-15/how -walmart-decided-to-oust-an-icon-of-india-s-tech-industry?sref=dJuchiL5 (January 20, 2021); Saritha Rai, "Flipkart Billionaire Breaks His Silence After Walmart Ouster," *Bloomberg*, February 4, 2019, https://www.bloomberg .com/news/articles/2019-02-05/flipkart-billionaire-breaks-his-silence-after-walmart-ouster?sref=dJuchiL5 (January 20, 2021).

22. "Flipkart Founder Sachin Bansal's Wife Files Dowry Harassment Case," *Tribune*, March 5, 2020, https://www.tribuneindia.com/news/nation/flipkart-founder-sachin-bansals-wife-files -dowry-harassment-case-51345 (January 20, 2021).

23. Vindu Goel, "Amazon Users in India Will Get Less Choice and Pay More Under New Selling Rules," *New York Times*, January 30, 2019, https://www.nytimes.com/2019/01/30/technology/amazon -walmart-flipkart-india.html (January 20, 2021).

24. Manish Singh, "India's Richest Man Is Ready to Take On Amazon and Walmart's Flipkart," *TechCrunch*, December 31, 2019, https://techcrunch.com/2019/12/30/reliance -retail-jiomart-launch/ (January 20, 2021).

第四章

1. Steve Ballmer interviewed by Charlie Rose, *Charlie Rose*, 48:43, October 21, 2014, https://charlierose.com/videos/28129 (January 20, 2021).

2. Powering the Next Wave of High-Performance, Internet Scale Applications," *All Things Distributed*, October 2, 2017, https://www.allthingsdistributed.com/2017/10/a-decade-of -dynamo.html (January 20, 2021); "Dynamo: Amazon's Highly Available Key-Value Store," https://www.allthingsdistributed.com/files/amazon-dynamo-sosp2007.pdf (January 20, 2021).

3. "Jeff Bezos' Risky Bet," *Bloomberg Businessweek*, November 13, 2006, https://www.bloomberg.com/news/articles/2006-11-12/jeff-bezos-risky-bet (January 20, 2021).

4. "Maintaining a Culture of Builders and Innovators at Amazon," Gallup, February 26, 2018, https://www.gallup.com/workplace/231635/maintaining-culture-builders-innovators-amazon.aspx (January 20, 2021).

5. "2015 Amazon.com Annual Report," https://ir.aboutamazon.com/annual-reportsproxies-andshare holder-letters/default.aspx (March 10, 2021).

6. Ben Thompson,"The AWS IPO,"*Stratechery*, May 6, 2015, https://stratechery.com/2015/

the-aws-ipo/ (January 20, 2021).

7. Jon Russell, "Alibaba Smashes Its Record on China's Singles' Day with $9.3B in Sales," *TechCrunch*, November 10, 2014, https://techcrunch.com/2014/11/10/alibaba-makes-strong-start-to-singles-day -shopping-bonanza-with-2b-of-goods-sold-in-first-hour/ (January 20, 2021).

8. Karen Weise, "The Decade Tech Lost Its Way," *New York Times*, December 15, 2019, https://www.nytimes .com/interactive/2019/12/15/technology/decade-in-tech.html (January 20, 2021).

9. 同前。

10. Mark Wilson, "You're Getting Screwed on Amazon Prime Day," *Fast Company*, July 12, 2019, https://www.fastcompany.com/90374625/youre -getting-screwed-on-amazon-prime-day (January 20, 2021).

11. Matt Krantz, "Amazon Just Surpassed Walmart in Market Cap," *USA Today*, July 23, 2015, https://www.usatoday.com/story/money/markets/2015/07/23/amazon-worth-more-walmart/30588783/ (January 20, 2021).

12. Taylor Soper, "A Good Day: Macklemore Performs for Amazon Employees After Company Crushes Earnings," *GeekWire*, July 24, 2015, https://www.geekwire. com/2015/a-good-day-macklemore-performs-for-amazon-employees-after-company-crushes-earnings/(January 20, 2021).

13. Jodi Kantor and David Streitfeld, "Inside Amazon: Wrestling Big Ideas in a Bruising Workplace," *New York Times*, August 15, 2015, https://www.nytimes.com/2015/08/16/technology/inside-amazon-wrest ling-big-ideas-in-a-bruising-workplace.html (January 20, 2021).

14. Jay Carney, "What the New York Times Didn't Tell You," *Medium*, October 19, 2015, https://medium.com/@jaycarney/what-the-new-york-times-didn-t-tell-you-a1128aa78931 (January 20, 2021).

15. John Cook, "Full Memo: Jeff Bezos Responds to Brutal NYT Story, Says It Doesn't Represent the Amazon He Leads,"*GeekWire*, August 16, 2015, https://www.geekwire. com/2015/full-memo-jeff-bezos-responds-to-cutting-nyt-expose-says -tolerance-for-lack-of-empathy-needs-to-be-zero/ (January 20, 2021).

16. 前亞馬遜人資主管皮亞先提尼與作者的對話，以及前蘋果財務主管 Georges Guyon de Chemilly 與作者的對話。

17. Amazon Staff, "Amazon Ranks #2 on Forbes World's Best Employers List," Amazon, October 20, 2020, https://www.aboutamazon.com/news/workplace/amazon-ranks-2-on-forbes -worlds-best-employers-list (January 20, 2021).

18. Spencer Soper, "Amazon Workers Facing Firing Can Appeal to a Jury of Their Co-Workers," *Bloomberg*, June 25, 2018, https://www.bloomberg.com/news/articles/2018-06-25/amazon-workers-facing-firing-can-appeal-to-a-jury-of-their-co-workers?sref=dJuchiL5 (January 20, 2021).

第五章

1. Glenn Kessler, "Trump's Claim That He 'Predicted Osama bin Laden,' " *Washington Post*, December 7, 2015, https://www.washingtonpost.com/news/fact-checker/wp/2015/12/07/trumps-claim-that-he-predicted-osama-bin-laden/ (January 20, 2021).

2. Tim Stenovic, "Donald Trump Just Said If He's Elected President Amazon Will Have Problems," *Business Insider*, February 26, 2016, https://www.businessinsider.com/donald-trump-says-amazon-will-have -such-problems-2016-2 (January 20, 2021).

3. 關於貝佐斯收購《華盛頓郵報》之前該報所面臨的挑戰，以及收購後的轉變，請參見 Jill Abramson, *Merchants of Truth* (New York: Simon & Schuster, 2019)。

4. 同前，256.

5. Matthew Cooper, "Fred Hiatt Offered to Quit Jeff Bezos's Washington Post," *Yahoo News*, November 5, 2013, https://news.yahoo.com/fred-hiatt-offered-quit-jeff-bezoss-washington -post-123233358--politics.html (January 20, 2021).

6. Craig Timberg and Paul Farhi, "Jeffrey P. Bezos Visits the Post to Meet with Editors and Others," *Washington Post*, September 3, 2013, https://www.washingtonpost.com/lifestyle/style/jeffrey-p-bezos-visits-the -post-to-meet-with-editors-and-others/2013/09/03/def95cd8-14df-11e3-b182 -1b3bb2eb474c_story.html (January 20, 2021).

7. Dan Kennedy, "The Bezos Effect: How Amazon's Founder Is Reinventing *The Washington Post*—and What Lessons It Might Hold for the Beleaguered Newspaper Business," Shorenstein Center on Media, Politics and Public Policy, June 8, 2016, https://shorensteincenter.org/bezos-effect-washington-post/ (January 20, 2021).

8. Abramson, *Merchants of Truth*, 262.

9. Mathias Döpfner, "Jeff Bezos Reveals What It's Like to Build An Empire ...," *Business Insider*, April 28, 2018, https://www.businessinsider.com/jeff-bezos -interview-axel-springer-ceo-amazon-trump-blue-origin-family-regulation -washington-post-2018-4 (January 20, 2021).

10. Justin Ellis, "By Building Partnerships with Other Newspapers, the Washington Post Is Opening Up Revenue Opportunities," Nieman Lab, April 7, 2015, https://www.niemanlab.org /2015/04/congratulations-toledo-blade-reader-on-your-subscription-to-the-washington-post/ (January 20, 2021).

11. WashPostPR, "CBS: Jeff Bezos Talks Washington Post Growth (VIDEO)," *Washington Post*, November 24, 2015, https://www.washingtonpost.com/pr/wp/2015/11/24/cbs-jeff-bezos-talks-washington-post-growth-video/&fresh content=1/? output Type=amp&arc4 04 =true (January 20, 2021).

12. Ken Doctor, "On the Washington Post and the 'Newspaper of Record' Epithet," *Politico*, December 3, 2015, https://www.politico.com/media /story/2015/12/on-the-washington-post-and-the-newspaper-of-record-epithet-004303/ (January 20, 2021); Frank Pallotta, "WaPo's 'New Publication of Record, Claim Draws NYT Shots," CNN, November 25, 2015, https://money .cnn.com/2015/11/25/media/washington-post-new-york-times-paper-of -record/ (January 20, 2021).

13. Steven Mufson, "Washington Post Announces Cuts to Employees5 Retirement Benefits," *Washington Post*, September 23, 2014, https://www.washingtonpost. com/business/economy/washington-post-announces-cuts-to-employees-retirement-benefits/2014/09/23/f485981a-436d-11e4-b437-1a7368204804_story.html (January 20, 2021).

14. Jeff Bezos interviewed by Marty Baron, "Jeff Bezos Explains Why He Bought the Washington Post," *Washington Post* video, 4:00, May 18, 2016, https://www .washingtonpost.com/video/postlive/jeff-bezos-explains-why-he-bought-the -washington-post/2016/05/18/e4bafdae-1d45-11e6-82c2-a7dcb313287d_video .html (January 20, 2021).

15. Benjamin Wofford, "Inside Jeff Bezos's DC Life," *Washingtonian*, April 22, 2018, https://www.washingtonian.com/2018/04/22/inside-jeff-bezos-dc-life/ (January 20, 2021).

16. Gerry Smith, "Bezos's Washington Post Licenses Its Publishing Technology to BP," *Bloomberg*, September 25, 2019, https://www.bloomberg.com/news/ articles/2019-09-25/bezos-s-washington-post-licenses-its-publishing-technology-to-bp (January 20, 2021).

17. Joshua Benton, "The Wall Street Journal Joins the New York Times in the 2 Million Digital Subscriber Club," Nieman Lab, February 10, 2020, https://www.niemanlab. org/2020/02/the-wall-street -journal-joins-the-new-york-times-in-the-2-million-digital-subscriber-club/ (January 20, 2021).

18. Marissa Perino, "The Most Outrageous Splurges of Tech Billionaires, from Richard Branson's Private Island to Jeff Bezos' $65 Million Private Jet," *Business Insider*, October 15, 2019, https://www.businessinsider.com/elon-musk-bill-gates-jeff-bezos-tech -billionaire-wildest-purchases-2019-10 (January 20, 2021), and Marc Stiles, "Costco Just Sold a $5.5M Boeing Field Hangar to Jeff Bezos," *Puget Sound Business Journal*, October 22, 2015, https://www.bizjournals.com/seattle /blog/techflash/2015/10/costco-just-sold-a-5-5boeing-field-hangar-to-jeff .html (January 20, 2021).

19. Rick Gladstone, "Jason Rezaian Travels to U.S. on Washington Post Owner's Plane," *New York Times*, January 22, 2016, https://www.nytimes.com/2016/01/23/world/ middleeast/rezaian-family-departs-germany-us.html (January 20, 2021).

20. Wofford, "Inside Jeff Bezos's DC Life."

第六章

1. Pete Hammond, "Pete Hammond's Notes on the Season: AFI Narrows the Race; 'La La5 Hits L.A.; Jeff Bezos Throws a Party 'By The Sea'; Tom Ford Chows Down," *Deadline*, December 8, 2016, https://deadline.com/20l6/l2/pete-hammonds-notes-on- the season afi narrows the race la la hits l a jeff bezos throws a party by the sea tom-ford -chows-down-1201867352/ (January 20, 2021), and "Jeff Bezos and Matt Damon's 'Manchester by the Sea' Holiday Party,' " IMDb, www.imdb.com/gallery/ rg2480708352/?ref_=rg_mv_sm (January 20, 2021).

2. Rebecca Johnson, "MacKenzie Bezos: Writer, Mother of Four, and High-Profile Wife," *Vogue*, February 20, 2013, https://www.vogue.com/article/a-novel-perspective-mackenzie-bezos (January 20, 2021).

3. Peter Bart, "Peter Bart: Amazon's Jeff Bezos Taking Aim at Hollywood," *Deadline*, December 9, 2016, https://deadline.com/2016/12/jeff-bezos-hollywood-plan-amazon -manchester-by-the-sea-peter-bart-1201867514/ (January 20, 2021).

4. Mathew Ingram, "Here's Why Comcast Decided to Call a Truce with Netflix," *Fortune*, July 5, 2016, https://fortune.com/2016/07/05/comcast-truce-netflix/ (January 20, 2021).

5. Cecilia Kang, "Netflix Opposes Comcast's Merger with Time Warner Cable, Calls It Anticompetitive," *Washington Post*, April 21, 2014, https://www.washingtonpost.com/ news/the-switch/wp/2014/04/21/netflix-opposes-comcasts-merger-with-time-warner-cable-calls-it-anticompetitive / (January 20, 2021).

6. Sarah Perez, "Amazon Prime Video is coming to Comcast's cable boxes," *TechCrunch*, August 2, 2018, https://techcrunch.com/2018/08/02/amazon-prime-video-is-coming-to-com casts-cable-boxes/ February 23, 2021).

7. Joel Keller, "Inside Amazon's Open-Source Original Content Strategy," *Fast Company*, March 8, 2013, https://www.fastcompany.com/1682510/inside-amazons-open-source-original -content-strategy (January 20, 2021).

8. Jenelle Riley, "Amazon, 'Transparent' Make History at Golden Globes," *Variety*, January 11, 2015, https://variety.com/2015/tv/awards/amazon-transparent-make -history-at-golden-globes-1201400485/ (January 20, 2021).

9. Eugene Kim, "Amazon's $250 Million Bet on Jeremy Clarkson's New Show Is Already Starting to Pay Off," *Business Insider*, November 21, 2016, https://www.businessinsider. com/amazon-250-million-bet-on-the-grand -tour-paying-off-2016-11 (January 20, 2021).

10. Kim Masters, "Amazon TV Producer Goes Public with Harassment Claim Against Top Exec Roy Price (Exclusive), " *Hollywood Reporter*, October 12, 2017, https:// www.hollywoodreporter.com/news/amazon-tv-producer-goes-public-harassment-claim-top-exec-roy-price-1048060 (January 20, 2021), and Stacy Perman, "Roy Price, Ousted from Amazon Over Sexual Harassment Claims, Is Ready to Talk," *Los Angeles Times*, November 23, 2020, https://www.latimes.com/entertainment-arts/business / story/2020-11-23/amazon-studios-roy-price-sexual-harassment-responds-me-too (January 20, 2021).

11. Michelle Castillo, "Netflix Plans to Spend $6 Billion on New Shows, Blowing Away All But One of Its Rivals," CNBC, October 17, 2016, https://www.cnbc.com/2016/10/17/ netflixs-6-billion-content-budget-in-2017-makes-it-one-of-the-top-spenders.html (January 20, 2021).

12. Nathan McAlone, "Amazon Will Spend About $4.5 Billion on Its Fight Against Netflix This Year, According to JP Morgan," *Business Insider*, April 7, 2017, https://www. businessinsider.com/amazon-video -budget-in-2017-45-billion-2017-4 (January 20, 2021).

13. Mark Bergen, "Amazon Prime Video Doesn't Compete with Netflix Because Viewers Will Just Pick Both," *Vox*, May 31, 2016, https://www.vox.com/2016/5/31/11826166/jeff-bezos-amazon-prime-video-netflix (January 21, 2021).

14. Lesley Goldberg," 'Lord of the Rings' Adds 20 to Sprawling Cast for Amazon Series," *Hollywood Reporter*, December 3, 2020, https://www.hollywoodreporter.com/live-feed/lord-of-the-rings-adds-20-to -sprawling-cast-for-amazon-series (January 21, 2021).

15. Brandon Carter,"Djokovic Cancels His Amazon Docuseries," *Baseline*, November 28, 2017, http://baseline.tennis.com/article/70627/novak-djokovic-calls-amazon-documentary (January 21, 2021).

16. Ben Fritz and Joe Flint,"Where Amazon Is Failing to Dominate: Hollywood," *Wall Street Journal*, October 6, 2017, https://www.wsj.com/articles/where-amazon-is-failing-to-dominate-hollywood-1507282205 (January 21, 2021).

17. 同前。

18. Masters, "Amazon TV Producer Goes Public."

第七章

1. 1 Spencer Soper, "Amazon's Clever Machines Are Moving from the Warehouse to Headquarters," *Bloomberg*, June 13, 2018, https://www.bloomberg.com/news/articles/2018-06-13/amazon-s-clever-machines-are-moving-from-the-warehouse-to-headquarters (January 22, 2021).

2. Vidhi Choudary, "Wish, Shopping App for Less Affluent Consumers, Files $1.1B IPO," *TheStreet*, December 7, 2020, https://www.thestreet.com/investing/wish-shopping-app-files-for-1point1-billion -ipo (January 25, 2021).

3. Priya Anand, "Wish, the Online Dollar Store, Is Losing Momentum Before IPO," *Bloomberg*, December 15, 2020, https://www.bloomberg.com/news/articles/2020-12-15/wish-the-online-dollar-store-is-losing-momentum-before-ipo (January 25, 2020).

4. Greg Bensinger, "Shopping App Wish Lands $50 Million Financing Round," *Wall Street Journal*, June 27, 2014, https://www.wsj.com/articles/BL-DGB-36173 (January 25, 2021).

5. Priya Anand, "Wish, the Online Dollar Store, Is Losing Momentum Before IPO," *Bloomberg*, December 15, 2020, https://www.bloomberg.com/news/articles/2020-12-15/wish-the-online-dollar-store-is-losing-momentum-before-ipo (January 25, 2020)

6. 本書作者於 2019 年 6 月 26 日訪談蘇爾茲夫斯基。蘇爾茲夫斯基向《富比士》（*Forbes*）雜誌講述的版本非常不同，因此，他之後對其中的差異做出釐清。參見：Parmy Olson, *Forbes*, "Meet the Billionaire Who Defied Amazon and Built Wish, the World's Most-Downloaded E-Commerce App," March 13, 2019, https://www.forbes.com/sites/parmyolson/2019/03/13/meet-the-billionaire-who-defied-amazon-and-built-wish-the-worlds-most-downloaded-e-commerce-app/#ff927bd70f52 (January 25, 2021).

7. Ryan Petersen, "Introducing Ocean Freight by Amazon: Ecommerce Giant Has Registered to Provide Ocean Freight Services," Flexport.com, January 14, 2016, https://

www.flexport.com/blog/amazon-ocean-freight-forwarder/ (January 25, 2021).

8. 參見古寧罕於 2015 年 1 月 22 日發出的電子郵件，他在 2020 年 8 月 6 日提交給眾議院反托拉斯司法小組委員會做為證詞。https://judiciary.house.gov/uploadedfiles/00185707.pdf (January 25, 2021).

9. Nick Statt, "How Anker Is Beating Apple and Samsung at Their Own Accessory Game," *The Verge*, May 22, 2017, https://www.theverge.com/2017/5/22/15673712/anker-battery-charger-amazon-empire -steven-yang-interview (January 25, 2021).

10. Dave Bryant, "Why and How China Post and USPS Are Killing Your Private Labeling Business," *EcomCrew*, March 18, 2017, https://www.ecomcrew.com/why-china-post-and-usps-are-killing-your-private-labeling-business/ (January 25, 2021 via https://web .archive .org).

11. Alexandra Berzon, "How Amazon Dodges Responsibility for Unsafe Products: The Case of the Hoverboard," *Wall Street Journal*, December 5, 2019, https://www.wsj.com/articles/how-amazon-dodges-responsibility-for-unsafe-products-the-case-of-the-hoverboard-11575563270 (January 25, 2021).

12. Alana Semuels, "When Your Amazon Purchase Explodes," *Atlantic*, April 30, 2019, https://www.theatlantic.com/technology/archive/2019/04/lithium-ion-batteries-amazon-are-exploding/587005/ (January 25, 2021).

13. Ari Levy, "Birkenstock Quits Amazon in US After Counterfeit Surge," CNBC, July 20, 2016,https://www.cnbc.com/2016/07/20/birkenstock-quits-amazon-in-us-after-counterfeit-surge.html(January 25, 2021).

14. Pamela N. Danziger, "Amazon, Already the Nation's Top Fashion Retailer, Is Positioned to Grab Even More Market Share," *Forbes*, January 28, 2020, https://www.forbes.com/sites/pamdanziger/2020/01/28/amazon-is-readying-major-disruption-for-the-fashion -industry/?sh =7acace9267f3 (January 25, 2021).

15. Jeffrey Dastin, "Amazon to Expand Counterfeit Removal Program in Overture to Sellers," Reuters, March 21, 2017, https://www.reuters.com/article/us-amazon-com-counterfeit-idUSKBN16S2EU (January 25, 2021).

16. John Herrman, "All Your Favorite Brands, from BSTOEM to ZGGCD," *New York Times*, February 11, 2020, https://www.nytimes.com/2020/02/11/style/amazon-trademark-copyright.html (January 25, 2021).

17. Jeff Bezos, "2018 Letter to Shareowners," AboutAmazon.com, April 11, 2019, https://www.aboutamazon.com/news/company-news/2018-letter-to-shareholders.

18. Charlie Wood, "The Trump Administration Blacklisted 5 Overseas Amazon Websites as 'Notorious Markets' and Amazon Says It's Political Bullying," *Business Insider*, April 30, 2020,https://www.businessinsider.com/us-blacklists-five-amazon-websites-as-notorious-markets-2020-4(January 25, 2020).

19. Sarah Perez, "To Fight Fraud, Amazon Now Screens Third-Party Sellers Through Video Calls," *TechCrunch*, April 27, 2020, https://techcrunch.com/2020/04/27/to-fight-fraud-amazon-now-screens-third-party-sellers-through-video-calls/ (January 25, 2020).

20. "Chinese Sellers Outnumber US Sellers on Amazon.com," Marketplace Pulse, January

23, 2020, https://www.marketplacepulse.com/articles/chinese-sellers-outnumber-us-sellers-on-amazoncom (January 25, 2021).

21. Jenny Leonard, "Amazon's Foreign Domains Cited by U.S. as Helping Counterfeiters," *Bloomberg*, April 29, 2020, https://www.bloomberg.com/news/articles/2020-04-29/ustr-lists-amazon-s-foreign-domains-in-counterfeiting-report (January 25, 2021).

第八章

1. Brad Stone, "Whole Foods, Half Off," *Bloomberg*, January 29, 2015, https://www.bloomberg.com//news/articles/2015-01-29/in-shift-whole-foods-to-compete-with-price-cuts-loyalty-app (January 24, 2021).

2. David Kesmodel and John R. Wilke, "Whole Foods Is Hot, Wild Oats a Dud—So Said 'Rahodeb,' " *Wall Street Journal*, July 12, 2007, https://www.nytimes.com/2007/07/12/business/12foods .html (January 24, 2021).

3. John Mackey, *Conscious Capitalism* (Boston: Harvard Business Review Press, 2013), 22.（繁中版《品格致勝》，天下文化出版）

4. Heather Haddon and David Benoit, "Whole Foods Faces Specter of Long Investor Fight," *Wall Street Journal*, May 12, 2017, https://www.wsj.com/articles/whole-foods-faces-specter-of-long-investor-fight-1494581401 (January 24, 2021).

5. Spencer Soper and Craig Giammona, "Amazon Said to Mull Whole Foods Bid Before Jana Stepped In," *Bloomberg*, April 11, 2017, https://www.bloomberg.com/news/articles/2017-04-11/amazon-said-to-mull-bid-for-whole-foods-before-jana-stepped-in (January 24, 2021).

6. Greg Bensinger and Laura Stevens, "Amazon, in Threat to UPS, Tries Its Own Deliveries," *Wall Street Journal*, April 24, 2014, https://www.wsj.com/articles/amazon-tests-its-own-delivery-network-1398360018 (January 24, 2021).

7. Mark Rogowsky, "Full-Court Express: Google Expands Its Delivery Service, Puts Heat on Amazon," *Forbes*, October 14, 2014, https://www.forbes.com/sites/markrogowsky/2014/10/14/faster-google-expands-its-same-day-delivery-service-into-new-markets-presses-amazon/ ?sh=1b199d1a5e34 (January 24, 2021).

8. "Google: Amazon Is Biggest Search Rival," BBC, October 14, 2014, https://www.bbc.com/news/technology–29609472 (January 24, 2021).

9. "Private Label Today: Private Label Popular Across Europe," *PLMA International*, 2020, https://www.plmainternational.com/industry-news/private-label-today (January 24, 2021).

10. Greg Bensinger, "Amazon to Expand Private-Label Offerings—from Food to Diapers," *Wall Street Journal*, May 15, 2016, https://www.wsj.com/articles/amazon-to-expand-private-label-offeringsfrom-food-to-diapers-1463346316 (January 24, 2021).

11. Julie Creswell, "How Amazon Steers Shoppers to Its Own Products," *Wall Street Journal*, June 23, 2018, https://www.nytimes.com/2018/06/23/business/amazon-the-brand-buster.html (January 24, 2021).

12. Dana Mattioli, "Amazon Scooped Up Data from Its Own Sellers to Launch Competing

Products," *Wall Street Journal*, April 23, 2020, https://www.wsj.com/articles/amazon-scooped-up- data-from-its-own-sellers-to-launch-competing-products-11587650015 (January 24, 2021).

13. Todd Bishop, "Amazon's Treasure Truck Launch Message Was a Screw-Up─Another Misstep in Bungled Rollout," *Geek Wire,* https://www.geekwire.com/2015/amazon-announces-treasure-trucks-launch-two-months-after-mysterious-delay/ (January 24, 2021).

14. "Amazon Treasure Truck Bursts into Flames in West Philadelphia Parking Lot," CBS Philly, May 3, 2018, https://philadelphia.cbslocal.com/2018/05/03/west-philadelphia-parking-lot-fire-amazon-treasure-truck/amp/ (January 24, 2021).

15. Roberto A. Ferdman, "I Tried to Figure Out How Many Cows Are in a Single Hamburger. It Was Really Hard," *Washington Post*, August 5, 2015, https://www.washingtonpost.com/news/wonk/wp/2015/08/05/there-are-a-lot-more-cows-in-a-single-hamburger-than-you-realize/ (January 24, 2021).

16. Kurt Schlosser, "Hungry for Further Exploration, Jeff Bezos Eats Iguana and Discusses How to Pay for Space Travel," *Geek Wire*, March 12, 2018, https://www.geekwire.com/2018/hungry-exploration-jeff-bezos-eats-iguana-discusses-pay-space-travel/ (January 24, 2021).

17. Stefany Zaroban and Allison Enright, "A Look Inside Amazon's Massive and Growing Fulfillment Network," *Digital Commerce 360*, August 2, 2017, https://www.digitalcommerce360.com/2017/08/02/amazon-jobs-day-a-look-inside-amazons-massive-and-growing-fulfillment-network/ (January 24, 2021).

18. Ronald Orol, "Whole Foods CEO John Mackey: Meeting Amazon Was Like 'Falling in Love,' " *The Street*, March 5, 2018, https://www.thestreet.com/investing/stocks/whole-food-ceo-john-mackey-says-meeting-amazon-was-like-falling-in-love-14509074 (January 24, 2021).

19. Sinead Carew and David Randall, "Whole Foods Shares Keep Rising in Bidding War Speculation," Reuters, June 19, 2017, https://www.reuters.com/article/us-usa-stocks-wholefoods-idUSKBN19A22J (January 24, 2021).

20. Abha Bhattarchai, "Whole Foods Places New Limits on Suppliers, Upsetting Some Small Vendors," *Washington Post*, January 5, 2018, https://www.washingtonpost.com/business/economy/whole-foods-places-new-limits-on-suppliers-upsetting-some-small-vendors/2018/01/05/7f58b466-f0a-11e7-b390-a36dc3fa2842_ story.html (January 24, 2021).

21. Dana Mattioli, "Amazon's Deal Making Threatened by D.C. Scrutiny," *Wall Street Journal*, July 3, 2019, https://www.wsj.com/articles/amazons-deal-making-threatened-by-d-c-scrutiny-11562146205 (January 24, 2021).

22. Laura Stevens, "Amazon Puts Whole Foods, Delivery Units Under Bezos Lieutenant," *Wall Street Journal*, November 9, 2017, https://www.wsj.com/articles/amazon-puts-whole-foods-rapid-delivery- businesses-under-veteran-executive-1510236001 (January 24, 2021).

第九章

1. "How Amazon's Largest Distribution Center Works," YouTube video, posted by Bloomberg Quicktake, November 26, 2012. https://www.youtube.com/watch?v=bfFsqbIn 3E (January 23, 2021).

2. 戴夫‧克拉克於 2019 年 9 月 6 日張貼的推特文：https://twitter.com/davehclark/status /1169986311635079168 (January 23, 2021).

3. Spencer Soper, "Inside Amazon's Warehouse," *Morning Call*, September 18, 2011, https://www.mcall.com/news/watchdog/mc-allentown-amazon-complaints-20110917-story.html (January 23, 2021).

4. Spencer Soper, "The Man Who Built Amazon's Delivery Machine," *Bloomberg*, December 17, 2019, https://www.bloomberg.com/news/articles/2019-12-17/amazon-holiday-shopping-the-man-who-makes-it-happen (January 23, 2021).

5. Chris Welch, "Amazon's Robot Competition Shows Why Human Warehouse Jobs Are Safe for Now," *The Verge*, June 1, 2015, https://www.theverge.com/2015/6/1/8698607/amazon-robot-picking-challenge-results (January 23, 2021).

6. "Meet Amazon's New Robot Army Shipping Out Your Products," *Bloomberg Technology* video, 2:10, December 1, 2014, https://www.bloomberg.com/news/videos/2014-12-01/meet-amazons-new-robot- army-shipping-out-your-products (January 23, 2021).

7. Will Evans, "How Amazon Hid Its Safety Crisis," *Reveal*, September 29, 2020, https://revealnews.org/article/how-amazon-hid-its-safety-crisis/, and United States Department of Labor, "Amazon Fulfillment Center Receives $7k Fine," January 12, 2016, https://www.osha.gov/news/newsreleases/region3/01122016 (January 23, 2021).

8. Spencer Soper, "The Man Who Built Amazon's Delivery Machine," *Bloomberg*, December 17, 2019, https://www.bloomberg.com/news/articles/2019-12-17/amazon-holiday-shopping-the-man-who-makes-it-happen (January 23, 2021).

9. Devin Leonard, "Will Amazon Kill FedEx?" *Bloomberg*, August 31, 2016, https://www.bloomberg.com/features/2016-amazon-delivery / (January 23, 2021).

10. Amrita Jayakumar, "Amazon, UPS Offer Refunds for Christmas Delivery Problems," *Washington Post*, December 26, 2013, https://www.washingtonpost.com /business/economy/amazon-ups-offer-refunds-for-christmas-delivery-problems/2013/12/26/c9570254-6e44-11e3-a523-fe73f0ff6b8d_story .html (January 23, 2021).

11. Cecelia Kang, "Amazon to Deliver on Sundays Using Postal Service Fleet," *Washington Post*, November 13, 2013, https://www.washingtonpost.com/business/technology/amazon-to-deliver-on-sundays-using-postal-service-fleet/2013/11/10/e3f5b770-48c1-11e3-a196-3544a03c2351_story.html (January 23, 2021).

12. David Weil, *The Fissured Workplace* (Harvard University Press, 2014), 威爾在以下的文章中進一步闡釋這些概念："Income Inequality, Wage Determination and the Fissured Workplace," in *After Picketty* (Harvard University Press, 2017), 209.

13. Jason Del Rey, "Amazon Buys Thousands of Its Own Truck Trailers as Its Transportation

Ambitions Grow," *Vox*, December 4, 2015, https://www.vox.com/2015/12/4/11621148/amazon-buys-thousands-of-its-own-trucks-as-its-transportation (January 24, 2021).

14. Ángel González, "Amazon Sues Target-Bound Former Logistics Executive Over 'Confidential' Info," *Seattle Times*, March 22, 2016, https://www.seattletimes.com/business/amazon/amazon-sues-target-bound-former-logistics-executive/ (January 24, 2021).

15. Raymond Chen, "Microspeak: Cookie Licking," Microsoft blog post, December 1, 2009, https://devblogs.microsoft.com/oldnewthing/20091201-00/?p =15843 (January 24, 2021).

16. Mary Schlangenstein, "FedEx CEO Calls Amazon Challenge Reports 'Fantastical,'" *Bloomberg News*, March 17, 2016, https://www.ttnews.com/articles/fedex-ceo-calls-amazon-challenge-reports-fantastical (January 24, 2021).

17. Alan Boyle, "First Amazon Prime Airplane Debuts in Seattle After Secret Night Flight," *GeekWire*, August 4, 2016, https://www.geekwire.com/2016/amazon-prime-airplane-seafair/ (January 24, 2021).

18. Jeffrey Dastin, "Amazon Starts Flexing Muscle in New Space: Air Cargo," Reuters, December 23, 2016, https://www.reuters.com/article/us-amazon-com-shipping-insight/amazon-starts-flexing-muscle-in-new-space-air-cargo-idUSKBN14C1K4 (January 24, 2021).

19. Randy Woods, "Amazon to Move Prime Air Cargo Hub to Cincinnati," *Air Cargo World*, February 1, 2017, https://aircargoworld.com/news/airports/amazon-to-move-prime-air-cargo-hub-to-cincinnati/ (January 24, 2021).

20. Jason Del Re, "Amazon Is Building a $1.5 Billion Hub for Its Own Cargo Airline," *Vox*, January 31, 2017, https://www.vox.com/2017/1/31/14462256/amazon-air-cargo-hub-kentucky-airport-prime-air (January 24, 2021).

21. Spencer Soper, "Behind Amazon's HQ2 Fiasco: Jeff Bezos Was Jealous of Elon Musk," *Bloomberg*, February 3, 2020, https://www.bloomberg.com/news/articles/2020-02-03/amazon-s-hq2-fiasco-was-driven-by-bezos-envy-of-elon-musk (January 24, 2021).

22. Christian Farr, "Former Amazon Driver Acquitted in Death of 84-Year-Old Woman," NBC5, August 1, 2019, https://www.nbcchicago.com/news/local/former-amazon-driver-acquitted-in-death-of-84-year-old-pedestrian/127151/ (January 24, 2021).

23. Caroline O'Donovan and Ken Bensinger, "Amazon's Next-Day Delivery Has Brought Chaos and Carnage to America's Streets—But the World's Biggest Retailer Has a System to Escape the Blame," *BuzzFeed*, August 31, 2019, https://www.buzzfeednews.com/article/carolineodonovan/amazon-next-day-delivery-deaths (January 24, 2021).

24. Patricia Callahan, Caroline O'Donovan, and Ken Bensinger, "Amazon Cuts Contracts with Delivery Companies Linked to Deaths," *ProPublica/BuzzFeed News*, October 11, 2019, https://www.propublica.org/article/amazon-cuts-contracts-with-delivery-companies-linked-to-deaths (January 24, 2021).

25. Patricia Callahan, "His Mother Was Killed by a Van Making Amazon Deliveries. Here's the Letter He Wrote to Jeff Bezos," *ProPublica*, October 11, 2019, https://www.

propublica.org/article/his-mother-was-killed-by-a-van-making-amazon-deliveries-heres-the-letter-he-wrote-to-jeff-bezos (January 24 . 2021).

26. Jacob Demmitt, "Confirmed: Amazon Flex Officially Launches, and It's Like Uber for Package Delivery," *GeekWire*, September 29, 2015, https://www.geekwire.com/2015/confirmed-amazon-flex-officially-launches-and-its-like-uber-for-package-delivery/ (January 24, 2021).

27. Rachel Premack, "The Family of a Pilot Who Died in This Year's Amazon Air Fatal Crash Is Suing Amazon and Cargo Contractors Claiming Poor Safety Standards," *Business Insider*, September 19, 2019, https://www.businessinsider.com/amazon-atlas-air-fatal-crash-pilots-sue-2019-9 (January 24, 2021).

28. Gabrielle Coppola, "Amazon Orders 20,000 Mercedes Vans to Bolster Delivery Program," *Bloomberg*, September 5, 2018, https://www.bloomberg.com/news/articles/2018-09-05/amazon-orders-20-000-mercedes-vans-to-bolster-delivery-program (January 24, 2021).

29. Erica Pandey, "Amazon, the New King of Shipping," *Axios*, June 27, 2019, https://www.axios.com/amazon-shipping-chart-fedex-ups-usps-0dc6bab1-2169-42a8-9e56-0e85c590eb89.html (January 24, 2021).

30. Jim Tankersley, "Trump Said Amazon Was Scamming the Post Office. His Administration Disagrees," *New York Times*, December 4, 2018, https://www.nytimes.com/2018/12/04/us/politics/trump- amazon-post-office.html (January 24, 2021).

31. Paul Ziobro, "UPS to Start 7-Day Delivery to Juggle Demands of Online Shopping," *Wall Street Journal*, July 23, 2019, https://www.wsj.com/articles/ups-to-start-7-day-delivery-to-juggle-demands-of-online-shopping-11563918759 (January 24, 2021), and Paul Ziobro, "UPS and Teamsters Discuss Two -Tier Wages, Sunday Deliveries," *Wall Street Journal*, May 9, 2018, https://www.wsj.com/articles/ups-and-teamsters-discuss-two-tier-wages-sunday-deliveries-1525860000?mod=article inline (January 24, 2021).

32. Thomas Black, "FedEx Ends Ground-Delivery Deal with Amazon," *Bloomberg*, August 7, 2019, https://www.bloomberg.com/news/articles/2019-08-07/fedex-deepens-pullback-from-amazon-as-ground-delivery-deal-ends?sref=dJuchiL5 (January 24, 2021).

33. Paul Ziobro, "Fred Smith Created FedEx. Now He Has to Reinvent It," *Wall Street Journal*, October 17, 2019, https://www.wsj.com/articles/fred-smith-created-fedex-now-he-has-to-reinvent-it-11571324050 (January 24, 2021).

34. Spencer Soper and Thomas Black, "Amazon Cuts Off FedEx Ground for Prime Holiday Shipments," *Bloomberg*, December 16, 2019, https://www.bloomberg.com/news/articles/2019-12-16/amazon-cuts-off-fedex-ground-for-prime-shipments -this-holiday?sref =dJuchiL5 (January 24, 2021).

35. Spencer Soper, "Amazon Will Spend $800 Million to Move to One-Day Delivery," *Bloomberg*, April 25, 2019, https://www.bloomberg.com/news/articles/2019-04-25/amazon-will-spend-800-million-to-move-to-one-day-delivery (January 24, 2021).

36. Amazon staff, "Ultrafast Grocery Delivery Is Now FREE with Prime," Amazon blog,

October 29, 2019, https://www.aboutamazon.com/news/retail/ultrafast-grocery-delivery-is-now-free-with-prime (January 24, 2021).

第十章

1. Chris Spargo, "No Delivery Drones Needed: Amazon Founder Jeff Bezos Flashes His $81bn Smile While Canoodling with His Wife During Some Real-World Shopping at Historic Italian Market," *Daily Mail*, May 11, 2017, https://www.dailymail.co.uk/news/article-4497398/Amazon-founder-Jeff-Bezos-vacations-Italy.html (January 24, 2021).

2. Nick Wingfield, "Jeff Bezos Wants Ideas for Philanthropy, So He Asked Twitter," *New York Times*, June 15, 2017, https://www.nytimes.com/2017/06/15/technology/jeff-bezos-amazon-twitter-charity.html (January 24, 2021).

3. Ian Servantes, "Amazon CEO Jeff Bezos Is Now Buff; Internet Freaks Out," *Men's Health*, July 17, 2017, https://www.menshealth.com/trending-news/a19525957/amazon-jeff-bezos-buff-memes/ (January 24, 2021).

4. Michael Learmonth, "Advertising Becomes Amazon's Newest Low-Price Weapon," *Ad Age*, October 8, 2012, https://adage.com/article/digital/advertising-amazon-s-newest-low-price-weapon/237630 (January 24, 2012).

5. Steve Susi, *Brand Currency: A Former Amazon Exec on Money, Information, Loyalty, and Time* (Lioncrest Publishing, 2019)，以及本書作者的訪談。

6. David Carnoy, "How Is 'Amazon's Choice' Chosen? Amazon Won't Say," *CNET*, March 21, 2018, https://www.cnet.com/news/do-humans-choose-what-products-get-amazons-choice/ (January 24, 2021).

7. Monica Nickelsburg, "US Lawmakers Raise Questions About 'Misleading' Amazon's Choice Recommendations," *GeekWire*, August 12, 2019, https://www.geekwire.com/2019/us-lawmakers-raise-questions-misleading-amazons-choice-recommendations/ (January 24, 2021).

8. Shane Shifflett, Alexandra Berzon, and Dana Mattioli, " 'Amazon's Choice' Isn't the Endorsement It Appears," *Wall Street Journal*, December 22, 2019, https://www.wsj.com/articles/amazons-choice-isnt-the-endorsement-it-appears-11577035151 (January 24, 2021).

9. Juozas Kaziukėnas, "Amazon Demotes Organic Results in Search," Marketplace Pulse, October 30, 2019, https://www.marketplacepulse.com/articles/amazon-search-demotes-organic-results (January 24, 2021).

10. "Investigation of Competition in Digital Markets: Majority Staff Reports and Recommendations," 2020, https://judiciary.house.gov/uploadedfiles/competition_in_digital_markets.pdf (January 24, 2021).

11. Andy Malt, "Amazon Tickets to Close," Amazon blog, February 22, 2018, https://completemusicupdate.com/article/amazon-tickets-to-close/ (January 25, 2021).

12. "Amazon Is Preparing to Close a Chinese E-Commerce Store," *Bloomberg*, April 17, 2019, https://www.bloomberg.com/news/articles/2019-04-17/amazon-is-said-to-prepare-closing-of-chinese-e-commerce-store?sref=dJuchiL5 (January 25, 2021).

13. Mike Rosenberg and Angel González, "Thanks to Amazon, Seattle Is Now America's Biggest Company Town," *Seattle Times*, August 23, 2017, https://www.seattletimes.com/business/amazon/thanks-to-amazon-seattle-is-now-americas-biggest-company-town/ (January 25, 2021).

14. Laura Stevens, Sharon Terlep, and Annie Gasparro, "Amazon Targets Unprofitable Items, with a Sharper Focus on the Bottom Line," *Wall Street Journal*, December 16, 2018, https://www.wsj.com/articles/amazon-targets-unprofitable-items-with-a-sharper-focus-on-the-bottom-line-11544965201 (January 25, 2021).

15. Spencer Soper, "Amazon's Clever Machines Are Moving from the Warehouse to Headquarters," *Bloomberg*, June 13, 2018, https://www.bloomberg.com/news/articles/2018-06-13/amazon-s-clever-machines-are-moving-from-the-warehouse-to-headquarters?sref=dJuchiL5 (January 25, 2021).

16. Staci D. Kramer, "The Biggest Thing Amazon Got Right: The Platform," *Gigaom*, October 12, 2011, https://gigaom.com/2011/10/12/419-the-biggest-thing-amazon-got-right-the-platform/ (January 25, 2021).

17. Bain & Company, "Founder's Mentality, [SM] and the Paths to Sustainable Growth," YouTube, September 10, 2014, https://www.youtube.com/watch?v =Rp4RCIfX66I (January 25, 2021).

18. Tom Metcalf, "Jeff Bezos Passes Bill Gates to Become the World's Richest Person," *Bloomberg*, October 27, 2017, https://www.bloomberg.com/news/articles/2017-10-27/bezos-seizes-title-of-world-s-richest-person-after-amazon-soars (January 25, 2021).

第十一章

以下兩本書是本章的重要參考資料：Christian Davenport, *The Space Barons: Elon Musk, Jeff Bezos, and the Quest to Colonize the Cosmos* (New York: PublicAffairs, 2018), and Tim Fernholz, *Rocket Billionaires: Elon Musk, Jeff Bezos, and the New Space Race* (New York: Houghton Mifflin Harcourt, 2018).

1. Loren Grush, "SpaceX Successfully Lands Its Rocket on a Floating Drone Ship for the First Time," *The Verge*, April 8, 2016, https://www.theverge.com/2016/4/8/11392138/spacex-landing-success-falcon-9-rocket-barge-at-sea (January 24, 2021).

2. Steven Levy, "Jeff Bezos Wants Us All to Leave Earth一for Good," *Wired*, October 15, 2018, https://www.wired.com/story/jeff-bezos-blue-origin/ (January 24, 2021).

3. Clare O'Connor, "Jeff Bezos' Spacecraft Blows Up in Secret Test Flight; Locals Describe 'Challenger-Like' Explosion," *Forbes*, September 2, 2011, https://www.forbes.com/sites/clareoconnor/2011/09/02/jeff-bezos-spacecraft-blows-up-in-secret-test-flight-locals-describe-challenger-like-explosion/?sh=6cde347836c2 (January 24, 2021).

4. Jeff Bezos, "Successful Short Hop, Setback, and Next Vehicle," Blue Origin, September 2, 2011, https://www.blueorigin.com/news/successful short hop setback and next vehicle (January 24, 2021).

5. Jeff Fouse, "NASA Selects Boeing and SpaceX for Commercial Crew Contracts," *SpaceNews*, September 16, 2014, https://spacenews.com/41891nasa-selects-boeing-and-

spacex-for-commercial-crew-contracts/ (January 24, 2021).

6. Nasa Office of Inspector General, "Audit of Commercial Resupply Services to the International Space Station," Report No. IG-18-016, April 26, 2018, pg. 4, https://oig. nasa.gov/docs /IG-18-016.pdf (January 24, 2021).

7. Jonathan Amos, "SpaceX Lifts Off with ISS cargo," BBC, October 8, 2012, https:// www.bbc.com/news/science-environment-19867358 (January 24, 2021).

8. Elon Musk, "Making Humans a Multi-Planetary Species," Mary Ann Liebert, Inc, *New Space* 5 no. 2 (2017): 46, https://www.liebertpub.com/doi/10.1089/space.2017.29009. emu (January 24, 2021).

9. 貝佐斯於 2018 年 2 月 3 日早上 9:30 發的推特文：https://twitter.com/jeffbezos/ status/ 959796196247142400?lang=en (January 24, 2021).

10. Alan Boyle, "Bezos' Blue Origin Space Venture Loses Protest over NASA's Launch Pad," NBC News, December 12, 2013, https://www.nbcnews.com/science/bezos-blue-origin-rocket-venture-fails-stop-nasas-launch-pad-2D11736708 (January 24, 2021).

11. Dan Leone, "Musk Calls Out Blue Origin, ULA for 'Phony Blocking Tactic' on Shuttle Pad Lease," *SpaceNews*, September 25, 2013, https://spacenews.com /37389musk-calls-out-blue-origin-ula-for-phony-blocking-tactic-on-shuttle-pad/ (January 24, 2021).

12. Todd Bishop, "Jeff Bezos' Blue Origin Dealt Setback in Patent Dispute with SpaceX over Rocket Landings," *GeekWire*, March 5, 2015, https://www.geekwire.com/2015/ jeff-bezos-blue-origin-dealt-setback-in-patent-dispute-with-spacex-over-rocket-landings/ (January 24, 2021); Todd Bishop, "Blue Origin's Rocket -Landing Patent Canceled in Victory for SpaceX," *GeekWire*, September 1, 2015, https://www.geekwire. com/2015/blue-origins-rocket-landing-patent-canceled-in-victory-for-spacex/ (January 24, 2021).

13. Armin Rosen, "Elon Musk's Aerospace Argument Just Took a Hit," *Business Insider*, June 17, 2014, https://www.businessinsider.com/ula-wont-buy-rocket-engines-from-russia-anymore-2014-6 (January 24, 2021).

14. Loren Grush, "Spacex Successfully Landed Its Falcon 9 Rocket After Launching It to Space," *The Verge*, December 21, 2015, https://www.theverge. com/2015/12/21/10640306/spacex-elon-musk-rocket-landing-success (January 24, 2021).

15. 貝佐斯於 2015 年 12 月 21 日晚上 8:49 發的推特文：https://twitter.com/jeffbezos/sta tus/679116636310360067?lang=en (January 24, 2021).

16. Eric Berger, "Behind the Curtain: Ars Goes Inside Blue Origin's Secretive Rocket Factory," *Ars Technica*, March 9, 2016, https://arstechnica.com/science/2016/03/behind-the-curtain-ars-goes-inside-blue-origins-secretive-rocket-factory/ (January 24, 2021).

17. Christian Davenport, *The Space Barons: Elon Musk, Jeff Bezos, and the Quest to Colonize the Cosmos* (New York: PublicAffairs, 2018), 11–13

18. Alan Deutschman, "Inside the Mind of Jeff Bezos," *Fast Company,* August 1, 2004, https://www.fastcompany.com/50541/inside-mind-jeff-bezos-4 (January 24, 2021).

19. Mylene Mangalindan, "Buzz in West Texas Is About Jeff Bezos and His Launch

Site," *Wall Street Journal*, November 10, 2006, https://www.wsj.com/articles/
SB116312683235519444 (January 24, 2021).

20. Spencer Soper, "Bezos Sells \$1 Billion a Year in Amazon Stock for Space Project,"
Bloomberg, April 5, 2017, https://www.bloomberg.com/news/articles/2017-04-05/
bezos-hopes-big-windows-will-give-space-tourism-a-boost (January 24, 2021).

21. Chris Bergin and William Graham, "Blue Origin Introduce the New Glenn Orbital
LV," NASASpaceFlight.com, September 12, 2016, https://www.nasaspaceflight.
com/2016/09/blue-origin--new-glenn-orbital-lv/ (January 24, 2021).

22. Sandra Erwin, "Air Force Awards Launch Vehicle Development Contracts to Blue
Origin, Northrop Grumman, ULA," *SpaceNews*, October 10, 2018, https://spacenews.
com/air-force-awards-launch-vehicle-development-contracts-to-blue-origin-northrop-
grumman-ula/ (January 24, 2021).

23. Christian Davenport, "An Exclusive Look at Jeff Bezos' Plan to Set Up Amazon-Like
Delivery for 'Future Human Settlement' of the Moon," *Washington Post*, March 2,
2017, https://www.washingtonpost.com/news/the-switch/wp/2017/03/02/an-exclusive-
look-at-jeff-bezos-plan-to-set-up-amazon-like-delivery-for-future-human-settlement-of-
the-moon/ (January 24, 2021).

24. Mathias Döpfner, "Jeff Bezos Reveals What It's Like to Build An Empire . . . ,"
Business Insider, April 28, 2018, https://www.businessinsider.com/jeff-bezos-interview-
axel-springer-ceo-amazon-trump-blue-origin-family-regulation-washington-post-2018-4
(January 20, 2021).

25. Michael Sheetz, "SpaceX President Knocks Bezos' Blue Origin: 'They Have a Billion
Dollars of Free Money Every Year,' " CNBC, October 25, 2019, https://www.cnbc.
com/2019/10/25/spacex-shotwell-calls-out-blue-origin-boeing-lockheed-martin-
oneweb.html (January 24, 2021).

第十二章

1. Sarah Perez, "39 Million Americans Now Own a Smart Speaker, Report Claims,"
TechCrunch, January 12, 2018, https://techcrunch.com/2018/01/12 /39-million-
americans-now-own-a-smart-speaker-report-claims/ (January 26, 2021).

2. Eric Pryne, "Amazon to Make Giant Move to South Lake Union," *Seattle Times*,
December 22, 2007, https://www.seattletimes.com/business/amazon-to-make-giant-
move-to-south-lake-union/ (January 25, 2021).

3. Matt Day, "Humans of Amazon: Meet Some of the People Behind Seattle's Tech
Juggernaut," *Seattle Times*, March 8, 2018, https://www.seattletimes.com/business /
amazon/humans-of-amazon-meet-some-of-the-people-behind-seattles-tech-juggernaut/
(January 25, 2021); Rosenberg and González, "Thanks to Amazon ."

4. Robert McCartney, "Amazon in Seattle: Economic Godsend or Self Centered
Behemoth?," *Washington Post*, April 8, 2019, https://www.washingtonpost.com/
local/trafficandcommuting/amazon-in-seattle-economic-godsend-or-self-centered-
behemoth/2019/04/08/7d29999a-4ce3-11e9-93d0-64dbcf38ba41_story.html (January

25, 2021).

5. Amy Martinez and Kristy Heim, "Amazon a Virtual No-Show in Hometown Philanthropy," *Seattle Times*, March 31, 2012, https://www.seattletimes.com/business/amazon-a -virtual-no-show-in-hometown-philanthropy/ (January 25, 2021).

6. Will Kenton, "Social License to Operate (SLO)," *Investopedia*, August 23, 2019, https://www.investopedia.com/terms/s/social-license-slo.asp (January 25, 2021).

7. Phuong Le, "Seattle Approves New Income Tax for Wealthy Residents," Associated Press, July 10, 2017, https://apnews.com/article/d747b2eef95449c3963bb62f9736ef93 (January 25, 2021).

8. "A Close Look at the Proposed Head Tax," *Seattle City Council Insight*, October 30, 2017, https://sccinsight.com/2017/10/30/close-look-proposed-head-tax/ (January 25, 2021).

9. Taylor Soper, "Amazon Cancels Huge Summer Picnic and Post-Holiday Party as Seattle Employee Count Swells, Plans New Post-Prime Day Concert," *GeekWire*, June 13, 2018, https://www.geekwire.com/2018/amazon-cancels-huge-summer-picnic-holiday-party-seattle-employee-count-swells-plans-new-prime-day-celebration-concert/ (January 25, 2021).

10. Reid Wilson, "Washington Just Awarded the Largest State Tax Subsidy in U.S. History," *Washington Post*, November 12, 2013, https://www.washingtonpost.com/blogs/govbeat/wp/2013/11/12/washington-just-awarded-the-largest-state-tax-subsidy-in-u-s-history/ (January 25, 2021).

11. Jason Hidalgo, "Art of the Tesla Deal: How Nevada Won a Gigafactory," *Reno Gazette Journal*, September 16, 2014, https://www.rgj.com/story/news/2014/09/13/art-tesla-deal-nv-won-gigafactory/15593371/ (January 25, 2021).

12. Shayndi Raice and Dana Mattioli, "Amazon Sought $1 Billion in Incentives on Top of Lures for HQ2," *Wall Street Journal*, January 16, 2020, https://www.wsj.com/articles/amazon-sought-1-billion-in-incentives-on-top-of-lures-for-hq2-11579179601 (January 25, 2021).

13. Watchdog News, "Foxconn Chooses Wisconsin for Manufacturing Plant, Says 13,000 Jobs Will Be Created," *Center Square*, July 26, 2017, https://www.thecentersquare.com/wisconsin/foxconn-chooses-wisconsin-for-manufacturin-plant-says-13-000-jobs-will-be-created/article 9a65242e-869a-5867-9201-4ef7b49fb2aa.html (January 25, 2021).

14. Amazon, September 7, 2017, https://images-na.ssl-images-amazon.com/images/G/01/Anything/test/images/usa/RFP_3._V516043504_.pdf.

15. Spencer Soper, "Amazon Weighs Boston in Search for Second Headquarters," *Bloomberg*, September 12, 2017, https://www.bloomberg.com/news/articles/2017-09-12/amazon-is-said-to-weigh-boston-in-search-for-second-headquarters (January 25, 2021).

16. Emily Badger, Quoctrung Bui, and Claire Cain Miller, "Dear Amazon, We Picked Your New Headquarters for You," *New York Times*, September 9, 2017, https://www.nytimes.com/interactive/2017/09/09/upshot/where-should-amazon-new-headquarters-be.html

(January 25, 2021).

17. Laura Stevens, Sean McDade, and Stephanie Stamm, "Courting a Giant," *Wall Street Journal*, November 14, 2017, https://www.wsj.com/graphics/amazon-headquarters/ (January 25, 2021).

18. Soper, "Amazon Weighs Boston."

19. Tony Romm, "Amazon's Pursuit of Tax Credits to Build a New Corporate Headquarters Is Getting Early Pushback," *Vox*, September 7, 2017, https://www.vox.com//2017/9/7/16268588/amazon-tax- credits-ro-khanna-opposition (January 25, 2021).

20. Michael Hiltzik, "Column: Memo to Civic Leaders: Don't Sell Out Your Cities for Amazon's New Headquarters," *Los Angeles Times*, September 12, 2017, https://www.latimes.com/business/hiltzik/la-fi-hiltzik-amazon-hq-20170911-story.html (January 25, 2021).

21. Natasha Bach, "Kansas City's Mayor Reviewed 1,000 Products on Amazon to Promote His HQ2 Bid," *Fortune*, October 12, 2017, https://fortune.com/2017/10/12/amazon-hq2-kansas-city/ (January 25, 2021).

22. Shannon Liao, "The Eight Most Outrageous Things Cities Did to Lure Amazon for HQ2," *The Verge*, October 19, 2017, https://www.theverge.com/2017/10/19/16504042 / amazon-hq2-second-headquarters-most-funny-crazy-pitches-proposals-stonecrest-new-york (January 25, 2021).

23. Laura Stevens, Shibani Mahtani, and Shayndi Raice, "Rules of Engagement: How Cities Are Courting Amazon's New Headquarters," *Wall Street Journal*, April 2, 2018, https://www.wsj.com/articles/rules-of-engagement-how-cities-are-courting-amazons-new-headquarters-1522661401?mod =article_inline (January 25, 2021).

24. Richard Fausset, "Georgia Passes Bill That Stings Delta over N.R.A. Position," *New York Times*, March 1, 2018, https://www.nytimes.com/2018/03/01/business/delta-nra-georgia.html (January 25, 2021).

25. Monica Nickelsburg, "Amazon Suspends Construction in Seattle While the City Considers a New Tax on Its Biggest Businesses," *GeekWire*, May 2, 2018, https://www.geekwire.com/2018/amazon-suspends-construction-seattle-city-considers-new-tax-biggest-businesses/ (January 25, 2021), and Matt Day, "Amazon Paid $250 Million in Washington State and Local Taxes for 2017, Source Says," *Seattle Times*, May 9, 2018, https://www.seattletimes.com/business/amazon/amazon-paid-250-million-in-washington-state-and-local-taxes-in-2017-source-says/ (January 25, 2021).

26. Matt Day and Daniel Beekman, "Amazon Issues Threat over Seattle Head-Tax Plan, Halts Tower Construction Planning," *Seattle Times*, May 2, 2018, https://www.seattletimes.com/business /amazon/amazon pauses-plans-for-seattle-office-towers-while-city-council-considers-business-tax/ (January 25, 2021).

27. Rosenberg and González, "Thanks to Amazon."

28. Matt Day, "Amazon Confirms Major Office Lease in Bellevue, Will Occupy Former Expedia Headquarters," *Seattle Times*, August 21, 2018 https://www.seattletimes.com/business/amazon/ amazon-confirms-major-office-lease-in-bellevue-will-occupy-former-

expedia-headquarters/ (January 25, 2021).

29. Richard Karlgaard, "Capital Goes Where It's Welcome," *Forbes*, May 18, 2009, https://www.forbes.com/sites/digitalrules/2009/05/18/capital-goes-where-it -welcome/?sh=36ede97353d4 (January 25, 2021).

30. McCartney, "Amazon in Seattle."

31. Daniel Beekman, "About-Face: Seattle City Council Repeals Head Tax Amid Pressure from Businesses. Referendum Threat," *Seattle Times,* June 12, 2018, https://www. seattletimes.com/seattle-news/politics/about-face-seattle-city-council-repeals-head-tax- amid-pressure-from-big-businesses/ (January 25, 2021).

32. Brad Stone, "At $1 Trillion, Amazon Is Still Not Its Stock Price," *Bloomberg*, September 4, 2018, https://www.bloomberg.com/news/articles/2018-09-04/at-1-trillion- amazon-is-still-not-its-stock-price (January 25, 2021).

33. Scott Galloway, "Professor Scott Galloway on Amazon HQ2 and Why It's Time to Break Up Big Tech," *SupplyChain 24/7*, January 25, 2018, https://www.supplychain247. com/article/professor__scott_Galloway_on_amazon_hq2_break_up_big_tech (January 25, 2021).

34. 同前注。

35. Lina M. Khan, "Amazon's Antitrust Paradox," *Yale Law Journal* 126, no. 3 (2017), https://www.yalelawjournal.org/note/amazons-antitrust-paradox (January 25, 2021).

36. "Amazon Selects New York City and Northern Virginia for New Headquarters," Amazon, November 13, 2018, https://www.aboutamazon.com/news/company-news/ amazon-selects-new-york-city-and- northern-virginia-for-new-headquarters (January 25, 2021).

37. 柯瑞・強生 2018 年 11 月 13 日早上 11:40 發的推特文：https://twitter.com/ CoreyinNYC/status/1062384713535537152 (January 25, 2021).

38. 歐加修—寇蒂茲 2018 年 11 月 12 日晚上 11:40 發的推特文：https://twitter.com/ AOC/status/1062203458227503104 (January 25, 2021).

39. Chris Sommerfeldt and Michael Gartland, "NY Officials Went to Great Lengths to Get Amazon a Helicopter Pad in Queens Despite Fear of Local Pushback: Emails," *New York Daily News*, April 16, 2020, https://www.nydailynews.com/news/politics/ny- amazon-queens-helipad-emails-20200416- 3oi2fwjzpzhmncfzalhqre5aru-story.html (January 25, 2021).

40. Ron Dicker, "Jeff Bezos and Amazon Make Off with Sky-High Perks on New York Post Cover," *HuffPost*, November 14, 2018, https://www.huffpost.com/entry/jeff-bezos- amazon-new-york-post-cover_n_5bec4243e4b044bbb1ab8738 (January 25, 2021).

41. "Industrial & Commercial Abatement Program," NYC Department of Finance, https:// www1.nyc.gov/site/finance/benefits/benefits-industrial-and-commercial-abatement- program-icap.page (January 25, 2021).

42. 參見 J. David Goodman, "Amazon Has a New Strategy to Sway Skeptics in New York," *New York Times*, January 29, 2019, https://www.nytimes.com/2019/01/29/nyregion/ amazon-new-york-long- island-city.html (January 25, 2021).

43. J. David Goodman, "Amazon's New York Charm Offensive Includes a Veiled Threat," *New York Times*, January 30, 2019, https://www.nytimes.com/2019/01 /30/nyregion/amazon -queens -nyc-council .html (January 25, 2021).

44. Robert McCartney, Jonathan O'Connell, and Patricia Sullivan, "Facing Opposition, Amazon Reconsiders N.Y. Headquarters Site, Two Officials Say," *Washington Post*, February 8, 2019,https://www.washingtonpost.com/local/virginia-politics/facing-opposition-amazon-reconsiders-ny-headquarters-site-two-officials-say/2019/02/08/451ffc52-2a19-11e9-b011-d8500644dc98_story.html (January 25, 2021).

45. 同前注。

46. Josh Eidelson and Dina Bass, "Amazon Was Holding Talks Wednesday to Make NYC Deal Happen," *Bloomberg*, February 14, 2019, https://www.bloomberg.com/news/articles/2019-02-14/amazon-was-holding-talks-wednesday-to-make-nyc-deal-happen?sref =dJuchiL5 (January 25, 2021).

47. Jillian Jorgensen, "De Blasio Fumes at Amazon and Skeptics of Dashed Deal for HQ2 in Long Island City," *New York Daily News*, February 15, 2019, https://www.nydailynews.com/news/politics/ny-pol-deblasio-amazon-hq2-20190215-story.html (January 25, 2021).

48. J. David Goodman, "Andrew Cuomo Speaks with Jeff Bezos, Hints of 'Other Ways' to Clear Path for Amazon's Return," *New York Times*, February 28, 2019, https://www.nytimes.com/2019/02/18/ nyregion/amazon-hq2-nyc.html (January 25, 2021).

49. Jonathan O'Connell and Andrew Ba Tran, "Where Bezos's Jet Flies Most—and What It Might Say About Amazon's HQ2 Winner," *Washington Post*, November 2, 2018, https://www.washingtonpost.com/business/where-bezoss-jet-flies-most- -and-what-it-might-say-about-amazons-hq2/2018/11/02/792be19a-de16-11e8-b3f0-62607289efee_story.html (January 25, 2021).

50. 參見 "Amazon Creating 3,500 Jobs in Tech Hubs Across the U.S.," *Business Facilities*, August 21, 2020, https://businessfacilities.com/2020/08/amazon-creating-3500-jobs-in-tech-hubs-across-the-u-s / (January 25, 2021).

第十三章

1. Henry Blodget, "I Asked Jeff Bezos the Tough Questions—No Profits, the Book Controversies, the Phone Flop—and He Showed Why Amazon Is Such a Huge Success," *Business Insider*, December 13, 2014, https://www.businessinsider.com/amazons-jeff-bezos-on-profits-failure-succession-big-bets-2014-12 (January 25, 2021).

2. 同前注。

3. 貝佐斯兄弟的對談："Amazon CEO Jeff Bezos and Brother Mark Give a Rare Interview About Growing Up and the Secrets to Success," *Summit LA17*, 54:55, November 14, 2017, https://summit.co/videos/amazon-ceo-jeff-bezos-and-brother-mark-give-a-rare-interview-about-growing-up-and-secrets-to-success-3nBiJY03McIIQcgcoe2aUe (January 25, 2021).

4. Benjamin Wofford, "Inside Jeff Bezos's DC Life," *Washingtonian*, April 22, 2018, https://www.washingtonian.com/2018/04/22/inside-jeff-bezos-dc-life/ (January 25, 2021).

5. Rebecca Johnson, "MacKenzie Bezos: Writer, Mother of Four, and High-Profile Wife," *Vogue*, February 20, 2013, https://www.vogue.com/article/a-novel-perspective -mackenzie-bezos (January 25, 2021).

6. Katy Waldman, "The Idealized, Introverted Wives of MacKenzie Bezos's Fiction," *New Yorker*, January 23, 2019, https://www .newyorker.com/books/page-turner/the-idealized-introverted-wives-of-mackenzie-bezos-fiction (January 25, 2021).

7. Jonah Engel Bromwich and Alexandra Alter, "Who Is MacKenzie Scott?" *New York Times*, January 12, 2019, https://www.nytimes.com/2019/01/12/style/jeff-bezos-mackenzie-divorce.html (January 25, 2021).

8. 貝佐斯於2018年4月22日下午4:34發的推特影片：https://twitter.com /JeffBezos /status /988154007813173248 (January 25, 2021).

9. Döpfner, "Jeff Bezos Reveals."

10. Sara Salinas, "Amazon's Jeff Bezos Launches a \$2 Billion 'Day One Fund' to Help Homeless Families and Create Preschools," CNBC, September 13, 2018, https://www. cnbc.com/2018/09/13/bezos-launches-day-one-fund-to-help-homeless-families-and-create-preschools.html (January 25, 2021).

11. Adrian Gomez, "Celebrity Buzz Centers on 2 ABQ Natives," *Albuquerque Journal*, January 11, 2019, https://www.abqjournal.com/1267508/celebrity-bu-zzcenters-on-2-abq-natives.html (January 25, 2021).

12. Sara Nathan, "Lauren Sanchez's Brother Tells All on Bezos Romance: 'This Was Real,' " *Page Six*, March 30, 2019, https://pagesix.com/2019/03/30/this-was-real-lauren-sanchezs-brother-tells-all-on-bezos-romance/ (January 25, 2021).

13. Daniel Terdiman, "At Amazon's MARS Conference, Jeff Bezos Plots the Future with 200 (Very) Big Brains," *Fast Company*, March 23, 2018, https://www.fastcompany. com/40547902/at-amazons- mars-conference-jeff-bezos-plots-the-future-with-200-very-big-brains (January 25, 2021).

14. 麻省理工科技評論（MIT Technology Review）於2018年3月20日晚上6:57發的推特影片：https://twitter.com/techreview/status/976231159251324928?lang =en (January 25, 2021).

15. Keith Griffith and Jennifer Smith, "Jeff Bezos and Lover Lauren Sanchez 'Made Out Like Teenagers' in Hollywood Hotspot at Table Next to Michael Sanchez 'Just Days After Their Spouses Discovered Affair,' " *Daily Mail*, January 12, 2019, https://www. dailymail.co.uk/news/article-6583895/Jeff- Bezos-lover-reportedly-like-teenagers-Hollywood-restaurant-Felix.html (January 25, 2021).

16. 藍色起源公司於2018年10月15日張貼的YouTube影片「Millions of People Living and Working in Space」，1:57處。https://www.youtube.com/watch?v =KMdpdmJshFU&feature =emb logo&ab_channel =BlueOrigin (January 25, 2021).

17. David Ng, Stacy Perman, and Richard Winton, "Who Is Michael Sanchez? Low-Level

Hollywood Manager Is a Pivotal Figure in Bezos-Pecker Storm," *Los Angeles Times*, February 13, 2019, https://www.latimes.com/business/hollywood/la-fi-ct-michael-sanchez-20190213-story.html (January 26, 2021).

18. Gary Baum, "Dylan Howard's Hollywood Reboot: Why Are So Many A-Listers Working with a Tabloid Henchman?" *Hollywood Reporter*, February 3, 2020, https://www.hollywoodreporter.com/features /why-are-a-listers-working-dylan-howard-1275651 (January 26, 2021).

19. Lachlan Markay, "Emails Tell the Inside Story of How the Enquirer Got Jeff Bezos' Nudes," *Daily Beast*, July 3, 2020, https://www.thedailybeast.com/emails-tell-the-inside-story- of-how-the-enquirer- got-jeff-bezos-nudes (January 26, 2021).

20. Extra: "TV Reunion! Emmy Winner Lauren Sanchez Returns to Host 'Extra' This Thursday," *Radar Online*, September 11, 2018, https://radaronline.com/exclusives/2018/09/tv-reunion-emmy-winner-lauren-sanchez-returns-to-host-extra/ (January 26, 2021).

21. Markay, "Emails."

22. Joe Palazzolo and Michael Rothfeld, *The Fixers: The Bottom-Feeders, Crooked Lawyers, Gossipmongers, and Porn Stars Who Created the 45th President* (New York: Random House, 2020), 351–356.

23. "Declaration of Dylan Howard, James Robertson and Andrea Simpson in Support of Defendants' Special Motion to Strike," in *Michael Sanchez v. American Media, Inc*, pg. 4, line 19.

24. Letter to Charles Stillman and James Mitchell from the U.S. Attorney for the Southern District of New York, September 20, 2018, https://www.justice.gov/usao-sdny/press-release/file/1119501/download (January 26, 2021).

25. Michael Rothfeld, Joe Palazzolo, and Alexandra Berzon, "How the National Enquirer Got Bezos' Texts: It Paid $200,000 to His Lover's Brother," *Wall Street Journal*, March 18, 2019. https://www.wsj.com /articles/how-the-national-enquirer-got-bezos-texts-it-paid-200-000-to-his-lovers-brother-11552953981 (January 26, 2021).

26. 同前注。

27. Evan Real, "Lauren Sanchez's Brother Speaks Out About Involvement in Jeff Bezos Affair Leaking," *Hollywood Reporter*, February 14, 2019, https://www.hollywoodreporter.com/news/lauren-sanchezs-brother-speaks-involvement-jeff-bezos-affair-leaking-1186817 (January 26, 2021).

28. Marc Fisher, Manuel Roig-Franzia, and Sarah Ellison, "Was Tabloid Exposé of Bezos Affair Just Juicy Gossip or a Political Hit Job?" *Washington Post*, February 5, 2019, https://www.washingtonpost.com /politics/was-tabloid-expose-of-bezos-affair-just-juicy-gossip-or-a-political-hit-job/2019/02/05/03d2f716-2633-11e9-90cd-dedb0c92dc17_story .html (January 26, 2021).

29. 貝佐斯於2019年1月9日早上9:17發的推特文：https://twitter.com/JeffBezos/status /1083004911380393985 (January 26, 2021).

30. Fisher, Roig-Franzia, and Ellison, "Tabloid Exposé."

31. Matthew Yglesias, "Donald Trump's Twitter Feud with Amazon, Explained," Vox, April 4, 2018, https://www.vox.com/policy-and-politics/2018/4/4/17193090/trump-amazon-feud (January 26, 2021).

32. Dylan Howard, James Robertson, and Andrea Simpson, "Bezos Shared Wife's Pillow Talk with Mistress, Boasted About U2's Bono," *National Enquirer*, January 12, 2019, https://www.nationalenquirer.com/celebrity/jeff-bezos-shared-wifes-pillow-talk-with-mistress-lauren-sanchez/ (January 26, 2021).

33. "First Photos Show Jeff Bezos' Girlfriend Lauren Sanchez Carefree After Scandal," *Us Weekly*, January 14, 2019, https://www.usmagazine.com/celebrity-news/pictures/lauren-sanchez-steps-out-after-news-of-jeff-bezos-affair-pics/ (January 26, 2021).

34. Declaration of Dylan Howard.

35. Jeff Bezos, "No Thank You, Mr. Pecker," *Medium*, February 7, 2019, https://medium.com /@jeffreypbezos /no -thank -you-mr -pecker -146e3922310f (January 26, 2021).

36. Fisher, Roig-Franzia, and Ellison, "Tabloid Exposé."

37. Lachlan Markay and Asawin Suebsaeng, "Bezos Launches Investigation into Leaked Texts with Lauren Sanchez That Killed His Marriage," *Daily Beast*, January 30, 2019, https://www .thedailybeast.com/bezos-launches-investigation-into-leaked-texts-with-lauren-sanchez -that-killed-his-marriage (January 26, 2021); Lachlan Markay and Asawin Suebsaeng, "Bezos' Investigators Question Michael Sanchez, Brother of Mistress Lauren Sanchez, in National Enquirer Leak Probe," *Daily Beast*, February 13, 2019, https://www.thedailybeast.com/bezos-investigators-question-the-brother-of-his-mistress-lauren-sanchez-in-national-enquirer-leak-probe (January 26, 2021).

38. Markay and Suebsaeng, "Bezos' Investigators."

39. Gerry Smith and Elise Young, "New Jersey Officials Press National Enquirer's Hedge-Fund Owner over Bezos Feud," *Bloomberg*, February 12, 2019, https://www.bloomberg.com/news/articles/2019-02-12/n -j-officials-press-enquirer-s-hedge-fund-owner-over-bezos-feud?sref=dJuchiL5 (January 26, 2021); Katherine Burton, Sridhar Natarajan, and Shahien Nasiripour, "As N.J. Cuts Hedge Fund Ties, Chatham Shows That Can Take Years," Bloom-berg, June 11, 2019, https://www.bloomberg.com/news/articles/2019-06-11/as-n-j-cuts-hedge-fund-ties-chatham-shows-that-can-take-years?sref=dJuchiL5 (January 26, 2021).

40. Fisher, Roig-Franzia, and Ellison, "Tabloid Exposé."

41. Bezos, "No Thank You."

42. 同前注。

43. 同前注。

44. Gavin de Becker, "Bezos Investigation Finds the Saudis Obtained His Private Data," Daily Beast, March 31, 2019, https://www.thedailybeast.com/jeff-bezos-investigation-finds-the-saudis- obtained- his-private-information (January 26, 2021).

45. 參見："National Enquirer Says Saudis Didn't Help on Bezos Story," *Daily Beast*, March 31, 2019, https://www.thedailybeast.com/national-enquirer-says-saudis-didnt-help-on-bezos-story (January 26, 2021).

46. Katie Paul, "Exclusive: Apple and Amazon in Talks to Set Up in Saudi Arabia—Sources," Reuters, December 28, 2017, https://www.reuters.com/article/us-saudi-tech-exclusive/exclusive-apple-and-amazon-in-talks-to-set-up-in-saudi-arabia-sources-idUSKBN1EM0PZ (January 26, 2021); Bradley Hope and Justin Scheck, *Blood and Oil: Mohammed Bin Salman's Ruthless Quest for Global Power* (New York: Hachette, 2020).

47. Marc Fisher and Jonathan O'Connell, "The Prince, the Billionaire and the Amazon Project That Got Frozen in the Desert," *Washington Post,* October 27, 2019, https://www.washingtonpost.com/politics/the-prince-the-billionaire-and-the-amazon-project-that-got-frozen-in-the-desert/2019/10/27/71410ef8-eb9c-11e9-85c0-85a098e47b37_story.html (January 26, 2021).

48. Justin Scheck, Bradley Hope, and Summer Said, "Saudi Prince Courted Amazon's Bezos Before Bitter Split," *Wall Street Journal*, January 27, 2020, https://www.wsj.com/articles/saudi-prince-courted-amazons -bezos-before-bitter-split-11580087674 (January 26, 2021).

49. Marc Fisher, "U.N. Report: Saudi Crown Prince Was Involved in Alleged Hacking of Bezos Phone," *Washington Post*, January 22, 2020, https://www.washingtonpost.com/politics/un-ties-alleged-phone-hacking-to-posts-coverage-of-saudi-arabia/2020/01/22/a0bc63ba-3d1f-11ea-b90d-5652806c3b3a _story .html (January 26, 2021); Jared Malsin, Dustin Volz, and Justin Scheck, "U .N . Suggests Bezos' Phone Was Hacked Using Saudi Crown Prince's Account," *Wall Street Journal*, January 22, 2020, https://www.wsj.com/articles/u-n-experts-say-hacking-of-bezoss-phone-suggests-effort-to-influence-news-coverage-11579704647 (January 26, 2021).

50. Ben Feuerherd, "Jeff Bezos and Lauren Sanchez Get Cozy on Mega Yacht in Italy," *Page Six*, August 31, 2019, https://pagesix.com/2019/08/31/jeff-bezos-and-lauren-sanchez-get-cozy-on-mega-yacht-in-italy/ (January 26, 2021).

51. Priya Elan, "Dress Like a Tech Bro in Kaftan, Sliders, Gilet . . . and Jeff Bezos's Shorts," *The Guardian*, November 2, 2019, https://www.theguardian.com/fashion/2019/nov/02/jeff-bezos-shorts-tech-bro-fashion (January 26, 2021).

52. Bill Bostock, "Jeff Bezos Attended a Vigil at the Saudi Consulate Where Washington Post Writer Jamal Khashoggi Was Murdered One Year Ago," *Business Insider*, October 2, 2019, https://www.businessinsider.com/jeff-bezos-visit-saudi-consulate-istanbul-khashoggi-murder-anniversary-2019-10 (January 26, 2021).

53. "Washington Post Owner Jeff Bezos Attends Khashoggi Memorial in Istanbul," *Daily Sabah*, October 2, 2019, https://www.dailysabah.com/turkey/2019/10/02/washington-post-owner-jeff-bezos-attends-khashoggi-memorial-in-istanbul (January 26, 2021).

54. 同前注。

55. Eileen Kinsella, "Jeff Bezos Reportedly Spent More Than $70 Million on a Kerry James Marshall and a Record-Shattering Ed Ruscha at Auction Last Fall," *Artnet*, February 6, 2020, https://news.artnet.com/market/jeff-bezos-art-collector-1771410 (January 26, 2021).

56. Katy McLaughlin and Katherine Clarke, "Jeff Bezos Buys David Geffen's Los Angeles Mansion for a Record $165 Million," *Wall Street Journal*, February 12, 2020, https://www.wsj.com/articles/jeff-bezos-buys-david-geffens-los-angeles-mansion-for-a-record-165-million-11581542020 (January 26, 2021).

第十四章

1. Spencer Soper, "Amazon Will Spend $800 Million to Move to One-Day Delivery," *Bloomberg*, April 25, 2019," https://www.bloomberg.com/news/articles/2019-04-25/amazon-will-spend-800-million-to-move-to-one-day-delivery?sref=dJuchiL5 (January 25, 2021).

2. Jack Witzig, Berber Jin, and *Bloomberg*, "Jeff Bezos's Net Worth Hits a New High After Recovering Losses from Divorce," *Fortune*, July 2, 2020, https://fortune.com/2020/07/02/jeff-bezos-net-worth-new-high-amazon-shares-divorce/ (January 25, 2021).

3. Transcript of Economic Club of Washington, D.C., interview, September 13, 2018, https://www.economicclub.org/sites/default/files/transcripts/Jeff_Bezos_Edited_Transcript.pdf (January 25, 2021).

4. Marc Levinson, *The Great A&P and the Struggle for Small Business in America* (New York: Hill and Wang, 2011).

5. Elizabeth Warren, "Here's How We Can Break Up Big Tech," *Medium*, March 8, 2019, https://medium.com/@teamwarren/heres-how-we-can-break-up-big-tech-9ad9e0da324c (January 25, 2021).

6. "This Is Why Warren Wants to Break Up Big Tech Companies," CNN, April 23, 2019, https://www.cnn.com/videos/politics/2019/04/23/elizabeth-warren-amazon-google-big-tech-break-up-town-hall-vpx.cnn (January 25, 2021).

7. Richard Rubin, "Does Amazon Really Pay No Taxes? Here's the Complicated Answer," *Wall Street Journal*, June 14, 2019, https://www.wsj.com/articles/does-amazon-really-pay-no-taxes-heres-the-complicated-answer-11560504602 (January 25, 2021)

8. Döpfner, "Jeff Bezos Reveals."

9. Abha Battarai, "Amazon Is Doling Out Raises of As Little as 25 Cents an Hour in What Employees Call 'Damage Control,'" *Washington Post*, September 24, 2018, https://www.seattletimes.com/business/amazon/amazon-raises-starting-wage-for-its-workers-to-15-an-hour (January 25, 2021).

10. Jeff Bezos, "2018 Letter to Shareowners," April 11, 2019, https://www.aboutamazon.com/news/company-news/2018-letter-to-shareholders. (January 25, 2021).

11. Krystal Hu, "Some Amazon Employees Say They Will Make Less After the Raise," *Yahoo! Finance*, October 3, 2018, https://finance.yahoo.com/news/amazon-employees-say-will-make-less-raise-174028353.html (January 25, 2021).

12. Bernie Sanders, Tweet, December 27, 2019, https://twitter.com/BernieSanders/status/1210602974587822080 (January 25, 2021).

13. "Amazon 'Getting Away with Murder on tax', says Donald Trump," Reuters, May 13,

2016, https://www.theguardian.com/us-news/2016/may/13/amazon-getting-away-with-on-tax-says-donald-trump (January 25, 2021).

14. 川普於2017年8月16日的推文：https://www.thetrumparchive.com/?searchbox=%22many+jobs+being+lost%21%22 (January 26, 2021).

15. "Be Careful What You Assume," United States Postal Service Office of the Inspector General, February 16, 2015, https://www.uspsoig.gov/blog/be-careful-what-you-assume (January 25, 2021).

16. "Trump's Amazon Attack," FactCheck.org, April 5, 2018, https://www.factcheck.org/2018/04/trumps-amazon-attack/ (January 25, 2021).

17. Damian Paletta and Josh Dawsey, "Trump Personally Pushed Postmaster General to Double Rates on Amazon, Other Firms," *Washington Post*, May 18, 2018, (January 25, 202).

18. 貝佐斯於2017年8月10日的推文：https://twitter.com/JeffBezos/status/895714205822730241 (January 25, 2021).

19. Naomi Nix, "Amazon Has Plenty of Foes in Pentagon Cloud Deal," *Bloomberg*, June 26, 2018, https://www.bloomberg.com/news/articles/2018-06-26/amazon-foes-in-pentagon-cloud-deal-are-said-to-include-sap-csra?sref=dJuchiL5 (January 25, 2021).

20. Naomi Nix, "Inside the Nasty Battle to Stop Amazon from Winning the Pentagon's Cloud Contract," *Bloomberg*, December 20, 2018, https://www.bloomberg.com/news/features/2018-12-20/tech-giants-fight-over-10-billion-pentagon-cloud-contract (January 25, 2021).

21. Brian Schwarz, "Top CEOs Ramp Up GOP Donations as Biden Threatens to Scale Back Corporate Tax Cuts," CNBC, July 27, 2020, https://www.cnbc.com/2020/07/27/top-ceos-give-big-to-gop-as-biden-threatens-to-scale-back-corp-tax-cuts.html (January 25, 2021).

22. Jennifer Jacobs, "Oracle's Safra Catz Raises Amazon Contract Fight with Trump," *Bloomberg*, April 4, 2018, https://www.bloomberg.com/news/articles/2018-04-04/oracle-s-catz-is-said-to-raise-amazon-contract-fight-with-trump?sref=dJuchiL5 (January 25, 2021).

23. Naomi Nix, "Google Drops Out of Pentagon's $10 Billion Cloud Competition," *Bloomberg*, October 8, 2018, https://www.bloomberg.com/news/articles/2018-10-08/google-drops-out-of-pentagon-s-10-billion-cloud-competition?sref=dJuchiL5 (January 25,2021).

24. Mike Stone, "Jeff Bezos Says Amazon Wants to Work More with the Pentagon," Reuters, December 7, 2019, https://www.reuters.com/article/us-usa-pentagon-amazon/amazon-ceo-says-wants-to-work-more-with-pentagon-idUSKBN1YB0JL (January 25, 2021).

25. "President Trump Meeting with Prime Minister of the Netherlands," C-SPAN, July 18, 2019, https://www.c-span.org/video/?462777-1/president-trump-meets-dutch-prime-minister-mark-rutte (January 25, 2021).

26. 川普於2019年7月18日的推文：https://twitter.com/DonaldJTrumpJr/

status/1151905489472630785 (January 25, 2021).

27. Billy Mitchell, "JEDI Complaints Under Review by New Defense Secretary," *FedScoop*, August 1, 2019, https://www.fedscoop.com/jedi-mark-esper-review-congress-complaints/ (January 25, 2021).

28. Frank Konkel and Heather Kuldell, "Esper Recuses Himself from JEDI Cloud Contract Review," NextGov.com, October 22, 2019, https://www.nextgov.com/it-modernization/2019/10/esper-recuses-himself-jedi-cloud-contract-review/160782/ (January 25, 2021).

29. Monica Nickelsburg and Todd Bishop, "Satya Nadella: Staying Out of Politics, Focusing on Tech, Helped Microsoft Win Pentagon Cloud Contract," *GeekWire*, November 1, 2019, https://www.geekwire.com/2019/satya-nadella-staying-politics-focusing-tech-helped-microsoft-win-pentagon-cloud-contract/ (January 26, 2021).

30. Jay Greene and Laura Stevens, "Wal-Mart to Vendors: Get Off Amazon's Cloud," *Wall Street Journal*, June 21, 2017, https://www.wsj.com/articles/wal-mart-to-vendors-get-off-amazons-cloud-1498037402?mod=e2tw (January 26, 2021).

31. Lina Khan, "Amazon's Antitrust Paradox," *Yale Law Journal* 126, no. 3 (2017): 710–805

32. Davis Streitfeld, "Amazon's Antitrust Antagonist Has a Breakthrough Idea," *New York Times*, September 7, 2018, https://www.nytimes.com/2018/09/07/technology/monopoly-antitrust-lina-khan-amazon.html (January 26, 2021).

33. Alexis C. Madrigal, "A Silicon Valley Congressman Takes On Amazon," *Atlantic*, June 19, 2017, https://www.theatlantic.com/technology/archive/2017/06/ro-khanna-amazon-whole-foods/530805/ (January 26, 2021).

34. Kostya Medvedovsky, Tweet, June 19, 2017, https://twitter.com/kmedved/status/876869328934711296 (January 26, 2021).

35. Brent Kendall and Heather Haddon, "FTC Approves Whole Foods-Amazon," *Wall Street Journal*, August 23, 2017, https://www.wsj.com/articles/whole-foods-shareholders-approve-merger-with-amazon-1503498623 (January 26, 2021).

36. Adam Satariano, "Amazon Dominates as a Merchant and Platform. Europe Sees Reason to Worry," *New York Times*, September 19, 2018, https://www.nytimes.com/2018/09/19/technology/amazon-europe-margrethe-vestager.html (January 26, 2021).

37. David McLaughlin, Naomi Nix, and Daniel Stoller, "Trump's Trustbusters Bring Microsoft Lessons to Big Tech Fight," *Bloomberg*, June 11, 2019, https://www.bloomberg.com/news/articles/2019-06-11/trump-s-trustbusters-bring-microsoft-lessons-to-big-tech-fight?sref=dJuchiL5 (January 26, 2021).

38. "Cicilline to Chair Antitrust Subcommittee," January 23, 2019, https://cicilline.house.gov/press-release/cicilline-chair-antitrust-subcommittee (January 26, 2021).

39. Kim Lyons, "Nadler Calls Amazon Letter to Judiciary Committee 'Unacceptable,' ", *Verge*, May 16, 2020, https://www.theverge.com/2020/5/16/21260981/nadler-amazon-bezos-seller-judiciary (January 26, 2021).

40. Lauren Feiner, "Amazon Exec Tells Lawmakers the Company Doesn't Favor Own

Brands over Products Sold by Third-Party Merchants," CNBC, July 16, 2019, https://www.cnbc.com/2019/07/16/amazon-tells-house-it-doesnt-favor-own-brands-in-antitrust-hearing.html (January 26, 2021).

41. Laura Hautala, "Tech Titans Face Video Glitches in Congressional Testimony," *CNET*, July 29, 2020, https://www.cnet.com/news/tech-titans-face-video-glitches-in-congressional-testimony/ (January 26, 2021).

42. Brad Stone, *The Everything Store* (Boston: Little, Brown and Company, 2013), 294–300; 241–246.

43. David McCabe, "One of Amazon's Most Powerful Critics Lives in Its Backyard," *New York Times*, May 3, 2020, https://www.nytimes.com/2020/05/03/technology/amazon-pramila-jayapal.html (January 26, 2021).

44. 2020年7月29日大型科技公司反壟斷聽證會的所有引述皆核對過官方逐字稿：https://www.rev.com/blog/transcripts/big-tech-antitrust-hearing-full-transcript-july-29 (February 27, 2021).

45. Karen Weise, "Prime Power: How Amazon Squeezes the Businesses Behind Its Store," *New York Times*, December 20, 2019, https://www.nytimes.com/2019/12/19/technology/amazon-sellers.html (January 26, 2021).

46. "Supporting Small Businesses," YouTube video, 0:30, "amazon," October 5, 2020, https://www.youtube.com/watch?v=4qwk2T8-SRA&ab_channel=amazon (January 26, 2021).

47. House Committee on the Judiciary, "Judiciary Antitrust Subcommittee Investigation Reveals Digital Economy Highly Concentrated, Impacted by Monopoly Power," October 6, 2020, https://judiciary.house.gov/news/documentsingle.aspx?DocumentID=3429 (January 26, 2021).

48. 同前注。

49. "Amazon Remains the Undisputed No. 1," *eMarket*, March 11, 2020, https://www.emarketer.com/content/amazon-remains-the-undisputed-no-1 (January 26, 2021).

50. Matt Day and Jackie Gu, "The Enormous Numbers Behind Amazon's Market Reach," *Bloomberg*, March 27, 2019, https://www.bloomberg.com/graphics/2019-amazon-reach-across-markets/?sref=dJuchiL5 (January 26, 2021).

51. Subcommittee on Antitrust, Commercial and Administrative Law of the Committee of the Judiciary, "Investigation of Competition in Digital Markets," October 2020, p. 318.

52. "Ultrafast Grocery Delivery Is Now FREE with Prime," AboutAmazon.com, October 29, 2019, https://www.aboutamazon.com/news/retail/ultrafast-grocery-delivery-is-now-free-with-prime (January 26, 2021).

53. Foo Yun Chee, "Europe Charges Amazon with Using Dominance and Data to Squeeze Rivals," Reuters, November 10, 2020, https://www.reuters.com/article/eu-amazon-com-antitrust/europe-charges-amazon-with using its dominance and data to squeeze-rivals-idUSKBN27Q21T (January 26, 2021).

54. Döpfner, "Jeff Bezos Reveals."

第十五章

1. Spencer Soper, "Amazon Results Show New Spending Splurge Paying Off; Shares Jump," *Bloomberg*, January 30, 2020, https://www.bloomberg.com/news/articles/2020-01-30/amazon-holiday-results-crush-wall-street-estimates-shares-surge (January 26, 2021).

2. Jeffrey Dastin, "Amazon Defers 'Non-essential' Moves Even in U.S. as Corporate Travel Bans Spread," Reuters, February 28, 2020, https://www.reuters.com/article/us-china-health-amazon-com/amazon-defers-non-essential-moves-even-in-u-s-as-corporate-travel-bans-spread-idUSKCN20M2TZ (January 26, 2021).

3. Taylor Soper, "Amazon Changes Coronavirus Plan, Tells Seattle Area Employees to Work from Home until March 31," *Geek Wire*, March 4, 2020, https://www.geekwire.com/2020/amazon-changes-coronavirus-plan-tells-seattle-area-employees-work-home-march-31/ (January 26, 2021).

4. Monica Nickelsburg, "Amazon Extends Work from Home Policy to January 2021, Opens Offices with New Safety Measures," *Geek Wire*, July 15, 2020, https://www.geekwire.com/2020/amazon-extends-work-home-policy-january-2021-opens-offices-new-safety-measures/ (January 26, 2021).

5. Roy Maurer, "Job Interviews Go Virtual in Response to COVID-19," *SHRM*, March 17, 2020, https://www.shrm.org/resourcesandtools/hr-topics/talent-acquisition/pages/job-interviews-go-virtual-response-covid-19-coronavirus.aspx (January 26, 2021).

6. Jeff Bezos, "A Message from Our CEO and Founder," Amazon, March 21, 2020, https://www.aboutamazon.com/news/company-news/a-message-from-our-ceo-and-founder (January 26, 2021).

7. Jeff Bezos, Instagram post, March 26, 2020, https://www.instagram.com/p/B-NbzviHy5B/ (January 26, 2021).

8. Jeff Bezos, Instagram post, March 27, 2020, https://www.instagram.com/p/B-QSpVsHQcq/?hl=en (January 26, 2021).

9. Amazon News, Twitter video, April 8, 2020, https://twitter.com/amazonnews/status/1248092828070301697?s=20 (January 26, 2021).

10. Karen Weise and Kate Conger, "Gaps in Amazon's Response as Virus Spreads to More Than 50 Warehouses," *New York Times*, April 5, 2020, https://www.nytimes.com/2020/04/05/technology/coronavirus-amazon-workers.html (January 26, 2021).

11. Benjamin Romano, "Amazon Confirms COVID-Positive Employee in One of Its Seattle-Area Warehouses," *Seattle Times*, March 28, 2020, https://www.seattletimes.com/business/amazon/amazon-confirms-covid-positive-employee-in-one-of-its-seattle-area-warehouses/ (January 26, 2021).

12. Matt Day, "Amazon Is Its Own Biggest Mailman, Shipping 3.5 Billion Parcels," *Bloomberg*, December 19, 2019, https://www.bloomberg.com/news/articles/2019-12-19/amazon-is-its-own-biggest-mailman-delivering-3-5-billion-orders (January 26, 2021).

13. "Amazon Posts Self-Delivery Record in July, Consultancy Says," *Benzinga*, August 14, 2020, https://www.benzinga.com/news/earnings/20/08/17085321/amazon-posts-self-

delivery-record-in-july-consultancy-says (January 26, 2021).

14. Eugene Kim, "Leaked Emails Show Amazon's Drone Delivery Team Is Manufacturing Face Shields for COVID-19 and Crowdsourcing Employee Ideas to Improve Warehouse Safety," *Business Insider*, May 6, 2020, https://www.businessinsider.com/amazon-drone-delivery-team-is-manufacturing-covid-19-face-shields-2020-5 (January 26, 2021).

15. "Getting Millionsof Masks to Our Employees," Amazon, April 5, 2020, https://www.aboutamazon.com/news/company-news/getting-millions-of-masks-to-our-employees (January 26, 2021).

16. Dana Mattioli, "Amazon Retools with Unusual Goal: Get Shoppers to Buy Less Amid Coronavirus Pandemic," *Wall Street Journal*, April 16, 2020, https://www.wsj.com/articles/amazon-retools-with-unusual-goal-get-shoppers-to-buy-less-amid-coronavirus-pandemic-11587034800 (January 26, 2021).

17. "Temporarily Prioritizing Products Coming into Our Fulfillment Centers," Amazon *Services Seller Forums*, March 2020, https://sellercentral.amazon.com/forums/t/temporarily-prioritizing-products-coming-into-our-fulfillment-centers/592213 (January 26, 2021).

18. "Investigation of Competition in Digital Markets," pg. 270, https://www.documentcloud.org/documents/7222836-Investigation-of-Competition-in-Digital-Markets.html#text/p270 (January 26, 2021); Adi Robertson and Russel Brandom, "Congress Releases Blockbuster Tech Antitrust Report," *The Verge*, October 6, 2020, https://www.theverge.com/2020/10/6/21504814/congress-antitrust-report-house-judiciary-committee-apple-google-amazon-facebook (January 26, 2021).

19. Dana Mattioli, "Amazon to Expand Shipments of Nonessential Items, Continue Adding Staff," *Wall Street Journal*, April 13, 2020, https://www.wsj.com/articles/amazon-seeks-to-hire-another-75-000-workers-11586789365 (January 26, 2021).

20. Brad Porter, "Amazon Introduces 'Distance Assistant,'" Amazon, June 16, 2020, https://www.aboutamazon.com/news/operations/amazon-introduces-distance-assistant (January 26, 2021).

21. Mark Di Stefano, "Amazon Drops Pandemic Test to Track Warehouse Workers Through Wi-Fi," *The Information*, November 30, 2020, https://www.theinformation.com/articles/amazon-drops-pandemic-test-to-track-warehouse-workers-through-wi-fi (January 26, 2021).

22. Paris Martineau, "Amazon Quietly Expands Large-Scale Covid Testing Program for Warehouses," *The Information*, September 24, 2020, https://www.theinformation.com/articles/amazon-quietly-expands-large-scale-covid-testing-program-for-warehouses (January 26, 2021).

23. "Update on COVID-19 Testing," Amazon, October 1, 2020, https://www.aboutamazon.com/news/operations/update-on-Covid 19 testing (January 26, 2021).

24. Matthew Fox, "'COVID-19 Has Been Like Injecting Amazon with a Growth Hormone': Here's What 4 Analysts Had to Say About Amazon's Earnings Report as $4,000 Price Targets Start to RollIn," *Business Insider*, July 31, 2020, https://markets.businessinsider.

com/news/stocks/amazon-earnings-wall-street-reacts-blockbuster-report-analysts-stock-price-2020-7-1029456482 (January 26, 2021).

25. Matt Day, Daniele Lepido, Helen Fouquet, and Macarena Munoz Montijano, "Coronavirus Strikes at Amazon's Operational Heart: Its Delivery Machine," *Bloomberg*, March 16, 2020, https://www.bloomberg.com/news/articles/2020-03-16/coronavirus-strikes-at-amazon-s-operational-heart-its-delivery-machine?sref=dJuchiL5 (January 26, 2021).

26. Matthew Dalton, "Amazon Shuts French Warehouses After Court Orders Coronavirus Restrictions," *Wall Street Journal*, April 16, 2020, https://www.wsj.com/articles/amazon-shuts-warehouses-in-france-11587036614 (January 26, 2021); Mathieu Rosemain, "Amazon's French Warehouses to Reopen with 30% Staff—Unions," Reuters, May 18, 2020, https://www.reuters.com/article/health-coronavirus-amazon-france/amazons-french-warehouses-to-reopen-with-30-staff-unions-idINKBN22U27G?edition-redirect=in (January 26, 2021).

27. Pierre-Paul Bermingham, "Amazon Under Fire in France as Coronavirus Restrictions Hit Rivals," *Politico Europe*, November 5, 2020, https://www.politico.eu/article/spotlight-falls-on-amazon-as-french-businesses-are-restricted-by-lockdown-rules/ (January 26, 2021).

28. Sam Dean, "Fearful of COVID-19, Amazon Workers Ask for State Probe of Working Conditions," *Los Angeles Times*, April 9, 2020, https://www.latimes.com/business/technology/story/2020-04-09/fearful-of-covid-19-amazon-workers-ask-for-state-probe-of-working-conditions (January 26, 2021).

29. Sebastian Herrera, "Fired Amazon Warehouse Workers Accuse Company of Retaliation, Which It Denies," *Wall Street Journal*, April 14, 2020, https://www.wsj.com/articles/fired-amazon-warehouse-workers-accuse-company-of-retaliation-which-it-denies-11586891334 (January 26, 2021); Spencer Soper and Matt Day, "Amazon Drivers Received Single Wipe to Clean Vans Before Shifts," *Bloomberg*, March 18, 2020, https://www.bloomberg.com/news/articles/2020-03-18/amazon-drivers-received-single-wipe-to-clean-vans-before-shifts?sref=dJuchiL5 (January 26, 2021).

30. Benjamin Romano, "Amazon Confirms Seattle-Area Warehouse Employee Has Coronavirus," *Seattle Times*, March 28, 2020, https://www.seattletimes.com/business/amazon/amazon-confirms-covid-positive-employee-in-one-of-its-seattle-area-warehouses/ (January 26, 2021).

31. Josh Eidelson and Luke Kawa, "Firing of Amazon Strike Leader Draws State and City Scrutiny," *Bloomberg*, March 30, 2020, https://www.bloomberg.com/news/articles/2020-03-30/amazon-worker-who-led-strike-over-virus-says-company-fired-him (January 26, 2021; "Interview with Chris Smalls," Emily Chang, Bloomberg TV, March 30, 2020, https://www.bloomberg.com/news/videos/2020-03-30/striking-amazon-employee-accuses-company-of-retaliation-video (February 28, 2021).

32. Paul Blest, "Leaked Amazon Memo Details Plan to Smear Fired Warehouse Organizer: 'He's Not Smart or Articulate,'" *Vice News*, April 2, 2020, https://www.vice.com/en/

article/5dm8bx/leaked-amazon-memo-details-plan-to-smear-fired-warehouse-organizer-hes-not-smart-or-articulate, (February 28, 2020).

33. Hayley Peterson, "Amazon-Owned Whole Foods Is Quietly Tracking Its Employees with a Heat Map Tool That Ranks Which Stores Are Most At Risk of Unionizing," *Business Insider*, April 20, 2020, https://www.businessinsider.com/whole-foods-tracks-unionization-risk-with-heat-map-2020-1?r=US&IR=T (January 26, 2021); Nick Statt, "Amazon Deletes Job Listings Detailing Effort to Monitor 'Labor Organizing Threats,'" *The Verge*, September 1, 2020, https://www.theverge.com/2020/9/1/21417401/amazon-job-listing-delete-labor-organizing-threat-union (January 26, 2021).

34. "Amazon worker: At least 600 Amazon employees stricken by coronavirus," CBS, May 10, 2020, https://www.cbsnews.com/news/amazon-workers-with-coronavirus-60-minutes-2020-05-10/ (February 16, 2021).

35. Amazon's "Update on COVID-19 Testing."

36. 同前注。

37. Lauren Kaori Gurley, "Whole Foods Just Fired an Employee Who Kept Track of Corona Virus Cases," *Motherboard*, March 29, 2020, https://www.vice.com/en/article/y3zd9g/whole-foods-just-fired-an-employee-who-kept-track-of-coronavirus-cases (February 28, 2021).

38. Sarah Ashley O'Brien, "Fear and a firing inside an Amazon warehouse," CNN, April 22, 2020, https://www.cnn.com/2020/04/22/tech/amazon-warehouse-bashir-mohamed/index.html (February 28, 2021).

39. Caroline O'Donovan, "This Fired Worker Says Amazon Retaliated Against Her. Now the Company is Facing Charges," *BuzzFeed News*, December 4, 2020, https://www.buzzfeednews.com/article/carolineodonovan/amazon-worker-retaliation-coronavirus (February 16, 2021).

40. Tim Bray, "Bye, Amazon," Ongoingby Tim Bray, April 29, 2020, https://www.tbray.org/ongoing/When/202x/2020/04/29/Leaving-Amazon (January 26, 2021).

41. Brad Porter, "Response to Tim Bray's Departure……" LinkedIn, May 5, 2020, https://www.linkedin.com/pulse/response-tim-brays-departure-brad-porter/ (January 26, 2021).

42. Spencer Soper, "Amazon Projects Revenue Signaling Strong E-Commerce Demand," *Bloomberg*, February 2, 2021, https://www.bloomberg.com/news/articles/2021-02-02/amazon-projects-revenue-signaling-strong-e-commerce-demand (February 28, 2021).

43. Karen Weis, "Pushed by Pandemic, Amazon Goes on a Hiring Spree Without Equal," *New York Times*, November 27, 2020, https://www.nytimes.com/2020/11/27/technology/pushed-by-pandemic-amazon-goes-on-a-hiring-spree-without-equal.html (February 28, 2021).

44. Annie Palmer, "Jeff Wilke, Amazon's Consumer Boss and a Top Lieutenant to Bezos, Will Step Down in 2021," CNBC, August 21, 2020, https://www.cnbc.com/2020/08/21/amazons-consumer-boss-jeff-wilke-to-step-down-in-2021.html (January 26, 2021).

45. Annie Palmer, "Read the full letter Amazon sent to Biden offering to help with Covid-19 vaccines," CNBC, January 20, 2021, https://www.cnbc.com/2021/01/20/amazon-sends-

letter-to-biden-offering-to-help-with-covid-19-vaccines.html (February 28, 2021).

46. Jason Del Ray, "Jeff Bezos finally added 2 more women to Amazon's senior leadership team—joining 19 men," *Recode*, December 5, 2019, https://www.vox. com/recode/2019/12/5/20998013/amazon-s-team-leadership-women-jeff-bezos-tech-diversity (February 28, 2021); Taylor Soper, "Here are the three Amazon execs who just joined Jeff Bezos' elite 'S-team' leadership suite," *Geek Wire*, August 21, 2020, https:// www.geekwire.com/2020/three-amazon-execs-just-joined-jeff-bezos-elite-s-team-leadership-suite/ (February 28, 2021).

47. Sophie Alexander and Ben Steverman, "MacKenzie Scott's Remarkable Giveaway Is Transforming the Bezos Fortune," *Bloomberg*, February 11, 2021, https://www. bloomberg.com/features/2021-bezos-scott-philanthropy (Feburary 28, 2021).

48. Nick Tilsen, "Shifting Power and Emboldening Indigenous-Led Climate Solutions: NDN Collective on Bezos Earth Fund Grant," NDN Collective, November 25, 2020, https://ndncollective.org/shifting-power-and-emboldening-indigenous-led-climate-solutions-ndn-collective-on-bezos-earth-fund-grant/ (January 26, 2021).

49. Blake Dodge, "Amazon Wants to Provide Medical Care to Workers at Major Companies. Here's an Inside Look at Amazon Care," *Business Insider*, December 16, 2020, https:// www.businessinsider.com/inside-amazon-care-telehealth-employers-2020-12 (January 26, 2021).

50. "Amazon.com Announces Financial Results and CEO Transition," Amazon, February 2, 2021, https://ir.aboutamazon.com/news-release/news-release-details/2021/Amazon.com-Announces-Fourth-Quarter-Results (February 17, 2021)

51. "Email from Jeff Bezos to Employees," Amazon.com, February 2, 2021, https://www. aboutamazon.com/news/company-news/email-from-jeff-bezos-to-employees (March 10, 2021).

國家圖書館出版品預行編目(CIP)資料

貝佐斯新傳：無極限！巔峰中再創新局的亞馬遜帝國/
布萊德.史東(Brad Stone)著；洪慧芳, 李芳齡, 李斯毅譯.
-- 第一版. -- 臺北市：遠見天下文化出版股份有限公司,
2021.11

496面；14.8x21公分. -- (財經企管；BCB753)

譯自：Amazon Unbound : Jeff Bezos and the Invention of a
Global Empire

ISBN 978-986-525-374-5(精裝)

1.貝佐斯(Bezos, Jeffrey) 2.亞馬遜網路書店(Amazon.com)
3.電子商務 4.企業經營

487.652   110018314

財經企管 BCB753

貝佐斯新傳
無極限！巔峰中再創新局的亞馬遜帝國
Amazon Unbound:
Jeff Bezos and the Invention of a Global Empire

作者 —— 布萊德・史東（Brad Stone）
譯者 —— 洪慧芳、李芳齡、李斯毅

總編輯 —— 吳佩穎
書系主編 —— 蘇鵬元
責任編輯 —— 周宜芳（特約）、賴虹伶
封面合成 —— 張議文

出版者 —— 遠見天下文化出版股份有限公司
創辦人 —— 高希均、王力行
遠見・天下文化 事業群董事長 —— 高希均
事業群發行人／CEO —— 王力行
天下文化社長 —— 林天來
天下文化總經理 —— 林芳燕
國際事務開發部兼版權中心總監 —— 潘欣
法律顧問 —— 理律法律事務所陳長文律師
著作權顧問 —— 魏啟翔律師
社址 —— 台北市 104 松江路 93 巷 1 號
讀者服務專線 —— （02）2662-0012｜傳真 —— （02）2662-0007；2662-0009
電子郵件信箱 —— cwpc@cwgv.com.tw
直接郵撥帳號 —— 1326703-6 號　遠見天下文化出版股份有限公司

電腦排版 —— 立全電腦印前排版有限公司
製版廠 —— 東豪印刷事業有限公司
印刷廠 —— 祥峰印刷事業有限公司
裝訂廠 —— 精益裝訂股份有限公司
登記證 —— 局版台業字第 2517 號
總經銷 —— 大和書報圖書股份有限公司｜電話 —— (02)8990-2588
出版日期 —— 2021 年 11 月 30 日第一版第 1 次印行

定價 —— 新台幣 600 元
ISBN —— 978-986-525-374-5｜EISBN —— 9789865253738 (EPUB)；9789865253721 (PDF)
書號 —— BCB753
天下文化官網 —— bookzone.cwgv.com.tw